전통 인성교육,
이렇게 한다

Education of Humanism

온고지신 프로그램의
구성과 실제

지준호 · 윤영돈

신창호

심승우

이승철

임도영

임홍태

한성구

함규진

박영story

이 저서는 2015년 대한민국 교육부와 한국연구재단의 지원을 받아
수행된 연구임(NRF-2015S1A5A2A03048682).

머리말

    한 사회의 어린이와 청소년, 더 나아가 청년이 건강하고 행복해야 그 사회의 미래가 있습니다. 우리 사회의 주역이 될 이들이 유덕한 시민으로서 행복하고 건강한 삶을 영위하는 데 기여할 수 있는 교육적 처방이 필요합니다. 특히 코로나 19 팬데믹과 같은 위험사회를 살아갈 미래 세대에게 그들이 직면할 문제 상황을 극복할 수 있는 역량 함양이 매우 중요한 교육적 과제로 부각되고 있습니다.

    본서는 그 지향성이 상충될 수도 있는 '민주시민교육'과 '인성교육'이 동시에 요구되는 사회문화적 지형 속에서 전통에 기초한 '시민적 인성교육'의 필요성에 대한 하나의 대안적 성격을 지니고 있습니다. 본서에서 제시하는 '온고지신(溫故知新) 프로그램'은 미래사회에 요구되는 자기관리역량, 의사소통역량, 심미적 감성역량, 공동체 역량과 같은 핵심역량을 기를 뿐만 아니라 코로나 19 팬데믹과 같은 위험사회에서 필수적으로 지녀야 할 회복탄력성(resilience) 함양에도 기여하는 것을 목표로 합니다. 좀 더 구체적으로 살펴보면 온고지신 프로그램은 유덕한 시민의 개인역량('자존'과 '성찰'), 대인관계 역량('공감'과 '배려'), 공동체 역량('상생'과 '공존') 그리고 회복탄력성('자기조절능력'과 '대인관계능력'과 '긍정성')을 촉진할 수 있는 활동으로 구성되어 있습니다.

유의미한 교육 프로그램으로 교육현장에 뿌리내리기 위해서는 계획(plan) – 실행(do) – 평가(see)의 절차를 거쳐야 하는데, 우리 연구진은 온고지신 프로그램에 대한 이론적 탐색을 바탕으로 교육모델을 개발하고, 학교급별 현장 적용을 통해 그 효과성을 검증하였으며, 현장 교사의 피드백을 통해 프로그램을 개선함으로써 현장 적합성을 제고하였습니다.

본서는 크게 3부로 구성되어 있습니다. 제1부 "온고지신 프로그램의 이론적·경험적 기초"에서는 온고지신 프로그램의 개발 취지 및 개요(제1장), 전통교육 프로그램 관련 현장조사 및 운영현황(제2장), 전통적 가치와 민주적 시민성에 대한 학생 및 교수자의 의식 조사(제3장 및 제4장)에 대해 논의하고 있습니다. 제2부 "온고지신 프로그램의 구조"에서는 본 프로그램의 원전 근거 및 정치학적 논의(제5장), 온고지신 프로그램과 시민적 인성 역량(제6장), 프로그램의 시안 개발 과정 및 효과성 검토(제7장 및 제8장)에 대해 다루고 있습니다. 제3부 "온고지신 프로그램의 실제"에서는 교사용 지도서와 학생용 워크북(제9장 및 제10장)을 제시하였습니다. 특히 교사용 지도서는 학교급에 따라 활용할 수 있는 대안적인 활동을 안내할 뿐만 아니라 교수 – 학습 과정 및 절차를 상세하게 안내함으로써 학교현장에서의 활용도를 높일 수 있도록 구성하였습니다.

본서가 나오기까지 3년간 공동연구를 수행해 오신 신창호, 심승우, 이승철, 임도영, 임홍태, 한성구, 함규진 교수님께 깊이 감사드리며, 여러 가

지 어려운 상황 가운데에서 편집 및 출판을 맡아주신 피와이메이트에 고
마운 마음을 전합니다.

2022. 6
저자를 대표하여
지준호 · 윤영돈 사룀

이 책은 지준호 · 윤영돈 외 연구자들이 2015년부터 2018년까지 한국연구재단
의 지원을 받아 수행한 "온고지신 교육모델 개발 연구" 제3차년도 연구보고서
및 현장적용 연구결과를 중심으로 수정 보완하여 단행본으로 엮은 것이다. 연
구를 수행할 수 있게 지원해준 한국연구재단과 본서가 나오기까지 수고해 주
신 피와이메이트에 깊은 감사를 드린다.

차 례

제1부

—

온고지신 프로그램의
이론적 · 경험적 기초

전통 인성교육, 어떻게 할 것인가:

온고지신 프로그램 개발 취지 및 개요

제1장

전통 인성교육, 어떻게 할 것인가:
온고지신 프로그램 개발 취지 및 개요

1. 들어가는 말: 한국사회의 가치지형과 급변하는 미래 전망

개화기 이후 한국사회가 겪었던 각종 사회문제는 인류가 직면할 수 있는 다양한 가치 갈등의 축소판과도 같다. 지난 20세기 한국사회는 전통적 가치와 서구적 가치 간 충돌과 갈등을 겪었고, 이념대립과 남북 분단, 압축적 근대화로 인한 가치 왜곡과 아노미 현상, 사회 양극화로 인한 계층 갈등 증폭, 저출산·고령화 사회로의 급속한 진전과 이로 인한 세대 갈등 요인 심화, 동남아 이민자의 유입으로 인한 새로운 갈등 요인의 증폭, 전통 신앙과 서구로부터 유입된 종교 간 갈등 문제 등 다문화 가치 갈등을 겪어 왔다.[1]

그런가 하면 한국사회가 직면하고 있는 급변하는 미래 전망과 관련하

---

[1] 윤영돈·유병열, 「한국적 가치의 재정립을 위한 인문치료적 접근」, 『윤리연구』 94, 2014, p.3.

여 정치영역의 선진 민주화, 경제영역의 복지사회, 세계화와 지역화의 융합, 양성평등의 실현, 다문화(다인종·다종교) 사회, 기후변화에 따른 생태학적 전환, 사이버문명과 지식정보화 사회, 생명공학의 시대, 저출산·고령화 사회, 청소년 및 청년을 포함한 미래세대 문제, 통일한국 대비, 위험사회 대응 등이 부각되고 있다.[2] 특히 코로나 19 팬데믹으로 인한 위험사회를 살아갈 미래 세대에게 그들이 직면할 문제상황을 극복할 수 있는 역량을 함양하는 것은 중요한 교육적 과제로 부각되고 있다.

한국사회가 직면했던 20세기의 가치지형, 그리고 이미 다가온 그리고 향후 심화될 한국사회의 미래 전망을 살펴볼 때, 사회적 소통과 화합을 위한 처방으로 현 시점에서 무엇보다 온고지신의 정신이 필요하다.

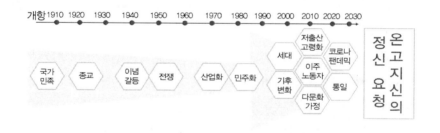

그림 1-1 | 한국사회의 변화에 따른 처방으로서 온고지신의 정신 요청[3]

2) 유병열·류형선·오만석·윤영돈·한성구·함규진, 『한국적 가치 지형도 연구』(AKSR2013-V04), 한국학중앙연구원, 2013, pp.220-246.
3) 윤영돈, 『다문화시대 도덕교육의 프리즘과 스펙트럼』, 한국학술정보, 2012, p.247 수정 보완.

2. 온고지신의 정신에 근거한 처방: 화이부동(和而不同)

개인이든 국가든 그 이야기의 시작과 전개와 위기와 절정과 결말이 있기 마련이다. 그런데 그 이야기의 단절이나 왜곡은 개인과 국가의 정체성에 심각한 타격을 주지 않을 수 없다. 이야기는 고정되어 있지 않으며 언제나 새롭게 구성될 수 있다. 개인이나 국가의 역사를 '실제로 일어난 것'에 근거하여 기술한다는 것은 거의 불가능하다. 오히려 "스토리를 말하는 형식이라는 도구들"에 과거를 대입할 필요가 있다. 그러니까 "성장이나 변화, 실패 또는 시작과 종말"과 같은 이야기 구조를 토대로 역사를 서술할 필요가 있다는 것이다.4) 이른바 '사회적 구성주의'의 관점을 통해 우리는 개인과 국가의 이야기를 건강하게 재구성할 수 있다.

한 개인에게 있어서 과거의 이야기가 새롭게 구성될 수 있는 근거는 상상력과 해석의 가능성에 있다. "과거의 사건은 많은 새로운 가능성을 불러일으킬 수 있는 상상력을 환기시키며, 거기서 새로운 이야기와 역사가 만들어진다."5) 이와 마찬가지로 한 공동체의 "구성적 서사(constitutive narrative)"가 정체성의 근간이 된다는 점에서 개인의 정체성과 공동체의 정체성은 상이한 현상이라기보다는 동전의 양면과 같다고 할 수 있다. 진

....

4) S. McNamee & K. J. Gergen(eds.), 김유숙 옮김, 『심리치료와 사회적 구성주의: 자기 이야기의 새로운 구성』, 학지사, 2012, p.78. "쿤(Kuhn)이나 파이어밴드(Feyerabend) 이후 '과학철학'의 주요 관심사가 지식의 역사와 사회학이라는 관점으로 옮겨졌다. 이러한 역사적 또는 사회학적 관점에서는 과학적 지식을 합리적이며 뛰어난 것으로는 보지 않고, 오히려 사물의 어떤 견해가 다른 견해를 억압하면서 선택된 문화적·역사적 과정으로 간주한다. 또한 자연이나 자신에 대해 정확하며 객관적으로 설명한다는 것은 사회과정의 산물이며, 사람들 사이에 구성된 것이라고 생각한다."(p.12)
5) H. Anderson & H. Goolishian, 「전문가인 내담자: 치료에서 알지 못한다는 자세」, 김유숙 옮김, 『심리치료와 사회적 구성주의: 자기 이야기의 새로운 구성』, 학지사, 2012, p.78.

정한 공동체는 구성적 서사를 끊임없이 이야기하는 "기억의 공동체"이다. 그런데, 특정한 사건으로 인해 공동체의 구성적 서사에 수용되지 못하는 경우 "집단적 트라우마"가 발생할 수 있다.6)

개인의 문제뿐만 아니라 한국적 가치를 재정립하는 과정에서도 사회적 구성주의의 관점이나 구성적 서사의 과정이 요구된다. 다시 말해서 한국적 가치의 재정립을 위해서는 한국적 가치의 원형(archetype)과 그 변형(변용, metamorphosis) 과정을 탐색할 필요가 있다.7) 이와 함께 시대적 굴곡에 따라 한국적 가치가 왜곡된 지점과 문제점을 진단하고 이를 극복하는 방식을 고려할 필요가 있다. 더 나아가 한국 사회의 미래 변화에 대한 심도 있는 전망 속에서 요구되는 가치들을 포용하는 방식으로 미래지향적인 한국적 가치의 재정립이 요청된다.

한국사회의 가치지형에서 온고지신의 정신에 근거한 처방으로 '화(和)'의 가치가 지닌 원리와 그 미래지향적 의미를 들 수 있다. 유교적 가치는 인간과 인간, 인간과 사회, 인간과 자연이라는 '관계적 삶'의 맥락에서 논의된다. 화(和)는 『논어』에 '화이부동(和而不同)', '주이불비(周而不比)'란 표현에서 그 의미를 명료하게 파악할 수 있다.8) 화(和), 주(周), 동(同), 비

---

6) J. K. Olick, 강경이 옮김, 『기억의 지도』, 옥당, 2011, p.58, p.63.

7) 가령, 오늘날 우리가 추구해야 할 유교적 가치의 이상형을 정립하기 위한 접근방식과 관련하여 장승희 교수는 조선 시대를 지배했던 성리학적 '변형'보다는 공맹의 '본원 유학'에 주목할 필요가 있다고 말한다. 그런데 여기서 주의할 것은 공맹의 '본원 유학'에만 머물러서는 안 되고, 성리학이나 실학 등 그 변형에서 나타나는 원형 이해를 바탕으로 오늘날 우리가 추구해야 할 가치의 이상형(prototype)을 추출할 수 있다는 점이다. 장승희, 「유교적 가치질서와 시민윤리의 정립: 화(和)의 개념을 중심으로」, 『국민윤리연구』 61, 2006, p.107.

8) '和'의 본래적 의미는 『중용』 제1장에서 확인할 수 있는데, '中'의 가치와 함께 언급된다. "기쁨, 노함, 슬픔, 즐거움이 발하지 않은 것을 중이라고 하고, 발하여 모두 절도에 맞는 것을 화라고 하니, 중이란 천하의 큰 근본이요, 화란 천하의 공통된 도이다. 중과 화를 지극히 하면 천지가 제자리를 얻고 만물이 화육될 것이다." 장승희(2006), p.114.

(比)는 모두 친밀함을 뜻하지만 친밀함의 근거와 원리와 성격에 있어서 차이가 난다. 화(和)와 주(周)는 친밀함을 가져오는 근거를 올바른 마음[公心]에 두지만, 동(同)과 비(比)는 그 근거를 사심(私心)과 세력(勢力)에 둔다. 그런가 하면 전자는 '다름'을 수용하면서 보편적이고 개방적인 가치지향을 지니고 있는 데 비해, 후자는 '다름'을 배척함으로써 일률적이고, 편당적이며, 폐쇄적인 경향성을 지니고 있다. 요컨대 화(和)와 주(周)는 군자의 덕으로 간주되며, 동(同)과 비(比)는 소인이 지닌 성향으로 간주된다.[9]

비유컨대 화(和)는 오케스트라가 보여주는 음악적 조화, 비빔밥이나 국처럼 여러 재료가 어우러진 맛의 조화처럼 다름과 질서와 차별을 전제로 하되, 전체를 구성하는 각 요소가 공존하고 화합할 수 있는 근거가 되는 것이다. 예컨대 다산 또한 '화'가 지닌 가치의 성격을 국에 비유하고, 이를 군신의 관계에 적용한다.

> "(和와 同)은 다르다. 화는 국과 같다. 물, 불, 초, 젓갈, 소금, 매실을 이용해 어육(魚肉)을 삶고, 나무로 불을 낼 때에 요리하는 사람이 맛을 맞추는데, 부족한 것은 더 넣고 지나친 것은 덜어내기 때문에 군자는 이 음식을 먹고 마음을 평안히 하게 된다. 군신 관계 또한 이와 같다. 인군(人君)이 옳다는 말에 신하가 그렇지 않다고 간하고, 인군이 그렇지 않다는 것에 대해 신하는 옳다고 간하기 때문에, 정사는 바로잡히고 잘못을 저지르는 일이 없으며 백성들은 다투는 마음이 없게 되는 것이다."[10]

---

9) 장승희(2006), p.104.
10) 『여유당전서』 II-12, 45a, 장승희(2006), p.116.

다산의 해석에 따르면 '화(和)'란 무조건적 동의나 수용이 아니라 상대방의 의견이나 주장에 대해 옳고 그름에 대한 비판을 가할 수 있어야 하며, 다른 것에 대한 수용까지 포함한다. 반면 '동(同)'은 무조건적인 동의나 추종을 의미하기 때문에 결과적으로는 다른 의견을 배척하고 끼리끼리 모임으로써 다양성을 수용하지 못한다. 그러므로 군신관계에 있어서도 임금이 옳다 하면 따라서 옳다 하고, 임금이 그르다 하면 따라서 그르다 하여 인군의 뜻만 따르면 화가 아닌 것이다.[11]

그러므로 공자가 언급한 '화이부동(和而不同)'에 나타난 '화'의 가치는 인(仁)의 실천으로서 타자와의 올바른 관계 맺기라는 원론적 의미로부터 시작하여 사회 공동체와의 관계, 더 나아가 자연과의 관계에서 화합과 공존의 근거가 될 수 있다.[12] 화(和)는 생활세계의 다양한 층위에서 상생과 조화의 가치로서 개인 간의 조화, 남성과 여성의 조화, 계급 및 권력 간의 조화, 이념 및 사상 간의 조화, 대기업과 중소기업 간의 조화, 문화적 다양성 간의 조화, 남북한 간의 상생과 조화, 자연과 인간 간의 조화 및 생태학적 다양성 추구로까지 나아갈 수 있다. 특히 다인종·다종교·다문화 사회의 도래를 대비해야 하는 한국사회에서 한국적 가치에 근거한 다문화교육의 논거로서 실효성을 지닐 것으로 보인다.

---

11) 장승희(2006), p.116.
12) 지준호, 「공자 '和而不同'의 윤리적 함의와 현대적 가치」, 『동양고전연구』 41, 2010, pp.275-301.

화(和)

시대	내용	
상고시대–삼국초기	- 단군설화: 환웅 天 + 웅녀 地 = 단군 → 조화사상 - 신화적 주인공(leader)과 후원자(follow) 간 협동(상부상조) - 제천사상: 신과 인간의 조화	원형 · 분화 · 변용 · 왜곡 · 재정립
삼국후기–고려시대	- 왕과 신하집단의 협력 이념 강조(君臣公治) - 최치원의 난랑비서문(유, 불, 도 3교가 풍류도에서 묘합) - 원효의 화쟁론, 의천의 교관겸수, 지눌의 정혜쌍수	

조선시대	- 영조의 탕평책(혈연, 학연, 자연 초월한 인재등용) → 당쟁, 붕당정치
	- 동학의 상균(相均) = 상생적 균화(均和) →화의 가치
	  (천지, 음양, 사회/세계의 균화) → 균점(공평한 대우, 왜곡
	  상부상조=두레, 품앗이)	

구한말–일제강점기	- 독립협회(자주독립) - 정치적/사상적 갈등: 외세 결탁한 권력 - 국채보상운동(상부상조) 다툼/개화파 vs 위정척사파, 동학 vs 서학 등 - 3·1운동(평화주의) - 일제의 황국신민화 → 한국적 가치 말살	

전환기
(해방–60.4.19)
	- 해방 후 좌우 이념갈등과 - 신탁 vs 반탁 논쟁: 반대 언론에
	  화합노력 대한 폭력과 테러
	  ex)「중앙신문」지도자의 자질 - 풍속: 미국의 자유연애 추종
	  (좌우합작 중재할 사회자) - 자유당 폭정과 반대여론 탄압
	                  →화의 가치 왜곡	

산업화
(60년대–1979)
	- 정부주도 경제발전이 사회 지배가치 → 대화, 타협, 소통 부재
	  (새마을 운동 – 근면, 자조, 협동) → 정권옹호논의로 변질
	- 범부 김정설 「국민윤리」: 화랑도에
	  근거한 도의정신과 국민대화합 원리제시(仁義禮智지향)	

민주화 투쟁
(80년대–1990)
	- 경제성장 따른 정치의식 변화, 부당한 권위, 군사정권에 저항
	  → 민주화운동
	- 사회정의문제, 환경문제, 생태문제, 복지문제 등 대두
	  → 화의 가치 요청	

90년대–21세기초	세계화vs지역화, 환경vs개발, 성장vs분배, 보수vs진보, 권위vs탈 권위, 남성vs여성, 현세대vs미래세대 → 화의 가치 절실	

和의 가치 재정립
(생활세계의 다양한 층위에서 상생과 조화의 가치)

- 신과 인간, 자연과 인간의 조화   - 대기업의 중소기업 간 조화
- 계급 및 권력 간 조화   - 이념/사상 간 조화
- 남성과 여성의 상보성   - 다문화/문화적 다양성(화이부동)
- 생태학적 다양성(상호의존성)   - 남북한 신뢰구축 및 상호교류
- 세계화와 지역화의 조화

그림 1-2 | 화(和)의 가치지형과 현재적 재해석[13]

13) 유병열·윤영돈,「한국적 가치체계에 의거한 유덕한 인격함양의 인성교육」,『도덕윤리과교육』45, 2014, p.51
수정.

3. 전통교육의 현대화 방향

한덕웅의 『한국유학심리학』에서는 유교문화가 한국사회에 미친 다양한 영향을 분석한 후, 이를 기초로 장래 한국사회에서 한국인들이 살기 좋은 공동사회의 문화를 설계하면서 유교문화의 특징들 가운데 어떤 요소들을 반영하고, 어떤 요소들을 제거해야 할지에 대해 제시하고 있다.14) 분석 결과에 따르자면, 반영해야 할 요소들로는 효도, 경로, 예절, 가정·가족, 도덕·윤리, 인격수양, 학문장려, 인정·인간관계, 자식사랑, 화목·협동, 정의, 근면과 아울러 충효, 스승존경, 양심, 청렴결백, 신의, 책임, 타인인정, 신중성, 성실성, 지조, 그리고 정직을 꼽고 있으며, 제거되어야 할 요소들로는 각종 차별, 허례허식과 인사치레, 명분과 체면중시, 상하위계, 신분중시, 보수주의, 집단주의, 출세와 권력추구, 고지식과 완고성 등이 지적되었다. 여기서 전통문화 가운데 계승해야 할 측면은 개인적 차원에서의 "수덕(修德)", 타인과의 관계 차원에서 "배려"와 "관용", 자기와 타인을 아우르고 사회·국가적 차원에서의 "책임감" 및 "실천성" 등이 주요한 덕목으로 언급되고 있음을 알 수 있다. 이는 『대학(大學)』의 팔조목(八條目)에서 정하고 있는 학문의 방법이 나로부터 타인에게로, 다시 사회와 국가, 세계로 확장되어 나가는 것과 맥락을 같이하는 것이고, 공자(孔子)가 『논어(論語)』에서 "인(仁)"을 설명하면서 개인적 차원, 타인과의 관계, 자신과 타인을 아우르는 사회적 측면으로 의미를 넓혀가는 것과 통하는 것이다. 즉, 전통 유학에서 매우 중시하는 학문과 공부의 방법인 "추기급인(推己及人)"의 원리에 따라 교육내용을 전개시키고 있다는 점은 전통교

----

14) 한덕웅, 『한국유학심리학』, 시그마프레스, 2003 참고.

육 내용을 현대적으로 재구성하는 데 있어서 중요하게 고려해야 하는 점
이라고 할 수 있다.

전통교육 현대화의 목표와 역량의 세부내용과 교육운영원리의 유형을
다음과 같이 제시할 수 있다.[15]

표 1-1 | 전통교육 현대화의 목표와 역량의 세부내용 및 교육운영 원리

전통교육 내용	핵심 가치	핵심 역량	핵심 목표	세부내용	중심 영역	수업 운영원리
유덕한 시민의 개인 역량 [修己/明明德]	仁: 孝, 弟, 慈	성찰 자존	통치성	윤리적 주체성 / 덕스러운 시민성 / 자기성찰능력 / 신중한 판단과 행동 / 관계적 자아의 추구 / 긍지와 자부심 / 긍정적 생각과 적극적 태도 / 목표에 대한 성취력	생활 세계	知行 合一 성찰교육
유덕한 시민의 대인관계 역량 [治人/親民]	義: 直, 勤, 儉	공감 배려	공론장 共和	타인과 공감, 소통, 경청, 논쟁 / 호혜적·상호구성적 관계 / 공적인 문제에 대한 적극적인 참여 / 사회의 주인의식 / 정치적 평등성	사회 세계	忠恕 之道 협력교육
유덕한 시민의 공동체 역량 [大同/止於至善]	仁+義: 克己 復禮	상생 공존	실천성	차이와 다양성, 갈등에 대한 긍정 / 공동체의 조화와 통합의 성취 / 공동선의 인식과 수용 / 유대와 연대 / 정치적 실천 / 갈등·분쟁의 협상과 잠정적 합의	공동 세계	和而 不同 실천 공동체

유덕한 시민의 개인역량에 있어 핵심 역량은 성찰과 자존이고, 유덕한
시민의 대인관계 역량에 있어 핵심역량은 공감과 배려이며, 유덕한 시민
의 공동체 역량에 있어서 핵심역량은 상생과 공존이다. 그런데 성찰과 자
존, 공감과 배려, 상생과 공존은 상기 표의 세부내용에서 볼 수 있듯이 그

···

15) 지준호 외, 『21세기 글로벌 사회의 온고지신 교육 모델 개발 연구: 전통사상 및 전통교육의 재발견과 재해석을 중심으로』, 1차년도 보고서, 2016, p.158 및 신창호 외, 『전통 인성교육이 해답이다』, 박영스토리, 2018, p.272 등의 내용을 부분적으로 보완하였음.

의미가 상당부분 개방되어 있다. 사실 한국적 가치는 시간의 흐름 속에 사회문화적 지형과 결부되어 그 원형과 변형(변용), 왜곡과 단절의 모습을 지니고 있다. 우리의 삶에서 중요한 것은 한국적 가치가 '오늘날 우리가 살아가고 있는 곳에서의 문제를 진단하고, 그 문제 해결을 위한 처방에 어떻게 기여할 것인가'라는 물음에 대한 재해석과 응답에 있다.

본 연구진이 2016년 진행했던 설문조사(5점 리커트 척도)16)에 따르면 한국사회의 초·중·고·대학생의 전통문화에 대한 관심 및 선호도의 경우, 전체 평균(3.05)은 보통 수준이었고, 전통문화에 대한 경험은 2.32로 낮았으며, 실제적인 체험 수준은 상대적으로 낮았다. 그러나 놀라운 것은 전통에 대한 자부심이 3.87로 상대적으로 높았다는 점이다. 한국 사회의 학생들이 전통문화보다는 서구문화에 친숙하고 경도되어 있을지라도 전통에 대한 자부심이 표현된 대목은 전통 문화 내지 사상을 현대적으로 재해석하여 교육할 필요가 강하게 제기되는 지점이다.

오늘날 우리가 보존하고 발전시킬 필요성이 있는 전통요소에 대한 복수의 응답에 대해서 한복 및 한식과 같은 실생활과 관련된 요소에 대한 응답율은 34.48%였고, 효도와 예절에 대한 응답율은 24.74%였다. 요컨대 이는 일상적이고 인간관계와 연관된 전통의 필요성과 중요성을 보다 강하게 인지하는 것으로 추론할 수 있다. 물론 초등학교, 중학교, 고등학교, 대학교 수준에서 현실적인 중요도를 갖는 이슈나 주제는 상대적으로 다양할 수 있으므로, 전통 문화 내지 사상을 재해석하여 적용하되, 학교급별로 친숙한 주제를 선별하여 접근할 필요가 있다.

전통문화의 필요성 및 활용성에 대해서는 평균 3.65를 보였는데, 이와

---

16) 2016년 3월 16일-3월 31일까지 서울, 경기도, 인천 소재 초등학생(5-6학년) 505명, 중학생(1-3학년) 291명, 고등학생(1-3학년) 297명, 대학생 505명 등 총 1,598명을 대상으로 실시한 설문결과이다.

관련한 물음 가운데 "우리 국민들은 전통을 더 잘 알기위해 노력해야 한다고 생각한다"는 문항에 대해 긍정적으로 응답(4.06)하였다. 이와 유사한 물음, "우리 국민들은 전통을 더욱 잘 계승하고 발전시켜야 한다고 생각한다"는 항목에 대해서도 높은 수준의 긍정적인 응답(4.06)을 보였다.

전통교육의 내용 중 가장 필요한 교육내용으로 도덕과 인성(38.8%), 예술 활동 및 놀이문화(22.9%), 의사소통 및 대인관계 능력(20.6%)의 비중이 상당히 높게 나타났다. 반면에 전통교육의 상징으로 볼 수 있는 공자와 맹자의 사상이나 저서 등 고전에 대한 이해는 7.91%에 불과했다. 여기서 우리는 효과적인 인성교육을 위한 전통적 접근은 지식 중심으로는 큰 한계를 가져올 수밖에 없고, 도덕과 인성을 제고하거나 예술 활동 및 놀이문화를 체험하며, 더 나아가 의사소통 및 대인관계 능력을 제고할 수 있는 교수·학습방법의 개발이 요청됨을 알 수 있다.[17]

끝으로 본 연구진에서 실시한 설문조사 결과 중 사회적·경제적으로 성공하기 전에 인격수양과 도덕성 함양이 중요하다고 생각하는 응답 수준이 유의미하게 높았다는 점도 주목할 필요가 있다. 이는 전통문화에 근거한 인성교육의 가능성을 시사하는 대목이며, 학교급별 학생의 지적·정의적 발달단계에 부합한 방식으로 효과적인 인성교육 프로그램을 기획하고

....

17) 특히 문항 가운데 가령, 3.5 미만의 응답률을 나타낸 경우로 "나는 화가 나거나 기분이 나빠도 나의 감정을 잘 다스린다"(3.45) 혹은 "나는 낯선 사람에게 다가가 의사소통하는 것이 어렵지 않다."(3.35)에서 알 수 있듯이 대인관계역량과 관련하여 분노나 스트레스 극복 능력, 감정 조절 능력, 의사소통 능력 등의 향상에 기여할 수 있도록 전통 사상에 기반한 방법론을 적극 구안할 필요가 있다. 더 나아가 공동체 역량과 관련하여 "나는 우리사회가 가정과 직장에서 남녀평등이 이루어져 있다고 본다."(3.01), "나는 우리 사회가 전통적 가치와 서구적 가치의 조화를 추구하고 있다고 본다."(3.28), "나는 남한이 북한과 이념적으로 대립하지만 상호공존을 위해 노력하고 있다고 본다."(3.35)에 대한 응답은 저조한 편이다. 전통사상에 기초한 남녀평등의 지향 모델이나 전통적 가치와 서구적 가치의 조화 모델이 제시될 필요가 있으며, 남북한의 이념적 대립과 갈등을 극복하고 상호공존을 위한 전통문화의 재해석도 요구된다.

적용하며 평가과정을 거쳐 활용할 필요가 있음을 보여준다.

온고지신(溫故知新) 프로그램은 전통에 기초한 인성교육의 필요성에 대한 하나의 답변이다. 온고지신 프로그램은 전통교육이라는 수원(水源)으로부터 현대 사회를 살아가는 어린이와 청소년 그리고 청년에게 요구되는 유덕한 민주시민으로서의 역량을 제고하는 데 목적이 있다. 여기서 역량이라는 말은 일정 부분 측정가능성을 전제한 표현이다. 사실 도덕성도 인성도 측정 불가능한 측면이 있고, 그런가 하면 측정 가능한 측면도 있다. 어떤 맥락에서 도덕성 혹은 인성의 측정 불가능한 측면이 보다 근원적이고 본래적이라는 데 동의한다. 다만 교육 혹은 프로그램의 효과성을 사전사후 검사를 통해 확인하고자 하는 관심에서 '역량' 혹은 '구인' 등 측정 가능한 표현이 사용될 수 있다는 점은 용인할 필요가 있다.[18]

앞서 진행한 온고지신 프로그램 개발 연구에서는 유덕한 시민의 인성을 진단할 수 있는 영역 및 구인을 전통 사상에 기초하여 도출하여 제안하였는데 그 틀은 <표 1-2>와 같다.[19]

······································

18) 인성 관련 조사연구에서 인성의 하위구인으로 "도덕성, 사회성, 감성(정서)"이 대표적이다. 정창우 외(2013)는 인성의 하위구인으로 "규칙의 도덕, 관심의 도덕, 사회성, 정체성"을, 한국교육개발원(KEDI)의 인성검사(현주외, 2014)는 "자기존중, 성실, 배려소통, 책임, 예의, 자기조절, 정직용기, 지혜, 정의, 시민성"을 들었다. 인성 구인에 대한 자세한 논의는 윤영돈, 「학교급별 인성수준과 고교 인성교육의 방향설정」, 한국교원교육학회, 『한국교원교육연구』 32(4), 2015, pp.154-159 참고.

19) 보다 자세한 내용은 지준호 외, 『21세기 글로벌 사회의 온고지신 교육 모델 개발 연구: 전통사상 및 전통교육의 재발견과 재해석을 중심으로』(1차년도 보고서), 2016 참조.

표 1-2 | 전통에 기초한 인성 영역 및 인성 구인

인성 영역	인성 구인	의미 및 기능
유덕한 시민의 개인역량 [修己/ 明明德]	성찰	자신과 주변을 반성적으로 사고하고, 실천하고자 하는 수기(修己) 능력
	자존	자아정체성과 자신감을 가지고 자신의 삶과 진로를 주도적으로 관리하는 능력
유덕한 시민의 대인관계역량 [治人/親民]	공감	상대방의 처지에 대해 감정이입을 하고, 상대방의 의견을 경청할 수 있는 능력
	배려	사회정서적 기술을 활용하여 타인의 필요를 헤아리고 그 요구에 반응하는 능력
유덕한 시민의 공동체역량 [止於至善]	상생	서로 다른 둘 이상이 서로를 북돋우며 다 같이 잘 살아가게 하는 능력
	공존	사상, 문화, 인간, 집단, 국가 등 대립되는 양자의 조화를 추구할 수 있는 능력

<표 1-2>에 나타난 틀은 기본적으로 전통 유학 경전인 『대학』의 3 강령(明明德, 親民, 止於至善)과 8조목(格物, 致知, 誠意, 正心, 修身, 齊家, 治國, 平天下)의 구조를 토대로 삼고 있다. 즉, 윤리적 수양 혹은 학문의 영역이 개인에서 사회, 사회에서 다시 국가와 세계로 확장되어 나아가야 함을 보여주고 있는 『대학』의 구조는 2015 개정 교육과정에서 설정한 구조인 '자신과의 관계' → '타인과의 관계' → '사회·공동체와의 관계' → '자연·초월과의 관계'의 확대 양상과 기본적으로 동일하다. 물론 이러한 확장 구조에서 가장 중요하고 기초가 되는 것은 도덕적·윤리적 능력과 품성을 함양하고 실천하는 개인의 덕성이다. 이러한 덕성은 현대 교육에서 강조하는 역량 개념과 통하는 바가 있다. 물론 전통에서 말하는 덕성과 현대 교육학에서 말하는 역량 개념이 완전히 일치하는 것은 아니다. 전통적인 덕성과 마찬가지로 전통교육의 현대화가 지향하는 핵심역량은 기능주의

적 지식이나 기술로 환원시키거나 개인의 능력 같은 개인주의적 속성만으로 바라볼 수 있는 것이 아니기 때문이다. 전통적 역량 개념에는 한 개인의 정체성/덕성/인성의 형성 및 발달과 밀접히 관련되어 있기 때문에 자신이 속한 집단과의 관계나 구성원들 간의 상호작용이 중요한 구성요소가 된다.[20]

이를 통해 볼 때 전통교육 현대화의 기본적인 방향은 지·정·의(知·情·意) 및 인성적 측면을 고루 함양함과 동시에 공동체 생활에 필요한 협력적 역량과 민주적인 품성을 함께 갖춘 유덕한 시민을 양성하는 것이다. 이는 위에서 말한 『대학』의 수기/치인 구도와도 직접적으로 연결될 수 있는 것으로 구체적으로 보자면 '유덕한 시민의 개인역량', '유덕한 시민의 대인관계역량', '유덕한 시민의 공동체 역량'으로 나눌 수 있으며 세부적 인성 구인으로는 성찰과 자존, 공감과 배려, 상생과 공존으로 세분화될 수 있다.[21]

4. 온고지신 프로그램 개요

온고지신 교육모델(프로그램)은 초·중·고·대 학교급별로 적용할 수 있도록 구체화될 필요가 있다. 다만 본 연구에서는 학교급 중 중학교 단계가 초등교육 및 고등교육이 중첩되는 중등교육의 대표적인 단계로 보고 중학교용 워크북 및 지도서를 먼저 개발하고, 이를 바탕으로 초등학교 혹

---

20) 이다정, 「전통적 핵심역량 함양을 위한 교수·학습 방안」, 서울교육대학교 교육전문대학원 석사학위논문, 2018, p.37.
21) 지준호 외, 「21세기 글로벌 사회의 온고지신 교육모델 개발 연구」, 한국연구재단 1차년도 이론연구보고서, 2016, pp.145-150.

은 고등학교의 학교급에 부합한 내용 및 방법을 적절하게 보완하여 시범 운영하고, 운영결과를 바탕으로 수정 보완 작업을 하고자 한다. 다만 고등학교 학교급은 입시위주의 교육과정 운영으로 인해 인성교육이 제대로 실시되기 어렵다는 점도 감안할 필요가 있다.

온고지신 프로그램은 총 8차시로 이루어져있다. 1차시에는 온고지신이 무엇인지에 대해 신문을 활용한 활동을 통해 익히고, 사전설문조사를 실시한다. 2-3차시에는 유덕한 시민의 개인역량에 있어 핵심역량인 자존과 성찰을 함양할 수 있는 활동을 실시하고,[22] 4-5차시에는 유덕한 시민의 대인관계 역량에 있어 핵심역량인 공감과 배려를 제고할 수 있는 활동을 실시하며, 6-7차시에는 유덕한 시민의 공동체 역량에 있어 핵심역량인 상생과 공존을 고취할 수 있는 활동을 실시한다. 끝으로 8차시에는 온고지신의 의미를 정리하는 활동을 하고, 프로그램의 효과성 검토를 위한 사후설문조사를 실시한다.

....

22) 〈표 1-2〉에서 확인할 수 있듯이 이론상으로는 유덕한 시민의 개인역량으로 성찰과 자존의 순으로 살펴보는 것이 적절하지만 학습자의 입장에서 볼 때, 도덕적 주체로서의 자존이 성찰에 앞서는 것으로 보는 것이 적절하다는 교수자의 의견을 반영하였다.

전통교육 프로그램
현장조사 및 운영현황

제2장

전통교육 프로그램 현장조사 및 운영현황

1. 서 론

미래의 청사진을 그리는 작업은 전통에 대한 성찰로부터 시작된다. 역사적으로 볼 때, 한국이 서구적 근대를 수용하는 과정에서 주요한 모델로 사용된 '동도서기'는 서구화를 통한 개화의 필요성을 절감하면서도 우리 고유의 문화를 폐기처분할 수 없다는 절박함이 담겨있는 관념이다. 그러나 되돌아보면 당시 개화를 논하면서 대부분 '동도서기'에서 '서기'의 측면에만 주목했을 뿐, '동도'의 의미와 긍정적 측면에 대해서는 그다지 크게 주의하지 않았던 측면이 있다. 다시 말해, 서구가 나아간 길을 따라 문명의 길로 들어서는 방법에만 관심을 집중시키다보니 전통의 연결점을 잃게 되었던 것이다.

그러나 한편에서 물질만능, 인간소외와 같은 서구적 사유가 초래한 많은 부작용이 제기될 때마다 그 대척점에서 전통과 전통적 삶의 방식이 갖는 긍정적 의미를 확인하고자 노력을 기울여 왔다. 물론 전통을 맹신하여 현대 사회의 병폐에 대한 만병통치의 치유책으로 이해하는 것은 경계해야 할 것이나, 현대사회의 바람직한 발전 방향과 부합하는 유효한 가치와 실제가 전통에 녹아 있음을 부정할 필요는 없다. 이러한 전통에 대한 끊임없는 숙고와 전수의 방법을 고민하는 노력은 매우 적절하다 할 것이며, 이는 결국 다음 세대에 대한 교육의 측면으로 수렴된다.

현재 전통교육은 실로 다양한 기관의 주관으로 이루어지고 있다. 본 연구에서 주로 살펴보게 될 각 시도교육청 및 산하기관 등은 초·중등학생을 대상으로 공교육의 영역에서 전통교육 프로그램을 진행하고 있으며, 전국에 분포한 향교와 서원, 그리고 다양한 사설 교육기관들이 문화재청과 문화체육관광부 등의 국가기관과 한국서원연합회, 한국관광학회 유교문화활성화지원단 등의 사단법인 기관의 지원으로 전통교육 프로그램을 운영하고 있다. 그러나 이들 기관에서 운영중인 전통교육 프로그램의 실효를 종합적으로 살펴보는 일은 그리 쉽지 않다. 향교와 서원과 같이 시도교육청을 제외한 기관에서의 전통교육 프로그램은 프로그램의 유형과 구성, 교육대상, 운영기간, 참가비용과 같은 제반 사항을 운영기관의 자율에 맡기는 경우가 많으며, 해당 기관이 보유한 강사인력과 지역적 인프라 역시 천차만별이기에 계량적 수치만으로 현황 및 실태, 그리고 그 실효를 가늠하기 어려운 경우가 많다. 특히 홍보의 한계와 사회적 관심의 부재 등으로 인해 교육대상이 제한적일 수밖에 없다는 점 역시 종합적인 판단을 유보하게 만드는 요인이 된다.

이 글은 현재 운영 중인 전통교육 관련 프로그램에 대한 현황 파악 및 실사 작업을 병행함으로써 실천적 방식으로 연구 내용을 보완하고자 한다. 이 단계는 실제 사례에 대한 연구를 통해 이론과 실천의 융합, 규범과 현실의 융합을 시도하기 때문에 이론적 연구를 보완할 수 있는 실천적 의

의를 가진다. 또한 '전통교육 관련 문헌 발굴 및 통시적 재해석' 내용을 확장한다는 맥락에서 연구의 융합적 성격을 극대화하고자 하였다. 이를 위해 먼저, 서원이나 향교 등 전통 교육기관 운영 프로그램 현황과 담당자 면담을 통해 효과적인 전통교육 프로그램 운영 방안에 관한 제언을 도출하고자 한다. 다음으로 지역수준 교육과정의 맥락에서 전국 시도교육청의 전통교육 프로그램 운영 현황을 살펴보고 전통교육 프로그램의 특징과 한계, 더 나아가 발전방안 및 과제를 제시하고자 한다.

본 장은 지준호·이승철, 「전통교육 관련 단기 교육프로그램 사례분석 및 개선에 관한 연구」(『한국철학논집』62, 2019, pp.289-312)와 이승철·지준호, 「전국 시도교육청의 전통교육 프로그램 운영 현황에 관한 연구」(『유교사상문화연구』71, 2018, pp.151-175) 등의 내용을 부분적으로 수정·보완하였다.

2. 서원, 향교 등 전통 교육기관 운영 프로그램 현황 및 담당자 면담

(1) 서원, 향교 등 전통교육 관련 기관 개요

아래에서 기술된 전국 서원 및 향교의 분류별 통계는 (사)한국관광학회 유교문화활성화지원단의 『향교·서원 총람』(2014)의 내용을 기초로 하였으며 부분적으로 문화재청 등의 자료를 참고하였다. 단, 상기 자료의 한계에 대해 우선 언급하고자 한다. 위 자료들은 전국의 향교 및 서원의 현황을 전수 조사하는 것을 목표로 수행되었으나, 시·군·구 등 전국지자체를 통하여 향교 및 서원 현황 조사표를 배포하고 취합하는 방법으로 진행되어, 각 지자체에서 일부 기관을 누락하거나 불성실하게 답변한 경우가 있을 수 있다. 또한 일부 향교 및 서원이 조사표를 발송하지 않은 경우, 각 향교 및 서원에 개별 연락하여 정보를 수집하였으나 유선으로 조사하는 과정에서 일부 정보가 누락될 수 있다. 향후 보다 정확한 조사를 위해서는 전국의 향교 및 서원을 직접 방문하여 현장 조사를 할 필요가 있을 것으로 판단된다.[1] 참고로 2017년 7월 31일 인터넷 조사에 의하면, 성균관 홈페이지(http://www.skk.or.kr/skin)에서는 전국 향교 235개의 주소 및 대표 전화번호, 홈페이지 개설 여부 등을 제공하고 있으며, 별도의 홈페이지가 개설되지 않은 향교는 문화재청 홈페이지(문화재청 http://www.cha.go.kr)를 통하여 개요를 살펴볼 수 있다. 또한, (사)한국서원연합회 홈페이지(http://seowonstay.com/bbs/board.php?bo_table=slist)에서는 전국 서원 648개의 현황을 제시하고 있다.

표 2-1 | 전국 지역별 서원 · 향교 현황[2]

시 · 도별 \ 구분	서원수	향교수	비고	시 · 도별 \ 구분	서원수	향교수	비고
서울특별시	1	1		충청북도	31	18	
부산광역시	1	2		충청남도	36	36	
대구광역시	24	3		전라북도	95	26	
인천광역시	0	4		전라남도	54	28	
광주광역시	8	1		경상북도	131	40	
대전광역시	2	2		경상남도	125	27	
울산광역시	9	2		제주도	1	3	
경기도	23	25		계	667	234	
강원도	10	16					

1) 사단법인 한국관광학회 유교문화활성화지원사업단, 『향교·서원 총람』, 2014, p.5.
2) 고병철 외, 「Ⅳ. 전통사찰·향교·서원 현황」, 『한국의 종교현황』, 문화체육관광부, 2008.

가. 전국 서원 분류별 통계

1) 전국 서원 운영현황

표 2-2 | 전국 서원 운영현황[3]

구분	개소(개)	비율(%)
운 영	626	93.9
미운영	21	3.1
훼 철	20	3.0
계	667	100.0

현재 전국적으로 존립하고 있는 서원의 숫자는 총 667개소이다. 대원
군의 서원철폐령으로 남은 47개 사원 가운데 남한 지역에 존속되었던 숫
자가 22개소였으며, 당시 훼철된 서원 가운데 북한 지역을 제외하고 미복
설된 서원이 273개소로 조사되었다.[4] "서원 철폐령 이전의 서원 사우(祠
宇) 현황"[5]에 의하면 순조(1790~1834) 년간까지 서원 471개소, 사우 492
개소로 총 사원(祠院)이 933개소에 이르는 것으로 나타나고 있다. 현재의
서원수 667개소와 미복원 서원수 273개소를 합치면 940여개소에 이르고
있어 신설된 서원을 제외하면 대부분의 사우가 서원으로 명칭을 바꾸었다
고 볼 수 있다.

---

3) 사단법인 한국관광학회 유교문화활성화지원사업단,(2014), p.11.
4) 박성진, 「서원 관리 운영의 현황과 과제」, 한국의서원세계유산등재추진단 학술회의(2013.4.18) 발표문.
5) 정만조, 「한국 서원의 역사」, 『한국학논총』 29, 국민대학교 한국학연구소, 2007, p.7.

표 2-3 | 대원군 당시 미훼철된 남한의 서원

서원명	소재지	년도	배향인물
용연서원	경기 포천시	1691년(숙종 17)	한음 이덕형(漢陰 李德馨 1561-1631) 용주 조 경(龍洲 趙 絅 1584-1669)
노강서원	경기 의정부시	1695년(숙종 21)	정재 박태보(定齋 朴泰輔 1654-1689)
우저서원	경기 김포시	1648년(인조 26)	중봉 조 헌(重峯 趙 憲 1544-1592)
파산서원	경기 파주시	1568년(선조 1)	율곡 이 이(栗谷 李 珥 1536-1584) 청송 성수침(聽松 成守琛 1493-1564) 우계 성 혼(牛溪 成 渾 1535-1598) 절효 성수종(節孝 成守琮 1495-1533) 휴암 백인걸(休菴 白仁傑 1497-1579)
덕봉서원	경기 안성시	1695년(숙종 21)	양곡 오두인(陽谷 吳斗寅 1624-1689)
심곡서원	경기 용인시	1649년(효종 0)	정암 조광조(靜庵 趙光祖 1482-1519)
사충서원	경기 하남시	1725년(영조 1)	몽와 김창집(夢窩 金昌集 1648-1722) 소재 이이명(疏齋 李頤命 1658-1722) 한포재 이건명(寒圃齋 李健命1663-1722) 이우당 조태채(二憂堂 趙泰采1660-1722)
돈암서원	충남 논산군	1633년(인조 11)	사계 김장생(沙溪 金長生 1548-1631) 신독재 김집(愼獨齋 金集 1574-1656) 동춘당 송준길(同春堂 宋浚吉1606-1672) 우암 송시열(尤菴 宋時烈 1607-1689)
노강서원	충남 논산시	1675년(숙종 1)	문정공 윤황(文貞公 尹煌 1572~1629) 윤문거(尹文擧) 윤선거(尹宣擧) · 윤증(尹拯)
창렬서원	충남 부여군	1717년(숙종 43)	임계 윤 집(林溪 尹 集 1606-1637) 추담 오달제(秋潭 吳達濟 1609-1637) 화포 홍익한(花浦 洪翼漢 1586-1637)
무성서원	전북 정읍시	1696년(숙종 22)	해운 최치원(海雲 崔致遠 857- ?) 영천자 신잠(靈川子 申潛 1491-1554)
필암서원	전남 장성군	1590년(선조 23)	하서 김인후(河西 金麟厚 1510-1560)
소수서원	경북 영주시	1542년(중종 37)	근재 안 축(謹齋 安 軸 1282-1348) 원지 안 보(員之 安 輔 1302-1357) 신재 주세붕(愼齋 周世鵬 1495-1554)
도동서원	대구 달성군	1568년(선조 1)	한훤당 김굉필(寒暄堂 金宏弼1454-1504)

금오서원	경북 구미시	1570년(선조 3)	야은 길 재(冶隱 吉 再 1353-1419) 점필재 김종직(佔畢齋 金宗直1431-1492) 신당 정 붕(新黨 鄭 鵬 1467-1512) 송당 박 영(松堂 朴 英 1471-1540) 여헌 장현광(旅軒 張顯光 1554-1637)
남계서원	경남 함양군	1552년(명종 7)	일신재 정여창(日新齋 鄭汝昌1845-1910) 송암 강 익(松菴 姜 翼 1523-1567) 동계정 온(桐溪 鄭 蘊 1569-1641) 임계 유호인(林溪 兪好仁 1445-1494) 송탄 정홍서(松灘 鄭弘緖 1571-1648)
서악서원	경북 경주시	1563년(명종 18)	김유신(金庾信 595-673) 고운 최치원(孤雲 崔致遠 857- ?) 설 총(冰月堂 薛 聰 ? - ?)
옥동서원	경북 상주시	1518년(중종 13)	방촌 황 희(尨村 黃 喜 1363-1452)
옥산서원	경북 경주시	1572년(선조 5)	회재 이언적(晦齋 李彦迪 1491-1553)
도산서원	경북 안동시	1574년(선조 7)	퇴계이 황(退溪 李 滉 1501-1570)
흥암서원	경북 상주시	1702년(숙종 28)	동춘당 송준길(同春堂 宋浚吉1606-1672)
병산서원	경북 안동시	1863년(철종 14)	서애 유성룡(西厓 柳成龍 1542-1607) 수암 유 진(修巖 柳 袗 1582-1635)

2) 전국 시도별 서원 분포현황

전국 시도별 서원의 분포현황은 경북(30.1%)과 경남(19.9%) 두 지역이 절반의 비중을 차지하고 있으며, 다음으로 전북(14.5%)과 전남(9.6%)인 것으로 나타났다.

표 2-4 | 시도별 서원 분포현황[6]

구분	개소(개)	비율(%)
서 울	2	0.3
부 산	1	0.1
대 구	26	3.9

6) 사단법인 한국관광학회 유교문화활성화지원사업단(2014), p.11.

인 천	1	0.1
광 주	8	1.2
대 전	4	0.6
울 산	9	1.3
경 기	32	4.8
강 원	10	1.5
충 북	35	5.2
충 남	40	6.0
전 북	97	14.5
전 남	64	9.6
세 종	3	0.4
경 북	201	30.1
경 남	133	19.9
제 주	1	0.1
계	667	100*

* 소수점 두자리 이하 반올림에 의해 정확하게 100으로 일치하고 있지 않음

3) 전국 서원의 운영주체

① 운영주체

표 2-5 | 서원 운영주체[7]

구분	개소(개)	비율(%)
서원 자체	143	25.9
문 중	214	38.7
지자체	6	1.1
개 인	10	1.8
사단/재단법인	14	2.5
기 타	20	3.6
무응답	146	26.4
계	553	100.0

---

7) 사단법인 한국관광학회 유교문화활성화지원사업단(2014), p.18.

서원 자체는 소유권과 관리를 지역 유림이 가지고 관리·운영하는 것을 말한다. 문중은 단일 문중에서 설립한 서원이거나 혹은 지역 유림들이 관리가 불가능한 경우 주향의 후손들이 소유권과 관리권을 가지고 있는 경우를 말한다. 지자체의 경우는 소수서원이나 도산서원처럼 관리사무소를 서원에 두어 직접 관리 운영하는 경우와 새로 복원 혹은 중수되는 과정에서 관리 운영이 자치단체로 기부채납되거나 소유권만 자치단체로 이관시킨 경우를 말한다. 사단법인으로는 사충·설봉·송록·장절·충현서원 등이 있으며, 재단법인은 학교로 귀속된 곳은 병산·역동·구계·화산·백학서원 등이 있다. 그리고 10개소는 개인 소유로 되어있거나 관리하고 있다.

② 운영조직의 구성

표 2-6 | 서원 운영주체운영조직 구성 사례[8]

구분	운영주체	운영 조직 및 임원	주요활동
영주 소수서원	소수서원 당회, 임원회의	원장(1), 재유사(齋有司2), 도감(3), 감사(2), 별유사(12)	제향, 예결산, 임원선임, 재산관리 등
함양 남계서원	남계서원 원회	원장(1), 외임(1), 내임(1)유사(2), 직월(1)	제향, 예결산, 임원선임, 재산관리 등
경주 옥산서원	옥산서원 운영위원회	운영위원장(1), 운영위원회 위원(25), 유사(1), 재무(1)	제향, 예결산, 임원선임, 재산관리 등
안동 도산서원	도산서원 당회, 운영위원회	당회(정원없음) - 최고의결기구 운영위원회(13)	제향, 예결산, 임원선임, 재산관리 등
장성 필암서원	필암서원과 울산김씨 문중	원장(1), 도유사(1), 별유사(1), 집강(8)	제향, 예결산, 임원선임, 재산관리 등
달성 도동서원	도동서원 운영위원회	위원장(1), 위원회(20), 유사(3)	제향, 예결산, 임원선임, 재산관리 등

8) 박성진(2013.4.18) 발표문.

안동 병산서원	병산서원 당회	원장(1), 도유사(1), 재유사(2), 유사(4), 인사위원회(5)	제향, 예결산, 임원승인, 재산관리 등
논산 돈암서원	돈암서원 총회	원장(1), 수석장의 외 각 부문 장의(20)	제향, 예결산, 임원선임, 재산관리 등
정읍 무성서원	무성서원 모현회	원장(1), 부원장(4), 사무국장(1), 총무(1), 이사(20)	제향, 예결산, 임원선임, 재산관리 등

전통적으로는 자체적으로 제정한 원규(院規)를 바탕으로 원장(院長)·강장(講長)·훈장(訓長) 등의 원임이 있었다. 원장은 산장(山長), 혹은 동주(洞主)로 지칭되며, 서원의 정신적인 지주이면서 유림의 사표로서의 구실을 담당하였다. 서원에 따라 다소간 차이가 있었으나, 원장은 퇴관한 관료이거나 당대의 명유석학(名儒碩學)이 맡는 것이 관례이었다. 강장은 경학과 예절에 대한 강문을 담당하고, 훈장은 학문 근면과 훈도를 책임졌다. 그밖에 서원 관리를 위하여 재장(齋長)·집강(執綱)·도유사(都有司)·부유사(副有司)·직월(直月)·직일(直日)·장의(掌議)·색장(色掌) 등의 직책을 두었다. 이러한 재임(齋任)의 선출은 추천 제도에 의하여 선출하였으며 임기는 2, 3년이 통례이나, 원장은 일기(一期)의 향사, 혹은 종신직이었다.

현재는 대체로 전통적인 임원구조를 고수하고 있으며 훈장, 재장, 집강 등의 교육담당자를 제외하고는 유사한 구조를 가지고 있다. 현재 서원의 주요 운영기능으로는 제향과 예결산 관계, 임원선임과 재산관리인데 대부분 서원의 경우 서원소유의 재산이 여유가 있는 곳은 운영이 원활하지만 그렇지 않은 경우는 주향 측의 문중 도움을 받아 운영하는 편이다.[9]

9) 박성진(2013.4.18) 발표문.

4) 문화재 지정 현황

표 2-7 | 문화재 지정 현황[10]

유형별		서원수(개)	
비 지 정		-	402
지　　정	문화재자료	144	270
	유형문화재	51	
	기 념 물	42	
	향토유적	21	
	사 　　적	10	
	민속자료	2	
총　　계			672

위 자료는 문화재청이 2012년 발행한 「서원의 보존관리 매뉴얼」에 의한 것으로, 당시 672개소의 서원 가운데 문화재로 지정된 서원은 270개소 (사적10, 문화재자료144, 유형문화재51, 기념물42, 향토유적21, 민속자료2)이며, 2010년 12월 기준 문화재청의 조사통계 당시 문화재지정 총 숫자가 167개에 불과했지만 2년동안 103개가 증가된 것을 볼 수가 있으며 이와 같은 양상은 점차 확대 추세에 있다고 하겠다.

나. 전국 향교 분류별 통계

1) 전국 향교 운영현황

2014년 한국관광학회 유교문화활성화지원사업단이 발간한 『향교·서원 총람』에 따르면, 전국의 향교는 운영 204개소와 미운영 13개소로 총 234개소로 파악된다. 물론 이는 남한 지역의 수치이며 조사시기 및 기관에 따라 다소간의 차이가 있다. 2000년 발간된 김호일의 자료에 따르면, 남한 지역의 향교수는 231개소로 파악되며[11] 북한지역 93곳을 포함하여 총 324개소로 나타나 있다.

....

10) 문화재청, 「서원의 보존관리 매뉴얼」, 2010. (http://search.cha.go.kr/srch_org/search/search_sub.jsp)
11) 김호일, 『한국의 향교』, 대원사, 2000.

표 2-8 | 향교 운영현황2)

구분	개소(개)	비율(%)
운 영	204	87.2
미운영	13	5.6
조사미응답	17	7.2
계	234	100.0

2) 전국 시도별 향교분포 현황

표 2-9 | 향교 분포현황3)

구분	개소(개)	비율(%)
서울	1	0.5
부산	2	0.9
대구	3	1.4
인천	4	1.8
광주	1	0.5
대전	2	0.9
울산	2	0.9
경기	24	11.1
강원	16	7.4
충북	17	7.8
충남	34	15.7
전북	26	12.0
전남	28	12.9
세종	2	0.9
경북	25	11.5
경남	27	12.4
제주	3	1.4
계	217	100.0

---

12) 사단법인 한국관광학회 유교문화활성화지원사업단(2014), p.9.

13) 사단법인 한국관광학회 유교문화활성화지원사업단(2014), p.9.

3) 전국 향교의 운영주체

표 2-10 | 향교 운영주체[14]

구분	개소(개)	비율(%)
향교 자체	146	67.3
문중	2	0.9
지자체	2	0.9
개인	1	0.5
사단/재단법인	23	10.6
기타	31	14.3
무응답	12	5.5
계	217	100.0

(2) 서원, 향교 등 전통교육 관련 프로그램 운영 현황

가. 서원, 향교의 교육 프로그램 운영 현황

1) 서원, 향교의 평균 교육프로그램 운영 개수

표 2-11 | 서원, 향교 평균 프로그램 운영 개수[15]

구분	향교		서원	
	개소(개)	비율(%)	개소(개)	비율(%)
없음	20	9.2	339	61.3
1개	32	14.7	168	30.4
2개	33	15.2	35	6.3
3개	40	18.4	4	0.7
4개	41	18.9	2	0.4
5개 이상	51	23.5	5	0.9
계	217	100.0	553	100.0
평균	3.35개		0.54개	

---

14) 사단법인 한국관광학회 유교문화활성화지원사업단(2014), p.16.

15) 사단법인 한국관광학회 유교문화활성화지원사업단(2014), p.20.

위 통계는 총 234개의 향교와 667개 서원 중, 조사에 참여한 향교 217 개소와 서원 553개소의 자료를 집계한 결과이다. 향교의 경우 90% 이상 이 1개 이상의 교육프로그램은 운영하고 있는 것에 비하여 서원은 교육프 로그램을 운영하는 비율이 40% 이하로 나타났다.

2) 시도별 서원·향교의 교육프로그램 평균 운영 개수 및 참가자 수

표 2-12 | 시도별 서원·향교 교육 프로그램 평균 운영 개수 / 참가자 수[16]

구분	향교			서원		
	개소(개)	운영프로그램(개)	참가자 수(명)	개소(개)	운영프로그램(개)	참가자 수(명)
서울	1	4.00	1,791	1	2.00	1,500
부산	2	7.50	14,869	1	0.00	0
대구	3	5.67	2,314	24	0.75	228
인천	4	2.75	1,761	0	0.00	0
광주	1	3.00	4,160	8	3.63	384
대전	2	6.00	4,238	2	0.00	0
울산	2	3.50	8,926	9	0.78	639
경기	24	3.92	843	23	1.22	249
강원	16	3.25	1,185	10	0.40	22
충북	17	5.53	2,355	31	0.39	139
충남	34	1.47	418	36	1.17	86
전북	26	2.88	1,840	95	0.35	45
전남	28	2.79	751	54	0.09	16
세종	2	1.00	262	2	0.00	0
경북	25	2.92	758	131	0.38	56
경남	27	4.48	2,095	125	0.54	72
제주	3	6.00	4,057	1	0.00	0
계	217	3.35*	52,623**	553	0.54	3,436**

*평균치 **누적치

---

16) 사단법인 한국관광학회 유교문화활성화지원사업단,(2014), p.21.

3) 서원, 향교 교육프로그램의 주제 현황

아래의 표는 2010년 문화재청에서 발간한 이해준의 「서원 보존, 정비 관리 방안 연구보고서」 중 서원의 주제별 활용방안에 관한 사항이다. 이를 통해 서원이 운영하는 교육 프로그램의 대략적인 범주를 살펴볼 수 있는데, 실제로 현재 서원 및 향교가 운영하는 교육프로그램은 대체로 아래에 제시된 제향, 한자교실, 예절교실, 동아리학습, 한옥체험, 현장답사, 전시공간 등의 범주를 벗어나지 않고 있다.

표 2-13 | 서원의 주제별 활동 내역[17]

활용방법	활용내용	활용장소	활용시간	활용대상	비 고
제향	제향인물 향사	사당, 재실, 전사청	제향시간대	유림, 문중	모든 서원
한자 교실	학생 대상 집단 학습	강당, 재실	주말 또는 방학	초, 중등학생	도시 또는 도시 인접 서원
예절 교실	학생 대상 집단 학습	강당, 재실	주말 또는 방학	초, 중등학생	도시 또는 도시 인접 서원
동아리 학습	취미, 학습 등 공동목적 동아리 활동	강당, 재실	주로 하절기	대학생, 일반인	역사성 있는 서원
한옥 체험	전통적인 한옥 경관을 느끼고 휴식을 위한 인근 전통가옥과 연계	재실	주말 또는 방학	가족, 일반	전통마을과 인접된 서원, 무성서원
현장 답사	서원의 역사와 건축, 경관에 대한 답사학습, 인근 유적 또는 문화재와 연계	서원 전체 및 주변경관	불특정 시간	학생 및 일반	역사성 있는 서원, 문화재와 인접된 서원
전시관 박물관 기념관	서원의 역사와 인물, 유물을 중심으로 전시	전시장 및 서원 영역	개관 시간	학생 및 일반	소수서원 도산서원 자운서원

---

17) 이해준, 『서원 보존, 정비 관리방안 연구보고서』, 문화재청 발간자료, 2010, p.98.

전국적으로 다양한 주제의 프로그램을 원활하게 진행하는 곳은 대체로 도산서원, 소수서원 등과 같은 역사성 있는 영남권 서원이거나 접근성 좋은 도시 인근의 서원임을 알 수 있다. 그러나 이들 외의 대부분의 서원이 재원 마련의 한계로 제향이나 충효예절교실이나 한자교실 등에 그치고 있으며, 서원을 유지 관리하기에도 벅찬 상황이다.[18]

나. 서원, 향교의 전통교육 관련 프로그램 운영 현황

1) 서원, 향교의 전통교육 관련 프로그램의 유형 및 구성

여기에서는 서원, 향교의 전통교육 관련 프로그램의 유형, 구성, 대상 및 실제 사례 등을 살펴보기 위하여, 전국의 서원과 향교 중 2016년 전통교육 관련 프로그램 운영 실적이 있는 서원 16개소와 향교 16개소, 그리고 한국서원연합회, 한국선비문화수련원, 선비촌을 포함한 총 35개 기관을 대상으로, 이들 기관에서 2017년 기준으로 개설·운영 중인 총 170개 프로그램을 조사대상으로 하였다. 조사대상인 기관명과 지역 및 프로그램 수는 다음의 표와 같다. 이하에서는 서원·향교 등의 전통교육 관련 프로그램의 현황 파악을 위하여 개설 프로그램의 상설 및 특설 여부, 운영 기간, 비용, 프로그램의 내용에 따라 분류하였다.

표 2-14 | 조사기관 및 교육프로그램 운영 개수

	기관명	지역	프로그램수		기관명	지역	프로그램수
서원	구암서원	대구	1	향교	광주향교	광주	4
	병암서원	대구	1		울산향교	울산	7
	안락서원	부산	16		칠곡향교	대구	18

---

18) 이영자, 「대전지역 서원의 유교문화콘텐츠의 실재와 활용방안 – 숭현서원, 도산서원을 중심으로」, 『대전지역 향교·서원의 선비정신과 문화콘텐츠』, 대전광역시 충남대학교 유학연구소, 2016, p.156.

서원	위치	수
충현서원	충남 공주	1
혜산서원	경남 밀양	1
군자서원	전남 강진	1
필암서원	전남 장성	1
남강서원	경남 양산	2
근암서원	경북 문경	1
서악서원	경북 경주	4
자운서원	경기 파주	2
표충서원	경남 밀양	1
구암서원	서울	2
옥산서원	경북 경주	1
설봉서원	경기 이천	4
월봉서원	광주	7
계		46

향교	위치	수
전주향교	전북 전주	2
수원향교	경기 수원	6
경주향교	경북 경주	1
인천향교	인천	6
삼척향교	강원 삼척	2
신창향교	충남 아산	2
홍천향교	강원 홍천	4
밀양향교	경남 밀양	4
제주향교	제주	7
과천향교	경기 과천	4
고양향교	경기 고양	6
진주향교	경남 진주	3
동해향교	강원 동해	1
계		77
기타	한국서원연합회	-	3
	한국선비문화수련원	경북 영주	32
	선비촌	경북 영주	12
	계		37

① 프로그램의 상설 및 특설 여부

본 조사에서 상설 및 특설 프로그램의 기준은 '기존 프로그램들의 경우 해당 프로그램이 매해 정기적으로 개설되고 운영되어 왔는가, 새로 개설된 프로그램들의 경우 역시 매해 정기적으로 운영될 예정인가'에 따라 분류했으며, 해당 기준을 충족한 경우에는 상설로 분류했다. 이와 달리 특정 해에만 운영되었거나, 새로 개설되었지만 정기적으로 운영될 예정이 없는 프로그램들은 특설로 분류했다. 총 170개 프로그램 중, 상설로 운영되고 있는 프로그램의 수는 138개로 81%이며, 특설 프로그램은 32개 19%로 나타났다.

표 2-15 │ 프로그램 운영의 상설 및 특설 여부

분류	수(개)	비율(%)	비고
상설	138	81	
특설	32	19	
계	170	100	

② 프로그램 운영 및 교육 기간

프로그램의 단기 및 장기 분류는 '교육 회수의 경우 7회 이상, 운영기간의 경우 일주일 이상'을 기준으로 그에 해당하면 장기, 그렇지 않으면 단기로 분류했다. 대부분의 프로그램은 단기로 운영되고 있으며, 소수지만 장기프로그램 역시 운영되고 있다.

표 2-16 │ 프로그램 운영 및 교육 기간

분류	수(개)	비율(%)	비고
단기	123	72	
장기	47	28	
계	170	100	

③ 프로그램 참가 비용

전체 프로그램 중 무료로 운영되는 프로그램은 전체 170개 프로그램 중 53%에 해당하는 90개이며, 참가비용이 발생하는 프로그램은 47%에 해당하는 80개이다. 인원에 따라 참가비가 달라지는 등 참가비 산정이 명확하지 않은 경우를 제외한 참가비의 평균은 약 8만6천5백원이나, 대체적인 이수비용을 중간값으로 산출하면 약 1만6천5백원이었으며, 최고이수비용을 기록한 한국선비문화수련원의 효특강, 혼례, 제례 프로그램은 50만원의 참가비가 책정되었다.

④ 프로그램 구성

각 프로그램은 이를 구성하고 있는 요소의 유형별로 강의, 체험, 견학, 공연, 활동으로 분류하였으며 다수의 프로그램들은 어느 한 요소가 아닌 복수의 요소를 포함하고 있었다. 구체적으로 고전 강독 및 해설이나 전통 문화에 대한 설명과 같은 요소를 '강의', 선비체험, 전통놀이체험 등과 같이 직접 전통을 몸으로 체험하는 경우에는 '체험', 서원 및 문화재를 방문하고 견학하는 경우에는 '견학', 사물놀이 등 문화공연을 관람하는 경우에는 '공연'으로 분류했다. 마지막으로 그 외에 마음치유, 친구만들기, 명상, 토론회 등의 프로그램은 '활동'으로 분류하였다. 프로그램 구성요소의 비율은 다음과 같다.

표 2-17 | 프로그램 구성요소 비율

프로그램 구성요소	수(개)	비율(%)*
강 의	94	55
체 험	77	45
견 학	23	14
공 연	7	4
활 동	31	18

*비율(%)은 전체 프로그램 대비 비율임

위 <표 2-17>에서 비율은 전체 조사대상인 170개 프로그램 대비 비율이다. 이에 따르면, 전체 프로그램 중, '강의'만으로 이루어지거나 '강의'를 포함하는 프로그램의 비율이 55%로 가장 많았으며, 가장 적은 구성요소는 '공연'이었다.

⑤ 프로그램 운영 대상

조사 결과 총 170개 프로그램 중 34%에 해당하는 58개 프로그램은 대상 제한 없이 누구나 참여할 수 있었고, 나머지 프로그램들의 경우, 유아·초등·중등·고등·일반 등으로 대상을 제한하고 있었다. 그 외에 학부모 혹은 가족단위, 군인 및 교사와 같은 특정 대상(직군), 그리고 외국인을 대상으로 한 프로그램들도 소수 운영되고 있었다.

표 2-18 | 프로그램 이수 대상별 구분

구분	수(개)
대상제한 없음	58
유아	11
초등학교	64
중학교	57
고등학교	54
일반	60
가족 단위	8
특정 대상(직군)	6
외국인	2

특정 대상(직군)의 대표적인 예는 부산의 안락서원과 밀양향교이다. 안락서원은 보호관찰소에 있는 청소년들에 대한 사회인성교육을 실시하고 있었으며, 밀양향교는 관내 출신 19세 이상의 성인남녀 및 신혼부부들에 대한 프로그램인 「향속순화 뽐내자! 이제 우리는 성인이다」라는 특설프로그램을 운영하고 있었다. 외국인 대상 프로그램은 선비촌에서 운영하고 있는 상설 프로그램과 안락서원에서 운영하고 있는 한국문화 체험교실이 있다.

2) 서원, 향교의 전통교육 관련 프로그램 사례

① 상설 및 특설 프로그램 사례

□ 상설 프로그램 사례

경북 경주의 서악서원은 전통교육 및 체험 프로그램으로 「유유자적·음풍농월 선비체험」을 상설로 운영하고 있다. 개인 또는 단체를 대상으로 한 위 프로그램은 4월에서 11월 사이 12회에 걸쳐 운영되고 있으며, 세부 일정 및 내용은 다음과 같다.

표 2-19 | 서악서원 「유유자적·음풍농월 선비체험」 프로그램 구성

시간	볼거리	즐길거리 / 배울거리
15:00 ~ 15:30	집결 및 서원해설(입소식)	선비복 착용 기념사진 촬영
15:30 ~ 16:00	전통예절 및 다도체험	선비 정신수양 및 예절체험
16:00 ~ 16:20	서악서원 소개 및 선비입문 교재 강의	서원역사 및 유래해설
16:20 ~ 17:00	전통 민속놀이 체험	전통 활쏘기(죽궁)
17:00 ~ 18:00	조선유생 신라를 만나다	무열왕릉→진흥왕릉→ 서악리삼층석탑→도봉서당
18:00 ~ 19:00	참가자 자율식사	
19:00 ~ 20:00	선비 풍류체험(서원 뜨락콘서트)	스토리텔러와 함께하는 히스토리 테마공연
20:00 ~ 21:00	선비힐링 트래킹	달빛아래 백등들고 무열왕릉 야경답사

□ 특설 프로그램 사례

부산 안락서원에서는 2017년 기준으로 운영중인 상설 프로그램 외에 올해의 경우 초등학생들을 대상으로 방학 중 「전통문화 체험교실」을 개설·운영하고 있다. 이 프로그램은 전통문화 체험으로 인성예절 및 충효사상의 고취를 목적으로, 2017년 1월 9일에서 13일까지 5일간 실시하였다.

주요 교육내용은 전통예절, 인성교육, 전통서당체험, 향토문화, 우리가락으로 구성되어 있으며, 그 구체적인 내용은 다음과 같다.

표 2-20 | 안락서원「전통문화 체험교실」일정 및 프로그램 구성

요일	시간	교육명	장소	강사명
1월9일 (월)	09:00 ~ 09:50	한복입기, 본전참배, 입소식, 영상교육(충렬사유래)	충렬사, 중강의실	교육팀
	10:00 ~ 11:50	전통서당체험(사자소학) -2시간-	중강의실	금OO
1월10일 (화)	09:00 ~ 09:50	전통예절	중강의실	오OO
	10:00 ~ 10:50	전통풍속배우기 (제례 등)	중강의실	박OO
	11:00 ~ 11:50	우리역사 책 만들기	중강의실	윤OO
1월11일 (수)	09:00 ~ 09:50	향토문화	중강의실	류OO
	10:00 ~ 10:50	우리민요 배우기	중강의실	김OO
	11:00 ~ 11:50	효 편지쓰기	중강의실	교육팀
1월12일 (목)	09:00 ~ 09:50	인성교육	중강의실	한OO
	10:00 ~ 10:50	창의력, 사고력증진	중강의실	김OO
	11:00 ~ 11:50	전통민속놀이 (투호, 떡매치기, 제기차기 등)	충렬사광장	교육팀
1월13일 (금)	09:00 ~ 10:50	성역지 탐방(동장대, 동래성 순례) -2시간-	충렬사, 동래성	곽OO
	11:00	퇴소식	중강의실	교육팀

② 학기제(장기) 프로그램 사례

□ 「구암서원 서당」 프로그램

서울 구암서원에서는 「구암서원 서당」 프로그램을 2017년 기준으로 운영하고 있으며, 학기제 방식으로 운영하는 이 프로그램은 대표적인 장기 프로그램으로 볼 수 있다. 초등학생을 대상으로 한 이 프로그램은 봄학기(4월~6월), 여름특강(7월~8월), 가을학기(9월~11월) 총 3학기에 걸쳐 실시되고 있다.

표 2-21 | 「구암서원 서당」 프로그램 일정

구분	일정	수강신청기간	수업내용
봄학기(6기)	4월 ~ 6월	3월중	전통예절, 문화, 사자소학, 서원견학 등
여름방학특강	7월 ~ 8월	7월중	전통예절, 문화
가을학기(7기)	9월 ~ 11월	8월중	전통예절, 문화, 사자소학, 서원견학 등

정규학기로 운영되는 봄·가을 학기는 총 12차시 구성이며, 특강 형식의 여름학기는 총 4차시로 구성되어 있다. 교육내용은 사자소학, 전통예절, 전통예절, 서원견학 등으로 구성되어 있다. 2017년 정규학기와 여름학기(특강)의 교육내용은 다음과 같다.

표 2-22 | 「구암서원 서당」 정규학기 프로그램 구성

회차	주제	내용	준비물
1	오리엔테이션 전통예절	공수, 방석 앉는 방법, 절하는 방법 어른에게 물건 전달하는 방법	한복
2	사자소학	인간의 중요성과 나를 태어나게 해주신 부모님의 사랑에 대해 배우기	교재 필기구
3	우리차의 색과 향기와 맛보기	우리차의 역사 및 효능, 차 우리기, 다식 만들기 체험	한복
4	전통놀이(제기차기) 및 학부모 특별 다도체험	제기 만들기 및 제기차기 체험 학부모 특별 다도체험	편한복장
5	사자소학	부모님께 효도를 해야하는 이유 부모님 사랑에 대한 바른 행동	교재 필기구
6	서원견학	설봉서원 견학	편한복장
7	사자소학	부모님 걱정 끼치지 않는 행동 평소 부모님을 대하는 생활예절	교재 필기구
8	우리 전통책 만들기 옛 물건 체험	전통책 엮기 및 한국 중국 일본책 비교 옛 생활 물건 다루어 보기	편한복장
9	사자소학	부모님 걱정 끼치지 않는 행동 평소 부모님을 대하는 생활예절	교재 필기구
10	생활예절 및 상식과 밥상머리 교육	배려 : 휴대폰, 자리양보, 문열기, 층간소음 등 식사예절 : 수저드는 순서 및 젓가락질 배우기	한복

| 11 | 사자소학 | 부모님께 효도하는 법 | 교재, 필기구 |
| 12 | 전통예절수료식 | 그동안 배운 내용 각자 실천할 수 있는 것 말하기 | 한복 |

표 2-23 | 「구암서원 서당」 여름학기(특강) 프로그램 구성

날 짜	주 제	내 용	준비물
1회차	오리엔테이션 전통예절	공수, 방석 앉는 방법, 절하는 방법 어른에게 물건 절달하는 방법	한복
2회차	옛물건 체험 전통소품 만들기	다듬이 방망이 전통저울 등 옛물건 체험 전통책(or 전통부채) 만들기	편한 복장
3회차	우리차의 색과 향기와 맛보기	우리차의 역사 및 효능, 차 우리기, 다식만들기 체험	한복
4회차	생활예절 교육 및 수료식	생활예절 : 휴대폰, 자리양보, 문열기, 층간소음 등 식사예절 : 수저드는 순서, 젓가락질 배우기 등 구암서원 서당 여름특강 수료식	한복

③ 스테이 프로그램 사례

□ 경주향교 향교 스테이 프로그램

체험 및 활동 위주로 구성된 경북 경주 경주향교의 전통문화유산 체험 관광 경주향교 스테이 프로그램이 있다. 모집 정원은 20-80명 내외이며 내용은 성년식, 예절학교, 제의례, 전통혼례, 세시풍습, 한문서당, 국궁, 떡메치기 등으로 이루어졌다. 그 구체적인 내용은 다음과 같다.

표 2-24 │ 경주향교 「향교 스테이」 프로그램의 세부 일정 및 내용

요 일	시 간	세부내용	체험수련관
1일차	10:00 ~ 10:10	입교식	명륜당
	10:10 ~ 10:55	현황설명	명륜당
	10:15 ~ 10:35	예절	명륜당
	13:00 ~ 14:00	다도체험	명륜당
	12:00 ~ 13:00	중식	구내식당
	13:00 ~ 14:00	국궁체험	국궁장
	14:00 ~ 15:00	윷놀이	명륜당
	15:10 ~ 15:40	투호놀이	명륜당뜰
	16:00 ~ 17:00	전통혼례체험	명륜당
	17:10 ~ 17:40	제기차기	명륜당뜰
	18:00 ~ 19:00	석식	구내식당
	19:20 ~ 21:00	윷놀이, 투호놀이	명륜당
2일차	06:00 ~ 07:00	취침	서재
	06:00 ~ 07:00	기상, 세면	세면장
	07:10 ~ 08:00	조식	구내식당
	08:10 ~ 09:30	유적지 견학	
	09:40 ~ 10:40	수료식	명륜당

□ 표충서원 서원 스테이 프로그램

경남 밀양의 표충서원은 향교 서원 스테이 1박2일이라는 단기 프로그램을 2017년 기준으로 운영중에 있으며, 그 구체적인 내용은 다음과 같다.

표 2-25 │ 표충서원 「서원 스테이」 일정 및 프로그램 구성

운영 일정	4월	5월	6월	7월	8월	9월	10월
	23~24일	21~22일	25~26일	23~24일	27~28일	24~25일	22~23일
첫째 날	10:00		밀양역 출발				
	10:10 ~ 11:00		우리나라 3대 누각 중 하나인 영남루, 무봉사 관람				
	11:00 ~ 12:00		밀양시 박물관(독립 기념관) 관람				
	12:00 ~ 13:00		중식				

	13:00 ~ 13:40	점필재 김종직 선생의 예림서원 관광
	13:40 ~ 14:00	밀양향교 유교 체험(스테이 프로그램 등록)
	14:00 ~ 16:00	밀양향교 선비풍류 - 공연 및 선비체험, 예절교육
	16:30 ~ 18:00	호국성지 표충사 관람
	18:00 ~	저녁 식사 후 숙소(표충서원)로 이동 및 휴식
둘째날	09:00 ~	조식 후 숙소 출발
	09:30 ~ 11:30	한여름에도 얼음이 어는 얼음골, 호박소 탐방
	11:30 ~ 12:30	다원 혜산서원 - 다도체험, 인문학 강좌 등
	12:30 ~ 13:30	점심식사(향토, 시골정식)
	13:30 ~ 14:30	해천(항일운동테마거리), 관아, 전통시장, 방문
	15:00	밀양역 도착 후 해산

④ 대상별 맞춤 프로그램 사례

□ 안락서원 전통문화체험 프로그램

부산 안락서원에서 2017년 기준으로 운영 중인 전통문화체험 프로그램은 정기 강좌와 신청에 의한 특설강좌, 그리고 교원연수로 구분하여 진행하고 있다. 정기 강좌를 제외한 신청에 의한 특설강좌와 연수강좌에서는 군장병, 대학생(사범계열), 보호관찰소 청소년, 이주 여성 및 외국 유학생, 문화재(충렬사) 참배객, 교원 등 특정 직군 및 대상에 대한 맞춤형 교육을 실시하고 있다. 대상 구분에 따른 프로그램 구성은 다음과 같다.

표 2-26 | 안락서원 전통문화체험 프로그램의 대상 구분

구분	과정명	대상	시기	내용
정기 강좌	중급 한문교실	시민 누구나	1~12월 (매주 화요일) 10:30 ~ 12:30	중급한문습득 교양강화
	선현의 가르침 교실	시민 누구나	1~12월 (매주 수요일) 10:30 ~ 12:30	전통문화 이해로 미풍양속 진작
	고전문학(한문) 교실	시민 누구나	1~12월 (매주 목요일) 10:30 ~ 12:30	고전문화 이해로 시민정서 순화
	우리 역사 교실	시민 누구나	1~12월 (매주 금요일) 10:30 ~ 12:30	우리뿌리 바로알기
	특강 (시민 관심 사항)	시민 누구나	1~12월 (월 2~3회 월요일) 10:30 ~ 12:30	시민 교양 증진
신청에 의한 강좌	전통문화체험교실	초등, 중등, 군장병, 기관 단체원	1월~12월	전통문화체험으로 인성함양, 충효교육
	대학생 전통문화교실	교육대생, 일반대, 사범계 등	1월~12월	전통문화교육 인성함양
	사회 인성교육	부산 보호관찰생	1월~12월	사회적응효과 증대
	어린이 예절교육	유치원생	1월~12월	인성함양
	부모와 함께하는 전통예절교실	초등, 중등, 학부모	7월~8월 12월~1월	사랑, 효사상 고취
	외국인 한국문화 체험교실	이주여성, 유학생 등	1월~12월	한국문화 이해증대
	영상 교육	충렬사 참배객, 교육생 등	1월~12월	호국정신함양
교원 연수	선현사상	교원	6월~7월	교원 전통문화 이해
	우리역사, 향토문화		11월~12월	
	전통문화 체험		7월~8월	

⑤ 리더십 프로그램

□ 자운서원 율곡리더십 아카데미

서원연합회와 경기 파주 자운서원이 함께 개설한 율곡리더십 아카데미는 2017년 기준으로 초등학교 4학년부터 중학교 3학년만을 대상으로 운영되고 있으며, 구체적인 프로그램 구성은 아래와 같다.

표 2-27 | 자운서원 율곡리더십 프로그램

장소	성균관 및 경기도 일대(자운서원, 파주출판단지)	
대상 및 인원	초4 ~ 중3학년생 기수별 40명	
	※ 20인 이하일 경우 행사 진행 취소	
주최	경기도, 파주시, 성균관	
주관	경기관광공사, 한국서원연합회	
운영기간	2012년 1월 ~ 2012년 12월	
강의	특강 "글로벌 시대의 율곡 사상과 자기주도 학습법"	
체험프로그램	선비옷 입기, 배례법, 다도법 등	
견학프로그램	자운서원, 임진각 관광지	
기타프로그램	소감문 쓰기, 수료증 수여 등	
참가비	7만원	
운영기간	프로그램명	모집인원
7. 14 ~ 15	율곡리더십아카데미	40명
7. 21 ~ 22	율곡리더십아카데미	40명
7. 28 ~ 29	율곡리더십아카데미	40명
8. 4 ~ 5	율곡리더십아카데미	40명
8. 11 ~ 12	율곡리더십아카데미	40명
8. 18 ~ 19	율곡리더십아카데미	40명
8. 25 ~ 26	율곡리더십아카데미	40명

⑥ 전통문화 관련 문화제 사례

□ 자운서원 율곡문화제

경기 파주 자운서원이 개최하는 율곡문화제는 이틀간 이루어지는 행사로 공연, 체험, 견학 등의 다양한 내용으로 구성되어 있다. 구체적인 프로그램은 다음과 같다.

표 2-28 | 자운서원 율곡문화제의 세부 일정 및 내용

일자	시간	프로그램	내용	장소
10.8(토) (1일차)	10:35	유가행렬 및 시민길놀이	- 유가행렬 - 시민길놀이	파주 이이유적지
	11:10		- 개막축하 퍼퍼먼스 "격몽요결 진서의식"	자운서원 잔디광장
	11:30	개막식	- 행복장학생 어사화 하사 - 파주시 강릉시 자매결연식 - 개회사, 환영사, 축사 - '파주 율곡이이' 브랜드 선포식	자운서원 잔디광장
	12:00	전통공연	- 타악 퍼포먼스 "공명"	자운서원 잔디광장
	12:15	제향	- 자운서원 추향제 - 격식 있는 제향, 묘역 참배체험	자운서원
	14:00	공연	- 파주전통예술단 "호연"	자운서원 잔디광장
	15:00	바둑대회	- 전국 "율곡 이이 바둑대회"	시민회관
	16:30	토론회	- 율곡 독서토론회 '삼현의 진지한 학문 토론 및 처세를 배우다'	자운서원 잔디광장
	19:00	음악회	- 오케스트라와 함께하는 서원음악회 '책과 음 악 자운서원 가을 저녁에 물들다'(서울팝오 케스트라, 팝페라가수 안치환 정훈희 등)	자운서원 잔디광장
	종일	한복체험	- 외국인 "유생 생!"체험 - 자녀와 함께하는 서원나들이	자운서원
	종일	청소년 체험학습	- 나만의 자경문 십일조 제술 - 자경문 켈리그라피로 쓰기	자운서원 (강인당)
	종일	전시 및 체험	- 전통 등 전시 및 만들기 체험	자운서원 잔디광장
10.9(일) (2일차)	10:00	백일장 미술대회	- 전국 학생 및 일반인 외국인 백일장 - 사임당 미술대회	자운서원 잔디광장
	12:00	제향	- 신사임당 추향제 - 격식 있는 제향, 묘역 참배체험	자운서원
	12:00	공연	- 퓨전국악밴드 "고래야"	자운서원 잔디광장

13:00	행사	- 전국 학생 "율곡 이이 바둑대회"	시민회관
14:00	지역공연	- "꿈의 학교" 동아리 학생 공연	자운서원 잔디광장
16:30	역사토크 콘서트	- 파주 삼현(이이, 성혼, 송익필) 역사 토크 콘서트 '삼현수간 발간에 즈음하여'(사회 조수빈 아나운서, 패널 고전학자 박재희 교수, 역사여행가 박광일, 문화평론가 김갑수 등)	자운서원 잔디광장
종일	한복체험	- 외국인 "유생 생!"체험 - 자녀와 함께하는 서원나들이	자운서원
종일	청소년 체험학습	- 나만의 자경문 십일조 제술 - 자경문 켈리그라피로 쓰기	자운서원 (강인당)
종일	전시 및 체험	- 전통 등 전시 및 만들기 체험	자운서원 잔디광장

⑦ 정부 및 지자체 지원 프로그램 사례

□ 광주 월봉서원

월봉서원은 2008년부터 2017년까지 문체부와 문화재청, 그리고 지자체의 예산 지원으로 다음과 같은 프로그램을 운영하여 왔다.

표 2-29 | 월봉서원 활성화 운영프로그램 실제[19]

연도	프로그램명	프로그램	비고
2008	월봉서원이 살아 있다	고봉선생을 만나다	문화 재청
		밤에 열리는 월봉서원 달빛 판타지아	
2009	설레는 발걸음, 월봉서원에서 무양서원까지	가족생생철학걷기투어	
		청소년고봉철학관걷기투어	
		월봉서원 철학스테이	
		아름다운 월봉엽서전	

....

19) 백옥연, 「호남지역 사례를 통해서 본 유교문화콘텐츠 활용방안 - 6차 산업으로 본 월봉서원의 현대적 활용의 의의와 시사점」, 『대전지역 향교·서원의 선비정신과 문화콘텐츠』, 대전광역시 충남대학교 유학연구소, 2016, pp.73-75.

연도	사업명	프로그램	지역
		서원 탐방: 고봉 선생을 만나다	
		무양서원 아해들	
		고분위의 달빛 판타지아	
2010	고봉선생이 띄우는 미래로의 초대	월봉서원 철학스테이	
		이야기가 있는 월봉서원 느림투어	
		21세기 어린이 선비교실	
		영호남선비문화교류 프로그램	
		월봉서원 홈페이지 구축	
		교육용 안내 가이드북/홍보 팜플렛 제작	
		고봉 기대승 연극	
2011	월봉서원과 함께하는 즐거운 나날	월봉서원 드라마 판타지아	
		광산역사문화투어	
		살롱 드 월봉	
		광주8경(방월당과 황룡강 물안개) 사진 공모전	
		월봉서원 어린이글짓기대회	
		월봉서원 느림투어	
		21세기어린이선비교실	
		영호남 선비문화교류프로그램	
		세계대학생초청교류'유니버시티 월봉'	
		월봉서원 홍보영상물제작	
		월봉서원 이야기 지도 제작	
		자경카드 '도라봄' 운영	
2012	도담도담 월봉서원	월봉서원 철학스테이	
		살롱 드 월봉	
		조선팔도 선비문화교류프로그램	
		광산역사투어	
		아름다운 월봉엽서 공모전	
		전국한시경연대회	
		월봉서원 어린이글짓기대회	
		고봉학술제	
		월봉서원 가이드북 제작	
		월봉서원 홈페이지 운영	
2013	월봉서원 활성화사업	살롱 드 월봉	광주광역시 광산구
		꼬마철학자상상학교	
		고봉선생과 함께하는 영산강물결투어	
		활력 팸투어	
		인문살롱 달빛사랑방	

		체험프로그램 '선비의 하루'	
		고봉문화제, 고봉학술대회	
2014	살아 숨 쉬는 향교·서원 활용사업 월봉서원이 건네는 '선비의 하루'	살롱 드 월봉	문화재청
		꼬마철학자상상학교	
		청소년 이기 진로교실	
		2030 청년선비문화원정대	
		철학자 부엌	
		대표 체험 프로그램 '선비의 하루'	
		서원마을인문학당	
		고봉문화제, 고봉학술대회	
	유교아카데미	유교관련 전문강좌 18회	문체부
		전통 문화 등 교양강좌 18회	
	배움여행 '여유'	유교문화체험 프로그램	
		기자단 팸투어	
2015	살아 숨 쉬는 향교·서원 활용사업 '월봉서원, 삶 속에 잔물지다'	살롱 드 월봉	문화재청
		꼬마철학자상상학교	
		청소년 이기 진로 교실	
		2030 청년 선비 문화 원정대	
		철학자의 부엌	
		체험프로그램 '선비의 하루'	
		월봉서원 드라마판타지아	광산구
		서원마을(너브실) 관광상품 개발	
		고봉문화제, 고봉학술대회	
	유교아카데미	유교관련 전문강좌	문체부
		교양강좌 - 행복의 의미, 승정원일기 강독 등	
		청소년인성예절교실	
		유교콜로키움 - 동양고전을 읽고 토론	
	배움여행 '월봉서원이 건네는 기세등등 여유'	유교문화체험 프로그램 자경야담, 풍영정 시한수 한마당, 백우정등불걷기 우리도 그들처럼, 무양서원 몸살림체조, 시가있는 저녁	
2016	살아 숨 쉬는 향교·서원 활용사업 '고봉 기대승, 빙월로 기억되다'	살롱 드 월봉	문화재청
		꼬마철학자상상학교	
		청소년 이기 진로 교실	
		2030 청년 선비 문화 원정대	
		철학자의 부엌	

	체험프로그램 '선비의 하루'	
	월봉서원 드라마판타지아	
	너브실마을 밥상	
	고봉문화제, 고봉학술대회	
향교·서원	무진지양 - 우리가 광주의 별이다	
청소년문화체험학교	낭독이 인문학이다 등	
유교아카데미	유교아카데미 전문강좌	
	유교아카데미 일반강좌	
지역전통문화관광자원	호남의 정신문화가 살아있는 비밀의 서원_월봉	
화 사업	다시_다시카페, 월봉유랑	

표 2-30 | 월봉서원 2016년 프로그램 운영실적[20]

계	프로그램 운영(교육관)				교육관, 서원방문
	향교·서원 활용사업	유교 아카데미	월봉유랑, 다시다시	고봉문화제 고봉학술대회	워크숍, 답사, 방문
26,251	3,575	1,332	5,744	600	15,000

◆ 2016 고봉문화제 개최 : 2016. 10. 14.(금) ~ 10. 15.(토)
◆ 2016 고봉학술대회 개최 : 2016. 11. 18.

프로그램명	세부프로그램	운영횟수(회)	참여자(명)	비고
유교아카데미	전문강좌	12회/12회	720	문화 체육 관광 부
	일반강좌	12회/12회	612	
지역전통관광자원화 사업	다시다시 살롱	15회/15회	450	
	다시다시 공방	15회/15회	300	
	월봉유랑	5회/5회	1,846	
	소계	59회/59회	3,928	
향교·서원활성화사업 '월봉서원이 건네는 선비의 하루' (3월 ~ 11월)	살롱드 월봉	4회/5회	278	문화 재청
	꼬마철학자상상학교	12회/12회	702	
	청소년 이기 진로교실	8회/8회	625	
	2030청년선비문화원정대	6회/6회	245	
	드라마판타지아	4회/4회	413	
	철학자의 부엌	6회/6회	291	
	서니의 하루	10회/10회	346	

20) 백옥연(2016), pp.75-76.

	너브실마을 밥상	10회/10회	675	
	소계	54회/55회	3,575	
고봉문화제, 학술대회	10.14. ~ 10.15.	1회/1회	600	
합계		114회/115회	8,103	

(3) 전통교육 관련 프로그램 운영자 면담

가. 면담조사 개괄

1) 면담조사 기관 및 기간

면담조사는 2017년 1월부터 8월에 걸쳐 서울·경기권, 강원원, 경북권, 충청권, 전라권 등 전국 5개 지역의 전통교육 프로그램 운영기관을 방문하여 현장조사 및 전통교육 운영자 면담을 진행하였다. 조사 기관은 양천향교(서울), 강화향교(경기), 원주향교·양양향교(강원), 안동향교(경북), 청주향교(충북), 돈암서원(충남), 전주향교(전북), 여수향교·돌산향교(전남) 등과 전남대학교 이순신해양연구소(여수캠퍼스 소재), 건양대학교 예학교육연구원(논산캠퍼스 소재), 전북대학교 큰사람교육개발원 인성예절교육센터, 전주전통문화연수원 등이다. 조사기관 및 조사일시에 관한 사항은 다음의 표와 같다.

표 2-31 | 면담조사 기관 및 일시

지역	기관명	일시
서 울	양천향교(http://www.hyanggyo.net)	2017년 1월 12일(10:00-12:00)
경 기	강화향교	2017년 1월 12일(14:00-16:00)
강 원	원주향교	2017년 1월 24일(10:00-12:00)
	양양향교	2017년 1월 24일(15:00-17:00)
경 북	안동향교	2017년 2월 22일(14:00-17:00)

충 청	청주향교 (http://www.skkcj.com)	2017년 7월 17일(17:00-19:00)
	건양대학교 예학교육연구원 (https://www.konyang.ac.kr/kor/sub01_04_03_01.do)	2017년 8월 2일(14:00-15:00)
	돈암서원(논산) (http://www.donamseowon.co.kr)	2017년 8월 2일(15:30-17:00)
전 라	여수향교	2017년 6월 2일(12:00-18:00)
	돌산향교	2017년 6월 3일(10:00-11:00)
	전남대학교 이순신해양문화연구소	2017년 6월 3일(12:00-13:00)
	전북대학교 큰사람교육개발원 인성예절교육센터	2017년 8월 3일(12:00-14:00)
	전주전통문화연수원 (http://www.dongheon.or.kr/2013_korean)	2017년 8월 3일(15:00-16:00)
	전주향교 (http://www.jjhyanggyo.or.kr)	2017년 8월 3일(16:30-17:30)
	전주 한옥마을	2017년 8월 4일(10:00-12:00)

2) 응답자 정보

면담조사 응답자는 각 기관에서 전통교육 프로그램을 운영 및 교육하고 있는 담당자들이다. 각 기관 응답자 정보는 다음의 표와 같다.

표 2-32 | 면담조사지 및 응답자 정보

지역	기관명	응답자
서 울	양천향교	○○○ (양천향교 의전 수석장의 겸 강사협의회 회장) ○○○ (서울시 향교재단 이사)
경 기	강화향교	○○○ (강화향교 전교) ○○○ (강화향교 성균관유도회강화지부 회장)
강 원	원주향교	○○○ (원주향교 전교) ○○○ (원주향교 교화부장)
	양양향교	○○○ (양양향교 전교) ○○○ (양양향교 사무국장)
경 상	안동향교	○○○ (안동향교 사무국장 겸 총무수석, 장의)

충 청	청주향교	○○○ (청주향교 전교)
		○○○ (청주향교 총무국장)
		○○○ (청주향교 총무부장)
	건양대학교 예학교육연구원	○○○ 교수(건양대학교 예학교육연구원장)
	돈암서원(논산)	○○○ ((사)기호문화유산활용진흥원 이사장)
전 라	여수향교	○○○ (여수향교 총무, 여수향교 전 전교)
	돌산향교	향교 운영 여부 불투명
	전남대학교 이순신해양연구소	○○○ 교수(전남대학교 이순신해양연구소장)
	전북대학교 큰사람교육개발원 인성예절교육센터	○○○ 교수(전북대학교 인성예절교육센터장)
	전주전통문화연수원	○○○ (전주전통문화연수원장)
		○○○ (군산대학교 명예교수)
	전주향교	○○○ (전주향교 전교, 일요학교장)
		○○○ (전주향교 재무국장)
	전주 한옥마을	특정 응답자 없음

3) 면담조사 내용

면담조사를 위하여 각 기관의 면담조사 응답자들에게 본 연구의 취지와 조사목적, 그리고 조사내용을 사전 통보하였으며, 방문 이후 질문과 답변을 통한 대담 형식으로 진행하였다. 향교와 서원 등 전통교육 프로그램 운영자에 대한 면담조사 시 주요 질문은 ① 전통교육 프로그램 개설 현황, ② 기관의 인력구성(교수자 및 행정인력), ③ 프로그램 운영상의 난점 및 개선 요구사항 등이었으며, 이 외에 특별히 전통문화 및 전통교육 전문가(교수자) 양성에 대한 자문을 요청한 면담자(건양대학교 예학교육연구원장 ○○○ 교수; 전북대학교 인성예절교육센터장 ○○○ 교수)도 있었다.

나. 면담조사 분석결과

1) 기관별 전통교육 프로그램 개설 현황

조사 기관의 전통교육 관련 프로그램은 한문서당, 충효교실, 예절교육, 경전강의 및 고전강독, 혼례의식, 학술세미나, 향토사 관련 강좌 등으로 구성되어 있으며, 특수한 사례로서 교정시설(보호관찰소) 제소자 관련 교육이 있다. 각 기관들이 공통적으로 진행하고 있는 프로그램은 청소년을 대상으로 한 '예절교실' 등으로 관내 각급학교의 신청에 따라 이루어지는 비상시적인 프로그램이며, 이수 시간은 2시간에서 4시간인 당일 교육 프로그램이다. 면담자들의 대부분은 전통문화 보급과 청소년들의 인성교육을 위해 보다 많은 교육기회가 주어지기를 바라고 있으나, 이러한 단기적인 프로그램의 효과성에 대해서는 다소간의 회의적인 견해를 보이는 경우가 있었다. 면담조사 기관에서 개설·운영중인 프로그램과 그 특이점은 다음과 같다.

□ 양천향교

양천향교의 경우, 상설 운영하고 있는 프로그램은 한문교실과 예절교실이다. 한문교실은 초중등생의 한자급수 시험 준비를 도와주고 있으며 예절교실은 초보자반과 전문가반으로 나누어 수시모집을 통해 프로그램을 운영하고 있다. 초보자반은 수료 후 소정의 교육을 통해 의례시범단원으로 활동하고 있으며, 전문가반은 국가인증고시에 응시하여 예절지도사로 활동할 수 있다. 충효교실은 방학중 강서구청의 지원으로 사자소학을 가르치며 배례법, 인사예절, 인성교육을 위주로 2주간 무료로 실시된다. 관내 학교의 요청에 따라 출강하여 강의하는 경우도 있다.

여성유도회가 주관하는 교육 프로그램으로는 다도 모임과 전통음식 재연 교육이 있다. 양천향교는 제례나 혼례에 필요한 전통음식을 재연하고 개발하는 모임을 운영 중이며, 조리시설이 갖추어진 부속건물에서 교육이 이루어지고 있다.

□ 원주향교

원주향교의 경우, 특수한 사례로서 비정기적으로 교정시설(보호관찰소)의 보호관찰 대상 청소년에 대한 선도 및 교화 프로그램을 운영하고 있다. 실제적인 제약이 적지 않아 해당 기관으로서는 어려운 점이 있으나, 만족도에 있어서는 교육자와 학습자 모두 긍정적인 것으로 보인다.

> 강릉원주대학생들이 와서 성인례를 하고, 또 보호관찰소 애들이 와서 성인례를 합니다. 교도소요. 오는데 제가 작년 2015년도에 보니까 이 강릉원주대학생들하고 그 개들하고는 차이가 나가지고 제가 그런 얘기를 했어요 보호관찰소에다가 보호관찰소 애들 안받겠다 대학생들만 받겠다고 하니 보호관찰소장님이 하는 말씀이 원주향교 가서 교육을 받고 나서 훨씬 나아졌다는 거예요. 그래서 오늘부터 지난 해 받았어요 받았더니 교육을 또 시켰습니다. 올해도 또 올거예요 그런 얘기를 들으면 기뻐서라도 더 오라고 해야 돼요.
>
> (원주향교 면담자 전사자료 中)

□ 돈암서원

돈암서원은 2012년까지 강학, 출판을 제외한 제향만을 진행해 왔으며, 2013년부터 본격적인 전통교육 관련 프로그램을 운영하기 시작했다. 2013년 문화재청이 주관하는 '살아 숨쉬는 서원, 향교 만들기 사업'에 선정(9600만원)되었으며, 2014년 해당 사업 우수상을 수상하였다. 2016년에는 충남교육청의 지원(5700만원)으로 초등학생을 대상으로 한 인성교육 사업을 진행하고 있다. 현재 돈암서원이 운영 중인 주요 프로그램으로는 '풍류가 있는 아카데미', '서원에서 만나는 세계문화유산', '토요성리학', '찾아가는 예절교실', '돈암병아리 인성학교' 등이 있다. 그 외, 예절교육 전문가 과정 및 예절교육지도사 자격증 과정 관련 프로그램을 진행하고 있다.

□ 전주전통문화연수원

전주전통문화연수원은 전주한옥마을 내에 위치하고 있는 지리적 이점으로 다양한 문화콘텐츠와 체험 교육이 가능하다는 장점을 가지고 있다. 전주전통문화연수원의 주요 전통교육 프로그램은 청소년을 대상으로 한 2학(學)과 3예(禮)이다. 2학은 한국사상과 한국고전 관련 교육이며, 3예는 사상견례(士相見禮), 향음주례(鄕飮酒禮), 향사례(鄕射禮)이다. 가족을 대상으로 한 5종의 일반 프로그램과 4종의 특별 프로그램을 진행하고 있으며, 그 외 국내외 성인 및 청소년을 대상으로 하는 15종의 연수 프로그램을 신청에 의해 진행하고 있다.

□ 전주향교

전주향교는 2016년 문화재청의 '살아 숨쉬는 향교 서원 만들기' 사업에 선정되어 지원받은 바 있으나, 현재는 인력 및 예산 등의 문제로 인하여 사업 신청을 하지 않았다. 전주향교가 진행하고 있는 프로그램은 전통문화 교육과 전통 혼례 주관 등이다. 현재 전주향교는 한자 및 예절교육을 주로 하는 청소년 대상의 일요학교, 방학 기간에 개설되는 청소년 대상의 인성교실, 전통예절과 다례실습 및 민속놀이를 주로 하는 어린이 예절교육, 성인 대상의 전통문화학교와 시조교육의 총 5개 프로그램을 운영하고 있다. 또한 전주전통문화연수원과 연계하여 전통문화연수원에서 진행하고 있는 교육 프로그램 중 한자 및 고전 강독 등의 교수를 전주향교가 위탁하여 진행하고 있다.

그 외 전교와 재무 등이 초등학교 등에 출강하여 인성교육과 한자 및 예절교육을 담당하는 사례가 있으나, 학생들과의 소통에 적지않은 어려움이 있다. 전주향교에서 현재 상설 운영중인 프로그램에서 두드러진 특징은 예전에 비해 학생수가 많이 감소하고 있으며, 꾸준히 출석하지 않는 학생 또한 많아졌다는 점이다.

□ 양양향교, 안동향교, 강화향교

양양향교, 안동향교, 강화향교는 고전 강독 및 한시반을 운영하고 있는데, 현재 30여 명이 활동 중이며, 주 1회씩 향교 내 명륜당에서 모임을 갖는다.

위 세 기관은 상시적인 프로그램 외에도 각종 제례 및 행사의 시연을 진행하고 있었다. 강화향교는 안양대학교 강화캠퍼스 학생들을 대상으로 전통 성년례를 실시하고 있었으며, 안동향교는 석전, 전통 혼례 및 불천위 제례 등 각종 전통 행사의 시연을 통해 전통문화의 전승과 유교문화의 보급에 힘쓰고 있었다.

2) 인력구성

교육 프로그램 운영을 위해서는 교수자와 행정인력이 필요하다. 조사에 응한 기관들은 대체로 예산상의 문제로 인하여 충분한 교수자 및 행정인력을 충원하지 못하고 있는 것으로 드러났다. 조사에 응한 향교의 다수가 인건비 부족 전교, 재무이사 등의 운영자가 직접 교수와 행정을 담당하고 있었으며, 초빙된 교수자 역시 충분한 강사료를 지급하지 못하고 있는 실정이다. 다음에서 살펴볼 기관 중 전주향교는 인력부족으로 인력부족으로 어려움을 겪고 있는 기관의 예로서 제시하고자 하였으며, 돈암서원과 전주전통문화연수원은 비교적 필요인력을 충원하고 있는 경우이다.

□ 돈암서원

돈암서원의 인력 구성은 교수 및 행정인력 총 9명으로 구성되어 있다. 문화재청 사업은 프로그램 운영비와 식사비를 제외한 기관 운영비가 별도로 책정되지 않아 인력수급에 애로사항이 많다. 이러한 이유로 별도의 사단법인(기호문화유산활용진흥원)을 설립하여 필요한 인력을 충원하였다.

행정인력은 역사 및 국어국문 관련 전공자로 구성되며, 각종 정부기관 사업의 기획서 작성과 프로그램 운영 등의 업무를 담당하고 있다. 그리고 교수자는 인문학 관련 전공의 석사학위 이상 소지자를 자격 요건으로 제한하고 있다.

돈암서원은 행정인력과 교수자 외에도 보물로 지정된 응도당으로 인하여 문화재 경비 인력 2인과 문화재 해설사 1인이 교대로 상주하고 있다. 이들 3인에 대한 인건비는 문화재청이 보조하고 있으며, 선발은 논산시에서 담당하고 있다.

□ 전주전통문화연수원

전주전통문화연수원의 행정인력은 원장 외 2명의 상근직이 근무하고 있다. 근무자들은 전주시가 채용한 별정직 공무원으로 순환보직이 없는 관련 분야의 전문 인력이다. 그리고 교수자는 해당 프로그램 및 관련 직종의 전문가, 전통문화, 인문학 관련 전공자로 구성되어 있다. 또한 체험식 교육을 지향하기에 평균연령은 45세 전후로 젊은 편이다.

□ 전주향교

전주향교가 운영하는 프로그램에서 교수자는 전교와 외부 초빙인사로 이루어져 있다. 전교는 윤리 관련 교육을 담당하고 있으며, 외부에서 초빙한 교수자는 주로 정년퇴임한 전직 교사들로 시간당 3만원의 강사료를 지급하고 있다. 행정을 담당할 별도의 인력이 없어 어려움을 겪고 있다.

3) 교육 프로그램 운영의 난점 및 개선 요구사항

면담자들은 해당 기관의 지역 및 환경적 여건에 따라 다양한 어려움과 개선 요구사항을 제기하였다. 다음에서는 비교적 공통된 사항에 대해 주제별로 살펴보고자 한다.

□ 전문 행정인력 충원 및 인건비 등의 현실화

교육 프로그램을 운영하고 있는 기관이 겪고 있는 공통적인 어려움은 인력 충원에 관한 사항이다. 특히 사업의 기획과 진행, 그리고 예산집행을 위한 상근직 행정인력에 대한 충원은 매우 시급한 것으로 나타났다. 조사에 응한 기관 중, 사업 및 프로그램을 진행할 최소한의 행정인력이 구비된 기관은 전주시의 예산으로 2명의 상근직을 (별정직) 공무원으로 채용한 전주전통문화연수원 정도였으며, 그 외 다수의 향교 등이 행정인력 부족으로 인하여 정부와 지자체가 지원하는 각종 사업에 신청을 포기하는 사례가 많았다.

또한 면담자들은 사업선정 이후 지급되는 인건비 역시 전문인력을 충원하기에 다소 부족하다고 답하였다. 돈암서원 김선의 장의에 따르면, 사업선정 시 소요 인력에 대한 월 지급액은 문화재청 사업을 기준으로 박사학위 소지자가 약 250만원, 석사학위 소지자 약 150만원, 그리고 학사학위 소지자가 115만원 내외이다. 또한 교수자에 대한 강사료 역시 대학이나 평생교육기관에 비해 높지 않은 편으로, 전주향교의 경우 시간당 3만원의 강사료가 지급되는 실정이다. 면담자들은 이에 대한 개선방안으로 사업발주 기관이 사업 진행에 필요한 인력을 직접 지원하거나 채용하는 등의 방법을 적극적으로 고려해야 한다고 답하였다.

□ 해당 기관 내 운영 프로그램에 대한 교육목적 및 내용의 연속성

면담조사를 실시한 기관들은 해당 시도교육청과 지방자치단체 및 유관기관 등이 주관하거나 공모한 교육 프로그램에 직간접적으로 참여하고 있었다. 외부 기관 프로그램에 대한 참여는 교수자 인력 및 프로그램 지원과 같은 경우도 있지만 단순한 시설 대여에 그치는 경우도 적지 않았다. 면담자들은 후자와 같은 시설 대여 시 해당 기관의 교육내용과 배치되거나, 전통문화의 전승이나 인성교육의 목적이 아닌 이벤트성 사업으로 전락하는 것을 우려하였다.

갑자기 우리가 아무 모르는 상태에서 뭐 강서구청에다가 공모를 해서 프로젝트 땄느니 서울시 사업이니 하다못해 문화관광부 사업이니 해서 들고 오는데 한두 번은 받아줬죠. 왜냐하면 그 사람들이 준비가 안 된 사람들이 이 페이퍼로다가 해서 그 담당자들도 전문가는 아니니깐 심사만 통과만 되면 얼마 안 가 지원이 되니까 우후죽순 생기는데 그걸 다 받아주다가는 향교에서는 감당을 못하잖아요. 지금 이 사람들은 머리 들고 들어와서 명륜당 내놔라 우리가 쓸 수 있게 검증이 안 되었는데 그리고 보면 교육이라는 것도 우리가 가르치려고 준비해놓은 교육하고 그 사람들이 프로그램 짜서 가져오

는 것과도 갭이 생길 수밖에 없습니다. 그러면 교육이라는 게 일관
성이 있어야 하는데 이 사람이어서 가르치는 프로그램은 똑같은 예
절교육인데도 저런 것도 다르고 대화법도 다르고 다 다르다면 안
된다. 그래서 이제 계속 짤랐는데 정하고 싶으면 여러 가지 너네들
이 열 개의 프로그램을 한다면 양천향교가 꼭 장소를 제공해야 할
테고 양천향교가 교육하는 교육의 연속성이나 계속 그것의 연속성
이 없으면 우리는 허락 못한다. 많이 짤랐죠. (중략) 일부분은 영리
목적도 있고 하다못해 이런 것도 있어요. 향교만 빌려줘라 자기네가
연중무휴로 와서 전통 혼례를 해가지고 장소값을 얼마를 주겠다. 이
런 사람도 있어요. 그런데 우리는 그거를 성년제가 되었든 전통 혼
례가 되었든 우리가 알고 있는 거하고 다르니까 그것이 뭐 변형이
점점 점점 이렇게 좋은 쪽으로 가야 하는데 그게 완전 이벤트 식으
로 가버리니까.

(양천향교 면담자 전사자료 中)

□ 단기 프로그램의 효과성에 대한 회의

면담조사 결과, 2시간-4시간으로 진행되는 단기 교육 프로그램의 효
과에 대하여 운영자들은 두 가지 상반된 인식을 드러내고 있었다. 우선은
학습자의 태도 변화가 비록 크지 않을지라도 그 성과에 고무되어 지속적
으로 프로그램을 운영할 필요가 있다고 판단하는 경우와, 반대로 단기 교
육프로그램은 형식적으로만 진행될 뿐 인성적 측면에 기여할 수 없다는
점을 지적하는 것이다. 그러나 이 두 입장 모두 현재보다 많은 시간이 투
여될 경우 보다 높은 효과가 있으리라는 점에서는 동의하고 있다.

(단기 프로그램) 해 봐야 프랭카드 걸고 사진 찍고 그런 거 말하셨 잖아요. 그런 거 밖에 없고. 그 다음에 주마간사도 그런 주마간사는 없고. 요즘은 주마간사가 아니고 주차간사죠. 그런 생각이 들고. (중략) 그냥 형식적으로 뭐 어떤 향교에서 뭘 했네 뭘 했네 하면서 한 시간 두 시간 하거나 방과후에 하거나 방학 때 그냥 한 두시간 하거 나 그렇게 하고 끝내 버리더라고요. 그래서 우리는 안합니다.

(안동향교 면담자 전사자료 中)

초등학교 학생들은 이제 천자문하고 사자소학에서 가르쳐봤습니다. 일주일 합니다 일주일 그리고 이제 학교에서 나와서 가르쳐달라고 하는 것도 이제 한 일주일 정도 밖에 안 합니다. 출장교육이죠. 그런 데 그것도 학교에서 시간을 많이 내는 것이 아니라 그것 밖에 요청 을 안 해요. 한 시간 두 시간 길어봐야 일주일. (중략) 어렴풋이나마 아이들이 커서 그것을 배웠다는 인식을 줄 정도예요. 기대하는 거는 아무것도 없고요.

(강화향교 면담자 전사자료 中)

□ 교육생들의 안전 및 관리의 난점

교육 프로그램의 운영자들은 공통적으로 교육생들의 안전 및 관리에 대해 어려움을 지적하고 있었다. 그러나 운영자들이 말하는 안전 및 관리 의 어려움은 실제로 교육장이 지닌 사고 요인에 관한 것이 아닌, 위탁교 육으로 인한 심리적인 압박이라고 볼 수 있다.

안동향교의 박동균 장의에 따르면, 청소년 대상 교육 프로그램의 경우 프로그램 참여 여부는 본인의 의사도 물론 중요하지만 학교장의 의지와 학부모의 동의서 제출이 필수적으로 요구되기에 교육참여 학생들에 대한 안전에 많은 신경을 쓸 수밖에 없다고 하였다.

더욱이 1박 2일 이상의 캠프 프로그램은 참여자의 안전 및 관리에 더욱 유념할 수밖에 없다. 전주전통문화연수원은 연수원 내의 고택에서 숙박을 하게 되는 1박 2일의 캠프 프로그램을 진행함으로써 자연스럽게 한옥을 체험할 수 있는 기회를 제공하고 있다. 김순석 원장에 따르면, 전주전통문화연수원의 한옥체험은 그것이 갖는 문화적인 우수성과는 별개로 상업지구(전주한옥마을)와 인접해 있는 문제, 한옥이 갖는 개방적인 공간성 등으로 종종 안전이나 인원통제에 취약한 문제가 발생할 수 있다고 답하였다.

□ 문화재의 보존과 활용 사이의 딜레마

돈암서원의 경우, 정부 및 지자체가 지원하는 각종 교육 프로그램을 진행하는 한편, 유네스코 세계유산 등재신청 대상 9개 서원 중 하나로 내년 1월 신청서를 제출하고 2019년 등재여부가 최종 결정될 예정이다. 김선의 장의에 따르면, 정부기관(문화재청 등)의 사업은 문화재를 비롯한 전통문화 유산의 활용에 초점이 맞추어져 있는 반면, 유네스코 세계문화유산 등재를 위해서는 옛것 그대로의 보존을 우선시할 수밖에 없다는 점이 일종의 딜레마라고 답하고 있다. 특히 현재 돈암서원에서 보물로 지정된 응도당은 각종 프로그램을 진행하는 공간으로 활용되고 있으나, 문화재의 관리 및 보존이라는 측면을 고려할 때 원칙에 대한 검토가 필요한 실정이라고 덧붙이고 있다.

□ 교육 참여자의 태도 및 연수 교육 목적의 이질성

조사대상 기관에서 진행하고 있는 청소년 대상 프로그램은 대체로 인성교육과 전통문화 체험을 지향하고 있다. 그러나 참여자 모두가 이러한 목적을 공유하고 있는 것은 아니다. 때때로 학원이나 부모의 간섭과 같은 일상적인 스트레스에서 벗어날 수 있다는 기대 때문에 교육에 참여하는 청소년들이 적지 않다고 보고 있다. 참여자의 만족도와 연수 프로그램의 효과성 제고를 위하여 지속적으로 고민해야 할 점이다.

□ 전통문화 관련 프로그램 전문가 양성의 개선점

현재 진행되고 있는 전통문화 전문가 양성 및 연수 등은 자격관리, 교육과정 관리, 결과 환류 등에 대한 종합적인 점검이 필요하다. 건양대학교 예학교육연구원 김문준 원장에 따르면, 매년 진행되는 유림지도자 연수에서 연수 참여자들은 서원·향교의 운영자들임에도 불구하고 전통문화에 대한 이해도가 제각각이기에 이들의 실제적 필요와 흥미 및 만족도 제고를 위한 커리큘럼 구성이 어렵다는 문제를 노출하고 있다고 답하였다. 즉, 전통문화 관련 강사 양성과정의 경우, 지원자들의 자질이나 관련 분야에 대한 이해도가 그다지 높지 않음을 알 수 있는 대목이다. 김문준 원장은 이에 덧붙여 새로운 전문강사를 양성하기 위하여 별도의 교육과정을 개설하는 것은 현실적으로 무리가 있기에, 현재의 인적 인프라를 활용하되 자격요건을 엄격히 제한하면서 연수과정을 강화하는 방향으로 나아갈 필요가 있다고 지적하고 있다.

□ 기타

면담자 중 정부나 지자체에서 예산을 지원받는 기관의 경우, 기획서 작성 및 결재 시스템 사용에 불편함이 적지 않다는 점을 공통적으로 지적하고 있었다. 특히 행정시스템에서 과도한 증빙자료 및 세부항목 기입 요구, 예산집행 시기 등이 현실과 동떨어져 사업 진행의 효율성을 저해하고 있다. 이에 따라 행정시스템에 대한 합리적 보완이 절실하다.

(4) 소결: 효과적인 전통교육 프로그램 운영 방안에 관한 제언

가. 전통교육 프로그램의 목적 및 내용

우리 시대의 한국적 가치란 한국인의 시민성(혹은 시민의식)의 근간이 되는 것으로서 전통적 가치뿐만 아니라 서구적 가치도 포괄한다. 다시 말해서 한국적 가치에는 한국적 특수성이 강한 가치, 한국적이면서 보편적인 가치, 더 나아가 서구적 성격이 강하지만 한국적 가치로 설명 가능한 가치가 포함된다고 할 수 있다.[21]

전통교육이 한국적 가치를 지향한다고 할 때, 대체로 한국적 특수성이 강한 가치에 강조점을 두고, 한국의 고유한 문화나 고전, 풍속, 예절 등 과거 지향적인 전통문화의 전수와 계승에 관심을 기울일 수도 있다. 하지만 과거 회귀적인 전통교육은 그 자체로 일정한 의미가 있겠지만 우리 시대가 처한 각종 문제 상황을 대처하고 해결하는 데 기여하기는 어렵다. 때문에 전통교육은 오늘날 우리가 살아가는 사회적·문화적 지형과 친화력이 있는 방식으로 재구성되고, 시대적 요구에 부응하는 현재적 의미를 제시할 필요가 있다. 앞서 전통문화의 필요성과 활용성에 관한 설문조사 결과에서 확인할 수 있었던 것처럼, 전통문화의 필요성에 비해 전통문화의 활용성은 매우 낮은 상황이다.

---

21) 윤영돈·심승우·지준호·한성구, 「전통의 규범적 의미에 대한 재해석과 범주화」, 『한국철학논집』 50, 2016, p.357.

박경미 의원이 대표 발의한(2017.6.9.) 「인성교육진흥법 일부개정법률
안」에 따르면 기존에 적시되었던 핵심 가치 중 "효"를 삭제하고, "정의와
참여, 생명존중과 평화"를 추가함으로써 사람다운 성품뿐만 아니라 "시민
적 역량" 내지 "시민됨"을 보다 강조하고 있다. 다시 말해서 "합리적이고
민주적인 인성을 갖춘 시민육성"을 강조한다는 것이다.[22] 비록, "효" 삭
제에 관한 구체적인 이유가 논의되어야 하지만, 전통교육 프로그램이 건
강한 민주시민을 육성에도 관심을 기울여야 하는 대목이다.

그런가 하면 미래 한국 사회의 변화를 대처할 수 있는 전통교육의 현
재적 재구성 노력도 필요하다. 가령, 정치영역의 선진민주화, 경제영역의
복지사회, 저출산 고령화사회, 양성평등 추구, 세계화와 지역화의 융합,
다문화 사회, 통일 한국 대비, 사이버 문명과 지식정보화사회, 생명공학
시대, 생태학적 시대, 위험사회 대비 등 미래 한국 사회를 특징짓는 변화
상에서 능동적으로 대처할 수 있도록 우리가 살아가는 삶의 자리(Sitz im
Leben)에서 전통교육의 재구성이 요구된다.

전통교육 프로그램은 한국의 고유한 가치를 전수하고 계승하는 목적
도 수행해야 하겠지만 한국 사회의 변화상에 능동적으로 대처할 수 있는
미래 지향적인 가치·태도 함양을 중요한 목적으로 삼을 필요가 있다. 전
통교육 프로그램의 주요 내용은 자신에 대한 인식과 관리 방법에 초점을
둔 "주체성 교육", 타인을 배려하고 원만한 대인관계 능력을 강조하는
"도덕성 교육", 건강한 사회적 삶과 정의로운 사회를 위한 참여와 비판적
능력을 지닌 시민 육성을 위한 "정치성(시민성) 교육"을 중심으로 구체화

....

22) 박경미의원 대표발의, 「인성교육진흥법 일부개정법률안」(2017. 6. 9) "핵심 가치"란 인성교육의 목표가 되는
   것으로 인간존엄성을 바탕으로 개인, 대인관계, 공동체 차원에서 요구되는 예(禮), 정직, 책임, 존중과 배려,
   소통과 협동, 정의와 참여, 생명존중과 평화 등 사람됨과 시민됨의 가치를 말한다.

될 필요가 있다.

나. 전통교육 프로그램의 효율적 운영 방법

교수자 중심의 강의식 수업은 배우는 사람을 수동적인 위치에 머물게 하고, 관심과 흥미를 떨어뜨릴 가능성이 크며, 기능이나 태도로 표현되는 능력 내지 역량을 기르는 데 한계를 지닌다. 때문에 학습자가 능동적으로 참여하고, 활동하고, 체험할 수 있는 프로그램 구성이 필요하다.

학습자가 배워야 할 것이 지식일 경우, 강의식으로도 충분하다. 하지만 지식을 적용하고 분석하고 평가하거나 기능이나 가치 · 태도를 형성해야 하는 것이라면 강의식으로는 심각한 한계를 지닌다. 배워야 할 것과 교수학습 방법은 긴밀하게 연결되어 있다. 결국 교육 프로그램이 목표로 하는 바를 실현하기 위한 적절한 교수 · 학습 방법에 관심을 기울일 필요가 있다.

교수자 및 학습자 간의 상호작용을 통해 지식과 기능을 능동적으로 구성하는 것을 강조하는 사회구성주의적 관점을 지향할 필요가 있다. 사회구성주의(socio-constructivism)는 실제적 발달수준과 잠재적 발달수준 간의 간격을 의미하는 근접발달영역(Zone of Proximal Development)에서 교수자 혹은 유능한 또래와의 상호작용(즉, 간정신적 과정, intermental processes)을 통해 학습자 자신의 정신 내적 과정(intramental processes)으로 발달이 가능하다고 본다. 학습자의 도덕적 기능(moral functioning, 도덕적 사고, 느낌, 행동) 역시 교수자 및 또래 학생 간의 상호작용을 통해 형성될 수 있다. 학생들이 능동적으로 참여할 수 있도록 구체적으로 협동학습이나 프로젝트학습 등의 교수 · 학습 모형을 구안할 필요가 있다. 이와 같은 교수 · 학습모형의 주된 목적은 근본적으로 삶으로서의 학습을 강조하고, 학습자 중심의 능동적 참여와 몰입을 촉진하며, 공동체 정신과 민주시민적 자질 및

기능을 익히고, 더 나아가 의미 있는 삶을 추구하게 하는 데 있다.[23]

전통교육 프로그램의 효율적인 운영 방법으로 참고할 만한 것은 2015 개정 교육과정 총론에 나타난 핵심역량, 즉 "자기관리, 지식정보처리, 창의적 사고, 심미적 감성, 의사소통, 공동체 역량"이다. 전통교육 프로그램과 그것을 통해 함양할 수 있는 핵심역량을 매칭시킬 경우, 프로그램의 의미와 효과성을 보다 분명하게 표현할 수 있을 것이다.

다. 전통교육 프로그램 운영 기관으로서의 위상 확립

전통교육 기관으로서의 서원과 향교는 지금 현재에도 한문서당, 충효교실, 예절교육, 경전강의 및 고전강독, 혼례의식, 학술세미나, 향토사 관련 강좌 등의 프로그램을 운영하고 있으며, 특수한 사례로서 교정시설(보호관찰소) 재소자 관련 교육, 외국인 및 외국 유학생의 전통문화 체험과 같은 다양한 프로그램을 진행하고 있다. 서원과 향교는 이러한 프로그램을 통해 지역 사회를 중심으로 한 전통문화의 전승과 보급은 물론, 해당 지역 학생들에 대한 인성교육 등에 긍정적으로 이바지하고 있다. 비록 서원이나 향교를 유지하고 해당 기관에서 전통교육을 운영하는 데에 있어서 적지 않은 제약이 있기 때문에 크고 작은 어려운 점들이 있으나, 전통이 우리에게 주는 현재적 의미와 전통사상과 문화를 선양하고 발전시키려는 의지가 뚜렷하며, 학계와 재야 학인들이 협력하여 운영하는 프로그램의 만족도에 있어서는 교육자와 피교육자 모두 긍정적이라고 볼 수 있다.

그러나 위와 같은 긍정적 기능과 위상을 유지하고 확대하기 위해 제도적으로 보완되어야 할 문제 역시 적지 않다. 가장 시급한 사항은 운영 예산의 현실화이다. 상근직 전문 행정인력 충원을 위한 인건비 현실화, 교수

---

23) 윤영돈, 「사회구성주의에서 본 도덕교육의 인문치료적 접근」, 『초등도덕교육』 44, 2014, pp.251-252.

자들에 대한 강사료 현실화, 기타 프로그램 운영을 위한 부대예산 책정 등이 이에 해당한다. 또한 중장기적으로는 전통교육 콘텐츠의 다양화를 고민해야 할 시점이다. 현재 정부와 지자체의 적극적인 지원으로 전통문화에 대한 관심은 일정 기간 동안 증가추세에 있을 것으로 예상한다. 그러나 이러한 관심이 지속되기 위해서는 프로그램의 다양화와 질적 개선에 대한 노력이 전제되어야 한다. 더불어 전통문화 전문가 및 교수자 양성 역시 종합적인 점검을 요하는 사항이다.

전통교육 프로그램 운영 기관으로서 서원과 향교의 위상 확립을 위한 하나의 방안으로 우리 시대 변화하는 교육 패러다임을 활용할 필요가 있다. "한 아이를 키우기 위해 온 마을이 필요하다."는 아프리카 속담처럼 오늘날 교육과 배움은 학교와 가정과 지역사회라는 교육 생태계 속에서 일어난다는 관점이 부각되고 있다. '마을 학교'를 기치로 내건 곳에서는 학교와 마을 공동체, 더 나아가 지역사회가 함께 돌보고 배우는 교육 공동체를 가꾸는 데 관심을 기울인다. 이런 맥락에서 서원과 향교는 과거의 학교가 아니라 우리 시대에도 여전히 그 생명력과 영향력을 지닌 학교가 될 수 있다. 서원과 향교가 학교 안으로 들어와 양질의 교육 프로그램을 제공하는 것 역시 필요하다.

3. 전국 시도교육청의 전통교육 프로그램 운영 현황

(1) 연구 개요

시도교육청이 주관하는 전통교육 프로그램의 현황 파악을 위해서는 크게 두 가지 작업이 병행되어야 한다. 우선적으로 살펴볼 사항은 각 시도교육청의 「지역수준 교육과정」과 주요 정책과제에서의 관련 고시사항이다. 우리나라의 교육과정 수준은 크게 교육법 제155조에 의거하여 고시하는 「국가수준 교육과정」과 해당 시도교육청이 제시하는 「지역수준 교육과정」, 그리고 단위학교가 제시하는 「학교수준 교육과정」으로 구분된다.[24) 이 중, 「지역수준 교육과정」은 「국가수준 교육과정」에서 고려하지 못한 지역적 조건을 고려하는 데서 출발하여 「국가수준 교육과정」을 시도 단위 혹은 시군구 단위에서 지역의 특성과 실정, 필요, 요구 등을 반영하여 지침의 형태로 구체화한 것이다.[25) 즉, 「지역수준 교육과정」은 국가수준의 기준과 단위학교의 교육과정을 연결하는 교량 역할을 하게 되는 것으로 해당 지역의 특수성을 반영하게 된다. 다만, 본 연구에서는 전통교육 프로그램 운영 실태와 관련한 보다 구체적인 사항을 검토하기 위하여 「지역수준 교육과정」과 더불어 각 시도교육청의 주요정책과제를 함께 살펴보고자 한다. 그리고 살펴보아야 할 나머지 하나는 각 시도교육청의 직속 및 산하기관이 주관하여 운영하고 있는 전통교육 관련 프로그램이다. 각 시도교육청은 각종 수련원과 교육원을 통해 해당 교육청의 주요 정책과제에 부합하는 다양한 교육 프로그램을 진행하고 있다. 이들 프로그램을 통해 보다 구체적인 운영 실태에 접근할 수 있을 것이다.

본 연구에서는 전국 17개 시도교육청이 2017년 운영한 전통교육 관련 프로그램의 현황을 조사·분석하고, 이로부터 제기되는 효율적인 운영방안에 대한 몇 가지 제언을 제시하고자 한다. 이를 위해 다음과 같은 구체적인 연구과제를 산정하고 검토하고자 한다. 첫째, 각 시도교육청이 제시한 「지역수준 교육과정」에서 전통교육 관련 사항을 살펴보기 위하여 각 시도교육청이 고시한 각급학교의 「교육과정 편성·운영지침」 등을 검토하

---

24) 진영은, 『교육과정 - 이론과 실제』, 학지사, 2003, pp.260-261.
25) 진영은(2003), p.263.

고자 한다. 둘째, 각 시도교육청이 추진하는 정책과제 및 역점과제에서 전통교육 관련 프로그램의 실제를 살펴보기 위해 각 시도교육청 직속기관이 운영하는 관련 프로그램의 현황을 분석하고자 한다. 그리고 마지막으로 전국 시도교육청의 전통교육 관련 프로그램의 운영현황과 그 개선방안에 관한 제언을 제시하고자 한다.

(2) 「지역수준 교육과정」에서의 전통교육 관련 내용

가. 시도교육청별 「2017년 교육과정 편성 · 운영지침」

전국 17개 시도교육청이 고시한 유 · 초 · 중 · 고 각급학교의 「2017년 교육과정 편성 · 운영지침」에는 빠짐없이 전통교육 관련 지침이 포함되어 있다. 아래에서는 대표적인 몇 가지 사례를 중심으로 이를 확인하고자 한다.

서울의 「초등학교 교육과정 편성 · 운영지침」에는 학교 교육과정 편성 · 운영의 각 교과교육의 기본방향과 기타사항 중 귀국 학생 교육, 창의적 체험활동의 중점교육사항 등에서 전통문화와 관련한 지침이 언급되어 있다. 우선, 학교교육과정의 일반사항에서 "효도 · 전통 · 윤리 교육을 범교과 학습주제로서 교육활동 전반에 걸쳐 통합적으로 다루어지도록 하며, 가정 및 지역사회와의 연계 지도에 힘쓴다"[26]고 하였으며, 특수학생의 교육 중 귀국학생 교육에서 "우리 전통문화 이해를 돕고, 외국어 능력의 유지 · 신장 등을 위한 내용을 포함한다"[27]고 언급되어 있다. 교과교육과정의 편성 · 운영 지침에서는 '슬기로운 생활', '즐거운 생활', '국어', '사회', '체육', '음악', '미술'의 7개 교과에서 전통 문화, 전통 체험, 전통 놀이 관련 지침

----

26) 서울특별시교육청, 「초등학교 교육과정 편성 · 운영 지침」, p.15
27) 서울특별시교육청, 「초등학교 교육과정 편성 · 운영 지침」, p.30.

이 제시되어 있다. 「중학교 교육과정 편성·운영지침」에는 '국어', '역사', '기술·가정', '음악', '미술', '한문'의 6개 교과와 '창의적 체험활동'의 중점 지도사항에서 관련 기술이 언급되어 있다. 「고등학교 교육과정 편성·운영 지침」에는 '영어', '역사', '윤리와 사상' 등의 교과에 관련 기술이 언급되어 있으며, 특히 영어과의 중점지도사항 중, "우리나라와 외국의 언어적, 문화적, 인지적, 정의적 차이를 바르게 이해하고 수용하여 세계시민으로서 우리의 전통사상과 문화를 외국에 소개할 수 있는 자질을 기른다."[28]고 제시되어 있다.

부산의 「초등학교 교육과정 편성·운영지침」에는 주로 교과 교육과정의 중점 운영지침을 중심으로 전통교육 관련 내용이 제시되어 있다. 우선 「초등학교 교육과정 편성·운영 지침」에는 '바른 생활', '슬기로운 생활', '사회', '음악', '미술'의 5개 교과와 '창의적 체험활동'의 중점 운영지침에 관련 내용이 기술되어 있다. 「중학교 교육과정 편성·운영지침」과 「고등학교 교육과정 편성·운영 지침」에는 창의적 체험활동 교육과정 편성·운영에서 효도·경로·전통 윤리 교육을 범교과 학습 주제로 제시하였으며, 귀국학생 교육에 상기 서울과 동일한 지침이 제시되어 있다.

「2017 대구행복역량교육과정 총론」의 창의적 체험활동에서는 전통 체험, 전통 무술, 전통 놀이 체험 관련 사항이 제시되어 있으며, 귀국·탈북·다문화 가정 학생 교육에서 "전통 문화 등에 대한 적절한 단계별 지도 프로그램을 마련한다"[29]고 제시되어 있다. 「2017 초등학교 대구행복역량 교육과정 각론」에서는 '사회', '음악', '미술'의 3개 교과에 전통교육 관련 사항이 언급되어 있다.

---

28) 서울특별시교육청, 「고등학교 교육과정 편선·운영 지침」, p.75.
29) 대구광역시교육청, 「2017 대구행복역량교육과정 총론」, p.84.

경기도는 「초·중·고등학교 교과교육과정」에서 중학교 한문과 교육과정 운영 지침 중, 진로교육과 연계한 전통문화 관련 내용이 제시되어 있다. 여기에는 "한문과 관련된 학과에는 한문교육과, 한국한문학과, 동양학과, 언어학과, 동아시아학과 등이 있으며, 직업 분야에는 언론·신문방송인, 교사, 한국학 전문가, 한문고전번역가, 한자·한문 콘텐츠 관련 직업 종사자, 전통 문화 콘텐츠를 기반으로 한 문화·예술·출판 기획자, 인접 분야 전문연구자(서지학, 역사학, 동양고전학, 중국학 등)"[30] 등의 여러 직업 분야에 대한 정보를 자세하게 안내하도록 하였다.

광주는 「광주광역시 초등학교 교육과정 총론」, 「광주광역시 중학교 교육과정 총론」, 「광주광역시 고등학교 교육과정 총론」 중 광주교육의 지향점 및 핵심역량을 통해 '예향(藝鄕) 광주'에 관한 사항을 명시하고 있다. 그러나 광주광역시 교육청이 고시한 각급학교의 「교과 교육과정 및 창의적 체험활동 교육과정」은 상기에서 살펴본 여타 교육청의 교육과정 운영 지침과 별다른 특이사항이 없다. 다만, 광주광역시 교육청의 2017년 주요 정책에서 '지역사 관련 실천중심 교육'과 '항일운동사 교육'의 세부과제를 통해 관련 내용을 확인할 수 있다.

나. 시도교육청별 주요 정책과제

각 시도교육청이 추진하고 있는 전통교육 관련 프로그램 및 지원현황을 파악하기 위하여 「2017 주요업무계획」, 「교육기본방향」, 「역점추진과제」, 「교육비전」, 「세부업무 계획」 등을 살펴보았다. 각 시도교육청별 주요 정책과제는 아래의 <표 2-33>과 같이 대체로 미래·역량·공정·창의·인성·진로·융합·학교폭력·다문화교육·행정 합리화·교육복지·안

----

30) 경기도교육청, 「2017 경기도 초·중·고등학교 교과교육과정」, pp.332-333 참조.

전·지역공동체 등을 주요 내용으로 제시하고 있으며, 이 중 전통교육 관련 내용은 주로 인성, 배려, 소통, 교육공동체, 인문학 등의 관련 세부추진과제 및 항목에 포함되어 있다.

표 2-33 | 시도교육청별 정책과제에서 전통교육 관련 내용

구분	주요 정책과제	전통교육 관련 내용
서울	교육 역량 및 가치	
	교육 복지 및 공공성	
	교육 협력 및 문화	
	교육행정 및 제도	
부산	학생 미래핵심역량 강화	
	꿈과 끼를 키우는 진로, 직업교육	
	가르치는 보람으로 즐거운 교실	
대구	인문소양교육을 통한 인성교육 강화	인문고전 독서교육
	즐거운 몰입이 있는 협력학습 정착	
	자녀사랑 학부모 자녀교육 역량 강화	
인천	안전하고 평화로운 학교	
	창의, 공감교육으로 미래형 학력신장	
	모두에게 따뜻한 교육복지	
	공정하고 투명한 학교행정	
광주	존중과 배려가 넘치는 인간교육 실현	지역사 및 항일운동사 교육
	스스로 익히고 함께 찾는 배움중심교육 강화	
	꿈과 적성을 키워가는 진로교육 추진	
	차별없는 보편적 교육복지 확대	
	소통과 참여로 신뢰받는 청렴행정 구현	
대전	핵심역량을 키우는 교육과정	
	창의적인 융합인재 양성	
	안전하고 건강한 학교	
	나눔과 배려의 교육복지	
	소통과 참여의 학교문화	
울산	최상위 학력증진 맞춤형 교육과정	
	체험과 실천 중심의 창의인성 교육	
	건강한 학생, 안전한 교육환경	
	꿈과 끼를 살려주는 진로직업교육	
	소통과 협력으로 함께하는 교육공동체	

	청렴하고 신명나는 보람찬 직장		
	행복교육도시 최적의 교육 기반		
강원	더불어 사는 인간교육	세대공감 인성교육	
	뿌리가 튼튼한 창의공감교육		
	누구에게나 따뜻한 교육복지		
	안전하고 평화로운 학교운영		
	다함께 참여하는 교육행정		
충북	참여, 소통, 협력의 교육공동체 구현	전통문화 교육	
	학교혁신과 혁신학교를 통한 공교육 내실화		
	공감능력을 키우는 문화, 예술교육 지향		
	모두를 배려하는 교육복지 확대		
	안전하고 평화로운 생태, 환경 조성		
충남	참학력을 갖춘 미래인재양성		
	출발선이 평등한 교육 지향		
	인권이 존중되는 안전한 학교	실천중심 역사교육	
	청렴하고 공정한 열린 행정		
	협력하고 상생하는 교육공동체		
전북	공동선을 추구하는 인성교육 강화		
	창의성을 기르는 다양한 교육과정 운영		
	지기 기반 사회를 주도할 역량 배양		
	자율과 책임을 다하는 민주적인 학교 경영		
	교육 활동을 지원하는 열린 교육 체제 구축		
전남	배움이 즐거운 학생	실천중심 역사교육	
	열정으로 가르치는 교원		
	함께하는 교육공동체		
	학생을 우선하는 교육행정		
	안전하고 행복한 학교		
경북	학생이 꿈을 키우는 교실	예절 체험관 및 예절학당 운영 등	
	교직원이 보람을 느끼는 교단		
	학부모가 만족하는 학교		
	모두가 감동하는 교육		
경남	배움 중심의 새로운 교육		
	소통과 공감의 교육공동체	국가정체성 관련 역사교육	
	안전하고 건강한 교육환경		
	더불어 행복한 교육복지		
	깨끗하고 공정한 지원행정		
세종	민주적 공동체로 성장하는 학교		

	교수학습 중심의 새로운 학교	
	협력으로 상생하는 지역교육공동체	탐구 및 지역중심 역사교육
	현장 중심의 교육행정 체제	
제주	건강하고 안전한 행복학교	
	함께 웃는 따뜻한 교육복지	
	참여하고 소통하는 민주교육	
	학교를 우선하는 현장행정	

* 경기도교육청은 자료게시 부실로 조사에서 제외함

각 시도교육청의 정책과제에서 살펴볼 수 있는 전통교육 내용의 주요 내용은 체험위주의 역사교육, 지역사 및 지역문화유산 탐방, 전통 놀이문화 체험 등이다.

이 중 대구교육청이 추진하고 있는 '인문고전 독서교육'을 주목할 필요가 있는데, 일회성의 체험활동으로 구성된 타 기관과 차별화된 전통교육 관련 콘텐츠를 개발·보급하여 대구지역 각급학교의 「단위학교 교육과정」에 실제적으로 반영될 수 있도록 하였다. 대구교육청은 '인문정신 함양을 통한 균형잡힌 행복역량 개발'을 목표로 2014년부터 인문학 관련 기본계획을 수립하였으며, 특히 '인문학 도서 100권 읽기'의 실천과제를 위해 초등 저학년 25권, 초등 고학년 25권, 중학생 25권, 고등학생 25권을 목표로 학교급별 동서양 고전 목록 개발을 위한 연구과제 수행을 통해 구체적인 읽기 도서 목록과 워크시트를 개발하였다.

표 2-34 │ 대구교육청의 인문교육 워크시트 개발목록 - 동양고전

학교급		주제	고전명
초등 학교	저 학 년	삶의 지혜를 배우다	「사자소학」
		사람 되기의 시작	「동몽선습」
		올바른 사람이 되기 위한 깨우침	「격몽요결」
		우리는 누구일까? 재미있는 전설로 알아보는	「삼국유사」

		사람답게 사는 길 찾기	「논어」
고 학 년		인간관계의 중요함을 이야기하는	「명심보감」
		올바르게 바라보기	「천자문」
		나를 되돌아 보다	「채근담」
		함께 살아가는 우리	「홍길동전」
		진정한 행복이란 무엇일까?	「구운몽」
		갈등을 푸는 '소통'의 힘	「한중록」
		삶 속 멘토를 찾다	「유배지에서 보낸 편지」
		나와 다른 타인의 생각 알아보기1	「삼국사기」
		나와 다른 타인의 생각 알아보기2	「조선상고사」
중학교		무엇이 꿈이고, 무엇이 꿈이 아니더냐!	「구운몽」
		현실의 무게를 초월한 경험으로 극복하는 기묘한 이야기	「금오신화」
		한 인간의 체취가 꾸밈없이 묻어나는 유교경전	「논어」
		마음을 비추는 거울	「명심보감」
		마음으로 읽는 다산 정신	「목민심서」
고등학교		인간과 세계의 도덕적 이상을 꿈꾸다! 「논어」	
		홍대용, 세계를 향한 창을 열다 「의산문답」	

위와 같이 대구교육청은 100개의 고전읽기 워크시트 중, 21편의 동양 고전 텍스트에 대한 워크시트를 제시하였다. 대구교육청이 개발한 워크시트는 교과 수업, 창의적 체험활동, 방과 후 활동 등에 다양하게 쓰일 수 있으며 필요에 따라 재구성할 수 있다. 또한 각 작품은 교사용 지도서 부분과 학생 활동지 부분으로 구성되어 있다. 이 중, 교사용 지도서에 해당하는 부분은 '성취기준과 관련 단원 → 함께 읽어볼 인문도서 소개 → 인문소양 목표 → 저자와 책소개 → 이렇게 활용하세요'이며, 학생활동지는 '책의 주요내용을 알아봅시다 → 엮어 읽기 → 우리 삶과 관련지어 생각해봐요'의 순서로 구성되어 있어 일반적인 독서교육에서의 활용도 또한 높다.

(3) 시도교육청 직속기관의 전통교육 관련 프로그램

가. 시도교육청 직속기관 전통교육 프로그램 운영 현황

여기에서는 전국 17개 시도교육청의 직속기관 중, 교육지원청을 제외한 각종 기관 중, 시도교육청 산하 학생교육원 및 기타 수련원 등이 2017년 운영한 상설 및 특설 프로그램을 살펴보고자 한다. 이는 학생문화원, 학생예술문화원(센터), 외국어교육원, 과학교육원 등의 직속기관은 해당 교육청과 다소간 독립적으로 진행하는 교육 프로그램이 다수인 반면, 학생교육원 및 수련원의 교육프로그램은 각 시도교육청의 당해년도 중점과제 및 역점사업을 적극적으로 반영하여 프로그램을 운영하는 기관이기 때문이다. 실제로 학생문화원, 학생예술문화원(센터), 외국어교육원, 과학교육원 등은 대부분 전통문화 관련 프로그램을 운영하지 않고 있으며, 관련 프로그램이 있다 하더라도 전통악기 등에 대한 강습 및 교습 프로그램이기에 검토에서 제외하였다. 아래에서 살펴볼 전통교육 관련 프로그램의 범위는 다음과 같다. 첫째, 전통예절교육, 국궁체험, 국악체험 등 전통문화의 전수 및 교육을 목적으로 한 프로그램, 둘째, 전통문화의 전수 및 교육을 목적으로 하지 않더라도 전통문화 콘텐츠를 세부 내용으로 편성한 리더십·창의·인성 등 관련 프로그램, 셋째, 역사탐방, 문화재 탐방 등에 대한 체험 및 견학을 세부 내용으로 편성한 각종 수련 활동이다. 반면, 전통문화 콘텐츠를 교육 프로그램 중 초청 외국인을 대상으로 한 프로그램과 '초급 가야금', '초급 단소' 등 기예의 숙달을 목적으로 개설·운영되는 각종 강습 프로그램은 검토 대상에서 제외하였다. 각 시도교육청의 직속기관에서 주관하거나 운영하는 전통문화 관련 프로그램의 운영 현황은 다음과 같다.

표 2-35 | 각 시도교육청 직속기관 주관 전통문화 관련 프로그램 운영 현황

구분	프로그램수		프로그램명	운영 회차	대상	기간 (일)	프로그램 유형			
	관련*	전체					강의	체험	견학	기타
서울	0	50	-							
부산	0	10	-							
대구	-	-	-							
인천	1	9	강화역사체험	24	초/중	1		○		
광주	1	6	리더십배양과정	12	고	3		○		
대전	-	-	-							
울산	1	5	공동체의식 함양과정	36	고	3		○		
세종	-	-	-							
경기	3	12	강화역사와 함께 하는 학생역량함양	8	고	4		○	○	
			교과서 속 역사탐방	4	중	2		○	○	
			강화 역지사지 탐험대	3	고	3	○	○	○	
강원	0	8								
경북	8	9	새화랑 과정	2	중/고	4	○	○	○	
			사랑나눔 가족캠프	2	초/ 중/고	2		○	○	
			너나들이(다문화)캠프	2	중	2		○		
			사제동행 캠프	3	초/ 중/고	2		○	○	
			어울림 캠프	2	중/고/ 특수	2		○		
			자기계발과정	19	고	3		○	○	
			화랑 호연지기 체험	8	중/고	1		○		
			국궁 체험교실	24	초/중/ 고/일반	1	○	○		
경남	1	1	(일반 수련 프로그램)	39	중	3		○		
전북	0	4								
전남	1	10	찾아가는 청소년 국악교실	12	중	1		○		관람
충북	0	11	-							
충남	-	-	-							
제주	2	5	인성예절교육	35	초/중/고	1/2		○		
			탐라예절학교	5	초	1		○		

* '관련'은 전통문화 관련 내용이 포함된 프로그램의 수를 표기함

위 표에서 프로그램 수를 기재하지 않은 대구·대전·세종·경남·충남
의 5개 교육청은 학생교육원이 없는 지역으로, 학생문화원, 학생예술문화
원(센터), 외국어교육원, 과학교육원, 도서관 등이 주관하여 교육 프로그램
을 운영하고 있다. 그러나 이들 교육청의 외국어교육원과 과학교육원은
설립목적이 전통문화교육과 관계없는 기관들이며, 학생문화원과 학생예술
문화원(센터) 역시 교육 프로그램 운영보다 공연 및 행사에 더욱 중점을
두고 있는 기관들이다. 또한 학생문화원 등의 기관에서 운영하는 프로그
램 수의 합계는 대체로 150개 내외이지만, 대부분의 프로그램이 교·강습
위주의 프로그램이기에 기재하지 않았다. 운영회차는 2017년 운영 회수를
말하는 것이며, 기간은 일(日)을 기준으로 기재하였다.

위에서 알 수 있듯이, 2017년 각 시도교육청의 학생교육원 및 수련원
이 개설·운영한 총 프로그램은 대략 138개이며, 이 중 13%에 해당하는
18개 프로그램이 전통교육 관련 내용을 포함하고 있었다. 이 중, 인천광
역시교육청의 '강화역사체험', 경기도교육청의 '교과서속 역사탐방', 경상
북도교육청의 '새화랑과정', '화랑 호연지기 체험', '국궁 체험교실', 전라
남도교육청의 '찾아가는 청소년 국악교실' 등의 프로그램은 전통문화 관
련 내용을 비교적 많이 포함하고 있었다. 반면, 광주광역시교육청의 '리더
십배양과정', 울산광역시교육청의 '공동체의식 함양과정'은 전통적 요소에
대한 내용이 다소 적었으며, 경상북도교육청의 '사제동행 캠프'와 '어울림
캠프', '자기계발과정' 등은 진로·다문화 등의 주제와 연계하여 전통교육
관련내용을 구성하고 있다.

위를 통해 볼 수 있듯이, 각 시도교육청의 직속기관이 개설·운영중인 프
로그램 중 전통교육 관련 프로그램은 많지 않다. 특히 서울과 부산, 강원, 전
북, 충북교육청의 직속기관이 운영한 다수의 프로그램에서 전통교육 관련
내용이 전무하다. 여타 교육청의 경우 역시 전통 및 전통문화만을 교육 콘텐츠

로 하여 운영된 프로그램은 극히 제한적이며, 각종 수련회 및 리더십 프로그램에서 소개 활동으로 전통교육 관련 콘텐츠가 포함되어 있는 실정이다.

운영 프로그램 현황과 관련하여 함께 살펴볼 사항은 해당 지역의 인프라나 유관기관의 교육 프로그램 운영 여부와는 큰 관련이 없다는 점이다. 아래의 <표 2-36>은 전통교육 관련 프로그램을 운영하는 유관기관으로서 전국에 분포한 서원과 향교가 운영하는 전통교육 관련 프로그램의 운영 현황에 관한 사항이다.

표 2-36 | 시도별 서원·향교 교육프로그램 평균 운영 개수/참가자 수[31]

지역	향교			서원		
	개소 (개)	운영프로그램 (개)*	참가자 수 (명)**	개소 (개)	운영프로그램 (개)	참가자 수 (명)**
서울	1	4.00	1,791	1	2.00	1,500
부산	2	7.50	14,869	1	0.00	0
대구	3	5.67	2,314	24	0.75	228
인천	4	2.75	1,761	0	0.00	0
광주	1	3.00	4,160	8	3.63	384
대전	2	6.00	4,238	2	0.00	0
울산	2	3.50	8,926	9	0.78	639
경기	24	3.92	843	23	1.22	249
강원	16	3.25	1,185	10	0.40	22
충북	17	5.53	2,355	31	0.39	139
충남	34	1.47	418	36	1.17	86
전북	26	2.88	1,840	95	0.35	45
전남	28	2.79	751	54	0.09	16
세종	2	1.00	262	2	0.00	0
경북	25	2.92	758	131	0.38	56
경남	27	4.48	2,095	125	0.54	72
제주	3	6.00	4,057	1	0.00	0
계	217	3.35	52,623	553	0.54	3,436

*평균치 **누적치

31) 사단법인 한국관광학회 유교문화활성화지원사업단(2014), p.21.

교육청 직속기관에서 전통교육 관련 프로그램 운영 실적이 없는 서울, 부산, 강원, 전북, 충북 지역 중, 부산과 충북지역의 향교와 서원은 평균을 상회하는 프로그램을 개설·운영하고 있으며, 부산의 경우 참가자의 수가 전국에서 가장 많았다. 각 시도교육청 중 가장 많은 전통교육 관련 프로그램을 운영중인 경북의 경우, 향교 및 서원이 운영하는 프로그램의 수와 이에 참가한 인원이 가장 낮게 드러났다.

나. 시도교육청 직속기관 운영 전통교육 프로그램의 구성

각 시도교육청의 직속기관에서 운영하는 전통교육 프로그램은 체험과 유적지 견학을 중심으로 하고 있다. 지적 경험을 확충할 수 있는 강의가 다소 있으나, 모두 관련 활동이나 유적지에 대한 설명을 부연하는 정도에 그치고 있다. 그러나 체험 및 견학을 중심으로 프로그램을 구성하는 것이 시도교육청 관련 기관이 운영하는 전통교육 프로그램만의 특성이라 할 수는 없다. 향교나 서원 등이 운영하는 상설 프로그램 역시 강의와 같은 지적 경험의 확충보다 체험을 위주로 한 요소를 다수 포함하고 있다. 다만 프로그램 운영 주체에 따라 인프라에는 차이가 있는데, 시도교육청 관련 기관들의 교육 프로그램이 수련원의 부속시설을 통해 진행되는 것과 달리 누각, 재실 등의 문화재와 향토유적을 교육활동에 직접 활용할 수 있는 향교와 서원의 교육 프로그램이 학생들의 긍정적인 동기화에 보다 기여할 가능성이 크다는 점은 염두에 두어야 한다.

아래에서는 각 교육청별 전통교육 관련 프로그램의 실제 사례를 살펴보고자 한다.

1) 경기도교육청

경기도학생교육원은 2017년 총 12개의 상설 프로그램 중, 3개의 전통문화 관련 프로그램을 운영하고 있다. 이들 3개 프로그램은 강화도의 역사·문화 관련 인프라를 활용하고 있다는 점, 참가자를 소규모 단위로 재편성하여 활동 및 체험 중심의 교육과정으로 구성하였다는 점이 특징이다.

「강화역사와 함께하는 학생역량함양 과정」은 높은 역사의식을 바탕으로 한 리더십 배양을 목적으로 하며, 이를 위해 강화의 역사·문화 이해 및 체험활동을 중심으로 교육과정을 구성하고 있다. 전통교육 관련 주요 내용으로는 국궁, 탁본, 국악 등의 체험활동과 광성보, 강화역사박물관 견학 활동이 있다.

「교과서 속 역사탐방 과정」은 강화도의 역사·문화 유적을 활용한 소규모 학생 중심의 체험활동으로 창의적 체험활동의 일환으로 기획하고 있다. 주요 교육내용으로는 전등사, 고려궁지, 광성보, 강화역사문호박물관 등의 견학이 있으며, 특이점은 프로그램의 말미에서 역사문화골든벨을 통해 전체 프로그램 내용의 파지 및 내면화를 도모하고 있다는 점이다.

「강화 역지사지 탐험대 과정」은 광성보, 갑곶돈대, 강화역사박물관, 고려궁지, 성공회성당, 용흥궁, 전등사 등 견학 프로그램과 국궁, 다도, 탁본, 국악체험 등 체험 프로그램, 그리고 강의 프로그램으로 구성된다. 강의 프로그램은 강화문화원 소속 문화해설사가 진행하는 '강화역사와 문화 이야기', '역사문화체험특강'이다.

이 외 「셀프리더십 과정」, 「찾아가는 셀프리더십」의 2개 프로그램이 강화도의 역사문화 인프라를 프로그램에서 활용하고 있으며, 특설 프로그램으로 강화도 내 역사문화 유적지를 견학, 해설하는 「역사문화탐방 과정」을 연중 10회 이상 진행하고 있다.

2) 경상북도교육청

화랑교육원은 2017년 총 9개의 상설 프로그램 중, 8개의 전통문화 관련 프로그램을 운영하고 있다. 지역의 전통교육 관련 인프라를 활용한 체험 및 견학활동이 특징이다. 화랑교육원에서 운영하는 전통교육 관련 프로그램의 개괄은 다음과 같다.

「새화랑과정」은 중고 대상의 학교/학교단위 프로그램이며, 교육시간은 3박4일로 조사대상 중 가장 길다. 효실천인성교육, 화랑도와 화랑정신 등의 강의 프로그램, 국궁 등 체험 프로그램, 화랑유적지(대왕암, 헌강왕릉, 용장사지, 감은사지 등) 탐방 및 견학 프로그램으로 구성된다.

「자기계발 과정」은 고등학교 학습단위를 대상으로 하며, 국궁, 투호 등 체험활동과 지역문화재 탐방(용장사지, 헌강왕릉, 탑곡마애조상군, 금오정 등) 및 각종 현장학습을 포함하고 있다.

캠프 과정은 목적과 대상이 각기 다른 4개의 프로그램을 운영하고 있다. 「사랑나눔 가족캠프」는 초중고 대상 가족단위 프로그램이며, 신청자를 우선으로 하되 주로 학교단위로 운영하고 있다. 한복입기, 절하는 법, 다도 등의 효실천 인성교육과 국궁, 전통요리 만들기 등 체험프로그램으로 구성된다. 「너나들이(다문화) 캠프」는 중학교 다문화가정 학생과 학부모를 대상으로 하며, 국궁, 윷놀이 등 체험 활동을 포함하고 있다. 「사제동행 캠프」는 초중고 학급단위를 대상으로 하며, 국궁과 문화재 탐방(탑곡, 장착지, 불곡, 경주동부사적지)으로 구성된다. 「어울림캠프」는 국궁과 투호 등의 체험활동을 포함하고 있다.

그 외 당일 교육 프로그램으로 「국궁 체험」과 「화랑호연지기 체험」이 있다. 「국궁 체험」은 국궁원리 및 사법이론 강의, 기초/심화반을 구분한 체험활동으로 구성되며, 일반인 또한 신청에 의해 참여할 수 있다. 「화랑호연지기 체험」은 국궁과 탁본 등 체험 프로그램을 포함하고 있다. 한편,

경북학생문화회관에서는 초등 대상 프로그램으로 1인 2강좌까지 신청가능한 방과후 14개의 체험강좌를 개설하였는데, 여기에 사물놀이와 가야금(초급/중급) 과정이 포함되어 있다.

3) 인천광역시교육청

인천광역시학생교육원은 2017년 총 9개의 상설프로그램을 운영하고 있는데, 이 중 대다수는 환경 관련 체험프로그램이다. 전통문화 관련 프로그램은 「강화역사체험 과정」이며, 강화 유적지 답사, 사물놀이, 다도 등 전통예절교육이 세부 내용으로 편성되어 있다.

4) 전라남도교육청

전라남도학생교육원은 2017년 총 10개의 상설 및 특설 프로그램을 운영하고 있는데, 전통문화 관련 프로그램은 「찾아가는 청소년 국악교실」 1개이다. 「찾아가는 청소년 국악교실」은 초중고, 특히 자유학기제 중학생을 대상으로 학교를 방문하여 실시하는 국악수업과 소규모 공연으로 구성되어 있다. 단, 초중고 「리더십교육 과정」 중, 초등 대상과 중학생 대상 프로그램에 국악체험을 1시간 편성하여 운영하고 있다.

5) 전라북도교육청

전라북도학생교육원은 1개의 상설 프로그램과 3개의 특설 프로그램(안전, 진로, 다문화가족 캠프)을 운영하고 있다. 전통문화 교육과 직접적인 관련이 있는 프로그램은 없으나, 모든 교육과정에 국궁을 4시간 편성하여 운영하고 있는 점이 특징이다.

6) 충청북도교육청

충청북도학생수련원은 야영 및 수련 위주 체험활동으로 총 11개 프로그램을 운영하고 있다. 이 중, 전통문화 관련 프로그램은 전무하나 본원에서 실시하는 1박2일 과정과 2박3일 과정에서 신청학교가 희망할 시 학교자체운영 프로그램으로 길상사, 석장리유적, 이상설생가, 보탑사 등 지역의 문화유적지 탐방을 교육과정에 편성하여 운영할 수 있도록 하였다.

7) 제주교육청

제주교육청의 직속기관인 탐라교육원은 기관설립 및 운영 목적을 인성예절교육에 두고 있으며, 총 5개의 교육과정 중 2개의 전통문화 관련 프로그램을 운영하고 있다. 「인성예절교육」은 초중고 학생을 대상으로 하며, 1일과 1박2일 과정으로 나뉜다. 「인성예절교육」은 전통예절(한복입기, 배례, 다례), 생활예절(언어, 자세, 인사, 표정), 전통문화체험(국궁, 전통놀이, 제주전통공예, 혼례 및 제례) 등의 세부 내용을 포함하고 있다. 「탐라예절학교」는 초등학생을 대상으로 한 당일(4시간) 교육 프로그램이며, 배례, 다례, 일상생활예절, 다식만들기, 전통놀이 등을 세부 내용으로 편성 운영하고 있다.

8) 광주광역시교육청

광주광역시학생교육원에서는 2017년 총 6개의 상설 프로그램 중, 전통문화 관련 프로그램으로 「리더십배양 과정」 1개를 운영하고 있다. 「리더십배양 과정」은 고등학교 학급/학교 단위를 대상으로 한 2박3일 프로그램으로, 국궁, 전통예절(다도, 한복), 사물놀이 등의 체험 활동을 세부 내용으로 포함하고 있다.

9) 울산광역시교육청

울산광역시학생교육원은 2017년 총 5개의 상설 프로그램 중, 전통문화 관련 프로그램으로 「공동체의식 함양 과정」 1개를 운영하고 있다. 「공동체의식 함양 과정」은 고등학교 학습/학교 단위를 대상으로 한 2박3일 프로그램으로, 투호, 국궁 등 체험 활동과 예절교육 관련 체험 활동을 세부 내용으로 포함하고 있다.

초등 대상 리더십 프로그램 중 「꿈나무 어울림 캠프」에서 투호, 제기차기 등의 체험활동을 선택 활동에 포함하고 있으며, 2016년 운영 프로그램 중 중학교 대상 1일 과정으로 「찾아가는 역사체험」이 있었으나 현재는 운영하지 않고 있다.

10) 기타

경상남도학생교육원은 일반 수련회 프로그램을 운영하고 있는데, 이 중 전통예절과 국궁, 사물놀이 등이 '우리 얼 찾기' 영역의 세부내용으로 편성되어 있다. 강원도교육청 직속기관에서 운영하는 프로그램 중 전통문화 관련 프로그램은 없으며, 다만, 수능 이후 고3을 대상으로 하는 '찾아가는 강원학생교육원' 과정에서 창의적 체험활동의 일환으로 사물놀이를 세부 내용으로 포함하고 있다. 대구광역시교육청은 학생과학교육원, 학생외국어교육원 등 직속기관의 전통문화 관련 프로그램은 없으나, 교육청 역점사업으로 인문학 관련 프로그램을 교육청이 직접 주관하여 운영하고 있다.

(4) 소결 및 제언

각 시도교육청은 지역수준 교육과정과 당해연도의 정책과제, 그리고 직속기관 등을 통해 전통교육에 대한 다양한 콘텐츠를 제시하고 있다. 이들 전통교육 프로그램의 가장 큰 특징은 초·중등에 따른 학교급에 관계없이 체험활동에의 편중 현상이 두드러지게 드러나고 있다는 점이며, 체험활동 역시 단발적인 활동이 많다는 점이다. 물론, 「지역수준 교육과정」 중 대구교육청의 인문고전 워크시트 개발과 같이 지역화된 역량 설정과 프로젝트 학습 등을 통해 전통교육의 요소를 교육과정 편성 운영의 전반에 걸쳐 적용한 우수사례가 있으나, 매우 드문 경우임을 부정할 수는 없다. 이로 인해 동일기관 내의 교육 프로그램이라 하더라도 교육내용 간 계열성이 높다고 보기 어려우며, 해당 전통교육 콘텐츠가 갖는 인성교육적 장점들이 온전하게 드러나기 위해서는 보다 많은 관심과 노력이 필요한 실정이다. 이에 따라 전국 각 시도교육청의 「지역수준 교육과정」과 직속기관이 운영하는 전통교육 관련 프로그램에서 드러나는 구체적인 특징 및 한계는 다음과 같다.

첫째, 「지역수준 교육과정」에 명시된 전통문화 관련 교육 프로그램은 목적성이 모호하다. 우선 '전통문화의 이해를 통한 인성교육'과 '전통문화의 이해를 위한 교육'이 혼재되어 있으며, 더불어 창의성 계발·진로 탐색·다문화 이해 등의 영역에서 목적성이 모호한 개별 활동의 형태로 진행되고 있다.

둘째, 「지역수준 교육과정」의 경우, 전통교육 관련 프로그램은 대구교육청의 '인문학 교육사업'을 제외한다면 독자적인 사업으로 기획·운영되는 경우가 전무하며, 대체로 각 시도교육청별 역점사업과 관련하여 창의·인성·학교폭력·생태·진로·다문화 등 다른 영역의 하위 영역을 구성하는 프로그램으로 편성·운영되고 있다.

셋째, 학생교육원·학생문화원·각종 수련원 등 각 시도교육청별 직속기관에서 이루어지는 전통교육 관련 프로그램은 체험활동과 지역문화재

탐방 등의 견학활동이 주를 이루고 있다. 그러나 대부분의 프로그램 구성이 일회적인 체험으로 그치기에 인성·진로 등과 관련한 내면화에 한계가 있을 것으로 보이며, 지역 유관기관 및 인적 인프라 활용을 통한 협력적인 교육활동 역시 미진한 것으로 지적될 수 있다.

넷째, 각 시도교육청의 교육과정 편성운영지침 및 단위학교 교육과정 운영에서 전통교육이 차지하는 위상이나 실제 운영하는 전통교육 프로그램의 양적·질적 차이는 극소수의 경우를 제외한다면 해당 지역이 보유한 전통교육 인프라, 유관기관의 수 등과 무관한 것으로 보인다. 이와 같이 지역의 전통적 가치 및 인프라를 충분히 활용하지 못하는 현상은 전통에 대한 추상적 이해, 현대적 재해석의 실패라는 전통교육의 현실적 난점과 직간접적으로 관련되어 있다고 볼 수 있다.

다섯째, 시도교육청의 직속기관이 주관하는 전통교육 관련 프로그램은 주로 체험 및 견학 등의 창의적 체험활동과 각종 전통악기 관련 교습 등의 방과후 활동에 집중되어 있다. 특히 악기 등의 교습에 대부분의 프로그램이 집중되고 있는 점은 몇 가지 문제의 소지를 내포하고 있다. 우선 기예를 중심으로 한 교습은 미적 체험활동으로 나아가기 어려우며, 기간 역시 1년을 단위로 하기에 기예의 충분한 습득에서마저 한계가 있다.

위와 같은 특성 및 한계를 바탕으로 다음의 몇 가지 사항을 제언하고자 한다.

첫째, 지역 및 권역별 '(가칭)전통교육 교육과정 코디네이터'를 양성하여 해당 지역에 위치한 각급학교의 전통교육 프로그램을 개발·지원할 필요가 있다. 현재 각 시도교육청의 직속기관의 전통교육 프로그램은 교육내용의 종적 위계를 충족시키는 계열성과 횡적 연계에 관한 통합성이 결여된 상태로 각개별 운영되고 있는 실정이다. 따라서 해당지역의 학생이 다른 프로그램을 이수할 경우, 동일한 내용을 반복적으로 학습하거나 교육내용 간 관련성을 스스로 유추하기 어렵게 된다. 또한 전통문화와 관련한 지역적 인프라가 비교적 충분한 지역에서는 각종 유관기관의 프로그램에 비해 질적으로 낮은 프로그램을 이수할 경우 역시 발생할 수 있다. 이러한 난점을 해소하기 위하여 '코디네이터'는 해당 지역의 문화재와 전통교육 인프라를 활용한 전통교육 프로그램의 제안, 유관기관과의 협력체계 구축, 전통문화 관련 교사연수 프로그램 개발 등에 관한 제반 사항을 담당함으로써 교육내용의 충실성은 물론, 교육내용 간 계열성과 통합성을 제고할 수 있다.

둘째, 체계적인 프로그램을 통한 교육 프로그램 구성이 필요하다. 각급학교의 학생들을 대상으로 한 교육프로그램 중, 대상 학교급과 상관없이 진행되는 프로그램이 다수 존재한다. 따라서 관련 기관들은 전통교육 프로그램 구성에 앞서 해당 지역의 교수자와 학습자를 대상으로 한 요구 및 필요도 조사와 발달 및 학습자의 지역별 특성에 대한 정확한 진단이 필요할 것이며, 이에 따라 개별화된 맞춤형 프로그램을 구성할 필요가 있다.

셋째, 현재 전통교육 프로그램의 주된 내용이 되는 체험중심 교육내용의 바람직한 진화 방향으로서 문제해결 중심, 프로젝트 학습 중심의 체험 활동을 제안한다. 현재 이루어지고 있는 체험 위주의 전통교육 프로그램은 일회적인 체험, 즉 옛 사람들의 삶의 방식을 직접 겪어보는 정도에 그치고 있는 실정이다. 그러나 이러한 방식의 교육활동은 지속적인 흥미를 유지하기 어려우며, 바람직한 인성을 배양하기 위한 전통교육의 취지에 역시 부합하지 않는 면이 있다. 더욱 중요하게는 전통의 현대적 의미를 제시하기에 앞서 '다만 옛 것이기에 소중하다'는 강박적인 전통의 의미에 천착하게 될 우려가 있다는 점이다. 이는 현재의 체험중심 전통교육이 다만 활동에 그치는 체험이 아니라 지적 경험과 원리적 이해가 체험을 통해 보다 유기적으로 결합한 형태의 프로그램으로 구성되어야 함을 의미한다. 이에 따라 전통의 내용과 그 현대적 의미를 학습자 스스로가 구성적으로 사유할 수 있도록 체험의 목적과 의미를 명확하게 제시해야 할 것이며, 더불어 스토리텔링을 활용한 문제해결 중심 지도방안과 다양한 프로젝트 학습과 연계한 교육과정 구성을 고려할 필요가 있다.

넷째, 전통문화와 관련한 미적 체험과 문화적 감수성을 신장시키기 위한 교육과정 및 프로그램 개발이 시급하다. 대다수의 현대인은 문화 예술의 생산적 활동에 종사하기보다 소비와 향유층에 속하게 된다. 이에 따라 전통문화의 특색을 살리는 동시에 학습자의 문화 예술 체험 확대에 긍정적으로 기여할 수 있는 교육 콘텐츠 개발이 필요하다. 단기적으로는 미적 체험활동과 인성적 요소의 유기적인 결합이 고려되어야 할 것이며, 중장기적으로 공연문화예술의 향유와 미적 체험 간의 관계에 있어 학습자의 욕구를 증진시킬 수 있는 전략적인 프로그램의 개발을 포함할 필요가 있다.

다섯째, 다문화, 리더십, 진로교육 등과 연계한 교육과정의 개발이 필요하다. 각 시도교육청의 직속기관이 주관하는 전통교육 프로그램에서 국궁, 예절, 다도와 같은 전통문화 체험이 가장 많은 수를 차지하고 있다. 이는 전통교육 관련 프로그램의 구성에서 전통과 전통문화만을 부각시키고자 할 때 학습자의 긍정적 동기화가 쉽지 않다는 점을 대변한다. 따라서 전통교육 관련 프로그램을 현재 학교에서 이슈가 되고 있는 다양한 영역과 연계하여 구성함으로써 전통교육 관련 콘텐츠의 활용은 물론, 전체 프로그램의 활용성을 제고할 수 있는 방안이 검토될 필요가 있다.

마지막으로, 교수자 인력의 양성 및 연수과정에 대한 실제적인 방안이 모색될 필요가 있다. 전통교육 관련 프로그램의 다양화와 활성화를 위해 전문적인 지식과 경험을 지닌 교수자 인력 양성과 외부의 전문 인력을 적재적소에 연계하여 활용할 수 있는 구체적인 방안이 마련되어야 할 것이다.

제3장

전통적 가치와 민주적 시민성에
대한 학생들의 의식 조사

제3장

전통적 가치와 민주적 시민성에 대한
학생들의 의식 조사

1. 들어가며

　　본 장에서 논의하고자 하는 주된 대상은 전통에 관한 의식으로서 그중 "학생들의 의식" 조사에 관한 것이다.[1] 최근 현대 한국사회에서 전통적 가치를 확인하는 연구들이 다양한 분야에서 전개되어 왔다. 이들 선행적 연구들을 주제에 따라 분류하면 사고방식에 주목한 연구, 오늘날 한국인이 지닌 가치들의 지형도 연구, 구체적인 가치와 덕목을 주목하되 중시하고 있는 것(Is)이 아니라 중시해야할 것(Ought)에 대한 연구, 전통적 가치와 시민사회와의 관계에 대한 연구 등 다양하다. 그러나 현재에도 영향을 미치는 사고방식과 가치들을 보여주는 것은 향후 지향점을 설정하

---

1) 본 장은 심승우·지준호, 「전통적 가치에 대한 학생들의 의식조사」, 『퇴계학논총』 27, 2016, pp.285-310.; 한성구·지준호, 「유학 교육사상과 민주적 시민성 함양 연구」, 『유학연구』 45, 2018, pp.375-403 등의 내용을 부분적으로 수정·보완하였음.

는 데 도움을 주지만 현재 중시하는 것이 미래의 당위로 온전하게 설정될 수는 없으며, 지향해야 할 가치들을 보여주는 것은 그것들이 시민의식 속에서 여전히 작동하고 있는지 그리고 다른 가치덕목들과는 어떤 관계에 있는지를 명확하게 나타내지 못하고 있다. 따라서 현실을 반영한 방향 제시를 통하여 무엇이, 왜 바람직한지에 대해 논의를 해야만 한다.[2]

본 연구는 현실을 반영한 방향 제시를 위한 전통적 가치에 대한 인식과 선호도 조사로서, 전통교육의 현대화와 민주시민성 교육 프로그램 구성을 위한 기초자료의 성격을 갖는다. 특히, 이 설문조사 연구는 정치학과 동양철학, 교육학 등 학제간 통섭의 측면에서 전통에 대한 학생들의 인식과 평가를 분석하기 위한 내용을 기반으로 하였다. 이는 전통교육의 현대화를 추구하는 입장에서 시대적 요청에 부응하기 위한 것이기도 하다.

전통은 시간적인 연속성과 본질적인 의미를 모두 함축하고 있는 것으로, 과거로부터 현재, 그리고 미래의 세계로 이어져 가고 있다. 따라서 이러한 전통의 의미는 '변화성', '계속성', '독특성'으로 요약할 수 있다.[3] 또한, 전통은 고유성이나 주체성을 전제조건으로 하고는 있지만, 시간적인 지속성을 유지하는 가운데 자각적인 반성이나 타문화와의 교류와 융합 과정을 통하여 새로운 형태로도 발전되고 있는 것으로, 현 시대의 정치, 경제, 사회, 문화 등 우리들의 모든 생활영역에 걸쳐 광범위하게 영향을 주고 있다.[4] 그러므로 '진정한 전통문화의 계승은 우리 역사를 긍정적으

----

2) 전통적 가치에 관한 선행 연구 분석은 김철호·박병기·지준호, 「전통적 가치와 시민의식」, 한국윤리학회, 『윤리연구』 93, 2013, pp.43-44 참조.

3) 고병익, 『동아시아의 전통』, 일조각, 1982.

4) 지준호 외, 「대만 예비교사들의 전통관 연구」, 『한국초등교육』 19(2), 2009.

로 보는 안목을 키워나가는 것으로부터 비롯된다.'[5]

한 국가와 민족에 있어서 전통문화란 끊임없이 샘솟는 물과 같고, 나무의 뿌리와 같은 것으로, 우리 고유의 전통문화가 가지고 있는 보편적 가치를 탐구하고, 전통교육이 담고 있던 인성교육과 예절문화를 다시 일으키는 것은 오늘의 교육 문제에 대한 훌륭한 대안이 될 수 있다. 그러므로 현대사회의 제 문제와 관련하여 현대 교육이 직면한 현실적 난관 앞에서 이를 극복하고 보완할 수 있는 교육내용과 방법을 전통교육에서 찾고자 하는 노력은 매우 의미가 깊다고 할 수 있다.

물론, 현행 학교교육이나 교육제도의 문제점을 지적하고 그 대안을 모색하려는 연구들이 그동안 적지 않게 진행되어 왔다. 그러나 대부분의 선행적 연구들은 전통교육이 현대사회에 주는 시사점이라든지 거시적인 활용 방향의 원칙을 제시하는 수준에 그치고 있을 뿐, 구체적인 접근을 통한 실질적인 활용의 측면에서는 가시적인 성과를 구현해내고 있지 못하다. 특히, 교육제도의 근본적인 혁신을 통해 현대사회의 병폐를 치유하고 한국적인 민주시민의식 형성을 모색할 수 있는 전통교육의 현대화 기획과 이를 위한 대안적인 교육콘텐츠와 교육과정 구성 및 교육프로그램 개발 등은 거의 없었을 뿐만 아니라 결과물 자체도 매우 미비한 형편이다.

특히 4차 산업혁명에 직면해서 현대 교육이 중시하고 필요로 하는 역량이 무엇인지를 탐색하고, 이러한 역량을 함양하기 위해 활용 가능한 전통적 핵심 역량을 선별하여 현대적으로 재구성함으로써 '온고지신'이라는 교육 방식의 현대적 적용 가능성을 타진해 보는 것은 중요한 교육적 과제이다. 가령, 현행 도덕교육이 추구하는 인간상인 '도덕적인 인간'과 '정의

----

5) 홍일식, 『21세기와 한국전통문화』, 현대문학(주), 1993, p.22.

로운 시민' 가운데 정의로운 시민, 즉 민주적 시민성에 초점을 맞추어 초
등학생부터 대학생까지를 대상으로 설문조사를 실시하고 이를 기초로 민
주적 시민성[6] 함양을 위해 어떤 전통적 덕목과 가치, 내용이 부각되고 활
용되어야 하는지를 파악해 보는 연구는 매우 시의적절하다.

　　본 연구의 기본적인 문제의식은 현재까지 대부분 서구적·근대적 연원
에서 비롯된 자유주의와 민주주의, 자본주의 교육모형에 상당 수준 의존
해 온 시민성 교육의 병폐를 인지하고 시민의 정치적 무관심과 무능력,
정치적 소외, 정치부패 문제 등 '서구적 정치문화가 야기해온 한계[7]'를
넘어설 수 있는 전통적 교육과정을 탐색하는 것이다. 그 동안 현대사회의
병폐를 치유하고 한국적인 민주시민의 형성을 위한 전통교육의 현대화 노
력이 상당히 미약했던 것은 사실이다. 전통 가치와 사상, 문화 가운데 어
떤 것들이 한국적인 민주적 주체의 형성과 혁신에 유용한지, 그 교육방법
과 구체적 과정은 어떠해야 하는지가 우리 연구의 중요한 문제의식이다.

　　본 연구는 전통교육의 현대적 방안 모색과 전통교육 모형 및 프로그램
개발을 위한 기초 연구로서 전통적 가치와 민주적 시민성에 대한 의식을
설문 및 면접조사 등의 방법을 통해 분석하는 데 목적이 있다.

---

6) 본 논문에서 다루는 민주적 시민성은 그 동안 서구적 관점에서만 접근하던 것과는 달리 동서양 교육철학의
　 통섭 속에서 동양 고전 덕목인 성찰과 자존, 공감과 배려, 상생과 공존을 핵심 내용으로 해서 함양할 수 있는
　 전통적이면서 현대적인 덕목이다. 여기에는 유교적 통치성 및 공론장, 화이부동의 현대적 재구성과 만인의 선비화,
　 공화주의적 덕성 등이 포함된다.
7) 서구의 자유주의적 대의민주주의의 변질과 한계를 주체와 인성, 제도, 구조 등의 영역에서 비판한 저서로는
　 Chantal Mouffe, *The Democratic Paradox*, Verso, 2000 등이 있다.

2. 연구방법

(1) 설문조사

가. 조사범위 및 표본설계

본 연구의 설문조사는 2016년 3월 2일부터 3월 15일까지 서울, 인천, 경기 등 수도권 지역의 각급학교 재학생을 대상으로 하였다. 학교급별 분포는 초등학교 505명(31.8%), 중·고등학교 588명(36.9%), 대학교 505명(31.6%)으로 총 1,598명이 설문에 응하였다. 초등학교의 경우, 문식력을 고려하여 5학년과 6학년을 대상으로 하였으며, 그 외 중·고등학교와 대학교는 각 학년이 고르게 분포될 수 있도록 조정하였다. 연령별 문구의 적절성을 위해 학교급별로 3가지 설문지로 구성했으며, 동일한 내용이지만 특히, 초등학생용의 경우 초등학생의 눈높이에 맞도록 단어와 개념, 문장 등을 일부 조정하였다. 아울러 전문가의 자문 내용에 근거하여 용이한 비교를 위해 5점 척도에 준하여 응답 항목을 설정하였다. 응답자의 연령 분포는 12세−29세이며 평균 연령은 16.5세이다. 응답자의 성별 및 지역, 그리고 학교급별 조사대상은 다음의 <표 3−1>, <표 3−2>와 같다.

표 3-1 | 응답자 정보(성별 및 지역)

구분		응답수(명)	비율(%)
성별	남성	586	36.7
	여성	1,012	63.3
	합계	1,598	100.0
지역	서울	769	48.1
	인천	242	15.1
	경기	577	36.1
	기타	10	0.6
	합계	1,598	100.0

표 3-2 | 학교급별 표본

학교급	지역	학교명	학년	응답수(명)	비율(%)
초등학교	서울	흑석초	6	21	1.3
			5	21	1.3
		원명초	6	27	1.7
			5	28	1.8
		방배초	6	25	1.6
			5	25	1.6
		염동초	6	25	1.6
			5	28	1.8
		새솔초	6	24	1.5
			5	25	1.6
		연안초	6	24	1.5
			5	18	1.1
		대화초	6	24	1.5
			5	24	1.5
	경기	와부초	6	27	1.7
			5	26	1.6
		구룡초	6	31	1.9
			5	28	1.8
		(수원)팔달초	6	27	1.7
			5	27	1.7
		소계		505	31.8
중학교	서울	정의여중	2	48	3.0
		문영여중	3	50	3.1
	경기	김포대곶중	3	53	3.3
			1	46	2.9
	인천	동암중	3	50	3.1
			1	44	2.8
		소계		291	18.2
고등학교	서울	한성여고	2	30	1.9
			1	34	2.1
		송곡여고	3	44	2.8
			2	46	2.9
	경기	송현고	3	28	1.8
			1	41	2.6
		덕소고	3	34	2.1
			1	40	2.5
		소계		297	18.7

대학교	서울	국민대	65	4.1
		고려대	25	1.6
		성균관대	66	4.1
		한양대	41	2.6
		서울교대	58	3.6
	경기	경인교대	38	2.4
		인천대	50	3.1
		수원과학대	73	4.6
		중부대	39	2.4
		경동대	50	3.1
	소계		505	31.6
총계			1,598	100.0

나. 설문지 구성

설문 문항은 2016년 2월 15일 초안이 작성된 이후 연구진의 숙의와 4회의 외부 전문가 자문을 거쳐 2월 29일 최종 완성하였다. 설문지는 '전통 및 전통교육에 대한 인식'과 '유덕한 시민의 민주적 시민성 역량에 대한 자가 진단'의 대영역 구분에 따라, 응답자 정보를 제외한 총 33개 문항으로 구성하였다. '전통 및 전통교육에 대한 인식'에 관한 문항은 A. 전통문화에 대한 관심 및 선호도, B. 전통 및 전통문화의 필요성과 활용성, C. 전통교육에 대한 관심 및 선호도의 3개 하위 영역으로 구성하였으며, '유덕한 시민의 민주적 시민성 역량에 대한 자가 진단'에 관한 문항 또한 A. 개인역량(성찰 및 자존), B. 대인관계역량(공감 및 배려), C. 공동체역량(상생 및 공존)의 3개 하위 영역으로 구성하였다.

각 대영역별 하위 영역 및 구인은 다음의 <표 3-3>과 같다.

표 3-3 | 설문지 구성

대영역	하위 영역	구인	문항수(개)
I 전통 및 전통교육에	A. 전통문화에 대한 관심 및 선호도	관심도	5
		선호도	

대한 인식	B. 전통문화의 필요성 및 활용성	필요성	2
		활용성	3
	C. 전통교육에 대한 관심 및 선호도		5
II 유덕한 시민의 민주적 시민성 역량에 대한 자가 진단	A. 개인역량	성찰	3
		자존	3
	B. 대인관계역량	공감	3
		배려	3
	C. 공동체역량	상생	3
		공존	3
계			33

세부적인 설문문항은 다음과 같다.

표 3-4 │ 설문 문항

영역		구인	문항
전통 및 전통 교육에 대한 인식	A: 전통 문화에 대한 관심 및 선호도	관심도 선호도	1. 나는 우리의 전통에 대해 관심이 많다. 2. 나는 평소 전통문화를 자주 경험한다. 3. 나는 옛날 임금이나 중요한 사건에 대한 역사드라마(사극)를 즐겨 본다. 4. 나는 우리의 전통에 대해 자부심을 느끼며 서양의 전통보다 훌륭하다고 생각한다. 5. 오늘날 보존하고 발전시킬 필요성이 크다고 생각하는 전통을 두 가지 골라보세요.
	B: 전통 및 전통 문화의 필요성과 활용성	필요성 활용성	6. 우리 국민들은 전통을 더 잘 알기위해 노력해야 한다고 생각한다. 7. 우리 국민들은 전통을 더욱 잘 계승하고 발전시켜야 한다고 생각한다. 8. 전통을 현대적으로 잘 계승 · 발전시킨다면, 우리 사회의 도덕적 문제(이기주의, 인간 소외 등)를 해결하는 데 도움을 줄 수 있다고 생각한다. 9. 전통을 현대적으로 잘 계승 · 발전시킨다면, 자본주의(경제적 이익 추구와 부의 창출) 발전에 도움이 된다고 생각한다. 10. 전통을 현대적으로 잘 계승 · 발전시킨다면, 민주주의(평등과 참여)를 발전시키는 데 도움이 된다고 생각한다.

C: 전통 교육에 대한 관심과 선호도	교육	11. 학교 교육과정에서 더 많은 전통에 관한 교육이 필요하다고 생각한다.	
		12. 나는 전통교육의 방식이 현재의 학교교육 방식보다 더 좋다고 생각한다.	
		13. TV, 영화, 문화체험 행사 등을 통해 전통교육을 활성화 시켜야 한다고 생각한다.	
		14. 전통교육을 잘 활성화시킨다면 학교문제를 해결하는데 도움을 줄 것으로 생각한다.	
		15. 전통교육의 내용 중에서 가장 필요한 교육내용은 무엇이라고 생각하십니까?	
유덕한 시민의 민주적 시민성 역량에 대한 자가 진단	A. 개인 역량	성찰	16. 나는 종종 나의 말과 행동이 바람직했는지 되돌아본다.
			17. 나는 이익을 추구하는 것보다 옳음을 추구하는 게 중요하다고 생각한다.
			18. 나는 사회에서 성공하기 전에 사람됨을 갖추는 게 중요하다고 생각한다.
		자존	19. 나는 내가 어떤 사람이 되고 싶은지를 잘 알고 있다.
			20. 나는 매사에 긍정적인 생각과 태도를 가진다.
			21. 나는 화가 나거나 기분이 나빠도 나의 감정을 잘 다스린다.
	B. 대인 관계 역량	공감	22. 나는 다른 사람의 감정을 살피고 관심을 갖는다.
			23. 나는 관계가 좋지 않은 친구의 의견도 경청하고 대화할 수 있다.
			24. 나는 타인과 대화할 때 고개를 끄덕이거나 '응' 혹은 '그래' 라는 표현을 한다.
		배려	25. 나는 대중교통을 이용할 때, 노약자에게 자리를 양보한다.
			26. 나는 친구가 어려움에 처하면 끝까지 도와줄 것이다.
			27. 나는 낯선 사람에게 다가가 의사소통하는 것이 어렵지 않다.
	C. 공동체 역량	상생	28. 나는 우리사회가 가정과 직장에서 남녀평등이 이루어져 있다 고 본다.
			29. 나는 대기업이 중소기업의 고유한 사업 영역을 보호한다고 생 각한다.
			30. 나는 산이나 강 혹은 동물이나 식물에게서 아름다움을 종종 느낀다.
		공존	31. 나는 우리 사회가 전통적 가치와 서구적 가치의 조화를 추구 하고 있다고 본다.

| | | 32. 나는 피부색이 다른 외국인 근로자가 옆집에 사는 것이 불편하지 않다. |
| | | 33. 나는 남한이 북한과 이념적으로 대립하지만 상호공존을 위해 노력하고 있다고 본다. |

(2) 면접조사

가. 응답자 정보

면접조사는 설문에 참여한 응답자 중 성균관대학교와 한양대학교에 재학 중인 학생을 무작위로 선정하여 진행하였다. 면접조사에 응한 인원 및 정보는 다음의 <표 3-5>와 같다.

표 3-5 | **면접조사 응답자 정보**

일시	대상대학	면접인원(명)	학년
2016.3.17	한양대학교	20	3-4학년
2016.3.18	성균관대학교	15	1-2학년

나. 면접조사 방식 및 내용

원활한 면접조사를 위해 면접 대상자들에게 '전통이란 우리에게 어떤 의미인가?'라는 대략적인 주제 및 조사 목적 등을 수일 전 사전 통보하였으며, 이후 질문과 답변의 방식을 통해 진행하였다. 면접에서는 전통에 대한 과거 인식, 경험, 전통 및 전통교육에 대한 이미지 등을 자유롭게 질문하였으며, 특히 전통에 대한 긍정적 이미지, 전통에 대한 부정적 이미지, 전통의 현대적 역할, 전통교육 방식의 4가지에 대해서는 모든 면접 대상자들에게 공통적으로 답변을 요구하였다.

3. 결과 분석 및 함의

(1) 설문조사 I. 전통 및 전통교육에 대한 인식: 결과 분석 및 함의

가. 전통문화에 대한 관심 및 선호도 영역

전통문화에 대한 관심 및 선호도 조사 결과, 전체 평균 3.08을 기록하여 보통 수준임을 알 수 있었다. 특이한 사항은 전통문화(각종 명절 문화 및 놀이, 의복 등)에 대한 경험 여부에 대해서는 2.32를 기록하여 실제적인 체험 수준은 상대적으로 낮게 나타났음에도 불구하고, 전통에 대한 자부심은 3.87을 기록하여 상당히 강한 것으로 나타났다. 이에 대해 항목별로 보다 자세하게 살펴보면 다음과 같다.

표 3-6 | '전통문화에 대한 관심 및 선호도' 문항별 평균

문항	응답수(명)	평균	표준편차
1	1,593	3.05	1.011
2	1,592	2.32	1.072
3	1,591	3.08	1.286
4	1,588	3.87	0.972
전체평균	1,593	3.08	0.778

1번 문항인 "나는 우리의 전통(문화예술 및 사상)에 대해 관심이 많다."에 대해서는 평균 3.05를 기록하여 보통 수준임(3.05)을 알 수 있었다. 이는 아동과 청소년이 전통에 대해 무관심할 것이라는 세간의 평가와는 다른 긍정적인 신호로 해석할 수 있다. 아울러 이와 같은 대답은 실제로 관

심이 있는가의 여부를 떠나, 응답자들이 규범적 수준에서 전통에 대해 관심을 가져야 한다는 의무감이 일정정도 반영되어 있는 것으로 보인다.[8] 반면, 2번 문항인 "전통문화(한복, 판소리, 널뛰기, 부채춤, 차례지내기, 명절맞이 행사 등등)를 자주 경험한다."는 문항에 대해서는 보통 이하라는 응답의 비중이 높아 평균 2.32를 기록하였다. 상대적으로 초등학생 및 중학생의 경험이 많게 된 것은 학교교육에서 전통교육에 관한 직접적이고도 다양한 기회가 증가했기 때문이며, 고등학생과 대학생들의 경우에는 입시와 취업 준비로 인해 전통이나 인문학에 대한 관심 자체가 부족하였기 때문으로 추측된다. 3번 문항인 "나는 선덕여왕이나 세종대왕, 정조대왕 같은 옛날 임금이나 중요한 사건에 대한 역사드라마(사극)를 즐겨 본다."는 응답에 대해서는 보통 수준(3.08)을 기록하였다. 이는 미디어 등 대중매체를 통해 전통을 접하는 기회가 상대적으로 많았을 것이라는 일반적인 추측과 부합하는 결과이다. 이는 향후 전통교육 프로그램에 스토리를 가진 내용과 재료를 적극 활용할 필요가 있다는 점을 암시해준다. 4번 문항인 "나는 우리의 전통에 대해 자부심을 느끼며 서양의 전통보다 훌륭하다고 생각한다."는 응답에 대해서는 다소 긍정적인 성격이 강한 응답률(3.87)을 기록했다. 이는 각급 학교 및 가정과 매체를 통하여 단군신화부터 화랑도, 선비, 유학자 등의 정신문화와 뛰어난 전통 건축과 예술, 과학기술의 발전 등에 대한 교육과 내용 소개가 이루어지고, 사회적 담론 역시 일정정도 형성된 결과로 여겨진다.

----

8) 이러한 점은 전통에 대한 자부심을 묻는 항목에서 긍정 답변이 상당히 높게 나온 것(3.87)과 연결시켜 해석할 수 있다.

표 3-7 | 오늘날 보존하고 발전시킬 필요성 있는 전통요소(A-5 문항)

응답	응답수(명)	비율(%)
5-1) 한복, 한식과 같은 실생활과 관련된 요소	1,062	34.48
5-2) 판소리, 사물놀이, 서예 등 전통예술	571	18.54
5-3) 제사, 성묘 등 조상을 존경하고 받듦	220	7.14
5-4) 효도와 예절	762	24.74
5-5) 이웃사랑 및 나라사랑 등 공동체의식	440	14.29
5-6) 기타	25	0.81
전체평균	3,080	100.00

한편, 2개의 중복 응답이 허용된 '전통문화에 대한 관심 및 선호도' 5
번째 항목인 "오늘날 보존하고 발전시킬 필요성 있는 전통요소"에 대해서
는 위의 표에 나타난 것처럼 "5-1) 한복, 한식과 같은 실생활과 관련된
요소", "5-4) 효도와 예절" 두 항목의 응답률이 60%에 육박하였다. 이는
일상적이고도 인간관계와 연관된 전통의 필요성과 중요성을 보다 강하게
인지하는 것으로 추론할 수 있다. 물론 초등학교, 중·고등학교, 대학교 수
준에서 현실적인 중요도를 갖는 이슈나 주제는 설문 예시보다 상대적으로
다양할 수 있다. 실제로 대학생들은 "5-5) 이웃사랑과 나라사랑 등 공동
체의식"에 관한 응답률이 상대적으로 높았으므로 학생들이 익숙한 주제나
소재뿐만 아니라 학생들이 알아야 할 주제를 친숙하게 만들 수 있는 방안
도 모색해야 한다. 대표적으로, 선비정신이 무엇이고 우리의 삶과 사회와
어떤 연관되는지를 구체적으로 교육하여 학생들에게 선비정신을 익숙하
게 만들고 아울러 중요함도 깨달을 수 있게 만들 수 있다는 것이다. 한편,
"5-3) 제사, 성묘 등 조상을 존경하고 받듦"에 관한 응답률(7.14%)이 낮
게 나타난 이유는, 그동안 우리사회에서 핵가족의 영향이 심화되었을 뿐
만 아니라 최근 명절 때 전통적인 방식보다는 약식으로 제사를 지내는 가

정들이 많아졌으며, 종교적 이유 등 여러 가지 사정으로 제사를 치르지 않는 집안이 증가했기 때문에 학생들의 의식에서도 그 비중과 선호도가 낮아진 것으로 분석된다.

'전통문화에 대한 관심 및 선호도'부분 전체를 놓고 보면, 아래의 <표 3-8>과 <표 3-9>에서처럼 학교급간 유의미한 차이를 보였으며, 초등학교에서 3.41로 상대적으로 높은 관심과 선호도가 나타난 반면, 고등학교(2.82)와 대학교(2.92)에서는 상대적으로 낮은 수준을 기록했다.9) 이는 저학년일수록 학교 수업 및 기타 다양한 활동을 통해 전통 관련 학습과 체험의 기회가 많은 반면, 입시 부담과 취업 부담이 상대적으로 강한 고등학교와 대학교에서 관련 교육과 체험 기회가 부족할 뿐만 아니라 관심 자체 역시 상당히 감소하기 때문으로 분석된다.

표 3-8 | 학교급별 '전통문화에 대한 관심 및 선호도' 평균

학교급	응답수(명)	평균	표준편차
초등학교	505	3.41	0.808
중학교	290	3.03	0.790
고등학교	295	2.82	0.689
대학교	503	2.92	0.669

표 3-9 | 학교급, 문항별 '전통문화에 대한 관심 및 선호도'

학교급 / 문항		1	2	3	4	전체평균
초등학교	평균	3.21	2.61	3.58	4.25	3.41
	사례수(명)	505	505	504	502	505
	표준편차	1.04	1.12	1.33	1.00	0.81

9) 분산분석 결과, 중학교-대학교, 고등학교-대학교를 제외하고 $\alpha = .01$ 수준에서 통계적으로 유의미한 학교급간 전통문화에 대한 관심 및 선호도의 평균차이가 존재한다.

중학교	평균	3.02	2.54	2.78	3.80	3.03
	사례수(명)	290	290	289	289	290
	표준편차	1.03	1.06	1.24	1.00	0.79
고등학교	평균	2.77	2.09	2.74	3.67	2.82
	사례수(명)	295	294	295	295	295
	표준편차	1.00	0.97	1.13	0.89	0.69
대학교	평균	3.07	2.03	2.96	3.64	2.92
	사례수(명)	503	503	503	502	503
	표준편차	0.94	0.98	1.21	0.86	0.67
합계	평균	3.05	2.32	3.08	3.87	3.08
	사례수(명)	1,593	1,592	1,591	1,588	1,593
	표준편차	1.01	1.07	1.29	0.97	0.78

'전통문화에 대한 관심 및 선호도' 부분의 학교급별 결과를 놓고 볼 때, 초등학생의 경우 상대적으로 긍정적인 선호도가 높았다. 따라서 긍정적 답변이 높은 초등학교에서 교과 교육과정은 물론 창의적 체험활동 등 비교과 교육과정을 통하여 전통문화를 체험할 수 있는 기회를 더욱 확대해간다면 교육적 효과는 더욱 높아질 것으로 분석된다. 일반적으로 학생들이 전통문화보다는 서구문화에 경도되어 있음을 고려한다면, 막연한 수준일지라도 우리의 전통에 대한 강한 자부심은 교육계의 관심과 노력에 달려 있다고 볼 수 있다. 즉, 전통에 대한 이러한 심리적 정향성을 적극적으로 활용한다면, 현대사회에서도 충효나 경로사상, 상부상조, 선비정신, 공동체의식, 동학사상, 민본주의 등 전통적 가치들과 이념들을 현대적 맥락에 맞게 새롭게 조명하고 재구성하여 교육할 수 있으며, 바람직한 한국적 가치관이나 시민의식 형성에 기여할 수 있다.

나. 전통문화의 필요성 및 활용성 영역

'전통 및 전통문화의 필요성과 활용성' 영역은 본 연구에서 중요한 비중을 차지한다. 왜냐하면 전통에 대한 단순한 관심도를 넘어서 전통의 계승과 발전 그리고 현대적 활용 가능성에 대한 학생들의 응답 정도에 따라 현 시대에서 어떤 전통적 가치들이 의미가 있고, 어떤 전통적 콘텐츠를 재해석하고 재구성해야 할지에 대한 구체적인 방향성이 도출될 수 있기 때문이다.

아래 <표 3-10>에 나타나는 것처럼, '전통 및 전통문화의 필요성 및 활용성' 부분에 대해서는 전체 평균 3.65를 기록하였다. 이를 항목별로 자세히 살펴보면 다음과 같다.

표 3-10 | '전통 및 전통문화의 필요성과 활용성' 문항별 평균

문항	응답수(명)	평균	표준편차
6	1,592	4.06	0.858
7	1,593	4.06	0.876
8	1,590	3.41	1.056
9	1,588	3.38	1.007
10	1,589	3.35	1.041
전체평균	1,594	3.65	0.711

전통 및 전통문화의 필요성과 활용성 부분 6번 문항 "우리 국민들은 전통을 더 잘 알기위해 노력해야 한다고 생각한다."에 대해서는 "약간 그렇다", "매우 그렇다" 등 긍정의 응답률(4.06)이 상대적으로 높았다. 이는 학교급간이나 지식수준과 상관없이, 전통을 더 소중히 여기고 공부해야 한다는 당위적인 요청을 적극 수용하는 것으로 해석할 수 있다. 이는 비교적 유사한 성격의 질문인 7번 문항 "우리 국민들은 전통을 더욱 잘 계

승하고 발전시켜야 한다고 생각한다."에 대해서도 긍정적 응답률(4.06)이 나온 것처럼, 학생들은 원칙적으로 전통의 계승과 발전의 필요성에 대해 적극 공감하는 것으로 해석할 수 있다. 그렇다면 학생들은 전통의 어떤 역할과 가능성을 기대하는 것일까? 학생들은 현대 사회의 다양한 병폐를 해결하고 공동체를 발전시키는 데 있어서 전통의 적극적인 역할과 긍정적 효과도 부분적으로 인정하는 것으로 보이며(항목 8, 9, 10의 평균 3.38), 현대 사회의 병폐로서 도덕적 문제(이기주의, 인간 소외, 가치관의 혼란 등)를 해소하는데 있어서의 전통의 역할(8번 문항 평균 3.41), 자본주의(경제적 이익 추구와 부의 창출)가 발전하는 데 있어서의 전통의 역할(9번 문항 평균 3.38), 민주주의(평등과 참여)를 발전시키는 데 있어서의 전통의 역할(10번 문항 평균 3.35)이 가능하다고 답변하였다. 이러한 점은 앞의 7번 문항인 "전통의 계승과 발전"에 대한 강한 긍정을 고려해볼 때, 학생들은 우리가 살고 있는 현실과 사회의 병폐를 치유하거나 민주주의, 자유주의, 자본주의에 부합하는 전통적 가치들을 활성화시킬 수 있는 전통의 현대화를 지지할 것으로 기대할 수 있다.

'전통 및 전통문화의 필요성과 활용성' 부분 전체에 대해서는 학교급간 차원에서 큰 차이는 없었지만 고등학교, 대학교에 비해 초등학교가 높게 나왔다.[10]

표 3-11 | 학교급별 '전통 및 전통문화의 필요성과 활용성' 평균

학교급	응답수(명)	평균	표준편차
초등학교	505	3.78	0.770
중학교	290	3.67	0.702
고등학교	295	3.54	0.663
대학교	503	3.58	0.663

....

10) 분산분석 결과, 초등학교-중학교, 중학교-고등학교, 중학교-대학교, 고등학교-대학교를 제외하고 $\alpha = .01$ 수준에서 통계적으로 유의미한 학교급 간 전통문화의 필요성 및 활용성의 평균차이가 존재한다.

표 3-12 | 학교급별, 문항별 '전통 및 전통문학의 필요성과 활용성'

학교급 / 문항		6	7	8	9	10	전체평균
초등학교	평균	4.07	4.13	3.57	3.52	3.60	3.78
	사례수(명)	504	504	503	503	502	505
	표준편차	0.98	0.98	1.05	1.05	1.08	0.77
중학교	평균	4.02	3.98	3.25	3.58	3.51	3.67
	사례수(명)	289	290	289	289	290	290
	표준편차	0.84	0.85	1.07	0.93	0.93	0.70
고등학교	평균	4.04	4.01	3.14	3.32	3.18	3.54
	사례수(명)	296	296	295	295	295	296
	표준편차	0.83	0.82	1.03	0.88	0.93	0.66
대학교	평균	4.08	4.05	3.49	3.15	3.11	3.58
	사례수(명)	503	503	503	501	502	503
	표준편차	0.74	0.80	1.02	1.03	1.05	0.66
합계	평균	4.06	4.06	3.41	3.38	3.35	3.65
	사례수(명)	1,592	1,593	1,590	1,588	1,589	1,594
	표준편차	0.86	0.88	1.06	1.01	1.04	0.71

　　이는 앞의 대다수 응답 결과처럼, 상급학교에 진학할수록 전통의 필요
성을 부정한다기보다는 학년이 높아질수록 입시 위주의 교육과 취업 준비
의 현실적 부담감 등이 작용하여 전통의 필요성 자체를 느낄 심리적이며
시간적인 여유가 없게 되는 변화된 여건도 크게 작용했을 것으로 유추되
고 있다. 학교급간 구분과 상관없이, 전통의 필요성과 관련하여 전통의 중
요성을 인지하고 계승·발전시켜야 한다는 6번 및 7번 문항 응답률(4.06)
이 높게 나타났다는 점이 이러한 추측을 가능하게 만든다. 이러한 높은
응답률은 학교급간 큰 차이가 없었기에 이 점이 향후 전통적 교육프로그
램을 만드는 동력으로 작용할 것으로 기대된다. 전통의 현대화를 도모하
기 위해서는 학생들이 선호하거나 쉽게 접근할 수 있는 이슈별 학습과 활
동을 통해 전통적 가치의 함의를 수용하도록 노력해야 할 것이다.

본래, '전통 및 전통문화의 필요성과 활용성' 문항을 설정한 의도는 전통에 대한 관심 수준을 넘어서서 현실 속의 여러 사회 문제를 해결하는 데 있어서 전통의 적극적인 기능에 대한 기대를 확인하고자 했는데, 조사 결과 최소한 "전통은 현대 사회의 제 문제를 해결하고 공동체를 발전시키는 데 무용하거나 큰 의미가 없다"는 부정적인 인식은 나타나고 있지 않다.

다. 전통교육 및 교육방식에 대한 관심과 선호도 영역

전통교육에 대한 관심과 선호도에 대해서는 전체 평균 3.21을 기록하였다. 보다 자세하게 항목별로 살펴본다면, 11번 문항 "학교 교육과정에서 더 많은 전통교육이 필요하다고 생각한다."(3.40)와 13번 문항 "학교교육뿐만 아니라 TV, 영화, 다양한 문화체험 행사 등을 통해 전통교육이 더 많이 이루어지도록 해야 한다고 생각한다."(3.69)는 다른 항목에 비하여 상대적으로 그 필요성을 학생들이 인정하고 있다고 평가할 수 있다.

표 3-13 | '전통교육에 대한 관심과 선호도' 평균

문항	응답수(명)	평균	표준편차
11	1,583	3.40	0.978
12	1,582	2.69	1.192
13	1,582	3.69	0.968
14	1,578	3.06	1.146
전체평균	1,583	3.21	0.762

이러한 결과는 앞의 연관된 항목과 마찬가지로 전통교육의 필요성과 중요성을 인정하고 기대하는 것과 연속선상에서 해석할 수 있다. 그럼에도 불구하고, 12번 문항 "나는 서당이나 서원 등 전통적인 교육방식이 지

금의 학교교육방식보다 더 좋다고 생각한다"에 대해서는 부정적이거나 소극적 성격(2.69)이 강한 것으로 나타나, 실질적으로 자신들이 현장에서 공부해야 하는 방법이나 내용에 대해서는 전통적 방식에 대해 의문시하는 것으로 해석할 수 있다. 아울러 14번 문항 "전통교육을 잘 이루어지게 만든다면 학교가 가진 문제들(왕따, 학교폭력, 성적만능주의, 학벌주의 등)을 해결하는 데 도움을 줄 수 있다고 생각한다"에 대해서도 '보통'의 수준(3.06)을 기록한 바, 전통교육의 필요성과 기대심에 비해 학교현장에서의 활용성 및 효과에 대해서는 상대적으로 소극적인 것으로 해석할 수 있다. 그러므로 변화된 시대상을 반영하지 않거나 학생들의 개성과 흥미, 지적 수준 등을 고려하지 않고 전통적인 방식으로 고전이나 전통문화를 가르친다는 것은 효과적인 면에서 큰 의미가 없을 것으로 보인다.

표 3-14 | 전통교육의 내용 중 가장 필요한 교육내용(C-15 문항)

응답	응답수(명)	비율(%)
『논어』, 『맹자』 등 고전에 대한 이해	168	7.91
의사소통 및 대인관계 능력	438	20.63
직업능력 및 기술	203	9.56
도덕과 인성	823	38.77
예술활동 및 놀이문화	487	22.94
기타	4	0.19
전체평균	2,123	100.00

한편, '전통교육에 대한 관심과 선호도' 부분의 15문항 "전통교육의 내용 중에서 가장 필요한 교육내용은 무엇이라고 생각하십니까?"에 대해서는 '15-4) 도덕과 인성'(38.77), '15-5) 예술 활동 및 놀이문화'(22.94), '15-2) 의사소통 및 대인관계 능력'(20.63)의 비중이 압도적으로 높게 나

타났다. 전통교육의 상징으로 볼 수 있는 공자와 맹자의 사상이나 저서 등 고전에 대한 이해를 묻는 15-1) 문항은 7.91%로 응답률이 매우 낮았다. '15-3) 직업능력 및 기술교육'(9.56%) 역시 응답률이 낮게 나왔는데, 이는 현 시대의 취업 문제나 및 기술 분야가 전통과 연관성이나 관련 능력에 대한 전통의 기여도가 떨어지는 것으로 판단했기 때문으로 추측된다.

'전통교육에 대한 관심과 선호도'는 평균 3.21로 나타났는데, 대학교 (3.11)에 비해 상대적으로 중학교(3.31)와 고등학교(3.26)에서는 긍정적 답변 비율이 높았다.[11]

표 3-15 | 학교급별 '전통교육에 대한 관심과 선호도' 평균

학교급	응답수(명)	평균	표준편차
초등학교	499	3.22	0.854
중학교	289	3.31	0.769
고등학교	294	3.26	0.717
대학교	501	3.11	0.672

이와 같이, 대학교에서 전통교육의 실행 및 효과에 대한 기대심리가 낮게 나온 것은 인문학의 위기감이 팽배한 대학교육의 현실 속에서 전통교육의 도입 가능성에 일부 회의감을 갖게 되고 이에 따르는 학생들의 호응 여부가 낮았기 때문으로 추측된다. 즉, 인문학 자체에 대한 회의가 전통교육의 필요성 및 효과에 대한 회의로 연결되었다는 것이다. 이는 앞서 확인한 전통교육 '방법'의 현대적 활용에 대한 부정적 경향, 성적주의 및

----

11) 분산분석 결과, $\alpha = .05$ 수준에서 중학교-대학교, 고등학교-대학교 사이에 통계적으로 유의미한 전통교육에 대한 관심과 선호도에 있어서 평균차이가 존재한다.

학벌주의 폐해를 완화하는 전통교육의 효과에 대한 회의적 답변에서도 확인할 수 있다. 그러므로 역설적으로 전통 가운데 어떤 내용과 가치와 요소와 교육 방식을 어떻게 현대화하고 재구성해야 하는지에 대한 보다 심층적이면서도 치밀한 상상력이 필요하다고 볼 수 있다.

표 3-16 | 학교급별, 문항별 '전통교육에 대한 관심과 선호도'

학교급 / 문항		11	12	13	14	전체평균
초등학교	평균	3.35	2.46	3.71	3.38	3.22
	사례수(명)	499	499	498	497	499
	표준편차	1.15	1.37	1.10	1.20	0.85
중학교	평균	3.41	3.01	3.72	3.09	3.31
	사례수(명)	289	289	289	288	289
	표준편차	0.95	1.12	0.97	1.09	0.77
고등학교	평균	3.39	3.11	3.63	2.90	3.26
	사례수(명)	294	294	294	293	294
	표준편차	0.84	0.99	0.89	1.04	0.72
대학교	평균	3.46	2.48	3.68	2.81	3.11
	사례수(명)	501	500	501	500	501
	표준편차	0.88	1.04	0.87	1.10	0.67
합계	평균	3.40	2.69	3.69	3.06	3.21
	사례수(명)	1,583	1,582	1,582	1,578	1,583
	표준편차	0.98	1.19	0.97	1.15	0.76

라. 요약 및 시사점

본 설문조사가 시사하는 바들을 다음의 세 가지 설문 영역별로 요약하고 그 시사점을 살펴보자.

첫째, 본 설문조사에서 '전통문화에 대한 관심 및 선호도' 부분은 보통 수준(3.08)으로 나타났다. 서구적 교육과 상업문화 등이 지배적인 현실을 고려한다면, 관심도가 보통이라는 것은 결코 부정적으로만 볼 필요는 없을 것이다. 특이한 것은 전통문화의 체험 기회와 수준이 낮음에도 불구하고, 전통에 대한 자부심은 3.87을 기록하여 상대적으로 강한 것으로 나타났다. 이러한 측면은 전통문화, 예술, 사상 등에 관한 체험이 많아질수록 전통에 대한 선호도도 높아질 수 있으며, 전통교육은 일상생활과 밀접하고 실용적인 성격을 지녀야 하고 동시에 인간관계와 연루될 때 더욱 효과적일 수 있다는 추측을 가능하게 한다. 이 항목의 통계 결과를 해석함에 있어서 주의할 점은, 계승과 발전을 위한 전통교육의 내용과 범주를 고려할 때, 단순히 학생들에게 쉽고 익숙한 소재나 이슈에 한정할 필요는 없다는 것이다. 학생들이 익숙하다는 것과 중요하다는 것은 다른 차원일 수 있기 때문에 현대적으로 함의를 가진 전통적 가치와 내용이 있다면 학생들에게도 그 의미를 깨닫게 하고 익숙해지게 하려는 노력을 기울일 필요가 있다는 것이다.

둘째, '전통 및 전통문화의 필요성과 활용성' 부분은 학생들이 전통을 어떤 관점에서 바라보고 있고 또 어떤 맥락에서 관심을 가지게 되는지를 파악함과 동시에 학생들이 생각하는 전통의 활용 가치를 추론할 수 있는 기초 자료가 된다. 더구나 본 연구가 전통교육의 현대화를 목표로 설정하고 있듯이, 현대인의 주요 가치인 민주시민성의 함양이라는 측면에서 기여할 수 있는 전통교육의 내용 요소를 설정하는 데 유용하게 활용될 수 있다. 다소 긍정적으로 나타난 전통문화의 필요성과 활용성(평균 3.65)에 비해, 전통을 더욱 알아야 하고 계승하고 발전시켜야 한다는 응답률(4.06)이 상대적으로 높게 나온 것은 특기할 만하다. 이러한 당위적인 측면을 고려해본다면, 전통을 통해 현대사회의 병폐를 치유하고 민주주의와 자본주의를 더욱 발전시킬 수 있다는 보통 수준의 응답률(문항 8, 9, 10의 평균 3.38)도 시사하는 바가 크다.[12] 한편, 전통교육에 대한 관심과 필요성을 느끼고 적극적으로 참여하기 위해서는 특히 고등학교 고학년의 대학 입시와 대학교의 취업 준비 등 교육제도에 따르는 현실적 부담감을 완화시키는 방안도 모색되어야 할 것으로 보인다.

셋째, '전통교육에 대한 관심과 선호도' 부분은 전체 평균 3.21을 기록해 '보통' 수준을 보이고 있다. 특히, 전통교육 내용이나 교육방식에 대한 학생들의 흥미와 선호도가 낮은 수준임을 고려할 때, 학생들의 개성과 흥미, 선호, 지적 수준 등을 적극 반영하여 서원이나 서당 등과 연관된 전통교육의 내용 및 방식의 현대화를 적극 모색할 필요가 있다. 즉, 전통에 대해 접근할 수 있는 다양한 방식이나 전통 이해에 대해 다양한 관점을 제시하여 학생의 입장과 개성에 맞게 전통의 가치와 매력을 주체적으로 느끼며 공부할 수 있는 기회를 제공해야 할 것으로 보인다. 특히, 학생들이 선호하는 전통교육 내용의 대부분이 인성이나 의사소통 및 대인관계, 예술과 놀이 등에 치우쳐 있다는 점을 고려할 때, 전통교육 방식의 다채로운 가능성을 적극 모색해야 할 것으로 보인다. 즉, 전통의 어떤 내용, 전통 가운데 어떤 가치와 요소와 교육 방식을 어떻게 현대화하고 재구성해야 하는지에 대한 보다 심층적인 모색이 필요하며, 학생들의 요청에 응답하는 교육적 상상력도 필요하다고 볼 수 있다.

....

12) 보다 적극적으로 해석한다면, 민주주의 발전이나 자본주의 발전에 전통이 기여할 수 있다고 대답한 것은 학생들이 우리의 전통적 가치들 중에서 민주주의(평등과 참여를 중시)와 조화로운 내용들이 있다거나 우리의 전통적 가치들 중에서 자유주의(자유와 권리를 중시)와 조화로운 내용들, 자본주의(경제적 이익 추구와 부의 창출)와 조화로운 내용들이 도출 가능하다는 판단을 하고 있는 것으로 해석할 수 있다. 이런 판단의 이면에는 맹목적인 부의 추구를 당연시 여기는 자본주의 문화에 대한 비판적 의식, 사익 추구와 권력 투쟁으로 변질된 정치에 대한 불신과 회의, 권리 집착적인 자유주의 문화에 대한 비판적인 의식 속에서 현재보다는 올바르고 바람직한 정치문화, 시민문화, 경제발전을 이룩하는 데 전통이 그 어떤 역할을 할 수 있으리라는 기대감이 작용한 것으로 추측해 볼 수 있다.

(2) 설문조사Ⅱ. 유덕한 시민의 민주적 시민성 역량에 대한 자가 진단: 결과 분석 및 함의

본 연구에서는 유덕한 시민의 민주적 시민성 역량에 대한 자가진단의 결과분석 및 그 함의를 살펴보았다. 유덕한 시민의 민주적 시민성 역량을 구성하는 하위 역량은 세 가지인데, 개인역량으로서 성찰 및 자존, 대인관계역량으로서 공감 및 배려, 공동체 역량으로서 상생 및 공존을 중심으로 살펴볼 때, 학교급별 민주적 시민성 역량에 대한 응답은 다음과 같다.

표 3-17 | 학교급별 민주적 시민성 역량

학교급	평균		
	개인역량 (성찰 및 자존)	대인관계역량 (공감 및 배려)	공동체역량 (상생 및 공존)
초등학교	3.86	3.86	3.80
중학교	3.78	3.77	3.65
고등학교	3.75	3.79	3.50
대학교	3.84	3.88	3.26
평균	3.82	3.86	3.55
표준편차	0.586	0.594	0.615

개인역량과 대인관계역량에 비해 공동체역량에 대한 응답이 다소간 낮게 드러나고 있으며, 특히 공동체역량의 경우 학교급이 올라갈수록 낮아지는 경향을 보이고 있다. 단, 분산분석 결과, 개인역량과 대인관계역량의 경우, 학교급 간 통계적으로 유의미한 평균 차이가 존재하지 않은 반면, 공동체역량의 경우, $\alpha = .01$ 수준에서 모든 학교급 사이에 통계적으로 유의미한 평균차이가 존재하였다.

가. 유덕한 시민의 개인역량(修己/明明德): 성찰과 자존

유덕한 시민의 개인역량은 성찰(3문항)과 자존(3문항)에 대한 학교급 전체 평균은 3.82로서 보통 수준을 상회한다. 이는 민주적 시민의 기본 토대가 되는 개인적 인성이자 정치적 역량이라고 볼 수 있다. 주지하듯이 성찰 및 자존 능력은 자신의 인생관, 세계관을 반성적으로 검토하면서 자신의 주장이 올바른지에 대한 지속적인 검토를 통해 자신의 삶과 인격을 완수해나가는 자기통치 능력이자 민주적 인성의 기본적인 토대라고 볼 수 있다.

표 3-18 | 학교급별, 문항별 민주시민의 개인역량

학교급		성찰			자존			전체 평균
문항번호		16	17	18	19	20	21	
초등학교	평균	3.68	4.03	4.13	3.97	3.87	3.46	3.86
	사례수(명)	497	497	496	496	495	496	497
	표준편차	0.95	1.00	0.99	1.12	1.02	1.00	0.64
중학교	평균	3.85	3.81	4.08	3.75	3.66	3.54	3.78
	사례수(명)	288	288	288	288	288	288	288
	표준편차	0.80	0.84	0.84	1.04	0.90	0.96	0.59
고등학교	평균	3.94	3.79	4.29	3.66	3.47	3.33	3.75
	사례수(명)	294	294	294	293	294	294	294
	표준편차	0.75	0.79	0.77	0.98	0.91	0.89	0.53
대학교	평균	4.23	3.78	4.37	3.68	3.53	3.47	3.84
	사례수(명)	499	500	500	499	500	501	501
	표준편차	0.68	0.87	0.78	1.06	0.98	1.02	0.55
합계	평균	3.93	3.87	4.23	3.78	3.65	3.45	3.82
	영역평균	4.01			3.62			
	사례수(명)	1,578	1,579	1,578	1,576	1,577	1,579	1,580
	표준편차	0.84	0.90	0.87	1.07	0.98	0.98	0.59

보다 자세히 살펴본다면, "16. 나는 종종 나의 말과 행동이 바람직했는지 되돌아본다."라는 자아에 대한 성찰능력에 대해서는 상당히 높은 수준(3.93)을 기록했다. 이는 자신의 성찰능력에 대한 자신감을 가지고 끊임없이 타인과의 관계를 의식하며 노력하는 것으로 해석할 수 있다. "17. 나는 이익을 추구하는 것보다 옳음을 추구하는 게 중요하다고 생각한다."는 항목 역시 3.87을 기록, 사익보다는 공익을 우선시하는 정의감의 중요성을 인지하고 스스로도 그런 원칙에 동의하고 노력하고 있는 것으로 해석할 수 있다. 또한 "18. 나는 사회에서 성공하기 전에 사람됨을 갖추는 게 중요하다고 생각한다."는 항목에 대해서는 4.23이라는 대단히 높은 긍정적 기록을 나타낸 바, 세속적 이익과 성공보다도 우선적으로 도덕적 인성을 갖추는 것을 중시하는 것으로 평가할 수 있다. 그만큼 도덕적 존재로서 완성된 인격을 갖추는 노력의 중요성을 인지하고 있으며 동시에 자신이 스스로 그런 존재가 되기를 희망하거나 노력하고 있다는 것을 암시하기 때문이다.

"19. 나는 내가 어떤 사람이 되고 싶은지를 잘 알고 있다."는 항목에 대해서도 3.78의 긍정적 특징이 나타났으며 "20. 나는 매사에 긍정적인 생각과 태도를 가진다."는 응답에 대해서도 기본적으로 긍정적 응답률(3.65)이 높았다. 정서적 안정과 공감 능력을 평가하는 "21. 화가 나거나 기분이 나빠도 나의 감정을 잘 다스린다."는 항목은 3.45를 기록한 바, 비교적 대인관계의 원칙과 기술을 잘 운용하고 있는 것으로 평가할 수 있다. 물론 민주시민의 개인역량의 하위구인 성찰 관련 문항의 평균(4.01)에 비해 자존 관련 문항의 평균(3.62)이 상대적으로 낮다는 것은, 전통교육 내용과 관련하여 미래의 진로 및 인생 목표, 분노나 스트레스 극복 능력, 감정 조절 능력 등의 향상에 대해 적극 고려할 필요가 있음을 함의한다. 한편, 이상의 분석을 확대한다면, 자신의 장단점에 대한 분석, 긍정적 생각과 적극적 태도, 학교생활 및 학생자치, 행복하게 살아갈 자신감, 목표에 대한 성취력, 미래의 꿈과 희망의 실현 의지 등 삶과 사회의 주인의식, 적극적이고 주체적인 참여의식과 공동체의 주인의식 등과 관련된 항목에서도 유사한 긍정적 응답률이 나올 것으로 기대할 수 있다.

한편, 이러한 성찰과 자존의 민주적 시민성은 초중고 및 대학교 전체에 걸쳐 거의 차이가 없다는 점도 특기할 만하다.[13] 무엇보다도, 경제적·사회적으로 성공하기 전에 인격수양과 도덕성 함양이 중요하다고 생각하는 응답률이 유의미하게 높다는 점은 시사하는 바가 크다. 유교적인 관점에서 인의예지 등 덕을 갖춘 존재로 변용할 수 있는 '사람됨'의 전통적 가치의 중요성을 확인할 수 있기 때문이다. 이는 인간다움이나 도덕적 옳음, 인격적 수양 등을 물질적 번영이나 세속적 출세보다 우선하는 것으로 해석할 수 있으며 공공성과 도덕성에 근본적인 가치를 부여하는 선비적 세계관과의 연관성을 적극 해석할 여지가 있다. 보다 논의를 확장한다면, 우리의 정치적 주체이자 리더십의 역량이었던 선비정신이나 청백리 정신을 현대적으로 재구성하여 효과적인 교육프로그램으로 만들 수 있을 것이다.[14]

나. 유덕한 시민의 대인관계역량(治人/親民): 공감과 배려

공감과 배려는 상대방의 처지에 대한 감정이입 능력과 상대방과 타인의 필요를 헤아리고 그리한 요구에 반응하는 능력으로서 이기심과 독단적 판단을 지양하고 차이와 다양성의 존중과 조화라는 민주시민의 정치적 능

----

13) 분산분석 결과, $\alpha = .05$ 수준에서 통계적으로 유의미한 학교급 간 민주시민의 개인역량 및 주체성의 평균차이가 존재하지 않음.

14) 한국인의 전통적 가치로서 이런 정치적 의식에 대한 설문조사 연구로는 박균열 외, 『현대 한국의 시민정신 실태조사』, 한국학중앙연구원, 2013.10.

력의 중요한 토대가 된다. 공감과 배려는 타인에 대한 존중과 신뢰 및 평등한 존재로서 타인에 대한 대우, 정치적 평등성에 대한 능력으로 확장될 수 있는 시민성이기도 하다.

공감과 배려 등 민주적인 대인관계 역량과 타자를 평등한 존재를 대우하는 역량에 대해서는 상대적으로 높은 긍정적 결과(3.84)를 기록했다. 민주시민으로서 타인과 공감하고 배려하는 능력에 대해 "22. 나는 다른 사람의 감정을 살피고 관심을 갖는다."(4.03), "24. 나는 타인과 대화할 때 고개를 끄덕이거나 '응' 혹은 '그래'라는 표현을 한다."(4.17)는 긍정적 응답이 높게 나온 것으로 볼 때, 인간과 인간의 관계를 중시하고 감정적·정서적 공감과 유대를 중시하는 성향임을 알 수 있다. 특히, 적극적인 동조를 의미하는 동의의 표현 능력을 중시하는 것으로 볼 때, 심리적 공감 및 유대 형성을 위해 실천적 노력을 하고 있는 것으로 볼 수 있다. 아울러 "26. 나는 친구가 어려움에 처하면 끝까지 도와줄 것이다."(3.88)라는 항목 역시 긍정적으로 평가할 수 있지만 앞의 항목과 비교할 때에 상대적으로 자기희생과 봉사 능력에 대한 자신감은 낮아 보인다. 한편, "25. 나는 대중교통을 이용할 때, 노약자에게 자리를 양보한다."(4.00)는 항목 역시 '몸이 불편한 노인'으로 상징되는 사회적 약자에 대한 배려 역시 높은 수준으로 평가되며 그 외의 아동이나 장애인, 임신부 등에 대한 배려도 높을 것으로 짐작된다. "23. 나는 사이가 좋지 않은 친구의 의견도 경청하고 대화할 수 있다."(3.59)는 응답은 보통을 상회하지만 의견의 불일치와 타자와의 갈등을 원만하게 해결해 나가는 능력은 더욱 보완될 필요가 있어 보인다. 특히, "27. 나는 낯선 사람에게 다가가 의사소통하는 것이 어렵지 않다."(3.35)는 응답이 '상대적으로' 낮은 것으로 볼 때, 친밀도가 낮은 타인과의 소통과 교감 능력 역시 더욱 계발해야 할 것으로 보인다.

표 3-19 | 학교급별, 문항별 민주시민의 대인관계역량

학교급		공감			배려			전체 평균
문항번호		22	23	24	25	26	27	
초등 학교	평균	4.00	3.61	4.04	3.86	3.99	3.67	3.86
	사례수(명)	501	501	498	498	499	498	501
	표준편차	0.89	1.04	0.98	0.99	0.88	1.19	0.66
중학교	평균	3.91	3.67	4.00	3.99	3.77	3.31	3.77
	사례수(명)	288	287	287	288	287	286	288
	표준편차	0.84	1.00	0.91	0.94	0.87	1.21	0.66
고등 학교	평균	4.05	3.47	4.23	4.10	3.77	3.11	3.79
	사례수(명)	295	295	295	295	295	295	295
	표준편차	0.73	0.87	0.75	0.78	0.76	1.08	0.52
대학교	평균	4.13	3.60	4.35	4.10	3.89	3.19	3.88
	사례수(명)	502	502	502	502	502	501	502
	표준편차	0.73	0.92	0.72	0.80	0.79	1.15	0.52
합계	평균	4.03	3.59	4.17	4.00	3.88	3.35	3.84
	영역평균		3.93			3.74		
	사례수(명)	1,586	1,585	1,582	1,583	1,583	1,580	1,586
	표준편차	0.81	0.97	0.86	0.89	0.83	1.18	0.59

　　공감과 배려 등 민주적인 대인관계 역량은 초·중·고 및 대학교별로 유의미한 차이가 나타나지 않는다는 점에서,[15] 학생들의 민주적인 인간관계 및 정치적 능력의 기초는 전체적으로 높게 평가할 수 있다. 타인과의 감정적·정서적 연대를 중시하고 공감과 배려 능력에 대한 자신감은 획일적인 집단주의적 정체성을 넘어서서 차이와 다양성의 조화로운 공동체를 형성·유지·발전시켜 나가는 인성적 역량이자 시민적 미덕이다. 때문에 이런 역량을 더욱 함양할 수 있는 전통교육의 현대화 노력이 중요하다고 볼 수 있다.

---

15) 분산분석 결과, $\alpha = .05$ 수준에서 학교급 간 민주시민의 대인관계역량 및 평등성의 통계적으로 유의미한 평균 차이가 존재하지 않음.

다. 유덕한 시민의 공동체역량(止於至善): 상생과 공존

상생과 공존은 서로 다른 둘 이상의 사람이 서로를 북돋우며 함께 다같이 잘 살아가게 하는 능력으로서 갈등과 대립의 타협점을 형성, 유지하면서 발전적인 사회통합을 일구어낼 수 있는 공동체의식의 인성적 토대라고 볼 수 있다. 이러한 상생과 공존은 획일적인 집단주의가 아니라 다양성의 수용을 통해 새로운 공동체의 규칙과 규율을 수정·발전시켜 나가는 공동체 전체의 역량과도 밀접한 관련을 맺고 있으며, 나아가 정치의 중요성, 정치적 주체 의식, 정치적 유대감과도 밀접한 관련을 맺고 있다.

표 3-20 | 학교급별, 문항별 민주시민의 공동체역량 및 정치성

학교급		상생			공존			전체
문항번호		28	29	30	31	32	33	평균
초등학교	평균	3.68	3.81	4.21	3.67	3.68	3.77	3.80
	사례수(명)	501	500	501	499	501	501	501
	표준편차	1.23	1.02	0.95	0.99	1.10	1.28	0.64
중학교	평균	3.19	3.79	3.94	3.48	4.07	3.45	3.65
	사례수(명)	289	289	289	289	289	289	289
	표준편차	1.15	0.92	0.96	0.86	0.95	1.15	0.63
고등학교	평균	2.79	3.83	3.95	3.21	4.07	3.17	3.50
	사례수(명)	295	295	295	295	294	295	295
	표준편차	1.07	0.88	0.92	0.85	0.93	1.05	0.54
대학교	평균	2.37	3.82	4.17	2.83	4.11	2.24	3.26
	사례수(명)	502	502	502	502	502	502	502
	표준편차	1.08	0.98	0.81	0.93	1.00	1.01	0.48
합계	평균	3.01	3.81	4.10	3.28	3.96	3.12	3.55
	영역평균		3.64			3.45		
	사례수(명)	1,587	1,586	1,587	1,585	1,586	1,587	1,587
	표준편차	1.26	0.96	0.91	0.99	1.03	1.30	0.61

이 분야는 민주적 시민성 중에서 상생 및 공존과 연관된 시민의 공동체 역량 및 정치적 성향 등을 평가하는 항목들로서 개인별 역량에 대한 평가와 함께 학생들이 우리사회의 공동체 역량 및 민주성을 어떻게 평가하는지의 함의도 크다고 볼 수 있다. 그러므로 이 문항들의 결과는 달리 해석하면 우리 사회의 공정성과 민주주의 수준에 대한 평가이기도 하다. 전체평균 3.55를 고려할 때,[16] 응답자들은 개인 및 공동체의 역량에 대해 최소한 부정적으로 평가하지 않는다고 해석할 수 있다. 그러나 사회의 평등한 수준이나 통합능력에 대한 평가만 놓고 보면 보통 수준이거나 부정적 인식이 강한 것으로 볼 수 있다. "나는 우리사회가 가정과 직장에서 남녀평등이 이루어져 있다고 본다"(3.01), "31. 우리 사회가 전통적 가치와 서구적 가치의 조화를 추구하고 있다고 본다."(3.28), "33. 남한이 북한과 이념적으로 대립하지만 상호공존을 위해 노력하고 있다고 본다."(3.12)는 항목에 대해서는 상대적으로 부정적인 응답률이 높다. 그만큼 한국사회의 공동체주의적 역량에 대해 긍정적 사고가 낮은 것이며 동시에 우리 사회의 통합 역량에 대해서도 높은 점수를 부여하지 않는 것이다. 더구나 "29. 나는 대기업이 중소기업의 경제적 이익을 더 많이 보호해야 한다고 생각한다."(3.81)는 응답이 높게 나온 것은 시장의 경쟁관계 속에서 강자와 약자 간 경쟁이 공정하지 못하다는 것을 암시하는 것이며, 중소기업 등 불리한 위치에 있는 행위자들에게 국가가 보다 적극적인 시정조치와 경제적 복지정책을 추진해야 한다는 입장으로 해석할 수 있다. 이는 복지국가 이념(재분배와 복지 중시)과 결부된 전통적 가치와 내용들을 잘 활성화시키고 현대적으로 만들 필요성이 높다는 의미로 확장할 수 있다. 한편, "30. 나

---

16) 분산분석 결과, α = .01 수준에서 모든 학교급 사이에 통계적으로 유의미한 민주시민의 공동체역량 및 정치성의 평균차이가 존재한다.

는 산이나 강 혹은 동물이나 식물에게서 아름다움을 종종 느낀다."(4.10)는 응답은 인간 공동체를 넘어서 자연과의 일체감, 자연세계와의 공존능력 및 감성을 평가하기 위한 것인 바, 이 항목의 긍정 비율이 높게 나온 것은 최근 심각한 환경위기 및 자연생태계의 문제를 정치적 의제로 인정하는 흐름과도 연관이 있는 것으로 보인다. 특히, "32. 나는 피부색이 다른 외국인 근로자가 옆집에 사는 것이 불편하지 않다."(3.96)는 긍정적 응답률이 높은 것은 청소년층이 어릴 때부터 다문화 교육 등을 받아 외국인에 대한 상대적인 거부감이 낮고 다문화 가정 자녀 및 외국인을 차별하지 않고 이웃으로 인정하고 살아가야 한다는 의무감도 반영된 것으로 보인다.

개인과 사회의 상생과 공존 역량을 평가하는 이 분야는 보통 수준을 나타내고 있지만 학교급별 유의미한 편차가 나타나고 있다. 특히 대학교(3.26), 고등학교(3.50), 중학교(3.65), 초등학교(3.80)로 내려갈수록 긍정적인 답변이 높다는 점을 확인할 수 있다. 이는 부분적으로 연령별, 학교급별 특성상 저학년일수록 시민과 사회에 대한 낙관적인 사고를 할 가능성이 높기 때문으로 유추할 수 있다. 반면, 대학교에 진학하고 학년이 높아질수록 사회 내의 갈등과 대립에 민감하고 합리적인 타협 가능성이나 국가의 공정성에 대해 회의적으로 사고하는 경향이 높아지기 때문에 '상생과 공존' 평가는 상당히 낮아지고 있는 것으로 추론할 수 있다. 그런데 이런 회의와 부정의, 불공정성에 대한 비판적 의식은 역으로 정의로운 공동체를 만들겠다는 의지와 동력으로 기능할 수 있을 것이다. 때문에 논의를 확장한다면, 비슷한 계열의 항목으로 "개인의 삶과 행·불행 등이 내가 속한 공동체의 운명과 밀접한 관련이 있다.", "정부(국가권력)은 소수가 아니라 모든 국민들을 위해 공정하게 운영되어야 한다.", "시민사회의 발전이 국가 발전에 기여한다." 는 항목에 대해 높은 긍정이 나올 것으로 기대할 수 있다. 앞의 통계해석과 연관하여 보다 더 적극적으로 해석한다면, 정치공동체의 정의를 형성·유지·발전시킬 수 있는 정치적 의사결정의 문제, 공동체의 법과 규칙, 조직의 문제로 확장하여 우리의 전통적인 정치시스템을 현대적으로 재구성하는 시도도 가능할 것이다.

라. 요약 및 시사점

① 유덕한 시민의 개인역량

'성찰과 자존'으로 상징되는 개인 주체성에 대한 평가는 3.82로서 다소 긍정에 가까운 응답률로 평가할 수 있다. 특히, 성찰에 기반한 민주적 주체성에 대한 평가가 4.01을 보였다. 이는 자신에 대한 긍지와 자부심뿐만 아니라 도덕적 의무감도 상당 부분 가진 것으로 해석할 수 있다.

이 범주는 자신과 주변을 반성적으로 사고하고, 실천하고자 하는 수기(修己) 능력을 기반으로 한다. 이는 자신을 둘러싼 다양한 층위의 도덕문제에 대해 탐구하고, 도덕적 경험을 바탕으로 하여 현재 자신의 삶을 반성적으로 사고하고 도덕적 실천 방향을 결정하는 주체성과 관련된 의식과 역량으로 볼 수 있다. 논의를 확장한다면 정심(正心), 성의(誠意), 정직(正直), 독서(讀書), 궁리(窮理) 등의 전통적 역량을 포함한다. 이는 사람의 마음을 바르게 하여 희로애락(喜怒哀樂)의 감정을 마땅하고 적절하게 유지하는 것이다. 성의(誠意)는 마음의 움직임을 성실하게 하는 것이다. 마음을 바르게 하고 마음의 움직임을 성실하게 하는 것은 정직(正直)으로 이어진다. 사람은 누구나 독서로 지식을 넓히고 인격을 수련하며, 사물의 깊은 이치를 탐구해야 한다는 것이다.[17]

한편 자존 능력(3.62)은 상대적으로 낮게 나타났다. 자존 능력은 자아

---

17) 지준호 외, 「한국전통사상의 현대적 계승을 통한 바람직한 청소년의 가치관 모색」, 『유교문화연구』 16, 2010, p.28.

정체성과 자신감을 가지고 자신의 삶과 진로를 주도적으로 관리하는 능력을 의미한다. 이러한 능력을 정치적으로 해석한다면, 정치적 주체로서 자신의 삶과 사회에 대한 주인의식을 갖고 편견과 아집을 떨쳐버리며 근시안적이거나 자의적, 충동적, 선동적, 즉각적인 결정과 판단을 경계하고 맹목적으로 자기이익에 집착하지 않는 인격적 주체화를 의미하는 것이다.[18] 요컨대 온고지신 교육 프로그램을 개발할 때, 성찰 능력뿐만 아니라 자아정체성이나 감정조절력 및 자아낙관성과 같은 자존능력을 제고시킬 수 있는 교수·학습활동 개발에도 관심과 노력을 기울일 필요가 있다.

② 유덕한 시민의 대인관계역량

'공감과 배려'는 기본적으로 상대방의 입장에 대해 감정이입을 하고, 타인의 의견을 경청할 수 있는 능력과 사회 정서적 능력으로 다른 사람의 필요를 따져보고 거기에 반응하는 능력을 의미한다. 공감과 배려 등 민주적인 대인관계 역량과 나 자신 만큼이나 타자를 평등한 존재를 대우하는 역량에 대해서는 상대적으로 높은 긍정적 결과(3.84)를 기록했다. 민주시민으로서 적극적으로 타인과 감정적·정서적 공감과 유대 형성을 중시하고 노력한다는 입장이 4.0을 넘어 비교적 강한 긍정을 나타낸 것을 볼 때, 민주적인 대인관계의 중요성을 알고 타자와의 불일치나 갈등을 해결하는 데 관용이나 충서의 미덕을 중시하는 성향으로 해석할 수 있다. 이러한 공감과 배려는 차이와 다양성의 조화로운 공동체를 형성·유지·발전시켜 나가는 인성적 역량이자 시민적 미덕이다. 여기에는 타인과 공감하는 능

---

18) '성찰과 자존' 뿐만 아니라 '공감과 배려' '상생과 공존' 역량은 최근 서구에서도 자유민주주의의 대안으로 제시되고 있는 심의민주주의의 문제의식 및 비전과 많이 닮아 있다. 심의정치에 대한 다양하고 포괄적인 논의를 논쟁적으로 설명한 저서로는 Gutmann, Amy and Dennis Thompson, *Why Deliberative Democracy?*, Princeton: Princeton University Press, 2004 등이 있다.

력, 타인과 소통하는 능력, 타인과 논쟁하는 능력, 타인과 협동하는 능력, 유대와 연대를 만들어가는 능력 등이 포함될 것이다.

관계를 중시하는 전통적 덕목은 어렵지 않게 타인존중, 협동, 단결, 봉사, 질서 지키기, 준법정신과 결부된다. 사람은 항상 사회를 떠나 존재할 수 없으며, 사회는 자기가 타인과 함께 하는 하나의 공동체이며 따라서 무엇보다도 중요한 것은 자신을 존중하는 것처럼 타인도 존중해야 한다는 것이다. 이러한 타인존중에 기반을 둔 협동과 조화는 자율적이고 능동적이고 적극적으로 형성해 나가야 하는 것이다.[19] 때문에 이런 역량을 더욱 함양할 수 있는 전통교육의 현대화 노력이 중요하다고 볼 수 있다. 이런 공감과 배려의 의식은 역지사지의 타인 존중 의식과 배려를 넘어서서 상호존중에 기초한 평등의식으로 확장될 수 있는 바, 성별·재산·지위·학력·인종·나이 등과 상관없이 평등한 존재라는 사고로 발전할 수 있다. 우리 연구는 이러한 공감과 배려의 역량을 서구적인 맥락과는 다른 차원에서 활성화·강화할 수 있는 전통교육의 내용과 방식을 갖춘 프로그램을 개발할 것이다.

③ 유덕한 시민의 공동체역량

상생과 공존 능력은 상이한 존재로서 상호간에 서로를 북돋우며 다 같이 잘 살아가게 하는 능력과 문화, 사상, 인간, 사회, 국가 등 대립되는 두 측면을 추구할 수 있는 능력을 의미한다. 설문항목에서는 개인적 차원뿐만 아니라 공동체 차원의 역량도 평가를 진행하였다. 개인적 역량보다도 우리 사회의 공정성과 공동체주의, 민주주의 수준에 대해서는 상대적으로 낮은 평가가 도출되었다. 즉, 우리 사회의 평등한 수준이나 통합능력은 3.0 초반대를 나타내고 있어, 이런 평가만 놓고 보면 보통 수준이거나 다

----

19) 지준호 외, 「한국전통사상의 현대적 계승을 통한 바람직한 청소년의 가치관 모색」, p.30.

소 부정적 인식을 가진 것으로 볼 수 있다. 특히, 대기업과 중소기업 간 불공정 경쟁을 시정할 필요가 있다거나 남녀평등이 아직은 불완전하다는 응답률이 높은 것을 볼 때, 상생과 공존을 위한 국가의 적극적인 역할을 기대하는 것으로 해석할 수 있다. 이를 보다 적극적으로 해석한다면, 시장의 불평등을 교정할 수 있는 정부의 적극적 시정 조치를 지지하고 경제적 영역에서도 상생과 공존을 중시하는 것으로 해석할 수 있다. 이는 복지국가 이념(재분배와 복지 중시)과 조화로운 전통적 가치와 내용들을 잘 활성화시키고 현대적으로 재구성하는 방향으로 확장될 수 있다.

한편, 상생과 공존 능력은 현대 정치적 의미에서 공동체의 이익과 공동선을 위해 규칙(법과 제도 등)을 형성·유지·수정할 수 있는 능력이자 공동체의 운명에 중요한 사안을 공론장에서 다른 시민동료들과 함께 토론하여 보다 나은 결정을 도출하고 정의로운 공동체를 만들어 가는 의지와 실천으로 확장될 수 있다. 상생과 공존은 전통적인 함의로서 치국(治國)과 지어지선(止於至善)을 의미하는 정치적 능력으로서 공동의 사안에 관심을 가지는 능력, 공적인 업무에 참여하는 능력, 공적인 의사결정 과정에서 다양한 주장들의 옳고 그름을 판단하고 지지하는 능력, 연대와 유대에 기반을 두어 정치공동체로서 '우리'의 정체성을 형성, 유지, 수정해 나가는 능력을 포함한다. 그렇다면 우리의 전통적 가치와 사상, 인물 중에서 이런 요소와 모델을 찾아 현대화시켜 전통교육에 기반을 둔 온고지신 교육프로그램의 자료로 활용한다면 전통에 대한 부정적인 이미지를 극복함과 동시에 한국적인 시민의식도 함양될 수 있을 것이다.

(3) 면접조사

인구통계학적 지표의 단조로움을 보완하기 위하여 설문에 참여한 대학생들을 대상으로 Delphi 방법을 부분적으로 활용한 면접조사의 각 항목별 진술을 살펴보고자 한다.

"전통에 대한 긍정적 이미지"와 관련한 진술을 살펴볼 때, 전통이란 우리의 생각과 행동을 규정하는 규범이고, 아프거나 힘들 때 달려가서 답을 얻을 수 있었던 조부모님과도 같으며, 현대의 다양한 문제들을 해결하는 데 실마리 혹은 열쇠와도 같은 것이다. 특히 전통은 현대에 맞게 절절하게 재해석 및 변형될 때 새로운 삶의 방식을 보여줄 수 있는 문화적 자산이다.

전통은 가족과 같다고 느낀다. 우리는 가족과 늘 함께 있기 때문에 고마움을 잘 모르고 또 가족의 의미에 대해서도 별로 생각하지 않는다. 당연하다고 생각하기 때문이다. 전통 또한 그런 것 같다. 우리의 생각과 문화, 행동들이 한 순간에 만들어진 것도 아닌데 단군 시대 이후에 오랫동안 쌓여서 지금의 우리가 있는 것인데 그런 전통의 고마움을 모르고 있고 전통을 잘 알려고도 하지 않는다(3학년 학생).

전통은 지난 100년 동안 사람들 대부분이 다니는 길이나 통과하는 문과 다른 길과 문을 여는 것과 비슷할 것 같다. 현실에 지친 사람들은 새로운 문을 열고 새로운 길로 가려 하지 않는다. 많은 사람들이 다닌 길은 안전할 수도 있지만 지금 분위기를 보면 위태하고 위험해보인다. 그런 길을 보완하거나 대체할 수 있는 출구가 전통이 될 수 있다. 현대에 맞게 재해석하고 변형해서 사람들에게 새로운 삶의 방식을 보여주었으면 좋겠다(4학년 학생).

시대별로 문제들에 대해 대응하고 해결하는 것은 비슷할 것이다. 삼국시대부터 많은 문제들에 직면해서 해결한 사상이나 원리들을 잘 공부해서 현대의 문제들을 해결하는 데 어떤 실마리 같은 것을 찾을 수 있을 것이라고 기대해본다(2학년 학생).

해리포터 영화 6편을 보면, '펜시브'라는 마법도구가 있다. 그 도구는 자신의 기억을 보관해 두었다가 필요한 일이나 문제가 발생하면 꺼내서 도움을 청할 수 있는 저장그릇 같은 것이다. 전통은 우리가 살다가 혹은 사회에 문제가 발생하면 과거의 기억을 끄집어내와 지금과 결합시켜 문제를 해결하는 열쇠 같은 것이 되었으면 좋겠다(2학년 학생).

전통은 왠지 할아버지, 할머니 같은 느낌이다. 어릴 때 아프거나 힘든 일이 있으면 무조건 할아버지, 할머니에게 달려가 답을 얻곤 했다. 그 답이 정답인지 아닌지는 중요하지 않았다. 그냥 내가 편안하게 기댈 수 있는 할아버지, 할머니가 나를 위로해주면 기분이 좋아졌다. 전통을 잘 모르지만 왠지 그런 역할을 했으면 좋겠다(1학년 학생).

"전통에 대한 부정적 이미지"와 관련한 진술을 살펴볼 때, 교육과정에서 전통사상 및 동양윤리나 한국의 역사는 암기의 대상이었고, 배우는 이유도 잘 모르는 채, 신분제와 남녀차별 내지 유교적 서열주의를 조장하는 폐단이 많았다.

고등학교 때 윤리시간에 어느 정도의 동양사상은 배웠지만 그것이 현대적으로 어떤 함의를 갖는지에 대해서는 알지 못했다. 이번 수업 때 배운 역성혁명 역시 과거의 이야기로만 알았지 민주주의와 관련해서 오늘날에도 중요한 의미가 있다는 것은 알지 못했다(1학년 학생).

전통은 국사 시간에 달달 외운 암기과목이었다. 관심을 갖고 제대로 공부한 적이 없다. 대학 와서도 동양정치사상을 배웠지만 공자 왈, 맹자 왈 달달 외우기만 했고 학점 말고 내가 왜 이걸 배우는지에 대해 진지하게 고민하지도 않았다(3학년 학생).

전통에 대해 아직은 부정적이다. 전통은 많은 사람들을 고통 받게 한 신분제와 남녀 차별, 어른들의 비합리적 '꼬장'을 정당화하는 명분이나 마찬가지였다. 전통을 들먹이는 할아버지들은 젊은 사람들의 말을 듣지 않고 일방적으로 야단치고 나무란다. 심지어 세월호 집회를 할 때 학생들에게 말대꾸 한다고 의자를 집어 던지면서 쌍놈의 자식들이라고 욕을 한다(1학년 학생).

전통은 후유증이다. 전통은 여전히 존재하지만 여전히 고통의 의미가 크다. 생활양식이나 가치관이 많이 변했지만 나이와 서열을 중시하는 유교적인 전통은 아직도 폐해가 크다. 얼마전 국내에서 비행기 사고가 있었는데, 기장과 부기장 서열 때문에 기장의 오판을 부기장이 알았음에도 제지하지 못했기 때문이라고 한다. 긴급한 상황에도 '선배'라는 이유 때문에 문제를 제기하지 못한 것도 지금도 영향을 미치고 있는 유교적 서열주의 때문이다(4학년 학생).

"전통의 현대적 역할"에 대한 진술을 살펴볼 때, 전통은 한국사회의 남남갈등이나 남북한 간 갈등을 해소하고 통합을 이끄는 데 실질적인 기여를 할 수 있다. 더 나아가 수기치인의 자세로 정치영역에 참여하고,

사회를 올바른 방향으로 이끌어 갈 수 있는 내비게이션과도 같다.

대통령과 여당, 야당이 매일 싸우고 내쫓고 하는 것을 보니 정치인의 자격이 의심스럽다. 땅은 좁지만 국민들도 심리적, 정서적으로 통일되어 있지 않은 것 같다. 남북한 분단도 마찬가지이다. 북한 학생들도 옛날 역사를 배울 것인데, 전통사상이 남북한 통일과 국민 통합을 이루는 데 도움이 될 수 있을 것 같다(3학년 학생).

전통을 마냥 낡고 오래된 것으로 고리타분하게 치부할 것이 아니라 현대적인 시각에서 정치사상을 재해석해서 지금의 잘못된 정치를 바로잡는 데 활용했으면 좋겠다. 옛날 유학자들의 엄격한 도덕적 자세와 수양을 지금 정치인들이 진심으로 배웠으면 한다(4학년 학생).

전통은 사회에 내비게이션 같은 역할을 해야 한다. 내비게이션을 통해 나의 위치와 목적지로 가는 길을 알 수 있듯이 우리 사회가 과거로부터 어떻게 발전해 왔고 어디로 가야 하는지를 전통을 통해 파악해 볼 수 있다고 생각한다. 길을 잘못 들면 내비게이션이 경고음을 내듯이 우리 사회가 잘못된 방향으로 가는지를 전통이 깨닫게 해줄 수 있을 것이다(4학년 학생).

청년들은 정치에 무관심하다. 정치인에 대해서도 불신하고 있다. 정치도 이익 싸움, 집단 간 밥그릇 싸움으로 알고 있다. 그런데 우리의 전통을 보면 정말로 선비들이 정치를 한 것 같다. 정말로 조선을 위해서 순수한 마음으로 몸과 마음을 바쳐 정치를 한 것 같고 훌륭한 왕들도 많이 나왔다. 이렇게 옛날 정치를 기준점으로 삼아 지금의 잘못된 정치를 바꾸어 나가야 한다(4학년 학생).

"전통교육 방식"에 대한 진술을 살펴볼 때, 사회생활 가운데 의리와 우정의 중요성을 깨닫고, 전통문화의 현대적 변용을 추구하며, 민주적인 담론 문화 및 사회문제 해결을 위한 전통의 재해석 방향을 제시할 필요가 있다. 더 나아가 오랜 시간을 견뎌온 온갖 책과 물품이 가득한 고서점 내지 백화점에서 교육적 수요에 따라 취사선택할 수 있는 안목 또한 키워줄 필요가 있다.

전통에 대한 부정적인 인식을 바로잡는 교육이 필요한 것 같다. '남의 눈치를 많이 보는 한국인'이라는 부정적 인식은 '타인의 존재를 실제로 내면적으로 인식하는 한국인'으로 바꿀 수 있고, '업적 위주가 아닌 의리를 중시하는 한국인' 역시 '다른 사람을 목적 달성의 수단으로 바라보지 않는 한국인'으로 바꿀 수 있는 전통교육이 필요하다. 우리의 뿌리 깊은 전통의 영향으로 우리는 돈과 계약, 개인으로 자신을 생각하지 않는다. 그래서 우리는 이익을 떠나서 술 한잔 기울이고 의리와 우정을 지키고 살아가는 것이 아닐까?(4학년 학생)

오늘날 전통은 악기로 음악을 연주하는 것이다. 매번 똑같은 음악이라도 내가 이렇게 음악을 해석하고, 이런 악기로 이렇게 연주하느냐에 따라 새로운 음악이 탄생하며 나에게 큰 정서적 울림을 주듯, 전통은 늘 그대로이지만 오늘날 전통을 해석하고 계승하고 변화시키는 우리의 태도 관심, 방법, 노력에 따라 새로운 전통이 생겨나고 우리에게 깨달음과 교훈, 울림을 준다(3학년 학생).

전통을 발전시키기 위한 마인드가 필요하다. 예컨대, 우리에게 전통한옥은 마루를 건너가려면 신발을 신어야 하고, 창문은 종잇장에, 보온은 아궁이로 하는 것이지만 현대에서는 한옥의 온돌이나 기와의 흐름 등과 현대적 기술을 적절하게 하하여 전통을 계승하면서도 현대에 맞게 효율적으로 변신시켜 왔다. 이처럼 우리 시대에 전통은 원형을 고집할 것이 아니라 구성 요소의 변형을 추구하면서 새롭게 살아나고 공존해야 한다(4학년 학생).

원래 동양철학 대학원을 가려고 했다. 유교의 내용이나 분위기가 나와 맞았기 때문이다. 주변에서는 '유학뽕'이라고 장난스럽게 놀렸고 취업도 되지 않는데 백수가 될 것이냐고 걱정도 한다. 그런데 난 그들을 설득시킬 수가 없었다. 지금은 나도 진로를 바꾸려고 하지만 유교에 대한 공부는 계속할 것이다. 내가 2010년에 대학에 입학할 때에 이공계 기피 현상이 있었다. 앞으로 대학에서도 트렌드가 바뀌어서 유학이나 전통사상을 우대하는 분위기가 형성되었으면 좋겠다. 대학에서도 전통에 흥미를 가지게 만드는 교육이 많아졌으면 좋겠다(4학년 학생).

나에게 전통은 백화점이다. 우리는 백화점에서 모든 물건을 구매하지 않는다. 나에게 맞는 것, 지금 나에게 필요한 것을 선택한다. 전통 또한 마찬가지이다. 전통은 우리에게 많은 영향을 미치고 좋은 교훈과 자부심을 주지만 전통이 항상 옳을 수는 없다. 전통은 오래된 서적이기도 하고 자기계발서기도 하다. 전통을 현 시대에 맞게 잘 되살리는 것이 중요하다(4학년 학생).

전통의 재발견이 중요하다는 생각이 들었다. 전통은 주로 교과서나 영상매체를 접하기 때문에 단편적이고 흥미 위주였다. 제대로 느끼는 기회가 거의 없었던 것이다. 그런데 얼마전 우연한 기회에 조선왕조실록을 읽게 되었는데 옛날 왕에 대한 나의 생각이 완전히 달라졌다. 예전에는 왕이 마음대로 결정한다고 생각했는 데, 실록을 보니 왕이 신하들과 함께 수십번 토론하고 다수 대신들의 의견을 들어 민의를 반영하여 결정을 내리는 것이 일반적이었다. 이런 것을 보니 오히려 우리나라의 민주주의가 대통령과 일부 정치인들이 정치결정을 독점하는 후진적인 체제라는 생각이 들었다(4학년 학생).

4. 소결

전통의 현대화를 모색하는 데 있어 강조할 것은, 전통은 과거의 경험과 연속성을 가지며 변화되는 것으로 파악되어야 한다는 점이다. 즉, 전통은 독단적이거나 절대불변의 진리가 아니라 우리의 삶에 의미를 부여하면서 끊임없이 재형성되며 재창조되는 논의의 대상인 것이다. 우리를 둘러싼 생활세계의 의미 역시 역사성을 갖는 것으로서 사회적이고 문화적으로 상이한 구체적인 배경에 따라 달라진다. 유교의 핵심적 가치인 인(仁)과 그것이 포함하고 있는 사덕(四德, 즉 仁義禮智)의 구체적인 내용 역시 선험적으로 주이지는 것이 아니라, 특정한 생활세계 속에서 행위 주체인 사람과의 관계에서 역동적으로 이해되는 범주라고 볼 수 있다. 또한, 전통에 대한 학생들의 의식을 제대로 조사하기 위해서는, 한편으로 21세기 한국인이 지향하고자 하는 시민상이라는 가치의 차원을 설정해야 하고, 다른 한편으로 그 시민이 현재 살아가고 있는 모습을 전제로 하는 사실의 차원을 설정해야 한다. 따라서 시민교육 역시 전통과 현대 간의 중첩된 지점을 최대한 강조할 필요가 있을 것이다.[20] 전통이 시대를 넘어 지속적으로 계승되기 위해서는 열린 사고와 대화가 필요하다. 이를 통하여 전통의 소중함을 다시 한 번 일깨우고 환기시켜, 가치관이나 '이념이 응용되었던 시대적 국한성과 더불어 그것이 통시적으로 여전히 가치를 지니고 있어서 다시금 새로운 방향에서 응용할 수 있는 요소를 발견'[21]하는 것은 한국적 가치를 재정립하는 일이자 전통의 재발견이며 전통의 재해석이다.

본 설문조사 결과를 통해 알 수 있듯이, 전통교육의 필요성과 기대치에 비해 학교현장에서의 활용성 및 효과에 대해서는 상대적으로 소극적인 반응을 보인 점은 변화된 시대상을 반영하지 않거나 학생들의 개성과 흥미, 지적 수준 등을 고려하지 않고 전통적인 방식만을 고수하여 고전이나 전통문화를 가르친다는 것은 효과적인 면에서 큰 의미가 없을 것이다. 따라서 전통을 현대적으로 계승한다고 하는 것은 전통의 원의에 얼마나 부합하느냐 하는 것만을 가지고 옳고 그름을 따지는 절대적 기준으로 삼을 수는 없다. 더구나 우리의 현실을 좀 더 정의롭고 인간적인 사회로 만드는 것이 교육적 실천이라면, 과연 전통은 교육과 어떤 관계를 맺고 어떤 영향을 줄 수 있는지 등을 근본적으로 검토할 필요가 있다. 또한, 본 연구가 설문을 기초로 하나의 실험적 모델을 구성한다고 할지라도, 이 기획을 보다 실효적이고 완성도 높게 추진하기 위해서는 다양한 교육 주체간의 긴밀한 협조와 제도적 지원이 결합되어야만 가능할 것이다.[22]

....

20) 전통적 가치와 시민의식에 관하여는 김철호·박병기·지준호, 「전통적 가치와 시민의식」, 한국윤리학회, 『윤리연구』 93, 2013 참조.

21) 이동준, "전통적 가치관의 현대적 성찰", 『동방사상논고(一)』, 성균관대학교 한국철학과, 1994.

22) 특히, 초등학생의 경우 상대적으로 높은 응답률을 보였는데, 이는 저학년일수록 학교 수업 및 기타 다양한 활동을 통해 전통 관련 학습과 체험의 기회가 많은 반면, 고등학교와 대학 등 고학년일수록 입시 부담과 취업 부담이 상대적으로 강하며 전통문화 관련 교육과 체험 기회가 부족할 뿐만 아니라 관심 자체 역시 상당히 감소하기 때문으로 분석된다. 따라서 교육제도적 측면에서의 뒷받침 역시 매우 중요한 부분이다.

특히 유덕한 시민의 민주적 시민성 역량의 제고를 위한 전통교육의 문화적 자산을 활용할 필요가 있다. 부연하자면 민주적 시민주체의 형성 등 명확하고 구체적인 목표와 방향성 속에서 전통문화의 가치와 내용과 소재를 선별·발굴하고 현대화하여 종합적으로 재구성할 필요가 있다는 것이다. 또한, 다양한 전통문화, 전통사상, 전통예술, 전통놀이 등을 현 시대의 교육적 관점에서 민주시민의 주체 형성이라는 맥락에서 재해석하고 내적으로 유기적인 관계를 가지도록 재구성할 필요가 있다. 아울러 동일한 이슈를 전통과 연계시킬 지라도, 초·중·고 학교급별 특성에 맞는 학습 내용과 자료 등을 엄선하여 효과적인 프로그램을 다양한 문맥에서 개발해야 할 것이다.

제4장

전통적 가치와 민주적 시민성에 대한 교수자 의식 조사

제4장

전통적 가치와 민주적 시민성에 대한 교수자 의식 조사

1. 서 언

이 글은 전통적 가치와 민주적 시민성에 대한 교수자들의 인식과 선호도 조사로서, 전통교육의 현대화를 통한 인성교육 프로그램 구성을 위한 기초자료로 활용하기 위하여 수행되었다.[1] 따라서 이 글은 서두의 논의를 통해 전통교육과 인성교육의 접점에 대해 언급하지 않을 수 없다.

4차 산업혁명이라고 명명되는 고도의 기술문명은 인간에게 충분한 편리성을 제공해 주었다. 그러나 그 이면에서 인간의 삶을 위협하는 각종의 증후들 역시 이전과는 다른, 그리고 매우 심각한 양상으로 제기되고 있음을 부인할 수 없다. 이 과정에서 지난 수십 년 동안 교육의 화두였던 인성

---

[1] 지준호·이승철·박창남, 「전통적 가치와 전통교육에 대한 교수자 의식 조사」(『인격교육』 12(3), 2018, pp.81-101) 내용을 부분적으로 수정·보완하였음.

교육 역시 '우리가 살고 있는 지금 여기에서 과연 바람직한 인성이란 무엇인가'라는 새로운 문제에 직면해야만 했다.

그러나 교육의 역사를 반추해보건대 인성교육에 관한 논의가 다만 문명의 발달에 힘입은 현대라는 특정 시기에 국한되었던 것은 아니다. 당대의 사회적 필요에 따라 다소간의 차별은 있을지언정, 교육은 지적 탁월성과 도덕적 선이라는 두 가지 목적을 지속적으로 추구해 왔다.[2] 즉, 바람직한 인성을 습득하는 것은 특수한 역량을 함양하는 등의 차원을 넘어 교육의 목적에 준하는 것으로서 모든 교육 활동의 전제가 되고 있다.

우리나라에서 인성교육이 국가적 수준에서 논의되었던 것은 1990년대 중반과 최근의 일이다. 이 중 1990년대의 논의가 인성교육의 사회적 필요성과 이념성 등에 국한되었던 것과는 달리, 현재 인성교육에 관한 논의의 범주는 이념적 측면은 물론, 실제적 방안에 이르기까지 매우 다양하게 논의되고 있다.

그러나 많은 인성교육의 논의가 심리학 등의 과학적인 이론에 기반하고 있다는 점은 부정할 수 없다. 이는 교육활동 속에서 원인과 과정 및 결과를 예측하기 쉽다는 장점과 단기적으로 성과가 드러나는 교육 프로그램에 대한 선호, 그리고 교육실천의 실효를 수치적으로 확인하는데 익숙한 경향이 복합적으로 작용한 결과로 볼 수 있다.[3]

한편, 인성교육에 관한 논의에서 지속적으로 제기되어 온 영역이 바로 전통적 요소를 적극적으로 활용함으로써 인성교육의 실체에 접근하고자 하는 사고이다. 현대의 인성교육을 반추하는 거울로서 전통을 제시하는

....

2) 이인재 · 정수연, 「창의·인성교육을 위한 도덕지능의 함양 방안」, 한국초등도덕교육학회, 『초등도덕교육』 3, 2010, p.199.
3) 김성섭, 「전통 문화의 단절성을 극복하기 위한 유아전통문화교육활동의 실제」, 강원유아교육학회, 『한국유아교육연구』 5(1), 2009, pp.107-111.

입장은 인성교육의 논의가 국가적 수준에서 제기된 1990년대 이후 꾸준히 제기되어 온 바 있다.

오랜 시간 동안 전통은 충실하게 계승하고 전수하며 적극적으로 현창해야 하는 중요한 요소로 인식되어 왔다. 전통은 우리의 오늘을 있게 한 근간이기 때문이며, 전통적 가치를 통해 물질만능, 인간소외와 같은 현대사회의 여러 가지 문제들을 해결할 수 있는 의미있는 단초들을 내포하고 있기 때문이다. 실제로 우리의 전통은 상생과 공존의 삶의 태도, 인간중심의 사유, 공동체적 덕성 등과 같이 현대인들에게 절실하면서도 결핍되어 있는 많은 가치들을 내재하고 있다. 교육정책을 입안하거나 새로운 교육의 패러다임을 제시하는 시점에서 누구나가 한번쯤은 전통에 관심을 두는 것은 마치 인성교육의 보고와도 같은 전통의 가치를 충분히 긍정하고 있기 때문일 것이다.

그러나 전통문화에 입각한 인성교육의 논의는 전통과 현대 사이에 가로놓인 시간적 단절, 전통에 대한 편견, 전통적 요소에 대한 접근성이 갖는 한계 등으로 인하여 실제적인 논의에서 적지 않은 한계를 갖는다. 시간적 단절은 타의적으로 문호를 개방했던 구한말과 일제강점기를 겪었던 우리나라의 역사적 특수성에 기인한다. 특히 1930년대 일제에 의해 자행된 민족문화말살정책은 전통 문화의 단절을 획책하였고, 비슷한 시기에 이루어진 선교사나 기독교 중심의 교육 역시 주로 서구의 학제와 방식을 중심으로 형성되었다.

전통에 대한 편견 역시 전통적 요소의 재해석에 부정적인 영향을 주는 요소이다. 비록 전통에 대한 소중함을 주장한다 할지라도 전통이 주는 일상적 이미지는 고리타분하고 형식적이며 까다로운, 즉 현대인의 일상에 잘 어울린다고 볼 수 없는 것으로 인식하게 된다. 이러한 상황에서 전통적 요소를 특별한 노력을 기울여야만이 접할 수 있는 것으로 인식하는 즉, 전통적 요소에 대한 접근기회가 제한적이라는 점도 전통에 대한 부정적인 인식과 인성교육적 논의의 한계를 드러내는 요인이 된다.

위와 같은 요인으로 인하여 전통문화를 활용한 인성교육의 논의는 대략 세 가지 방향으로 고착되어 있다. 첫 번째는 "전통을 가치나 사유체계 등과 같은 정신적인 것으로 한정하고 이를 통해 현대인의 삶에 필요한 유덕한 시민성을 추출하려는 시도"로서,[4] 특히 역량을 중심으로 교육 활동을 수렴하고자 하는 최근 교육계의 경향과 더불어 적지 않은 시사를 제시하고 있다. 그러나 이들 연구는 전통문화를 통한 인성교육의 당위와 필요성에 대한 많은 기여에도 불구하고 실제 프로그램 구성에서 기존 서구의 경험과학적 이론에 기반한 인성교육 프로그램과 큰 차별성을 드러내기 어렵다.

두 번째는 전통문화에 대한 직접 체험을 통해 인성교육의 효과성을 제고하는 영역이다. 여기에는 "특정한 전통적 요소에 대한 체험이 바람직한 인성의 함양에 미치는 긍정적인 영향을 실험적으로 탐색한 연구"[5]가 주를 이루고 있다. 다만, 이와 관련한 연구들은 그 특성상 프로그램 실시의 전후에 따른 학습자의 태도 변화에 집중하기에 정확히 어떠한 요소가 어떠한 과정을 통해 바람직한 인성에 기여하였는가에 대해서는 다소간 의문이 남는다.

세 번째는 "교과교육, 특히 도덕 및 윤리 교과를 중심으로 다양한 전통적 요소를 통해 인성교육의 효과를 제시하는 연구"[6]가 있으나 수적으

---

4) 유병열·윤영돈, 「한국적 가치체계에 의거한 유덕한 인격함양의 인성교육」, 한국도덕윤리과교육학회, 『도덕윤리과교육』 45, 2014.

5) 장경태·이성노·안재석, 「청소년 인성교육 프로그램으로 전통무예 택견의 가치탐색」, 한국스포츠학회, 『한국스포츠학회지』 14(2), 2016; 김선영, 「전통 회화의 수기적 창작 태도를 기초로 한 인성교육 활동방안 연구」, 한국조형교육학회, 『조형교육』 60, 2016.

로 그리 많지는 않다.

마지막으로 네 번째는 전통문화를 활용한 인성교육이 아닌 전통교육의 요소를 현대적으로 재해석함으로써 인성교육적 효과를 제고하고자 한 분야이다. 대표적으로 "서당 등의 전통교육기관의 교육방식을 통해 현대 인성교육에서의 적용방안을 탐구한 연구"[7]를 살펴볼 수 있다. 그러나 이들 연구는 전통교육의 내용 및 방법에 대한 현대화를 통해 인성교육에 접근하고자 하는 점에서 본 연구와 동일한 전제에서 수행되었다 할 수 있으나, 문헌연구의 제약으로 말미암아 실제적인 인성교육 프로그램의 제시까지는 이어지지 못하고 있다는 점이 다소간 아쉬운 점이다.

전통과 인성교육에 관한 위 선행연구의 경향은 실제적 프로그램의 구성을 염두에 둔 연구에서 전통문화 일반을 매개로 인성교육에 접근하는 기존의 방식과 더불어 전통교육 방식의 재해석을 통한 인성교육이라는 두 측면을 동시적으로 고려해야 할 필요가 있음을 시사하고 있다. 전자의 방식은 인성교육을 위해 전통문화를 전수하는 활동의 당위와 필요성은 설명하는 측면에서는 유용할지 모르나, 교육활동의 실효를 경험적으로 검증할 수 있는 실제적인 교육프로그램의 제시에 한계가 있으며, 무엇보다 전통적으로 형성된 문화적 현상 모두가 현대의 인성적 장점으로 수렴될 수 있다는 낙관은 경계할 필요가 있기 때문이다.

위와 같은 문제의식에 의거하여 이 글은 전통문화를 활용한 인성교육이 아닌 전통교육의 내용 및 방법의 현대화를 통한 인성교육이라는 전제 위에서 연구를 수행하고자 한다. 그러나 현대의 인성교육을 전통교육의

---

6) 김윤경, 「도덕교과의 전통윤리 교육에 있어 한자의 활용과 한문 번역의 문제」, 한국도덕윤리과교육학회, 『도덕윤리과교육』 37, 2012.

7) 신창호 · 예철해 · 윤영돈 · 임홍태 · 지준호, 「서당과 소학의 전통교육이 현대 인성교육에 주는 함의」, 안암교육학회, 『한국교육학연구』 23(1), 2017.

내용과 방법에 의탁하고자 할 때 다소간의 난점이 제기된다. 교육은 당위만으로 성립할 수 없기 때문이다. 비록 교육의 목적론적 전제와 이념적 타당성, 그리고 그에 따른 시대적 요청이 충분하다 할지라도 내용과 방법이라는 실제의 측면을 간과한다면 그 효용을 장담할 수 없는 것이 된다. 즉 전통교육의 내용과 방법이 갖는 인성교육적 가치에 공감하더라도 이들의 현대적 재해석을 통한 콘텐츠화, 전통교육 방식의 현대화에 대한 구체적인 논의가 요청되는 것이며, 이는 전통교육과 인성교육에 대한 교육 제 주체들의·인식 및 요구를 파악하는 일로부터 시작할 필요가 있다.

앞서 언급한 바와 같이 본 연구는 전통교육의 현대적 재해석을 통한 인성교육 프로그램 개발의 일환으로 기획되었다. 본 연구에 앞서 수도권 지역 초·중·고·대학의 학생 1,598명을 대상으로 전통적 가치와 전통교육의 내용 및 방법에 대한 의식조사를 선행한 바 있다.[8)]

본 연구는 이에 후속하는 연구로서 전통적 가치와 전통교육의 내용 및 방법에 대한 교수자 의식을 설문을 통해 조사, 분석하는 데 목적이 있다. 이를 위해 수도권 소재의 초·중·고·대학의 정규교육기관과 대학부설연구소, 서원 및 향교 등 사회교육기관에 재직중인 교강사 561명에 대한 인식조사를 앞선 학생설문과 동일한 설문문항으로 실시하였으며, 조사자들의 전통교육 프로그램의 실제 참여 여부를 구분하여 연구결과에 반영하도록 하였다. 따라서 이하에서는 교수자 의식에 대한 연구결과를 확인하고, 결론의 논의를 통해 교수자의 의식에 대한 종합적인 검토를 진행하고자 한다. 다만, 본 연구가 주목하는 전통교육의 내용 및 방법은 유학의 교육적 전통에 한정한다. 본 연구는 전통교육 일반에 대한 교수자 의식조사를 위해 기획한 만큼 다소간 익숙한 전통교육 방식을 통해 전통교육 일반에

----

8) 심승우·지준호, 「전통적 가치에 대한 학생들의 의식조사」, 퇴계학부산연구원, 『퇴계학논총』 27, 2016.

대한 인식을 추출하고자 동양 혹은 한국의 교육적 전통 중, 불교와 도교 및 무속에 대한 별개의 문항을 배제하고 있음을 밝힌다.

2. 연구방법

(1) 연구대상

본 연구는 전통교육 및 전통적 가치에 관한 교수자 인식 조사를 위하여 초·중·고에 재직 중인 교사, 대학의 교·강사, 그리고 전통문화 관련 연구소 및 전통교육 기관 등에서 교육에 종사 중인 관련자를 대상으로 설문조사를 실시하였다.

설문조사 대상자의 재직기관은 초등학교 136명(24.3%), 중학교 124명(22.1%), 고등학교 114명(20.4%), 대학교 113명(20.2%)으로 특정 학교급에 편중되지 않도록 하였으며, 설문 응답자의 평균 교육경력은 14.5년으로 나타났다. 그리고 정규교육기관이 아닌 사회교육기관으로 전통문화 및 전통교육 관련 종사자를 조사대상에 포함하였다. 전통문화 및 전통교육 관련 연구소와 서원·향교 등 교육기관, 그리고 기타 유관기관의 재직자가 총 73명(14.1%)이다. 기타 항목으로 분류한 응답자는 서예, 다도학원 등의 전통문화 관련 사설 교육기관 운영자 및 강의자가 주로 포함되어 있다.

응답자의 성별 및 재직기관 소재지에 관한 세부적인 사항은 다음 <표 4-1>과 같다.

표 4-1 | 응답자 정보(성별 및 재직기관)

구분			응답수(명)	비율(%)
성 별		남성	300	53.5
		여성	261	46.5
		계	561	100.0
재 직 기 관	정규교육 기관	초등학교	136	24.3
		중학교	124	22.1
		고등학교	114	20.4
		대학교	113	20.2
	사회교육 기관	연구소	19	3.4
		서원·향교	30	5.4
		기타	24	4.3
		결측	1	–
		계	561	100.0
재직기관 소재지		서울	335	59.7
		인천	40	7.1
		경기	94	16.7
		기타	92	16.4
		계	561	100.0

또한, 설문의 응답자 정보에서 전통교육 관련 프로그램 참여경험을 '교수 및 운영 경험'과 '수강경험'으로 구분하여 기입하도록 하였다. '교수 및 운영 경험'은 해당 문항에 응답한 438명 중 71명이, '수강경험'은 391 명 중 68명이 관련 프로그램에 참여한 적이 있었다고 응답하였다.

응답자의 전통교육 프로그램 참여에 관한 세부적인 사항은 아래 <표 4-2>와 같다.

표 4-2 | 응답자 정보(전통교육 프로그램 참여 여부)

	교수 및 운영경험		수강경험	
	응답수(명)	비율(%)	응답수(명)	비율(%)
없음	367	83.8	323	82.6
있음	71	16.2	68	17.4
계	438	100.0	391	100.0

전통교육 프로그램 참여가 있는 응답자 중, 참여 프로그램을 기입한 응답자는 총 36명이었다. 응답자들이 참여한 프로그램이 가장 많았던 해는 2017년도였으며, 응답자들이 가장 많이 참여한 프로그램은 서울교육대학교가 주최한 '방과후 학교 서당교육 강사 양성과정'이었다. 또한 가장 다양한 프로그램을 주최한 기관은 성균관대학교로 나타났다.

응답자들이 참여한 해당 프로그램의 일시, 프로그램명, 주최기관, 주제, 대상은 다음의 <표 4-3>과 같다.

표 4-3 | 응답자 참여 전통교육 프로그램

연도	프로그램명	기관	주제	대상 (응답자 수)
2000	사물놀이	연구회	사물놀이 강습	교사(1)
2003	한국철학의 이해	한국외국어대학교	한국의 전통사상	대학생(1)
2004	한국의 문화와 철학	성균관대학교	한국전통문화, 철학	대학생(1)
	예절교육	재단법인 성균관	국악강습	중학생(1)
2005	사물놀이	초등학교	사물놀이 강습	초등학생(1)
2008	사물놀이 캠프	강월초	웃다리풍물	고등학생(1)
2012	명륜대학 교육프로그램	수원향교	논어, 대학, 중용, 강의	일반인(1)
2013	한국근대철학특강	한림대학교	한국유가, 실학사상	대학생(1)

연도	프로그램명	기관	내용	대상
2014	방과후 학교 서당교육 강사 양성과정	서울교육대학교	동양고전 및 서당교육	일반인(8)
	방과후 학교 서당교육 강사 양성과정	서울대학교	동양고전 및 서당교육	일반인(1)
	세종선비아카데미	연기향교	세종의 애민정신과 훈민정음	중학생(1)
	인문교육과정	아산서원	논어맹자 강독	대학생(1)
	박물관 대학	국립경주박물관	문화재 해설	일반인(1)
2015	사임당 인성교실	성균관대학교	인의예지	학부모(1)
	저자와 대화	서울, 수도권 도서관	동양고전과 우리	일반인(1)
	다도	만수북중	다도	학생(1)
	유교아카데미	용인학교	논어와 맹자	주민(1)
2017	유교해설사 프로그램	성균관대학교	현대 사회와 유교	일반인(1)
	성균논어	성균관대학교	전통경전	대학생(1)
	중고교사 대상 인성교육 활용방안	성균관대학교	퇴계와 율곡의 사상	교사(1)
	고전 기반 인성 전문 교사 연수	성균관대학교	논어, 맹자	중등교사(1)
	논산학	건양대예학교육연구원	예문화 해설	중, 고생(1)
	(통일교육)공무원 연수과정	통일교육원	국가정체성과 민족공동체	공무원(1)
	유교문화의 이해	언양향교	공자와 맹자의 정신	일반인(1)
	청주향교 충부유교대학	청주향교	유교경전	일반인(1)
	명륜대학 교육프로그램	청주향교	현대사회에서 유교의 역할	성인(1)
	드림플러스를 통한 꿈의 학교 만들기	감정중학교	명상, 적용문화재 해설	중학생(1)
	고전읽기	한영고등학교	맹자	고등학생(1)
	온다라 인문학특강	전주지방법원	전주선비정신의 표상	공무원(1)

(2) 설문지 구성

설문문항은 응답자 정보를 제외한 총 51개 문항으로 구성하였다. 전통 및 전통교육에 대한 인식의 하위영역은 '전통문화에 관한 관심 및 선호도', '전통문화의 필요성 및 활용성', '전통교육 내용 및 방법에 대한 인식'의 세 영역으로 구성하였다. 민주적 시민성 역량에 대한 자가진단의 하위영역은 '개인역량', '대인관계역량', '공동체역량'의 세 영역으로 구성하여 교수자의 자기태도와 교수태도를 살펴보고자 한다.

설문 문항의 구성 및 문항 수는 다음 <표 4-4>와 같다.

표 4-4 | 설문 문항 구성

구분	하위 영역	구인		문항 수(개)	
전통 및 전통교육에 대한 인식	전통문화에 대한 관심 및 선호도	관심도		2	
		선호도		3	
	전통문화의 필요성 및 활용성	필요성		2	
		활용성		3	
	전통교육 내용 및 방법에 대한 인식	필요성		3	
		활용성		2	
민주적 시민성 역량에 대한 자가진단	개인역량(성찰 및 자존)	성찰	자기태도	3	6
			교수태도	3	
		자존	자기태도	3	6
			교수태도	3	
	대인관계역량(공감 및 배려)	공감	자기태도	3	6
			교수태도	3	
		배려	자기태도	3	6
			교수태도	3	
	공동체역량(상생 및 공존)	상생	자기태도	3	6
			교수태도	3	
		공존	자기태도	3	6
			교수태도	3	
계				51	

3. 연구결과

(1) 전통 및 전통교육에 대한 인식

가. 전통문화에 대한 관심 및 선호도

1) 학교급별 전통문화에 대한 관심 및 선호도

전통문화에 대한 관심 및 선호도 영역에 관한 조사결과는 아래의 <표 4-5>와 같다.

표 4-5 | 학교급, 문항별 전통문화에 대한 관심 및 선호도

학교급		전통에 대한 관심	전통문화경험정도		전통에 대한 자부심	계 (학교급별)
			체험활동을 통한 경험	영상매체를 통한 경험		
초등학교	평균	3.69	2.80	3.33	3.97	3.45
	표준편차	.865	1.060	1.113	.816	.663
중학교	평균	3.61	2.86	3.31	3.78	3.39
	표준편차	1.057	1.074	1.181	.883	.774
고등학교	평균	3.42	2.23	2.79	3.21	2.91
	표준편차	.854	1.142	1.153	.959	.870
대학교	평균	4.13	2.64	3.04	3.63	3.36
	표준편차	.987	1.142	1.176	1.037	.802
연구소	평균	3.47	2.21	3.26	3.16	3.03
	표준편차	1.172	1.084	1.195	1.119	.807
서원 향교	평균	4.43	3.57	3.93	4.13	4.02
	표준편차	.898	1.331	1.143	1.106	.996
기타	평균	4.58	3.25	3.58	4.54	3.99
	표준편차	.584	1.073	.830	.588	.573
계 (문항별)	평균	3.78	2.71	3.20	3.71	3.35
	사례수(명)	557	558	557	558	558
	표준편차	.997	1.159	1.173	.985	.832

전통문화에 대한 관심 및 선호도 영역에 관한 조사는 '전통에 대한 관심', '전통문화 경험정도', '전통에 대한 자부심', '보존 및 계승이 필요한 전통문화'의 소개 항목으로 문항을 구성하였으며 세부적인 내용은 다음과 같다.

전체 기관에서 가장 높은 관심 및 선호도를 보이고 있는 곳은 서원·향교(4.02)의 교수자군이다. 단, 이들은 향교의 전교(典校), 총무 등과 같은 재임으로서 향사례와 같은 각종 행사를 주관하기에 여타 교육기관의 교수자들과 직접적인 비교는 한계가 있다.

한편, 정규교육기관 내에서 가장 높은 수치를 나타낸 것은 초등학교 교사군이었으며, 고등학교 교사군은 가장 낮은 수치를 나타냈다. 그리고 대학을 제외한 초·중·고등학교는 학교급이 높아질수록 대체로 모든 영역에서 낮은 수치를 나타내고 있다. 특이한 점은 모든 교육기관의 교수자들에게서 '전통문화에 대한 경험정도'에 비해 '전통에 대한 관심'과 '전통에 대한 자부심'이 높게 나타나고 있다는 점이다.

2) 참여경험에 따른 전통문화에 대한 관심 및 선호도

참여경험은 전통교육 프로그램을 직접 운영하거나 강의한 경험이 있는 경우와 전통교육 프로그램을 수강한 경우 두 가지로 구분하였다. 대체로 교수 및 운영경험이 있는 경우가 수강자로 참여한 경우에 비해 높게 나타났다.

아래의 <표 4-6>은 응답자 중 전통문화 관련 프로그램을 운영하거나 교수자로 참여한 경험이 있는 71명과 그렇지 않은 366명을 비교한 것이다. '영상매체를 통한 경험'을 제외한 모든 항목에서 강의경험 유무에 따라 통계적으로 유의미한 평균차를 보이고 있다. 강의경험의 유무에 따라 가장 큰 차이를 보인 항목은 '전통에 대한 관심'이며, 다음으로 '전통에 대한 자부심' 항목이 많은 평균차를 나타냈다.

표 4-6 | 교수 및 운영경험 교차표

경험여부	전통에 대한 관심		전통문화경험정도				전통에 대한 자부심	
			체험활동을 통한 경험		영상매체를 통한 경험			
	있음	없음	있음	없음	있음	없음	있음	없음
평균	4.86	3.65	3.69	2.66	3.48	3.30	4.38	3.76
표준편차	.457	.987	1.050	1.062	1.217	1.146	.868	.898

한편, 응답자 가운데 전통문화 관련 프로그램을 수강한 경험이 있는 68명과 그렇지 않은 322명을 비교한 결과, '전통에 대한 관심' 항목과 '체험활동을 통한 경험' 항목이 수강경험 유무에 따라 통계적으로 유의미한 평균차가 있었다. 세부적인 내용은 다음의 <표 4-7>과 같다.

표 4-7 | 수강경험 교차표

경험여부	전통에 대한 관심		전통문화경험정도				전통에 대한 자부심	
			체험활동을 통한 경험		영상매체를 통한 경험			
	있음	없음	있음	없음	있음	없음	있음	없음
평균	4.06	3.76	3.29	2.74	3.41	3.31	4.04	3.83
표준편차	1.077	1.001	1.134	1.102	1.249	1.147	1.085	.881

3) 전통문화 중 유지·보존해야 할 내용

① 학교급별 유지·보존해야 할 전통문화

'전통문화에 대한 관심 및 선호도'에 관한 문항 중, '유지 및 보존되어야 할 전통문화'를 선택하도록 하였다. 응답지는 아래와 같이 '실생활과 관련된 양식', '전통예술', '조상을 존경하고 받드는 일(제례)', '효와 예절', '공동체의식'의 5개 범주를 제시하였다. 이는 본 설문조사에 앞서 대학생 및 일반인을 대상으로 한 사전 인터뷰를 토대로 범주화한 것이다. 유지·보존되어야 할 전통문화에 대한 학교급별 비율은 아래의 <표 4-8>과 같다.

표 4-8 | 학교급별 유지·보존해야 할 전통문화

		실생활과 관련된 양식	전통예술	조상을 존경하고 받드는 일(제례)	효도와 예절	공동체의식	기타	합계
초등학교	비율(%)	75.7	17.6	1.5	5.1	0.0	0.0	100.0
중학교	비율(%)	56.9	17.1	6.5	15.4	3.3	0.8	100.0
고등학교	비율(%)	54.0	17.7	6.2	22.1	0.0	0.0	100.0
대학교	비율(%)	50.4	25.7	6.2	16.8	0.9	0.0	100.0
연구소	비율(%)	52.6	15.8	5.3	26.3	0.0	0.0	100.0
서원향교	비율(%)	50.0	10.0	10.0	30.0	0.0	0.0	100.0
기타	비율(%)	29.2	37.5	12.5	20.8	0.0	0.0	100.0
합계	비율(%)	57.9	19.5	5.6	15.9	0.9	0.2	100.0

위 <표 4-8>에 따르면, 사회교육기관을 제외한 정규교육기관의 모든 학교급의 교사군에서 50%가 넘는 비율로 한복, 한식 등과 같은 '실생활과 관련된 양식'을 선택하였다. 특히 초등학교 교사군의 경우, '실생활과 관련된 양식'에 대한 응답비율이 75.7%로 가장 높게 나타났으며 두 번째는 17.6%의 비율을 보인 '전통예술' 항목이었다. 초등학교 교사군의 경우, 유지·보존해야 하는 전통문화의 요소를 대체로 유형적인 것으로 파악하는 경향이 두드러짐을 알 수 있다. 그리고 다소간의 차이는 있으나,

이러한 경향은 정규교육기관의 다른 학교급에서 비슷하게 나타나고 있다. 사회교육기관의 경우, 서원 및 향교의 교사군이 '효도와 예절'에 상대적으로 높은 응답을 보인 것은 배례나 다례 등을 통한 전통예절교실과 같이 각 기관에서 운영중인 교육프로그램의 특성에 기인한다고 볼 수 있다. 한편, 대학 등의 연구소에 재직 중인 교사군의 경우 상대적으로 '효와 예절'이 높게 나타났다.

② 참여경험에 따른 유지·보존해야 할 전통문화
다음의 <표 4-9>와 <표 4-10>은 교수경험 및 수강경험의 유무에 따른 유지·보존해야 할 전통문화를 비교한 결과이다. 공통점은 프로그램 참여경험의 유무와 관계없이 '실생활과 관련된 양식'의 비율이 높다는 점이다. 그러나 프로그램 참여경험이 있는 교사군에서 보다 고른 분포를 보이고 있다. 특히 교수경험이 있는 교사군의 경우, '실생활과 관련된 양식', '전통예술', '효도와 예절'이 큰 차이를 보이지 않고 있다.

표 4-9 | 교수 및 운영경험 교차표

		실생활과 관련된 양식	전통 예술	조상을 존경하고 받드는 일	효도와 예절	공동체 의식	기타	합계
없음	비율(%)	60.7	19.4	4.4	14.8	0.8	0.0	100.0
있음	비율(%)	35.2	26.8	9.9	23.9	2.8	1.4	100.0
합계	비율(%)	56.5	20.6	5.3	16.2	1.1	0.2	100.0

위 <표 4-9>는 프로그램 참여경험 중, 교수 및 운영경험에 따른 유지·보존해야 할 전통문화를 비교한 결과이다. 이에 따르면, 참여경험이 없는 교수자들이 60.7%가 '실생활과 관련된 양식'을 선택한 데 비해 참여

경험이 있는 교수자들은 35.2%에 그치고 있으며, 대신 전통예술(26.8%)과 효도와 예절(23.9%) 항목을 많이 선택하고 있음을 알 수 있다. 단, 참여경험 유무에 관계없이 항목의 순위는 '실생활과 관련된 양식', '전통예술', '효도와 예절'의 순으로 동일했다.

표 4-10 | 수강경험 교차표

		실생활과 관련된 양식	전통 예술	조상을 존경하고 받드는 일	효도와 예절	공동체 의식	합계
없음	비율(%)	60.9	20.5	4.0	14.0	0.6	100.0
있음	비율(%)	50.0	14.7	7.4	25.0	2.9	100.0
합계	비율(%)	59.0	19.5	4.6	15.9	1.0	100.0

위 <표 4-10>은 수강경험에 따른 유지·보존해야 할 전통문화를 비교한 결과이다. 수강경험 유무에 관계없이 '실생활과 관련된 양식'의 빈도가 가장 높았는데, 그 이하에서 수강경험이 없는 교수자들이 '전통예술 (205%)', '효도와 예절'(14.0%)의 순으로 나타난 데 비해 수강경험이 있는 교수자들은 '효도와 예절(25%)'을 선택한 비율이 높았다.

나. 전통문화의 필요성 및 활용성

1) 학교급별 전통문화의 필요성 및 활용성

전통문화의 필요성에서는 전통문화의 내용과 가치를 명확하게 인식해야 할 필요를 묻는 '전통인식의 필요성'과 전통문화를 계승 및 발전하는데 노력을 기울여야 할 필요를 묻는 '전통문화 계승 발전의 필요성'의 두 항목으로 구성되었다. 전통문화의 활용성에 관한 문항은 '사회의 도덕적 가치', '경제적 이익과 부의 창출', 그리고 민주적 시민성과 관련한 '민주주의적 가치'의 세 항목으로 구성하였다.

표 4-11 | 학교급별, 문항별 전통문화의 필요성 및 활용성

학교급			전통문화의 필요성		전통문화의 활용성			전체평균
			전통인식의 필요성	전통문화 계승 발전의 필요성	사회의 도덕적 가치	경제적 이익과 부의 창출	민주주의적 가치	
정규교육기관	초등학교	평균	4.43	4.51	4.13	3.89	3.63	4.12
		표준편차	.63	.60	.93	1.02	1.04	.64
	중학교	평균	4.26	4.27	4.00	3.84	3.68	4.02
		표준편차	.71	.81	.85	.87	.97	.65
	고등학교	평균	3.65	3.66	3.53	2.94	3.07	3.37
		표준편차	.81	.85	.93	1.20	1.12	.87
	대학교	평균	4.12	4.10	3.86	3.11	3.19	3.68
		표준편차	.89	.90	.91	1.20	1.27	.86
사회교육기관	연구소	평균	3.63	3.58	3.26	2.58	3.00	3.21
		표준편차	1.12	1.02	1.05	1.20	1.11	.89
	서원 향교	평균	4.17	4.10	4.14	3.83	3.59	3.99
		표준편차	1.10	1.01	.95	.95	1.02	.88
	기타	평균	4.33	4.33	4.29	3.33	3.54	3.97
		표준편차	.64	.64	.55	1.01	.88	.63
합계		평균	4.13	4.14	3.90	3.46	3.41	3.81
		영역평균	4.13		3.59			
		표준편차	.84	.86	.93	1.16	1.11	.82

위 <표 4-11>은 전통문화에 대한 필요성과 활용성에 대한 5개 문항을 학교급별로 제시하고 있다. 조사결과 모든 기관에서 필요성에 비해 활용성을 낮게 인식하고 있는 것으로 드러났다. 기관별로 살펴본다면, 필요성과 활용성 모두에서 사회교육기관보다 정규교육기관의 인식도가 높

게 드러났다. 정규교육기관의 경우, 대학교를 제외한다면 필요성과 활용성의 모든 항목에서 대체로 학교급이 올라갈수록 낮아지는 경향을 보이고 있다. 필요성 영역의 구인인 '전통인식의 필요성'과 '전통문화 계승 발전의 필요성'은 학교급 내에서 큰 차이가 없으며, 평균 또한 각각 4.13과 4.14로 비슷하게 드러났다. 반면, 전통문화의 활용성 구인에서는 '사회의 도덕적 가치'(3.90)와 나머지 '경제적 이익과 부의 창출'(3.46), '민주주의적 가치'(3.41)의 차별이 나타났다.

2) 참여경험에 따른 전통문화의 필요성 및 활용성

아래의 <표 4-12>는 '전통문화 프로그램 교수 및 운영경험 여부'에 따른 필요성 및 활용성 교차표이다. 수준에서 '경제적 이익과 부의 창출' 항목을 제외한 나머지 문항에서 강의경험 유무에 따라 통계적으로 유의미한 평균차를 보이고 있다. 이에 따르면, 전통문화의 활용성 구인 중 '경제적 이익과 부의 창출'을 제외한 모든 문항에서 프로그램의 교수 및 운영경험이 있는 응답자들의 인식도가 그렇지 않은 경우에 비하여 높게 나타났다. 한편, '전통문화 프로그램의 수강 및 참여경험 여부'에 따를 필요성 및 활용성 교차분석은 t검정 결과 모든 문항에서 통계적으로 유의미한 평균차가 없는 것으로 드러났다.

표 4-12 | 전통교육 프로그램 교수 및 운영여부 교차표

구인별 교수 및 운영경험 유무			평균
전통 문화의 필요성	전통인식의 필요성	있음	4.66
		없음	4.22
	전통문화 계승 발전의 필요성	있음	4.64
		없음	4.25
전통 문화의 활용성	사회의 도덕적 가치	있음	4.51
		없음	3.97
	경제적 이익과 부의 창출	있음	3.86
		없음	3.71
	민주주의적 가치	있음	3.91
		없음	3.59
전체		있음	4.32
		없음	3.95

다. 전통교육 내용 및 방법에 대한 인식

1) 전통교육 및 전통교육 방식에 대한 인식

① 학교급별 전통교육 및 전통교육 방식에 대한 인식

다음의 <표 4-13>은 전통교육의 내용 및 방법에 대한 교수자들의 의식을 '정규교육과정에서 전통교육의 필요성', '전통교육 방식에 대한 선호', '전통교육 방식의 다양성에 대한 요구', '학교에서의 문제에 대한 전통교육의 효과성'의 소개 항목으로 구분하여 조사한 결과이다.

표 4-13 | 학교급별 전통교육 및 전통교육 방식에 대한 인식

학교급			정규교육과정에서 전통교육의 필요성	전통교육방식에 대한 선호	전통교육 방식의 다양성에 대한 요구	학교에서의 문제에 대한 전통교육의 효과성	평균
정 규	초등 학교	평균	3.89	2.62	4.10	3.67	3.57

교육기관							
교육기관	중학교	표준편차	.823	1.109	.769	.959	.692
		평균	3.90	3.06	3.99	3.66	3.66
		표준편차	.857	1.128	.730	.967	.718
	고등학교	평균	3.47	2.54	3.53	3.35	3.22
		표준편차	.780	.936	.757	.823	.670
	대학교	평균	3.88	2.73	3.92	3.64	3.54
		표준편차	.888	1.018	.847	1.009	.727
사회교육기관	연구소	평균	3.53	1.95	3.47	3.26	3.05
		표준편차	1.307	1.079	1.172	.872	.868
	서원향교	평균	4.00	3.28	4.17	4.17	3.93
		표준편차	1.195	.996	1.037	.747	.873
	기타	평균	4.42	3.71	4.46	4.38	4.24
		표준편차	.654	.859	.658	.647	.597
합계		평균	3.82	2.78	3.92	3.64	3.54
		표준편차	.894	1.091	.836	.948	.752

위 <표 4-13>에 따르면, 정규교육기관의 경우 교육과정에서 전통교육의 필요성에 대해 고등학교의 교사군이 가장 낮은 3.47의 평균을 나타냈으며, 이를 제외한 나머지 학교급의 교수자들은 대체로 비슷한 인식을 갖는 것으로 나타났다. 전통교육을 통해 집단 따돌림, 학교폭력 등과 같은 학교교육의 문제해결에 긍정적으로 기여할 수 있을 것인가 묻는 항목에서는 정규교육기관의 교수자들이 사회교육기관의 종사자들에 비해 비교적 부정적인 인식을 갖고 있는 것으로 드러났다. 한편, 재직기관을 불문하고 모든 종사자들은 전통교육 방식에 대해 부정적인 인식을 드러냈으며, 반면 전통교육 방식의 다양화에 대한 요구에서 가장 높은 수치가 나타났다.

② 참여경험에 따른 전통교육 및 전통교육 방식에 대한 인식

교수경험 및 수강경험의 유무에 따른 유지·보존해야 할 전통문화를 비교한 결과, 교수경험의 유무에 따른 평균차는 네 항목 모두 유의미하게 나타난 반면, 수강경험에서는 두 개 항목에서 유의미한 평균차가 있었다.

다음의 <표 4-14>는 교수 및 운영경험 유무에 따른 전통교육 방식에 대한 인식차를 살펴본 것으로, 모든 항목에서 강의경험 유무에 따라 통계적으로 유의미한 평균차를 보이고 있다. 이에 따르면, 모든 항목에서 교수 및 운영경험이 있는 응답자들의 평균이 그렇지 않은 응답자들에 비해 높게 드러났으며, 전체 항목의 평균차는 0.70이었다. 대체로 비슷한 평균차를 보였는데, 근소하게나마 많은 평균차를 보인 항목은 '학교에서의 문제에 대한 전통교육의 효과성' 항목으로 0.73이다.

표 4-14 | 전통교육 프로그램 교수 및 운영여부 교차표

구인별 교수 및 운영경험 유무			평균
전통 문화의 필요성	정규교육과정에서 전통교육의 필요성	있음	4.50
		없음	3.81
	전통교육방식에 대한 선호	있음	3.41
		없음	2.69
전통 문화의 활용성	전통교육 방식의 다양성에 대한 요구	있음	4.51
		없음	3.92
	학교에서의 문제에 대한 전통교육의 효과성	있음	4.34
		없음	3.61
전체			4.20
			3.50

한편, 아래의 <표 4-15>는 수강경험 유부에 따른 전통교육 방식에 대한 인식차를 살펴본 것이다. 표를 통해 확인할 수 있듯이, 수강경험의 유무에 따라 근소한 차이를 나타내는데, '전통교육 방식에 대한 선호'와

'학교에서의 문제에 대한 전통교육의 효과성'의 두 개 항목에서 유의미한 평균차가 있었다.

표 4-15 | 전통교육 프로그램 수강여부 교차표

구인별 수강경험 유무			평균
전통 문화의 필요성	정규교육과정에서 전통교육의 필요성	있음	4.09
		없음	3.85
	전통교육방식에 대한 선호	있음	3.07
		없음	2.69
전통 문화의 활용성	전통교육 방식의 다양성에 대한 요구	있음	4.10
		없음	3.98
	학교에서의 문제에 대한 전통교육의 효과성	있음	4.03
		없음	3.66
전체		있음	3.84
		없음	3.55

2) 교육내용으로서 필요한 전통의 요소

아래의 문항은 교육내용으로서 필요한 전통의 요소를 '『논어』, 『맹자』 등 고전에 대한 이해', '의사소통 및 대인관계 능력', '직업능력과 기술', '도덕과 인성', '예술활동 및 놀이문화'의 5가지 범주로 제시한 것이다. 이 5개의 항목은 본 설문에 앞서 대학생 및 일반인을 대상으로 한 사전 인터뷰를 토대로 범주화한 것이다.

① 학교급별 교육내용으로서 필요한 전통의 요소

교육내용으로서 필요한 전통의 요소를 조사한 결과, '도덕과 인성'을 응답한 비율이 53.0%로 가장 많았다. 이는 동일한 항목에 대해 진행한 학습자 대상 설문의 응답비율(38.8%)보다 더욱 높은 수치이다. 그리고 전체 응답자의 16.3%가 '의사소통 및 대인관계 능력'을 선택했는데, 정규교육 기관 학교급별로 살펴보면 초등학교와 중학교가 각각 19.9%, 23.6%인데 비해 고등학교와 대학교는 11.5%, 10.6%로 다소간 낮게 나타났다. 전체 응답자의 15.2%가 선택한 '예술활동 및 놀이문화'는 정규교육기관 중 초 등학교에서 가장 높게 나타났으며(26.6%) 학교급이 높아질수록 감소하는 경향이 나타났다. '고전에 대한 이해'의 경우, 전체 응답 비율이 13.3%인 데 비해 대학 교강사군의 경우에서 22.1%로 높게 나타났다. 기타 의견으 로는 유교나 무속 등과 같은 '전통사상', '우리나라 역사', '문화', '논어 · 맹자 등 조선시대 학자들의 글과 전통 정신을 이해하는 과정' 등이 제시 되었다. 교육내용으로서 필요한 전통의 요소에 대한 세부적인 내용은 아 래의 <표 4-16>과 같다.

표 4-16 | 교육내용으로서 필요한 전통의 요소

구분		초등 학교	중 학교	고등 학교	대 학교	연구 소	서원 향교	기 타	합 계
고전에 대한 이해	비율(%)	7.4	9.8	16.8	22.1	5.3	16.7	8.3	13.3
의사소통 및 대인관계 능력	비율(%)	19.9	23.6	11.5	10.6	15.8	23.3	0.0	16.3
직업능력 및 기술	비율(%)	1.5	2.4	2.7	0.9	0.0	0.0	0.0	1.6
도덕과 인성	비율(%)	44.1	48.0	58.4	55.8	57.9	53.3	87.5	53.0
예술활동 및 놀이문화	비율(%)	26.6	16.3	10.6	9.7	15.8	6.7	4.2	15.2
기타	비율(%)	0.7	0.0	0.0	0.9	5.3	0.0	0.0	0.5

② 참여경험에 따른 교육내용으로서 필요한 전통의 요소

다음의 <표 4-17>은 전통교육 내용에 대한 요구를 전통교육 프로 그램 교수 및 운영여부에 따라 교차분석 결과로 통계적으로 유의미한 응 답 차이를 보이고 있다. 전통교육 프로그램의 참여경험 여부와 관계없이

'도덕과 인성' 항목에 대한 응답이 가장 높았으며, '직업능력 및 기술'에 대한 응답이 가장 작았다. 전통교육 프로그램의 교수 및 운영경험 유무에 따라 '고전 이해'와 '의사소통 및 대인관계능력'의 응답비율에서 차이가 있음을 알 수 있다. 전통교육 프로그램 교수 및 운영경험이 있는 응답자의 경우 '고전에 대한 이해'의 응답비율이 21.1%로 그렇지 않은 응답비율에 비해 현저하게 높게 나타났으며, 교수 및 운영경험이 없는 응답자의 경우 '의사소통 및 대인관계능력'이 21.6%로 반대의 경우(5.8%)보다 높게 나타났다. 한편, 수강경험에 따른 차이는 유의미한 응답 차이가 없는 것으로 드러났다.

표 4-17 | 전통교육 프로그램 교수 및 운영여부 교차표

구분		전통교육 프로그램 교수 및 운영여부	
		있음	없음
『논어』, 『맹자』 등 고전에 대한 이해	비율(%)	21.1	8.2
의사소통 및 대인관계 능력	비율(%)	5.6	21.6
직업능력 및 기술	비율(%)	0.0	2.5
도덕과 인성	비율(%)	60.6	49.5
예술활동 및 놀이문화	비율(%)	11.3	17.8
기 타	비율(%)	1.4	0.5
계	비율(%)	100.0	100.0

(2) 민주적 시민성 역량에 대한 자가진단

본 조사에서는 개인역량 영역으로 '성찰 및 자존', 대인관계역량 영역으로 '공감 및 배려', 공동체역량 영역으로 '상생 및 공존'을 설정하고 이를 각각 '자기태도'와 '교수태도'로 나누어 교수자들의 민주적 시민성 역량을 살펴

보고자 하였다. 이에 대한 각 구인별 응답은 다음 <표 4-18>과 같다.

표 4-18 | 교수자의 민주적 시민성 역량

	민주적 시민성 역량					
	개인역량		대인관계역량		공동체역량	
	자기태도	교수태도	자기태도	교수태도	자기태도	교수태도
평균	4.06	4.17	3.87	3.87	3.48	3.57
표준편차	.567	.574	.662	.686	.763	.825

자기태도와 교수태도 모두에서 개인역량인 '성찰 및 자존'이 가장 높았으며 그 다음이 대인관계역량인 '공감 및 배려', 그리고 공동체역량인 '상생 및 공존'의 순으로 나타났다. 대인관계역량에서 자기태도와 교수태도가 일치하는 데 비해 개인역량과 공동체역량에서는 자기태도에 비해 교수태도가 다소 높게 나타났다.

가. 개인역량 분석결과

1) 개인역량에 나타난 교수자의 자기태도와 교수태도

개인역량에 나타난 교수자의 자기태도와 교수태도에 대한 문항별 분석결과는 다음 <표 4-19>와 같다.

표 4-19 | 개인역량에 나타난 교수자의 자기태도와 교수태도

문항번호			응답수	평균	표준편차	비고	
성 찰	Q16	자기태도	558	4.11	0.812	자기태도 교수태도 계	4.27
		교수태도	558	4.09	0.758		4.24
		계	558	4.10	0.719		4.25
	Q17	자기태도	558	4.26	0.745		
		교수태도	556	4.26	0.718		

		계	558	4.26	0.679		
	Q18	자개태도	557	4.43	0.787		
		교수태도	557	4.38	0.792		
		계	558	4.40	0.748		
	Q19	자기태도	556	4.00	0.819		
		교수태도	558	4.14	0.777		
		계	558	4.07	0.719		
자존	Q20	자기태도	557	3.95	0.810	자기태도	3.86
		교수태도	558	4.16	0.743	교수태도	4.10
		계	559	4.05	0.704	계	3.98
	Q21	자기태도	557	3.62	0.846		
		교수태도	557	4.00	0.807		
		계	558	3.81	0.745		
계		자기태도	558	4.06	0.567		
		교수태도	559	4.17	0.574	-	
		계	559	4.12	0.546		

위 <표 4-19>는 개인역량 영역의 구인인 성찰 및 자존에 대한 자기태도와 교수태도를 문항별로 분석한 것이다. 위 영역의 자기태도와 교수태도는 각각 4.06과 4.17의 평균을 나타내고 있다. 이 중 '성찰'의 자기태도와 교수태도는 각각 4.27과 4.24로 큰 차이가 없음에 비해, '자존'은 자기태도와 교수태도가 각각 3.86과 4.10으로 자기태도에 비해 교수태도의 평균이 높게 나타났다.

2) 학교급별 개인역량에 나타난 교수자의 자기태도와 교수태도

학교급별 개인역량에 나타난 교수자의 자기태도와 교수태도는 다음 <표 4-20>과 같다.

표 4-20 | 학교급별 개인역량에 나타난 교수자의 자기태도와 교수태도

학교급	응답수	자기태도		교수태도		계	
		평균	표준편차	평균	표준편차	평균	표준편차
초등학교	136	4.34	.408	4.45	.429	4.39	.388
중학교	123	4.20	.483	4.31	.495	4.25	.462
고등학교	113	3.68	.632	3.86	.606	3.77	.598
대학교	113	3.99	.570	4.11	.562	4.05	.542
연구소	19	3.91	.548	3.82	.466	3.86	.474
서원향교	29	4.07	.464	4.11	.716	4.11	.550
기 타	24	3.91	.417	3.93	.483	3.92	.444
합 계	557	4.06	.567	4.17	.574	4.12	.545

위 <표 4-20>은 개인역량 영역에서 자기태도와 교수태도의 학교급 간 평균을 살펴본 것으로, 학교급에 따라 통계적으로 유의미한 평균차를 보이고 있다. 자기태도와 교수태도의 평균이 가장 높은 집단은 초등학교 교사군으로 4.39이며, 가장 낮은 집단은 3.77의 평균을 보인 고등학교 교사군이다. 자기태도와 교수태도의 차이에 있어 연구소 집단을 제외한 모든 학교급에서 교수태도가 자기태도에 비해 높게 나타났다. 정규학교 중 가장 많은 차이를 보인 집단은 초등학교 교사군으로 0.21의 평균차를 보이고 있으며, 중학교 교사군은 가장 적은 0.11의 평균차를 보이고 있다.

한편, 모든 항목이 전통교육 프로그램 참여경험(교수 및 운영경험, 수강경험) 유무에 따라 통계적으로 유의미한 평균차는 없는 것으로 나타났다.

나. 대인관계역량 분석결과

1) 대인관계역량에 나타난 교수자의 자기태도와 교수태도

대인관계역량에 나타난 교수자의 자기태도와 교수태도에 대한 문항별

분석결과는 다음 <표 4-21>와 같다.

표 4-21 | 대인역량에 나타난 교수자의 자기태도와 교수태도

문항번호			응답수(명)	평균	표준편차	비고	
공 감	Q22	자기태도	558	3.93	0.853	자기태도 교수태도 계	3.89 3.95 3.92
		교수태도	558	3.99	0.858		
		계	558	3.96	0.807		
	Q23	자기태도	557	3.71	0.966		
		교수태도	558	3.91	0.957		
		계	558	3.81	0.901		
	Q24	자개태도	558	4.02	0.894		
		교수태도	558	3.94	0.893		
		계	558	3.98	0.822		
배 려	Q25	자기태도	558	4.25	0.737	자기태도 교수태도 계	3.85 3.80 3.82
		교수태도	559	4.19	0.769		
		계	559	4.22	0.686		
	Q26	자기태도	558	3.83	0.811		
		교수태도	558	3.83	0.868		
		계	558	3.83	0.796		
	Q27	자기태도	558	3.47	0.991		
		교수태도	558	3.37	1.003		
		계	558	3.42	0.906		
계		자기태도	558	3.87	0.662	-	
		교수태도	559	3.87	0.686		
		계	559	3.87	0.649		

위 <표 4-21>은 대인관계역량 영역의 구인인 공감 및 배려에 대한 자기태도와 교수태도를 문항별로 분석한 것이다. 위 영역의 자기태도와 교수태도는 모두 3.87의 평균을 나타내고 있다. 이 중 '공감'의 자기태도와 교수태도는 3.89와 3.95로 교수태도의 평균이 높게 나타난 데 비해,

'배려'의 자기태도와 교수태도는 3.85와 3.80으로 자기태도의 평균이 보다 높게 나타났다.

2) 학교급별 대인관계역량에 나타난 교수자의 자기태도와 교수태도

학교급별 대인관계역량에 나타난 교수자의 자기태도와 교수태도는 다음 <표 4-22>와 같다.

표 4-22 | 학교급별 대인역량에 나타난 교수자의 자기태도와 교수태도

학교급	응답수	자기태도		교수태도		계	
		평균	표준편차	평균	표준편차	평균	표준편차
초등학교	136	4.18	.518	4.15	.564	4.17	.516
중학교	123	4.03	.531	4.09	.552	4.06	.503
고등학교	113	3.42	.745	3.53	.772	3.47	.744
대학교	113	3.83	.594	3.79	.629	3.81	.586
연구소	19	3.76	.599	3.50	.569	3.63	.535
서원향교	29	4.01	.616	3.98	.743	4.01	.637
기타	24	3.32	.557	3.29	.577	3.31	.560
합계	557	3.87	.663	3.87	.687	3.87	.650

위 <표 4-22>는 대인관계역량 영역에서 교수자의이 자기태도와 교수태도의 학교급간 평균을 살펴본 것으로, 학교급에 따라 통계적으로 유의미한 평균차를 보이고 있다. 자기태도와 교수태도의 평균이 가장 높은 집단은 초등학교 교사군으로 4.17이며, 가장 낮은 집단은 3.47의 평균을 보인 고등학교 교사군이다. 자기태도와 교수태도의 차이에 있어 초등학교, 중학교, 고등학교 교사군은 자기태도보다 교수태도가 높게 나타났으며, 반면 나머지 기관의 교수자들은 자기태도보다 교수태도가 낮게 나타났다. 자기태도와 교수태도의 차이가 가장 큰 집단은 연구소 집단으로

0.26(자기태도＞교수태도)의 평균차를 보였다.

한편, 모든 문항이 전통교육 프로그램 참여경험(교수 및 운영경험, 수강경험) 유무에 따라 통계적으로 유의미한 평균차는 없는 것으로 나타났다.

다. 공동체역량 분석결과

1) 공동체역량에 나타난 교수자의 자기태도와 교수태도

공동체역량에 나타난 교수자의 자기태도와 교수태도에 대한 문항별 분석결과는 다음 ＜표 4-23＞과 같다.

표 4-23 | 공동체역량에 나타난 교수자의 자기태도와 교수태도

문항번호			응답수(명)	평균	표준편차	비고		
상생	Q28	자기태도	557	2.85	1.116	자기태도 교수태도 계	3.60 3.65 3.63	
		교수태도	557	3.34	1.216			
		계	557	3.10	1.032			
	Q29	자기태도	557	3.75	1.280			
		교수태도	557	3.62	1.251			
		계	557	3.69	1.210			
	Q30	자기태도	556	4.22	.795			
		교수태도	556	4.00	.889			
		계	557	4.11	.765			
공존	Q31	자기태도	554	3.33	1.052	자기태도 교수태도 계	3.36 3.48 3.42	
		교수태도	558	3.42	1.077			
		계	558	3.37	1.011			
	Q32	자기태도	557	3.67	1.231			
		교수태도	557	3.73	1.197			
		계	557	3.70	1.159			
	Q33	자기태도	557	3.09	1.111			
		교수태도	555	3.28	1.120			
		계	557	3.18	1.050			
계		자기태도	557	3.48	.763	-		
		교수태도	558	3.57	.825			
		계	558	3.53	.771			

위 <표 4-24>는 공동체역량 영역의 구인인 상생 및 공존에 대한 교수자의 자기태도와 교수태도를 문항별로 분석한 것이다. 위 영역의 자기태도와 교수태도는 각각 3.48과 3.57로 자기태도에 비해 교수태도의 평균이 높게 나타났다. 두 구인 모두 자기태도보다 교수태도의 평균이 높게 나타났는데, 이 중 '상생'의 자기태도와 교수태도는 3.60과 3.65로 0.5의 차이를 보인데 비해, '공존'의 자기태도와 교수태도는 각각 3.36과 3.48로 0.12의 평균차를 보이고 있다.

2) 학교급별 공동체역량에 나타난 교수자의 자기태도와 교수태도

학교급별 공동체역량에 나타난 교수자의 자기태도와 교수태도는 다음 <표 4-24>와 같다.

표 4-24 | 학교급별 공동체역량에 나타난 교수자의 자기태도와 교수태도

학교급	응답수	자기태도		교수태도		계	
		평균	표준편차	평균	표준편차	평균	표준편차
초등학교	136	3.81	.607	3.92	.669	3.86	.595
중학교	123	3.79	.550	3.89	.608	3.84	.551
고등학교	113	2.98	.975	2.98	.992	2.98	.970
대학교	113	3.39	.590	3.56	.670	3.48	.594
연구소	19	3.43	.449	3.38	.569	3.40	.470
서원향교	29	3.57	.697	3.63	.812	3.63	.761
기타	24	2.76	.525	2.81	.505	2.78	.502
합계	557	3.48	.763	3.57	.826	3.53	.772

위 <표 4-24>는 공동체역량 영역에서 자기태도와 교수태도의 학교급간 평균을 살펴본 것으로, 학교급에 따라 통계적으로 유의미한 평균차

를 보이고 있다. 자기태도와 교수태도의 평균이 가장 높은 집단은 초등학교 교사군으로 3.86이며, 기타를 제외한 가장 낮은 집단은 2.98의 평균을 보인 고등학교 교사군이다. 자기태도와 교수태도의 차이에 있어 고등학교 교사군과 연구소 집단을 제외한 모든 집단에서 자기태도보다 교수태도가 높게 드러났다. 반면 연구소 집단은 자기태도가 교수태도보다 높게 나타났으며, 고등학교 교사군은 동일한 평균을 나타냈다. 자기태도와 교수태도의 차이가 가장 큰 집단은 0.17의 평균차(자기태도<교수태도)를 보인 대학교 교강사군이다.

한편, 전통교육 참여경험 유무에 따른 분석결과 Q33 문항만이 수강경험에 따라 통계적으로 유의미한 평균차가 있었다. 그러나 나머지 모든 문항에서는 전통교육 프로그램 참여경험(교수 및 운영경험, 수강경험) 유무에 따라 통계적으로 유의미한 평균차가 없는 것으로 나타났다.

4. 논의 및 소결

본 연구는 전통적 가치에 대한 교수자의 인식에 대한 설문조사 연구로서, 전통교육의 현대화와 민주시민성 교육 프로그램 개발을 위한 기초자료로 활용하기 위한 것이다. 본 장에서는 이상의 연구결과에서 주목할 만한 사항을 종합하고 이에 따른 몇 가지 시사점에 대해 논의하고자 한다.

첫째, 전통적 가치에 대한 교수자 집단의 이해에서 다소간 모순적인 점을 확인할 수 있었다. 우선 전통문화에 대한 경험 정도가 비교적 낮음에도 불구하고 전통에 대한 관심과 자부심이 높다는 점이다. 본 설문의 결과와 상관지수를 검토해보건대 전통문화에 대한 경험정도와 전통에 대한 관심의 선후관계를 분석하기에는 한계가 있다. 즉, 전통에 대한 관심이 전통문화에 대한 경험으로 이어지지 않았다는 해석과 전통문화에 대한 경험정도가 전통에 대한 관심도를 증가시키지 못했다는 해석 등 추후 면밀한 후속연구가 필요한 것이다. 그러나 전통에 대한 직접 경험의 정도가 낮음에도 불구하고 전통에 대한 자부심이 높게 나타나는 것은 전통문화에 대한 관념적 이해 방식과 전통문화의 전승 및 발전에 대한 당위를 비교적 높게 받아들이고 있음을 짐작해 볼 수 있다. 그러나 유지·보존해야 할 전통문화의 요소로서 실생활과 관련된 양식, 전통예술 등의 항목에 압도적으로 높은 비율을 보인다는 점은 전통문화에 대한 관념적 이해방식과 달리 유형화된 전통문화에 대한 선호를 드러내고 있는 것이라 볼 수 있다. 본 설문조사의 결과만으로 구체적인 요인을 특정할 수는 없을 것이나, 전통교육 관련 프로그램의 개발에서 교사교육의 필요성과 교수자료 및 교수 가이드북 등의 개발이 절실히 요청된다고 판단할 수 있다.

둘째, 교수자 집단이 갖는 전통에 대한 자부심은 학생 집단에 비해 비교적 낮게 드러나고 있다. 전통문화에 대한 관심 및 선호도 영역에서 고등학교 교사군이 가장 낮은 수치를 보였다. 특이할만한 점은 본 연구에 앞서 진행된 학생 대상 설문조사[9]의 결과와 비교할 때, 교수자 집단은 아래의 <표 4-25>에서와 같이 '전통에 대한 관심', '전통문화의 경험 정도'의 두 영역에서 학생에 비해 높은 수치를 드러낸 반면, '전통에 대한 자부심'의 경우 정규교육기관의 모든 학교급에서 학생에 비해 낮은 수치를 보이고 있다는 점이다.

---

9) 심승우·지준호, 「전통적 가치에 대한 학생들의 의식조사」, 퇴계학부산연구원, 『퇴계학논총』 27, 2016.

표 4-25 | 교수자-학습자 비교(전통문화에 대한 관심 및 선호도)

학교급		전통에 대한 관심	전통문화경험정도		전통에 대한 자부심
			체험활동을 통한 경험	영상매체를 통한 경험	
초등학교	교수자	3.69	2.80	3.33	3.97
	학생	3.21	2.61	3.58	4.25
중학교	교수자	3.61	2.86	3.31	3.78
	학생	3.02	2.54	2.78	3.80
고등학교	교수자	3.42	2.23	2.79	3.21
	학생	2.77	2.09	2.74	3.67
대학교	교수자	4.13	2.64	3.04	3.63
	학생	3.07	2.03	2.96	3.64

전통에 대한 자부심을 측정한 해당 문항은 '나는 우리의 전통에 대해 자부심을 느끼며 서양의 전통보다 훌륭하다고 생각한다'로 우리의 전통에 대한 비교 준거로 서양을 제시하였다. 즉, 서양과의 비교를 전제할 때 교사들이 갖는 우리의 전통에 대한 자부심은 오히려 학생들에 비해 떨어지고 있음을 의미한다.

셋째, 인성교육에 대한 전통적 가치의 기여가 어떠한 영역에서 보다 유의미한지를 확인할 수 있었다. 기존의 많은 연구는 전통적 가치와 전통문화의 내용이 개인적 덕성은 물론, 사회의 도덕적 영역과 더불어 상생 및 공존을 추구하는 민주주의적 삶의 영역에서 역시 유의미함을 역설해 왔다. 그러나 조사결과 정치적 평등과 시민의 참여와 같은 민주주의적 삶의 영역에 대한 전통적 가치의 기대는 사회의 도덕성 제고는 물론, 경제적 이익과 부의 창출이라는 자본주의적 가치에도 미치지 못하는 것으로 나타났다. 이는 앞선 첫째와 관련하여, 유형적인 전통에 대한 이미지를 가지고 있는 것과 무관하지 않다고 판단된다. 또한 민주주의를 현대사회의 바람직한 공동체적 삶의 형태라고 인식하기보다 근대 이후 한국사회에 이

식된 삶의 양태로 파악함으로써 전통과 격절된 것으로 인식하고 있다고
볼 수 있다.

위와 관련하여, 유지·보존되어야 할 전통문화의 내용에 대해 '실생활
과 관련된 양식'의 비중이 압도적으로 높은 반면, '효와 예절'과 '공동체
의식'의 비율은 상대적으로 낮게 나타났다. 한편, 전통교육 내용 중 가장
필요한 교육내용은 '도덕과 인성'으로 50%가 넘는 비율을 보이고 있다.
또한 전통문화의 활용성에서 역시 '경제적 이익과 부의 창출'과 같은 물질
적 효용보다 '사회의 도덕적 가치', '민주주의적 가치'와 같은 정신적 가치
에 높은 빈도를 보이고 있다. 이러한 경향은 아래의 <표 4-26>과 <표
4-27>에서와 같이 학생 대상 설문조사 결과와 비교할 때 더욱 두드러
지게 드러난다.

표 4-26 | 교수자-학습자 비교(유지·보존해야 할 전통문화)

	실생활과 관련된 양식	전통 예술	조상을 존경하고 받드는 일	효도와 예절	공동체 의식	기타	합계
학생(%)	34.5	18.5	7.1	24.7	14.3	0.81	100.0
교사(%)	57.9	19.5	5.6	15.9	0.9	0.2	100.0

표 4-27 | 교수자-학습자 비교(필요한 교육내용)

『논어』, 『맹자』 등 고전에 대한 이해	학생(%)	7.9
	교사(%)	13.3
의사소통 및 대인관계 능력	학생(명)	20.6
	교사(%)	16.3
직업능력 및 기술	학생(명)	9.5
	교사(%)	1.6

도덕과 인성	학생(명)	38.7
	교사(%)	53.0
예술활동 및 놀이문화	학생(명)	22.9
	교사(%)	15.2
기타	학생(명)	0.4
	교사(%)	0.5

전통을 전승하는 측면과 전통교육의 측면을 엄밀히 구분하고 있는 교사들의 다원적인 의식을 확인할 수 있는 대목이다. 즉, 전통을 전승하는 일은 일상적 삶의 양태로서 포괄적으로 접근하는 반면, 전통교육의 효용은 인성교육 및 공동체적 덕성에 관한 영역으로 한정하는 것으로 파악할 수 있다. 다만, 유지·보존해야 할 전통문화에서 참여경험의 유무에 따른 분석 결과 참여경험이 없는 경우 '실생활과 관련된 양식'(60.7%)의 비중이 높은 반면, 참여경험이 있는 교사군의 경우 '실생활과 관련된 양식'(35.2%), '전통예술'(26.8%), '효도와 예절'(23.9%)의 항목이 비교적 고르게 나타났다. 추후 교사 및 일반인을 대상으로 한 전통교육 프로그램에 대한 조사를 바탕으로 관련 사항에 대한 진전된 논의가 필요하리라 본다.

넷째, 전통의 필요성에 비해 전통의 활용성에 대한 인식이 상대적으로 낮다는 점을 확인하였다. 이러한 인식은 학생 대상 설문에서 역시 동일하게 드러나고 있다. 이는 현재까지의 전통교육에서 전통의 현대적 재해석이 전통의 계승과 발전에 대한 당위를 설득적으로 뒷받침하지 못하고 있다는 점을 시사한다. 그리고 전통교육 프로그램 참여경험이 있는 교사군과 없는 교사군을 비교한 조사결과 전통문화의 필요성과 활용성 모두에서 유의미한 평균차가 없는 것으로 나타났다. 실제로 앞선 연구결과에서 살펴본 바 있듯이, 집단 따돌림, 학교폭력 등과 같은 학교교육의 문제해결에 대해 전통교육의 기여가 그다지 크지 않으리라는 부정적인 인식이 매우 강하게 드러나고 있다. 즉, 기존의 교사 대상 전통교육 프로그램들이 교사들의 인식의 변화를 이끌어 낼 만큼의 실제적 효용을 드러내지 못하고 있음을 의미한다. 이러한 상황을 야기한 원인을 본 조사에만 의거하여 제시하는 것은 무리가 있을 것이다. 교수자가 접한 전통교육 관련 프로그램의 현황 및 내용에 대한 구체적인 정보가 없기 때문이다. 다만, 최근 전국 시도교육청에서 실시하고 있는 전통교육 관련 프로그램의 현황 및 내용을 조사한 연구[10]는 이와 관련한 해석의 여지를 제공하는데, 전국 시도교육청의 학생 대상 전통교육 관련 프로그램에 대한 한계를 다음과 지적하고 있다. 우선 일회적인 체험에 그치는 활동이 주를 이루고 있어 인성 등과 관련한 내면화에 한계가 있으며, 악기 등의 교습과 같은 기예를 중심으로 한 교육활동이기에 미적 체험 및 인성교육적 지향을 지니기 어렵고, 지역의 전통적 가치 및 인프라를 충분히 활용하지 못하는 이유로 전통에 대한 추상적 이해와 현대적 재해석의 실패라는 현실적 난점과 직간접적으로 관련되어 있다.[11] 즉, 현재 진행되고 있는 전통교육 관련 프로그램을 상기할 때, 전통적 가치 및 전통교육 방식의 활용성을 제고하기 어렵다고 볼 수 있으며, 보다 근본적으로 교육 프로그램 구성에 앞서 전통에 대한 현대적 재해석 등의 작업이 성공적으로 진행되었다 보기 어려운 실정이다. 이에 따라 전통교육 방식의 재해석을 통한 인성교육 프로그램 구성은 전통의 보편적 가치만이 아닌 학습자는 물론, 교수자에게 또한 유의미하게 다가갈 수 있도록 이른바 '전통의 개별적 가치'를 구성적으로 사유할 수 있는 프로그램 구성에 대한 논의를 요한다고 볼 수 있다.

....

10) 이승철 · 지준호, 「전국 시도교육청의 전통교육 프로그램 운영 현황에 관한 연구」, 한국유교학회, 『유교사상문화연구』 71, 2018.
11) 이승철 · 지준호(2018), pp.170-171.

다섯째, 전통교육 방식에 대한 부정적인 인식이 강하다는 점을 확인할수 있었다. 특히 전통교육 프로그램에 대한 참여경험의 유무와 관계없이모두 전통교육 방식에 대한 선호도가 낮았다. 다만 본 연구의 조사만으로는 교수자가 거부감을 느끼는 전통교육 방식이 구체적으로 어떠한 측면인지를 판단하는 데 한계가 있다. 따라서 추후 면밀한 조사 및 검토를 통해전통교육 방식에서 촉진요소와 장애요소를 변별하고, 프로그램 대상자들로 하여금 긍정적인 동기화가 가능한 교수-학습 방안을 모색해야 할 필요가 있다.

여섯째, 교수자의 민주적 시민 역량에 대한 자가진단 결과를 통해 학생뿐만 아니라 교수자 또한 민주적 시민성을 촉진하고 원활하게 발현할수 있는 학교현장의 변화가 요구된다는 점을 확인할 수 있다. 가령, 교수자의 민주적 시민 역량을 영역별(5점 리커트 척도, 자기태도/교수태도)로 살펴볼 때, 개인역량(4.06/4.17)이 가장 높았고, 그 다음으로 대인관계역량(3.87/3.87)이 위치하고, 공동체역량(3.48/3.57)이 가장 낮게 나타났다. 교수자의 민주적 시민 역량이 간접적으로, 이른바 잠재적 교육과정의 맥락에서 학생들에게 영향을 미친다는 점을 고려할 때, 특히 공동체 역량을 제고하는 노력이 필요하다. 그런가 하면 초·중·고·대 학교급별 교수자의민주적 시민역량을 영역별로 들여다 볼 때, 다소 충격적인 결과를 확인할수 있다. 개인역량(초 4.34/4.45 > 중 4.20/4.31 > 대 3.99/4.11 > 고3.68/3.86), 대인관계역량(초 4.18/4.15 > 중 4.03/4.09 > 대 3.83/3.79 > 고3.42/3.53), 공동체역량(초 3.81/3.92 > 중 3.79/3.89 > 대 3.39/3.56 > 고2.98/2.98)에서 알 수 있듯이 3가지 역량 모두 자기태도 및 교수태도에서초등학교 교수자가 가장 높고, 다음으로 중학교 교수자, 그리고 대학교 교수자 순이며, 고등학교 교수자가 가장 낮은 것으로 나타났다. 대학입시 위주의 수업운영으로 인해 고등학교 교수자가 민주적 시민역량을 제대로 견지하지 못한다는 점을 무겁게 받아들이고, 입시위주의 교육문화로부터 벗어나 민주적 시민성을 촉진할 수 있는 교육풍토를 조성할 필요가 있다.

요컨대 전통적 가치와 전통교육의 요소를 통해 인성교육에 접근하고자 하는 시도는 우선적으로 부정적으로 인식되는 여러 가지 요소에 대한 원인을 검토하는 일로부터 시작되어야 한다. 특히 전통적 가치에 대한 기대와 필요성에 비해 교사들이 생각하는 전통교육 방식의 실효는 그다지 높다고 볼 수 없다. 이는 전통교육의 방식을 현대적으로 재해석하는 작업에서 전통의 원의에 얼마나 부합하는가라는 점이 기준이 될 수 없음을 의미한다. 오히려 현대적 재해석에 앞서 교수자와 학습자의 인식과 요구를 토대로 전통적 가치와 전통교육 방식의 요소를 선별적으로 고려해야 할 것이며, 더불어 다양한 전통교육 방식을 실증적으로 발굴하고 인성교육의 영역에서 그 실효를 입증하는 작업이 병행되어야 함을 시사하고 있다. 더 나아가 교수자의 민주적 시민 역량의 자가진단 결과를 통해 확인할 수 있었던 것처럼 대학입시에 의해 초·중·고 학교급별 고유성과 자율성이 제한받지 않는 교육풍토가 조성될 필요가 있고, 교수자의 개인역량 및 대인관계역량뿐만 아니라 공동체역량도 제고하는 노력이 요구된다.

제2부
—
온고지신
프로그램의 구조

온고지신 프로그램(3영역 6요소)의
원전 근거 및 정치학적 논의

온고지신 프로그램(3영역 6요소)의
원전 근거 및 정치학적 논의

　본 교육프로그램의 교육 내용은 정치적 관점에서 고찰해 본다면, 유덕한 시민의 개인적 인성과 역량의 관점에서 '성찰 및 자존', 타인과 관계를 맺고 시민동료와의 유대를 형성해 나가는 대인관계 역량으로서 '공감 및 배려', 공동체 전체의 정의와 바람직한 공존 원리 및 발전을 모색해 나가는 공동체적 시민성과 심의적 역량으로서 '상생 및 공존'으로 나눌 수 있다. 이러한 내용과 역량들은 사회구성원이자 민주적인 시민으로서 요구되는 개인적, 사회적, 정치적 역량을 포괄하고 있다.[1] 본 연구는 이러한 민

....

[1] 각각의 성찰역량, 대인관계 역량, 공동체적 역량과 깊게 결부되어 있는 생활세계, 사회세계, 공동세계는 엄격히 분리되지 않으며 도식적인 성격이 강하다. 다만, 공동세계는 정치공동체 전체의 직접적인 영향을 미칠 수 있는 정치적 의사결정의 성격이 강한 바, 그 어떤 구성원도 그 결정으로부터 자유로울 수 없는 총체적인 집단적 영역을 의미하는 데 비해, 사회세계 및 생활세계는 상대적으로 부분적인 영역(친구집단, 문화 및 종교, 직장 등의 다양한 층위의 단체 등)의 성격이 강한 결과로 규정하고자 한다. 그러나 이는 도식적인 구분이며 세 가지 영역은 상호연속적이고 상호구성적임을 강조한다. 예컨대, 개인의 내면적 자아의 성찰 역량은 생활세계와 직접 접속되어 있지만 동시에 사회적 관계와 정치적 실천과 불가분의 관계를 맺고 있다는 점에서 분리 불가능하다. 또한 유덕한 시민의

주적인 역량과 연결된 전통교육 내용을 추출, 조합, 재구성하고 정치학의 관점에서 통섭하기 위해 노력했다. 특히 온고지신 교육 프로그램의 공동체 역량(상생 및 공존)은 정치적 성격이 특히 강한 것으로 볼 수 있다.

1. 유덕한 시민의 개인 역량

(1) 유덕한 시민의 개인 역량(修己/明明德)과 정치

유학 및 교육학과의 통섭을 추진하는 정치학의 관점에서 유덕한 시민의 개인역량은 특히 고대 서구의 주체성과 융합, 통섭될 수 있다. 핵심역량으로서 '성찰 및 자존'의 영역은 일종의 정치적 주체화로서 고대의 주체성 형성을 연구한 푸코의 통치성(governmentality)의 맥락에서 재구성될 수 있다. 푸코의 통치성은 서구의 주류적인 교육의 핵심인 기독교적 개인의 윤리 형성에만 초점을 맞추는 것이 아니라 교육적 실천을 통해 삶과 사회의 주체로 성장할 수 있는 주체성을 함양하는 것이고 이것은 단순히 내재적 주체의 수양이나 앎, 도덕적 실천에 머무르는 것이 아니라 실천 동력을 생활세계에서 실현하고 나아가 사회영역과 접속시켜야 한다는 것이다.

....

대인관계 역량과 유덕한 시민의 공동체적 역량은 중첩되면서도 상이한 성격을 가질 수 있다. 단순화시켜 말하자면, 대인관계 역량은 사회적 생활을 공정한 원칙에 맞게 수행할 수 있는 성격이 강하지만 공동체적 역량은 정치적 의사결정에 대한 관심과 참여, 사고와 판난 능력을 의미한다. 성치학적으로 세 가지 영역의 구분은 일반적으로 생활세계와 사회세계를 구분하고 두 영역을 매개하는 언어적 공론장의 중요성을 강조한 하버마스의 의사소통이론을 재구성한 것이지만, 지나치게 합리적 담론 상황을 설정하는 하버마스와 달리 본 연구에서는 각 영역의 고유한 특성에 맞는 교육모델을 구성하고자 했다. 이에 대해 탁월한 설명으로는 다음의 논문을 참조. 이영재, 「소통적 연대 원리의 공감이론적 재구축을 위한 시론적 모색: 콜버그의 「단계6의 복귀」에 나타난 입장 변화를 중심으로」, 『정치사상연구』 24(1), 2018. 한편, 이하의 세 가지 역량의 정치학적 근거에 대한 기본적인 논의는 다음의 논문을 재구성. 심승우 외, 「전통교육의 현대화와 정치교육모델의 구성 원리」, 한국철학사회연구회, 『한국철학논집』 54, 2017.

때문에 푸코는 공동체적 개인을 형성했던 고대 정치학에서 개인-집단-사회-국가와 상호구성적으로 연동시킬 수 있는 통치성을 분석하고 활용하려 했던 것이다.[2] 본 연구에서는 유학의 수기치인과 푸코의 통치성을 접목시킨 바, 한 사람의 덕성 함양이 그 자신에만 그치는 것이 아니라 집단-국가로 확장시켜 나아갈 수 있는 다양한 방식을 모색했다.

이러한 통치성의 아이디어는 유가적 통치 개념과 상당한 유사성을 갖는다. 주지하듯이, 유교는 수기치인을 기본 이념으로 하면서 수신(修身), 제가(齊家), 치국(治國)으로 확장되어 궁극적으로 평천하(平天下)로 나아간다. 이처럼, 수신과 수기(修己)를 통해 자신의 내면을 성찰하고 고귀한 존재방식을 훈련하는 자기통치, 이런 자기통치 교육을 통해 형성되는 성찰적, 실천적 능력을 타인과 동료, 사회적 영역으로 확장해 나가는 토대로 삼는 유가적·전통적 교육과 실천의 원리를 현대화시킬 수 있다. 유교에서는 궁극적으로 홀로 수양에 머무르거나 도덕적 자존에 만족하는 고립적 개인과 교육은 큰 의미가 없다. 개개인의 덕성 함양은 개인-집단-국가로 이어지는 상호작용의 관점에서 통치성의 순환 원리를 '항상 이미' 전제하고 있다. 유교의 정치윤리는 권력을 무조건 거부하거나 권력으로부터의 자유를 추구한다기보다는 윤리적, 성찰적 주체성을 완성시켜 나가는 선순환의 관점에서 이해 및 재구성될 수 있는 바, 나-중심적이라기보다 타인-관계적 관점에서 더불어 살아갈 수 있는 윤리적 주체성을 함양하는 교육내용을 구성해야 한다.[3] 이처럼 개인적 수준에서 민주적 통치성 함양을

....

2) M. Foucault, "Governmentality", in Burchell et el (eds), *The Foucault Effect: Studies in Governmentality* (Chicago: The University of Chicago Press[1991]): 정일준 편역, 「통치성」, 『미셸푸코의 권력이론』, 새물결, 1996.
3) 개인의 사적 영역의 절대성을 강조하는 자유주의 전통에 비해 민주적 심의와 참여 역량을 강조하는 공화주의 시원으로 평가받는 아리스토텔레스의 "인간은 정치적 동물"이라는 유명한 명제 역시 타인과의 관계와 공적

위해서는 전통교육에서 선비의 수양과 현실개입적인 실천을 격려했던 방식을 적극 활용해야 할 것이다.

이런 맥락에서 본 연구는 대표적으로 전통적 교육방식 및 내들을 분석했으며 무엇보다도 "누구나 요순(윤리적 완성자)이 될 수 있다(人皆可以爲堯舜)"는 맹자의 주장이 중요한 함의를 갖는다는 점을 강조했다. 인간의 윤리적 완성을 위한 잠재력과 가능성을 긍정하는 유교적 교육목표를 현대화시킨다면, 세상의 모든 사람들이 자신의 명덕(明德)을 밝혀 스스로 군자가 되도록 교화하는 것이며 학생들 역시 자신의 덕(가능성과 잠재력)을 스스로 깨닫고 그것을 실현해 나가는 노력을 한다면 모두가 군자 혹은 선비가 될 수 있다는 자존감과 자신감을 훈육하는 데 중점을 두어야 한다. 또한 전통적 학교제도의 존재의의 및 목표는 '인간다움'의 교육과 보존이며 소학과 대학은 유교의 교회당으로서 학교는 개인적 차원의 이익이나 능력 향상이 아니라 "함께 더불어 살아가는 존재임을 배우고 더불어 사는" 주체성을 함양하고 훈련하며 실천하는 인간관계를 밝히는 교실[明倫堂]임을 강조할 수 있다. 이러한 학교교육을 통한 바람직한 시민상은 욕망을 위한 욕망을 추구하는 대신 욕망을 반성적으로 절제할 것을 요구하며, 계산적 이익에 집착하는 도구적 인간 관계 대신에 지속적이고 안정적인 유대감을 목표로 하고, 자유라는 미명으로 행해지는 온갖 무절제와 방종함 대신 자아를 수양해 인격을 완성하는 선비임을 밝혔으며 이러한 선비정신의 현대화는 교육프로그램의 재구성에서 고려해야 할 중요한 요소이다.[4]

이러한 주체성 함양을 위한 효과적인 방안으로서 본 연구는 전통교육

생활에의 참여를 통해서만 인간의 도덕성이 완성될 수 있다는 의미로서 자아의 성찰역량과 사회적, 정치적 역량의 밀접한 관계를 강조하는 본 연구의 맥락과 부합한다.

4) 정약용의 사상에서 현대 자유주의적 인간형을 극복할 아이디어를 모색한 논문으로 함규진, 『다산 정약용의 정치사상』, 성균관대학교 박사학위논문, 2007.

의 낭송 및 배송 학습을 현대화된 맥락에서 민주적으로 재구성할 것을 제안하였다. 대표적으로, 온고지신 수업운영의 원칙을 공개적인 논의를 통해 결정할 수 있다. 학생들이 자신들이 따라야 할 규칙을 정하는 것은 학생들의 자발성과 주체성, 참여성을 제고할 수 있는 중요한 단계이며 이는 고대 민주주의와 융합될 수 있다. 아테네 민주주의가 민주주의의 영원한 고향으로 평가받는 이유 역시 인민들이 스스로를 통치하며 준수해야 할 규칙(법과 정책)을 민회에서 집단적으로 결정했기 때문이었다. 그러므로 수업운영의 규칙을 학생들이 스스로 합의해서 결정하는 것은 그만큼 민주주의 훈련인 동시에 자발적으로 준수해야 할 의무를 가진다.[5]

이런 수업운영 규칙의 명칭은 다양하게 검토될 수 있다. 이렇게 합의된 교육헌장은 교육헌장 혹은 서원의 학칙이라 할 수 있는 원규[6]로 명할 수 있을 것이며 교사가 그 의미와 목표, 필요성 등을 설명하면서 매 수업시간마다 반복해서 큰 소리로 합창 및 배송할 수 있도록 한다. 이는 전통교육에서도 배움을 시작하기 전에 행하는 개접례(開接禮; 개강 의식)의 현대적 실천으로 이해할 수 있다. 또한 서당교육에서도 반복적 암송을 통해서 학동들은 반복해서 읽고 그 의미를 저절로 이해하는 단계까지 나아가야 했는바, 이는 앎의 반복적 실천을 통한 체화의 효과를 기대할 수 있다.

예컨대, 서당에서의 강독을 현대화한다면, 강독은 훈장의 일방적 가르침이 아니라 깨달음의 교육이었으며 대의를 스스로 깨우쳐 가는 주체적이고 온고지신 교육이 주체적이고 자발적인 동기와 실천으로 나아가는 계

....

5) 정치는 공동체를 규율하는 규칙을 만들고 유지하고 수정하는 포괄적인 행위를 의미하며 아테네의 민회는 이러한 심의적 민주주의를 가장 이상적으로 실천한 원형이었다. 이 글의 정치적 지향점으로서 심의민주주의에 대해서는 Manin, Bernard, *The Principles of Representative Government*, Cambridge University Press, 1997.
6) 조선 중종 이후에는 「서당학규(書堂學規)」까지 제정하여 아동교육을 지원하였다. 이만규, 『조선교육사(상)』, 을유문화사, 1947, pp.252-253.

기로 만들 수 있다. 전통적인 강독이 훈장의 일방적 가르침이 아니라 깨달음의 교육이었으며 대의를 스스로 깨우쳐 간다는 함의를 현대화한다면, 자신의 무지를 깨닫고 스스로 깨우치기 위해, 보다 더 성찰적인 인간이 되기 위해 스스로 채찍질하고 끊임없이 앎(知)을 탐구하여 실천적 지성인으로 발전해 나가는 자극과 격려를 체계화시킬 수 있을 것이다. 예컨대, 수업 시작 전에 "성찰하는 우리는 선비공동체의 주인이다"7), "우리 모두는 선비가 될 수 있다" 등의 공동 낭송을 통해 전통적인 지성인에 대한 자부심과 주체성을 자극하면서 그 의의를 설명하는 것도 하나의 방법일 수 있다. 집단적 낭송을 통해 동학(同學)으로서 동료의식과 유대와 연대감을 형성할 수 있는 담론적 실천공동체의 계기로 만들 수 있다.8) 이러한 공동의 담론과 반복적 실천을 통한 민주적 시민성의 가치와 실천 규범을 내면화, 습관화하는 자기통치성의 자발적인 실천을 격려해야 한다.9) 다음과 같은 규칙(예시)에 합의할 수 있다.

하나, "우리는 덕스러운 민주시민이다"(民)
하나, "우리는 선비공동체의 주인이다"(主)
하나, "우리는 배움과 참여를 통해 선비가 될 수 있다."(忠)
하나, "우리는 평등한 배움의 동료이다"(平)
하나, "우리는 동학을 존중할 것을 맹세한다"(信)

··

7) 이는 플라톤이 설립한 아카데미 입구 상단에 걸려 있다는 "기하학을 모르는 자, 이 문에 들어설 수 없다"는 현판 내용을 변용한 것이다.

8) 예컨대, 천지현황에 대한 문리를 넘어서 "땅은 왜 누르스름한가?", "흙이란 우리에게 무엇인가?"라는 자문과 토론을 통해 만물생장의 원천으로서 흙의 존재론적 의미를 깨달을 수 있다.

9) 인간의 윤리적 완성을 위한 잠재력과 가능성을 긍정하는 유교적 교육목표를 강조할 필요가 있다. 뒤에 나오는 교육헌장을 설명하고 낭송하는 과정에서 "누구나 군자·선비가 될 수 있다"는 명제로 해석될 수 있는 인개가이위요순(人皆可以爲堯舜)과의 관련성을 설명할 필요가 있을 것이다.

하나, "우리는 1인 1발언의 의무를 준수한다."(治)

하나, "우리는 우리가 합의한 최종결론을 수용한다."(義)

선비공동체 수업을 시작하기 전에 이러한 헌장을 다시 한번 강조하고 마음속으로 음미하며 배송한 후에 시작하는 것을 규칙으로 삼는다면 개인적 역량으로서 주체성과 자존감을 함양하는 데 도움을 줄 수 있다. 물론 이러한 헌장은 토론과 합의를 통해 수정될 수 있고 첨가될 수도 있다는 것을 주지시킨다. 이러한 수업운영에는 교사의 역할도 특히 중요하다. 공자는 "먼저 백성을 부유하게 만들고, 그 다음엔 백성을 올바른 도리로 교육하라"고 강조한 바,[10] 교사는 "먼저 학생의 관심과 참여를 촉진하여 주체성을 함양하고 그 다음에 학생들과 더불어 교육하라"라는 현대적 교육원리를 항상적으로 각인하고 교육활동에 적용해야 한다.

민주적 시민성 함양을 위한 또하나의 방법은 학생들의 '왕과 왕세자 되기'이다. 학생들이 드라마나 영화 등을 통해 일정 이상 알고 있는 조선의 왕 및 세자 교육의 역사적 사례를 설명하면서 이러한 전통교육 시스템이 근본적으로는 현대 민주주의 사회에서 정치적 주체성을 위한 도덕적 책무를 훈련하는 시스템과 연결될 수 있다는 점을 강조할 수 있다. 서연과 경연이 대표적이다. 서연(書筵)은 미래의 왕으로서 왕세자의 성품, 덕성, 식견을 미리 조정, 관리하는 교육이었으며 이는 훗날 군주가 된 뒤에도 지속적인 효과를 미쳤다. 통치주체로 도덕적, 이념적 주체성의 형성이 준자발적으로 강제되었던 것이다. 경연 역시 마찬가지이다. 왕이 된 이후에도 거의 매일 엄격한 형식으로 개최되었던 경연은 성군의 덕성, 품성,

---

10) 『論語』「子路」, "子適衛, 冉有僕. 子曰:「庶矣哉!」冉有曰:「旣庶矣, 又何加焉?」曰:「富之」曰:「旣富矣, 又何加焉?」曰:「敎之」"

지식에 대한 재교육과 견책 기능을 하면서 유교 경전에 담긴 권력행사의 목적과 통치 원칙들을 지속적이고 반복적으로 강습함으로써 왕의 인격과 사유 속에 유교적 통치윤리를 내면화시킨 바, 결국 통치자의 자의적, 즉흥적 정책 결정을 견제하고 좌절시키면서 대의와 원칙에 맞는 결정으로 수정하도록 강제하는 효과를 가졌다.11) 서연과 경연 등의 교육자료로 사용된 유교경전(사서오경) 및 해설서(사서절요, 대학연의 등)에 공통적인 임금의 도덕적 수양의 의무는 전인격적인 것이었다. 민본정치의 실패는 물론이고 자연적 재앙과 변이조차 통치책임자(군주와 고관대작)의 도덕적 실패로 인한 것으로 설명하기 때문에12) 임금의 유교적 덕성과 도덕적 수양은 엄청난 심리적 압박과 도덕적 책무로 인식될 수 밖에 없었으며 비강제적인 훈육을 통해 세자와 임금으로 하여금 통치윤리를 자발적으로 내면화하게 만드는 시스템이었기 때문이다. 이러한 조선의 입헌적인 시스템이 현대적 맥락에서는 민주적인 주체성의 완성을 목표로 했다는 점을 강조하면서 학생들 모두가 삶과 사회의 평등한 왕이자 선비라는 점을 깨닫게 만들 수 있다.

(2) 유덕한 시민의 개인 역량과 동양윤리적 논거

○ 개인역량으로서 성찰과 자존은 개인적 인성이자 정치적 역량의 기초라 할 수 있다.13) 자존은 주체성의 측면에서, 성찰은 자기통치능력

---

11) 조선 왕권에 대한 민주적 통제와 견제가 정치적 주체성의 형성 및 현대적 함의에 대한 글로는 심승우 외 공저, 『제도적 통섭과 민본의 현대화』, 성균관대출판부, 2017.

12) 『조선왕조실록』 예종 1년 3월 13일 정유.

13) 획일화된 등가적인 유권자가 아니라 도덕적, 이상적 성찰능력을 가진 주체을 특별히 강조한 사상가에는 존 스튜어트 밀이 대표적이다. J. S. Mill, 서병훈 역, 『자유론』, 책세상, 2005. 한편, 밀은 고대 아테네에서 일반시민들의 지적, 도덕적 수준이 높아진 것은 그들이 일상적으로 법정과 민회에 참여했기 때문이라고 말한다. 법정과 민회와 같은 참여공간은 공공정신을 기를 수 있는 민주주의의 학교인 것이다.

으로서 민주적 인성의 기본적 토대라 할 수 있다. 대인관계역량으로서 공감과 배려는 상대방의 처지에 대한 감정이입능력과 타인의 필요를 헤아리고 그 요구에 반응하는 능력으로서 이기심과 독단적 판단을 지양(止揚)하고 차이와 다양성의 존중과 조화라는 민주시민의 정치적 능력의 중요한 토대이다. 이는 타인에 대한 존중과 신뢰 및 평등의 가치에 기반한 정치적 평등성에 대한 능력으로 확장될 수 있는 민주시민의 인성역량이라 할 수 있다. 공동체역량으로서 상생과 공존은 사회 구성원 간의 갈등과 대립의 타협점을 형성하고 유지하면서 발전적인 사회 통합을 일구어낼 수 있는 공동체의식의 인성적 토대이다. 더 나아가 다문화 사회에서 구성원 간의 유대감 내지 결속력의 중요한 토대이며, 자연과 인간 간의 생태지속가능성을 담보하는 인성역량이다.

<성찰>

○ "성찰"이란 자신과 주변을 반성적으로 사고하고 실천하고자 하는 수기(修己) 능력으로 "자기의 마음을 반성하여 살피다.", "허물이나 저지른 일들을 반성하여 살핀다."는 의미가 있다.
○ 구체적으로 말하자면 "자신의 언행에 대한 반성", "이익과 옳음의 우선순위에 대한 판단", "사회적 성공과 인격적 완성의 경중에 대한 판단" 등이 성찰의 내용과 대상이 될 수 있다.
○ 동양 전통 사회에서는 자신을 극복하는 것, 즉 자신의 감정이나 생각을 이겨내는 것이 곧 자기수양이고 공부라는 생각이 있었다. 따라서 성찰은 자신의 생각이나 감정, 욕구 등을 꾸준히 살펴서 그것을 이해하고 변화시키고 극복한다는 적극적이고 긍정적인 개념으로 여겨져 왔다.
○ 이에 대한 전통 속의 구체적 근거로는 "극기복례(克己復禮)"와 "내성

불구(內省不疚)"를 들 수 있다.

【극기복례(克己復禮)】

顔淵問仁. 子曰 "克己復禮爲仁. 一日克己復禮, 天下歸仁焉. 爲仁由己, 而由人乎哉?"(『論語·顔淵』)

안연이 인에 대하여 묻자, 공자께서 말씀하셨다. "이기심을 극복해서 예로 돌아가는 것을 인이라 할 수 있다. 하루 동안이라도 이기심을 이겨 예를 회복한다면 천하가 인으로 돌아갈 것이다. 인을 실천하는 것은 자기 몸에 달린 것이지, 남에게 달린 것이겠는가?"

○ "극기"는 하늘이 규정한 인간 본성의 내재에 근거한다. 이것은 "己"를 본래 도덕실천의 구체적 행위자인 "나"로, 그리고 "克"은 "극복하다", "제거하다"보다는 오히려 "능하다"의 의미로 해석한다면 더욱 체계적으로 이해된다. "禮"는 천지의 운행과 더불어 모든 사물의 생생을 실행하는 "천명"을 따르는 인간사회의 규범이다. 즉 "복례"는 수신을 통하여 인간 본래의 자연을 의식하고 이를 따르는 구체적인 인간인 "나"가 다시 사회와 규범인 "예"로 돌아오는 것을 의미한다. 소학을 익힐 당시에는 자신이 속한 사회 안에서 주어진 "예"를 외적인 법규로서 배우고, 따라서 그것을 습관적으로 습득한다면, 대학을 배움에 이르러서는 극기를 통하여 자신의 도덕적 능력을 함양한 "나"는 "예"의 본질을 이해하고, 주체적으로 "예"를 실천한다는 것을 의미한다. 그렇다면, 공자가 "극기복례"를 통하여 말하는 인의 실천은 자신이 태어나면서부터 속한 사회 안에서 주어진 "예"를 습득하고 따름으로써 예를 수동적으로 실천하던 개인이 "극기", 즉 도덕적 자기성찰을 통하여 규범의 주체적 행위자인 "나", 즉 "예"의 능동적 실천자로 다시 사회로

돌아오는 데에 있다.

【내성불구(內省不疚)】

司馬牛問君子, 子曰"君子不憂不懼." 曰"不憂不懼, 斯謂之君子矣
乎." 子曰"內省不疚, 夫何憂何懼."(『論語·顏淵』)

사마우가 군자에 대해 물었다. 공자가 말했다. "군자는 걱정하지 않으
며, 두려워하지 않는다." 사마우가 다시 말했다. "걱정하지 않으며 두려
워하지 않으면 군자라고 할 수 있습니까?" 공자가 말했다. "안으로 반성
하여 께름칙하지 아니하니 무엇을 걱정하며 무엇을 두려워하겠는가?"

○ "내성불구(內省不疚)"를 직역하면, "안으로 반성하여 께름칙하지
아니하다"이므로 "안으로 반성하여 께름칙하지 아니하니 무엇을 걱정
하며 무엇을 두려워하겠는가?"라고 해석할 수 있다. 그런데 "내성불구
(內省不疚)"에는 "자기 자신을 돌이켜보아 부끄러움이 없다"는 의미가
함의되어 있다. 여기에서 "내성(內省)"에서 內자는 안으로 들어감의
뜻이 있고, 省자는 작은 것까지 자세히 본다는 뜻이 있으므로 "자신의
내면으로 들어가 작은 것까지 자세히 살핀다"는 의미다. 즉 "자신의 마
음을 살피고 스스로 돌이켜 본다"로 해석할 수 있다. 그런데 이러한 의
미를 가진 "내성(內省)"은 작은 것까지 자세히 철저하게 빠짐없이 살
피고 생각하여 더러움을 깨끗이 하는 성찰의 의미와 같다고 할 수 있
다. 또한 "불구(不疚)"에서 疚는 고질병, 오랜 병이라는 뜻도 있지만,
근심하다, 부끄러워하다, 마음에 걸려 언짢은 느낌의 꺼림직하다 등의
뜻도 있다. 여기에 부정을 나타내는 不이 붙어, "불구(不疚)"는 오래된
마음의 병, 근심, 부끄러움, 꺼림 등이 없다는 것을 의미한다. 즉 자신
의 마음에 오래된 마음의 병, 근심, 부끄러움, 꺼림 등이 없는 평온한

상태를 의미한다. 따라서 "내성불구(內省不疚)"라는 구를 다시 해석하면, "자신의 마음을 살피고 스스로 돌이켜보아 오래된 마음의 병, 근심, 부끄러움, 꺼림 등을 없애니"로 할 수 있다. 즉 자신의 마음을 살피고 스스로 돌이켜 보아 부끄러움과 허물, 괴로워할 바를 없애니 근심할 것도 두려워할 것도 없다는 의미이다. 다시 말해 자신의 내면에 대한 성찰의 과정을 통해 오래된 심리·정신적 갈등과 장애, 문제적 상황을 해소한다면, 인격적으로 성숙하게 되어 걱정과 두려움 없는 건강한 삶을 살아갈 수 있다는 과정적 의미이다.

○ 동양에서의 성찰은 항상 타인과의 관계 속에 놓여 있으며 그 사이에서 기능하는 것으로 여겨져 왔다. 서양에서는 독립적인 자기의 속성을 찾고 발현하는 개인적 존재로서의 특성을 강조하는 데 반해 동양에서는 타인과 구별되는 '자기(self)'보다는 조화를 이루는 자신을 중시했다는 점에서 동양적 성찰의 특징을 살펴볼 수 있다. 이처럼 서구적 성찰과 대비되는 동양적 성찰의 특징은 온고지신 교육모델의 핵심적인 요소가 된다.

○ 관련 내용 탐구하기

【반구저기(反求諸己)】 (다른 사람에게서 찾지 않고,) 도리어 나 자신에게서 잘못을 찾았다.[14]

----

14) 『맹자』「이루 상」, "行有不得者, 皆反求諸己."(행하여도 얻지 못하거든 자기 자신에게서 잘못을 구할 것이니, 자신의 몸이 바르면 천하가 돌아올 것이다.) 『논어』「위령공」편에도 "군자는 허물을 자신에게서 구하고, 소인은 허물을 남에게서 구한다(君子求諸己, 小人求諸人)"라는 경문과 일맥상통한다.

→ 의미 : 어떤 일이 잘못되었을 때 남의 탓을 하지 않고 그 일이 잘못된 원인을 나 자신에게서 찾아 고친다는 교훈을 줌(우(禹)임금의 아들 백계(伯啓)의 고사)

【견리사의(見利思義)】 눈 앞의 이익을 보면 대의를 생각하고, (나라의 위태로움을 보면 목숨을 바친다.)15)

【원나라의 허노재의 일화】 - 정직한 선비정신의 사례

허노재는 무더위에 하양 땅을 지날 때 갈증이 심했다. 마침 길가에 배나무가 있자 여러 사람들이 앞다투어 따 먹었었다. 그러나 허노재만은 단정하게 자리에 앉아 있었다. 혹자가 '세상이 어지러우니 이것은 주인이 없습니다.'라 말하자, 허노재는 '배나무야 주인이 없겠지만 나의 마음에야 어찌 주인이 없겠습니까?'라 했다.16)

【성찰극치(省察克治)】

天理人欲, 其精微, 必時時用力省察克治, 方日漸有見(『전습록』84조목)

천리와 인욕의 정미함은 늘 힘써 성찰하고 사욕을 이겨내야만 비로소 날마다 조금씩 드러나게 된다.

○ 어느 분야를 막론하고 성공을 꿈꾼다면 반드시 끊임없이 자기 자신을 살펴보고 자기 자신을 이겨내는 자아 반성의 시간이 필요하다. 왜 이러한 자아 반성의 시간이 필요한가? 예를 들어, 우리들은 어떤 물건의 무

----

15) 『논어』 「헌문」, "見利思義, 見危致命."

16) 『靑莊館全書』, "(許衡)嘗暑中過河陽, 渴甚, 道有梨, 眔爭取啖之, 衡獨危坐樹下自若. 或問之曰, 「非其有而取之, 不可也」 人曰, 「世亂, 此無主」 曰, 「梨無主, 吾心獨無主乎?」 및 『元史』 「許衡傳」에도 이 글이 있다.

게를 알아보기 위해서는 그 물건을 저울에 올려 보면 된다. 또한, 길이를 알아보기 위해서는 자를 이용하면 된다. 이와 같이 어떠한 물건에 대해 정확하게 알기 위해서는 그 물건을 객관적으로 평가할 수 있는 표준이 필요하다. 이와 마찬가지로 우리 자신에 대해 정확히 알아가기 위해서는 끊임없는 자아 반성과 자아 점검이 필요하다. 이러한 과정을 거쳐 우리들은 자기 자신의 장점과 단점을 명확하게 알 수 있고, 이를 바탕으로 비로소 장점은 더욱 발전시키고 단점은 보완해 나갈 수 있게 된다.

공자는 "군자는 일의 원인을 자기에게서 찾고, 소인은 남에게서 원인을 찾는다"고 하였다. 군자는 어떤 문제가 생기면 그 원인을 항상 자기 자신에게서 찾는 반면에, 소인은 그 원인을 자기 자신이 아닌 외부에서 찾는다. 이러한 이유로 군자는 현재보다 더 나은 인간이 될 수 있지만 소인은 결코 자신을 변화시킬 수 없다.

자아 반성을 통해 자아를 완성한 사람은 적지 않으니, 공자의 제자인 증삼 역시 그 중의 하나이다. 증삼은 매일 세 가지 방면에 거쳐 자아를 반성하였으니, 그 내용은 "나는 매일 내 몸을 세 번 살핀다(吾日三省吾身). 다른 사람을 위해 일을 도모하는데 충실하지 않았는지(爲人謀而不忠乎), 벗과 함께 사귀는데 신의를 잃지 않았는지(與朋友交而不信乎), 스승에게 배운 것을 익히지 못하지는 않았는지(傳不習乎)"하는 것이다. 첫째, 다른 사람을 도움에 있어 자기 자신의 최선을 다하였는가? 둘째, 친구와 교제함에 있어 성심성의껏 친구를 대하였는가? 셋째, 스승께서 기르쳐 주신 학업을 반복하여 복습하였는가? 증삼은 날마다 자신의 행동을 반성하여 부족하거나 고쳐야 할 부분이 발견되면 즉시 그것을 보충하고 개선하며, 장점은 더욱 발휘하여 덕행과 학식을 두루 갖춘 사람이 되고자 노력하였다.

성공한 사람들은 거의 예외 없이 자신을 아는 현명함을 갖추고 있으니, 이러한 자신을 아는 현명함은 자아 반성을 통해 얻을 수 있다. 그러므로 성인은 어떠한 일을 실행하기 전에 언제나 자신에게 묻는다. 나에게 이러한 일을 감당할 능력이 있는가, 이 일은 내가 진정 원하는 일인가, 이 일을 수행하는 데 있어 나의 단점은 없는가? 이렇게 반복적으로 자기 자신에게 질문하고 자신을 돌이켜보아 자신의 장점과 단점을 파악한 후 최종적으로 답안을 찾는다. 그리고 이러한 자아 반성은 실제 행위에 있어 든든한 기초로 작용한다.

나에게 있어서 가장 큰 적은 다름 아닌 나 자신이다. 그러므로 진정으로 자기 자신을 이해하는 사람만이 나라는 강력한 적을 이길 수 있다. 자신을 이해하기 위해서는 시시각각 자아반성이 필요하다. 진정으로 자기 자신을 반성할 줄 아는 사람만이 자신의 장단점을 분명하게 이해할 수 있으며, 자기 자신을 객관적으로 평가하고 스스로를 새롭게 변화시킬 수 있는 것이다.

<자존>

○ "자존"이란 자아정체성과 자신감을 가지고 스스로를 존중하며 자신의 삶과 진로를 주도적으로 관리하는 역량을 말한다.
○ 자존감을 높이기 위해서는 구체적으로 자신에 대해 얼마나 잘 파악하고 있고 매사에 어떤 태도로 임하는지, 감정에 대한 절제가 잘 이루어지고 있는지를 보아야 한다.
○ 즉 자존감이란 자신을 높이 평가하고, 가치 있게 여기고, 인정하고, 좋아하는 정도로서 자신의 가치, 값, 또는 중요성에 대한 전체적인 감정적 평가라 할 수 있다.
○ 이에 대한 전통 속의 구체적 근거로는 "거처공(居處恭)"과 『사소절(士小節)』중의 자기 인식과 관리에 관한 글 등을 들 수 있다.

【거처공(居處恭), 집사경(執事敬), 여인충(與人忠)】

樊遲問仁, 子曰"居處恭, 執事敬, 與人忠, 雖之夷狄, 不可棄也."(『論語·子路』)

번지가 인에 대해 여쭤자 공자가 말했다. "평소 집에서 거처할 적에는 공손한 자세를 지니고 일을 맡아 처리할 적에는 공경히 해야 하며 남을 대할 적에는 충심으로 해야 한다. 비록 미개한 곳으로 간다고 하더라도 이 세 가지는 버려서는 안 된다."

○ "거처공"은 평상시에 공손히 하라는 뜻으로, 편안하고 평범한 일상 생활 속에서도 항상 언행을 공손하게 하라는 뜻으로, 자신의 바른 마음 가짐과 바른 행동으로 올바른 자아를 완성시킬 수 있는 바탕을 이룬다 는 의미를 지닌 수신의 개념이다. "집사경"은 일을 처리함에는 신중히 하라는 뜻으로, 공적인 사회생활 속에서 사심(私心)이 결부되지 않은 깨끗하고 신중한 일 처리로 항상 정성을 다하는 공경함이 바탕이 되어 야 한다는 의미이다. "여인충"은 남과 더불어 사귈 때는 정성을 다하라 는 뜻으로, 타인과의 관계 설정은 언제나 이기적인 것이 아니라 자신의 모든 것을 다할 수 있는 바탕에서 타인과 협조, 화합할 수 있어야 한다 는 의미이다. 여기서 언급한 세 가지 측면은 자존이 바탕이 될 때 가능 한 것으로 자아를 완성시키는 일과 함께 타인과의 관계 속에서 사회를 개선하고 변혁시키려는 일이 상호보완적인 것임을 보여주고 있다.

【『사소절(士小節)』 중】

不可因一不如意事, 激怒不平, 輒出了語如我當死人可殺, 天地崩坼, 家國敗亡, 流離乞丐之類.(「士典」 '言語')

한 가지 일이 뜻대로 되지 않는다 해서 성을 왈칵 내어 나는 죽어야 한다느니, 저 사람을 죽여야 한다느니, 이놈의 천지 무너져야 한다느니, 이놈의 국가 패망하라느니, 떠돌아다니며 빌어먹는다느니 하는 따위의 막말을 해서는 안 된다.

嘯咤拂欝者, 心常不滿故, 善尤人而人亦惡之, 笑言雍穆者, 心常自足, 故能愛人而人亦敬之.(「士典」'性行')

성내어 답답함을 씻어버리는 사람은 마음이 항상 만족하지 못하므로 남을 잘 원망하고 남도 역시 그를 싫어하며, 웃는 말로 부드럽게 화합하는 사람은 마음이 항상 만족하므로 남을 잘 사랑하고 남도 역시 그를 공경한다.

○ 감정에 대한 절제는 자신의 정체성을 잘 파악하고 자신을 잘 이해하고 있는 상황에서 가능한 것이다. 이는 자존의 기초가 되는 것으로 감정에 휘둘리지 않고 스스로를 존중할 줄 알아야만 한다.

○ 자존감은 자존심 혹은 자부심과는 구별된다. 자존심과 자부심은 항상 다른 사람과 경쟁하고 비교하는 데서 나오는 감정이다. 치열한 경쟁사회에 살다보니 남보다 우위에 서야한다는 강박관념이 우리의 뇌리에 항상 자리를 잡고 있다. 다른 사람과 비교해서 자신이 좀 나으면 우쭐하는 우월감이 생기고, 다른 사람보다 못하다고 생각되면 열등감이 생겨서 위축된다. 반면 자존감은 자신의 존재를 있는 그대로 존중하는 것이기에 다른 사람들에 의하여 좌우되지 않는다. 자신의 존재를 있는 그대로 존중하는 사람은 우월감이나 열등감과는 거리가 멀다. 잘나면 잘난 대로, 못나면 못난 대로 자신을 온전히 존중하기 때문이다. 남보다 낫다고 우쭐대지도 않고, 남보다 못하다고 위축되지도 않는다. 이러한

자존감은 자신의 감정이나 외적 여건에 흔들리지 않고 자신을 완성시키는 근거가 되는 동시에 타인과의 관계 속에서 사회를 개선시키고 변혁시킬 수 있는 기초가 된다.

○ 관련 내용 탐구하기

【일체외사, 역자능부동(一切外事, 亦自能不動)】

致良知的主宰不息, 久久自然有得力處, 一切外事, 亦自能不動.(『전습록』 243조목)

양지를 실현하는 주재를 그치지 않을 뿐이다. 오래도록 지속되면 자연히 힘을 얻게 되어 외부의 어떤 일에도 저절로 동요되지 않을 수 있다.

○ 성인이 되고자 하는 뜻을 세우거나 성인을 배우는 학문은 오직 자기를 위한 공부이고, 자신을 닦는 학문이다. 자기를 위하고 자신을 닦는 학문은 양지에 의거하여 참을성 있게 공부해 나가야지, 자신에 대한 남들의 평가에 흔들려서는 안 된다. 비록 공부 과정에 어려움이 있을지라도 오로지 양지에 따라 꾸준하게 공부하다 보면 자연히 결실을 보게 될 것이다. 외부적인 조건에 동요되지 말고 초연하게 대하라. 학문은 진보할 때도 있고 퇴보할 때도 있다. 하지만 이에 관계없이 남들이 어떠한 말을 하더라도 마음이 흔들리지 않도록 하는 것이 중요하다. 사회 조직 속에서 살아가다 보면 자신이 원하든 원치 않든 하루에도 수없이 많은 사람을 만나게 된다. 사람과의 관계 속에서 자신도 모르게 자기 자신이 논란의 대상이 되어 있는 경우를 직면하기도 한다. 이러한 경우 우리들은 어떻게 대처하는 것이 현명할까? 물론 힘들겠지만 상대가 자신을 험담할지라도 대수롭지 않게 생각하여 결코 마음에 두지 않는 것

이 현명하다 하겠다.

오직 양지에 따라 자신이 맡은 일에 최선을 다하고, 자신에 대한 험담이나 유언비어에 신경 쓰지 않는다면 적지 않은 좋은 결과를 얻을 수 있을 것이다. 하지만 험담이나 유언비어에 초연하게 대응하지 못한다면 얻을 수 있는 것은 다만 실패뿐이다. 다른 사람의 이론(異論)이나 오해가 자신의 성공에 방해가 되어서는 안 된다. 이를 위해서는 악의적인 험담을 대수롭지 않게 여겨 마음에 두지 않아야 한다. 또한 이러한 마음을 오래 지속해 나갈 수 있다면 외부의 어떠한 일에도 동요되지 않을 것이다. 이처럼 험담이나 유언비어를 다만 강한 정신을 단련하는 촉매제로 여겨서 정확한 방식으로 직면하고 처리하면 성공할 수 있는 반면, 잘못된 방식으로 대처하게 된다면 자신을 잃을 뿐만·아니라 스스로를 실패의 수렁텅이로 밀어넣는 결과를 초래할 것이다.

2. 유덕한 시민의 대인관계 역량

(1) 유덕한 시민의 대인관계 역량[治人/親民]과 정치

'유덕한 시민의 대인관계 역량'은 상대방의 처지에 대해 감정이입을 하고, 상대방의 의견을 경청할 수 있는 능력과 사회 정서적 기술을 활용하여 타인의 필요를 헤아리고 그 요구에 반응하는 능력으로서 '공감과 배려'로 정리될 수 있다. 정치학에서 이런 민주시민의 인성과 역량의 핵심적 토대는 나를 포함하여 모든 사람들이 존엄성을 가진 평등한 존재라는 의식이며 '말하고 경청하면서 자신의 생각을 발전시켜 나가고 합의에 이르는' 소통능력이다.[17] 전통 유교에서 인권 문제 및 민주적 소통의 가치는 논쟁적이지만 본 연구는 현대민주주의 관점에서 유교의 민권 개념 및 민주적 의사결정 절차를 평등의 가치와 접목시키려 노력했다.

무엇보다도 이런 존엄하고 평등한 존재라는 민주적 시민의식은 공동체 연대와 유대감은 동료에 대한 애정과 존중에서 시작되는 바, 단순히 전통적인 예법으로 세배를 가르치는 것이 아니라 진정으로 동료의 존엄성에 대한 존중으로서 상호 세배를 하는 교육활동으로 수업프로그램을 구성할 수 있다.[18] 이 경우에 세배는 단순히 형식적인 예가 아니라 진심으로 동료에 대한 존중의 발현이 될 때 진정한 도덕적 실천이 될 수 있다는 것을 강조할 수 있다. 아울러 19세기에 서학에 맞선 동학(東學)의 공부 방식을 설명하면서 전통적인 인간 관계의 원리와 정치적 사유, 실천적 덕성을 교육할 수 있다. 동학에서는 빈부귀천·사농공상 상관 없이 공부를 할 때 맞절을 하고 공동체 학습을 진행했다는 정보와 의미를 학생들이 이해하고 실천할 수 있다.[19] 동학의 이러한 사고가 단군시대부터 내려오는 전통적 가치들의 융합과 발전의 산물이라는 것을 강조하면서 초중등 과정부터 동료의식의 중요성을 깨닫는 전통교육의 자료로 활용할 수 있다. 특히, 초등학교 때부터 성적을 중심으로 위계화되어 가는 친구·동료 관계의 평등성 회복을 성찰하는 계기로 만들 수도 있을 것이며 동학의 정치적 의례로서 세배의 반복적인 실천을 통해 우리 전통의 제례가 갖는 윤리적, 정치적, 공동체적 함의를 체화할 수 있다.

온고지신 교육에서는 전통적인 맥락에서 평등한 교육공동체의 함의를 다양한 측면에서 강조해야 한다. 왜냐하면 이는 학생들이 공동체의 구성

---

17) 민주주의 핵심은 평등한 존재로서 자유로운 의사소통의 역할과 효과를 극대화하는 것이며 이러한 공론장 참여를 통해 평등한 참여와 주체성이 더욱 제고될 수 있다. 의사소통 민주주의를 논쟁적으로 탁월하게 정리한 다음의 책을 참조. 윤평중, 『푸코와 하버마스를 넘어서』, 교보문고, 2000.

18) 신창호 외, 『향교 현장조사보고서』, 2017.

19) 김상준, 『맹자의 땀, 성왕의 피』, 아카넷, 2014.

원으로서 공동체에 대한 소속감 및 공동체를 정의롭게 만들어가야 하는 시민적 책무를 함양하는 문제와도 밀접히 연관되기 때문이다. 이를 위해 다양한 전통적 사유와 자원들을 활용하는 교육 콘텐츠를 구성할 수 있다.

무엇보다도 단군사상의 인내천(人乃天), 즉 사람이 곧 하늘이라는 사상을 통해 모든 사람은 평등하고 빈부귀천을 떠나 귀한 존재이며, 사인여천(事人如天) 즉, 사람 섬기기를 하늘 같이 대하라며 존재하는 모든 것들의 존엄을 강조하는 물물천 사사천(物物天 事事天) 개념을 설명할 수 있다.

또한, 평등한 구성원들이 구성하는 정치공동체의 함의는 맹자의 여민주의(與民主義), 여민정치의 이상으로 강조할 수 있다. 여민정치의 이상과 구조는 동양정치의 핵심사상인 천하위공(天下爲公)과 연관하여 설명할 수 있는 바, 군주와 백성이 함께 더불어 국가를 구성하고 정치를 함께 행한다는 의미이며 맹자의 사상에서 국가는 공물(公物)이고 군주는 공동체 경영을 위탁받은 관리 전문가임을 강조할 수 있다. 주자의 "臣은 듣자오니, 하늘은 사사로이 덮어주는 것이 없고 땅은 사사로이 실어주는 것이 없으며, 해와 달은 사사로이 비추어주는 것이 없습니다. 그러므로 王者가 이 세 가지 사사로움이 없음을 받들어 천하를 다스린다면, 모든 사람을 똑같이 대하고 널리 사랑하여 크게 공정하게 되니, 천하 사람들이 모두 마음으로 기뻐하고 진실로 복종할 것입니다(『朱子大全』卷12 頁5)"라는 문구도 초중등 수준에 맞게 변용하여 적용한다면 전통에 대한 자부심과 동시에 바람직한 정치관의 형성에도 기여할 수 있다. 이는 조선 등 전통국가에 대한 선입견을 해소하는 데 효과적일 수 있는 바, "땅의 주인은 인민이고 군주는 그 인민을 대리하여 공공업무를 경영, 관리하는 자"라는 통치관을 설명하면서 순자의 "백성은 물과 같고 군주는 물 위에 떠있는 배와 같다", "통치자가 사심(私心)을 배제하고 모든 사람을 공정하게 대할 때, 백성들은 기뻐하고 복종한다. 주자는 군주에게 '사사로운 은혜를 억제하여 공도

(公道)를 드높이라'는 주자의 간언 등을 강조하면서 평등한 동료의식 및 정서적 공감의 중요성을 교육할 수 있다.

유덕한 시민의 대인관계 역량의 또다른 중요한 기둥은 공감과 배려를 위한 소통능력이다. 대표적으로, 아테네의 민회에 참여해 발언하는 민주시민과 유비될 수 있는 선비상, 시민상을 재구성할 수 있다. 현대민주주의 관점에서 보자면 전통적인 선비상을 편견과 선입견, 근시안적인 이해관계에 빠지지 않고 공동체 전체의 선, 공공선을 위해 적극 참여하고 발언하는 시민성과 연관하여 전통적 맥락에서 재구성할 수 있다는 것이다. 이와 관련해서 온고지신 교육에서는 전통적인 공론 및 공론장의 개념을 현대화할 것을 제안했다.

적극적인 현실 참여 및 사회적 역할을 강조하는 입세(入世) 사상으로서 유가는 공적 영역에 대한 참여와 의사소통을 통한 민심의 반영으로서 공론장을 강조한 것으로 해석할 수 있다. 이러한 공(公) 개념과 밀접한 개념으로서 유가에서 전통적으로 강조하는 입 구(口)의 기능을 급진화시킬 필요가 있는 것이다. 설문해자(說文解字)의 해설에 의하면, 성인의 성(聖) 글자는 귀 이(耳)자에서 의미를 따온 것으로서 성인은 잘 듣는 능력과 연결되어 있으며 입(口)을 고려한다면 성인의 소통능력 즉, 잘 듣고 잘 말하는 능력의 중요성을 강조한 것으로 해석할 수 있다. 귀 이(耳)에서 성인의 뜻을 따온 것은 성인이 이순(耳順)하다는 것을 의미하며 성인을 통해 백성들이 일상생활이 모두 소통된다는 것을 의미한다. 아울러 성인의 이러한 뜻에는 다양성과 차이의 공존 속에서 오로지 중간을 취하여 하나된 평화를 이룬다는 중정화평(中正和平) 뜻이 담겨 있다. 이 외에도 유학의 경전에서 의사소통 능력 및 참여(말하기로 상징되는)의 중요성은 입(口)에 대한 고찰을 통해 다양하게 확인할 수 있다. 군자(君子) 역시 구(口)와 연관된 말하는 능력을 기본적으로 포함하고 있으며 유가 전통의 많은 핵심적인 용어들, 즉 알다(知), 믿다(信), 길하다(吉), 선하다(善), 참여하다(合), 환경(命), 역할(名), 조화(和) 등 역시 공통적으로 입(口)을 포함하고 있다. 이는 공론의 중요성과 연관지어 생각해 볼 때, 구성원 개개인의 발언 능력과 참여를 강조한 것으로 이해할 수 있다. 특히, 본 논문은 '말하는 능력'을 근본적으로 함축하고 있는 입(口) 자가 원래 피리구멍을 의미했다는 것에 주목한다. 즉, 피리가 다양한 구멍을 통해 소리를 내어 화음을 만들어 내듯이, 말하기는 하나의 획일적이고 지배적인 소통이 아니라 다양한 발언의 존재를 전제로 하고 있다고 해석할 수 있는 것이다. 또한 '만나 하나가 되다, 합하다'라는 합(合)에 입(口)가 그 기반으로 깔려져 있다는 것, 아울러 合에는 '참여하다'라는 의미가 있다는 것에도 주목한다.

이처럼 '입 구(口)'자에 담긴 심오한 함의와 공(公) 개념을 밀고 나간다면, 민주주의에서 강조하는 공적 영역, 특히 전통적으로 도덕적으로 완성된 인간의 모습은 공적 영역을 통해서 가능하다는 아렌트의 주장과 연결될 수 있다. 특히, 입 구(口)가 담고 있는 함의로서 의사소통의 활발한 운영이 강조된다면, 이러한 공론장 개념은, 고대의 폴리스에서 구현된 것처럼, 공적인 장에서 독특한 방식으로 말하고 행동하며 늘 새로운 시작과 위대한 공적 행위의 조건을 창출하는 참여자들의 영역으로 간주할 수 있다.[20] 실제로 유가적 전통 속에서 언어를 포함한 다양한 의사소통의 문화 활동들은 공동체의 조화를 이끌어 낼 수 있는 것으로 여겨졌다. 아울러 공적 영역에서 의사소통의 관련 규범 및 대화 능력을 강조하는 것을 고려할 때, 유가 역시 참여자들 사이의 상호존중과 관용을 요구하는 공적 영역의 중요성과 나아가 공적 논쟁에서 발휘되는 독특한 자질과 능력, 자아

----

20) 자신의 정체성을 드러내는 행위로서 '말하기'와 자유의 보장은 진정한 인간의 조건이다. H. Arrendt, 이진우 역, 『인간의 조건』, 한길사, 1997.

발전을 강조하고 있으며 이는 '대인관계적 능력', 즉 공감과 배려의 역량과 밀접하다고 해석할 수 있다. 더욱이, 관계를 중심으로 생각하는 유가에 있어 자아 발전이란 존재론적으로 공동체와 불가분의 관계를 맺고 있으며, 자아 중심적인 계산에 기반하지 않는 의사소통을 통한 합의의 산출은 도덕적 통찰력의 발전, 윤리적 삶에 대해 비판적으로 사고할 수 있는 능력의 고양, 도덕적 가치의 보편화를 수반한다.

조선 시대에 이러한 소통과 공론의 규범적인 주체가 대중이었다는 점을 강조할 수 있다. 공론의 주체로서 유교에서 말하는 선비가 학식과 덕망을 겸비한 인물을 의미했지만, 사림의 의미가 현대적 맥락 속에서 신분적인 의미일 수는 없으며 아울러 당시의 유교적 공론 개념이 일반인을 배제하라는 강력한 요구를 담고 있는 것도 아니다. 심지어 율곡은 공론을 모으기 위해서는 시장의 장사꾼이나 지나다니는 여행객에게도 의견을 물어야 한다고 주장하였다. 다만, 모든 사람들보다 사림의 역할이 더욱 중요하다는 것을 강조하였던 것이다.[21] 이처럼 유가의 공론 개념은 기본적으로 '천하의 모든 사람이 함께 옳게 여기는 것'을 포함하고 있으며 이는 '이미 존재하고 있는' 초월적이고 형이상학적 진리를 발견하는 것이 아니다. 이런 맥락에서 공론은 공공선을 모색하는 심의적 토론의 과정이자 절차의 기반이라는 해석이 가능하다. 또한 공론은 일반적인 '여론'을 의미하지 않는다. 공론은 숙고하지 않은 다수의 힘을 의미하는 것이 아니라 심의적 토론에 부쳐지고 격론을 통해 도출된 잠정적 합의를 의미하기 때문이다. 이런 공론 개념의 원리를 더욱 급진적으로 해석한다면 공공선은 언제나 구성 중에 있으며 현재의 합의된 공공선도 언제나 쟁론에 부쳐질 수 있음을 의미할 것이다. 실제로 왕과 신하 혹은 신하들간 간쟁은 특정한

----

21) 이승환, 『유교 담론의 지형학』, 푸른숲, 2004.

국면과 맥락속에서 '계급장을 떼고' 목숨을 내걸고 전개되기도 했다.

우리의 전통적인 선비상이 이렇게 이상적이고 규범적으로 만인의 발언과 합의를 강조했다면 이런 원리를 현대화하여 온고지신 교육프로그램에 반영할 수 있다. '온고지신' 수업모델에서 쟁점을 중심으로 서로의 이해 및 평가를 이야기하며 합의점을 찾고 대안을 이야기하며 참여의 기쁨을 공유하는 단계와 활동을 강조한다. 온고지신 모델에서는 특정한 방식을 제한하지는 않지만 일반적으로 조별 토론을 거쳐 전체토론으로 이어지는 '하이상(下而上)' 의사결정 방식을 선호한다. 이러한 하이상에 대해서는 다산의 정치론에서도 강조되고 있다.

"이때를 당하여 이정(里正)은 백성들의 희망을 좇아서 법을 제정하여 당정(黨正)에게 올렸고, 당정 역시 백성들이 희망을 좇아서 법을 제정하여 주장(州長)에게 올렸으며, 주장도 역시 (이런 식으로) 국군(國君)에게 올렸고, 국군 역시 (이런 식으로) 황왕(皇王)에게 올렸다. 그런 까닭에 그 법들이 모두 백성들에게 편리했다."(『與猶堂全書』, 제1집, 권10, 「原牧」)

이러한 하이상 방식에서 가장 중요한 원칙은 수업의 모든 과정에서 1인 1발언의 원칙을 준수하는 것이다. 이는 타인의 의견을 경청하면서 자신의 생각을 수정하고 발전시키는 것 못지 않게 자신의 생각, 평가 등을 발언하는 것이다. 즉, 학생들에게 자유로운 행위와 발언의 기회를 증대시켜 줌으로써 모든 학생들이 다른 학생들 앞에서 자신의 고유한 의견이나 동의를 표현하여 민주시민의 기본적인 역량을 증진시키는 것을 목적으로 한다. 서구적인 교육모형에 비유하자면, 일반화 과정으로서 나무가 아닌 숲을 바라보듯이 개별 지식의 공부가 다른 지식·타인과 갖는 관계를 인식하고 공통점을 찾으면서 자신(지식)의 위치와 역할을 성찰하는 내용으로 구성된다.

한편, "남의 일을 나의 일처럼, 이웃의 문제를 우리집의 문제처럼" 중요하게 여기는 '공감과 배려'의 대인관계 역량의 강화를 위해서는 생활세계의 가장 친밀한 관계인 부모 및 마을 주민이 교육주체로서 적극적인 참여와 역할도 중요하다. 주제와 상황에 따라 교실과 학교 단위를 넘어서는 이웃 주민이나 학부모의 적극적인 참여도 모색해야 한다는 것이다. 온고지신 교육모델은 교사—학생 동료 관계에서 뿐만 아니라 학생, 교사, 학부모 등 모두가 서로의 차이와 역할을 긍정하면서도 상호의존적이고 동반자적 관계 속에서 새로운 교육모델을 구성해 나가는 협력주체가 되어야 한다. 학교 및 교실현장의 학생—교사가 우선적인 역할과 협동적 수업을 수행하지만 부모—주민—지역관계자 등 학교현장과 직간접적으로 연결된 시민 주체 역시 민주적 시민성과 전통적 역량 교육에 참여할 수 있어야 한다. 특히, 교육 주체로서 학부모의 역할은 전통적인 교육의 맥락에서 현재보다 다각적으로 모색되어야 한다. 주지하듯이, 가정은 인간이 태어나 관계를 맺는 기본적인 공동체이기 때문에 보다 훌륭한 인간성을 양육하는 첫 번째 학교이다. 올바른 통치와 정의로운 사회는 덕스러운 민주시민을 기반으로 하는 바, 이러한 시민의 민주적 덕성의 토대는 가정의 예와 규범, 실천이라고 볼 수 있다. 현재 핵가족 시대에 가정에서 온전한 정치적 덕성교육이 진행되기 힘든 것이 현실이라면 학교—가정 간의 협동적인 교육체계 역시 지금의 수준보다 더 긴밀하고 생산적으로 진행되어야 한다는 것이다. 수신제가 치국평천하의 교육 원리의 출발점 역시 가정이라면 교육 주체로서 학부모의 문제의식과 의견, 아이디어 등이 보다 활발하게 소통되어야 하며 학생—교사—학부모의 삼각 협동 체계를 교육프로그램에 반영해야 한다. 아울러, 지역공동체의 특수한 맥락에서 요구되는 정보와 지식, 인성과 능력까지 포괄할 수 있어야 하는 바, 마을공동체의 의견과 실천까지 교육과정 안으로 포괄할 수 있어야 한다.

실제로 서당 교육에서 훈장(학교 당국)은 전날 마을에서 있었던 이야기나 마을의 공통된 관심사를 언급함으로써 교육과 현실의 연계성을 강조한 것으로 이해할 수 있다. 서당에서 이런 교육이 가능하였던 것은 훈장이 지역사회의 대소사에 관여하였기 때문이다. 훈장은 기우제 및 각종 제사의 축문을 짓기도 하였으며, 관혼상제 시에는 가례와 예식을 알려주었다. 또한 택일이나 작명은 물론, 묘자리를 봐주는 지관의 일을 대행하기도 하였고 집안내력을 모르는 사람에게 족보도 만들어 주었다.[22] 가정 – 학교 – 마을의 연계적 교육 원리를 현대화하여 적용하는 것이 온고지신 수업 모델의 중요한 과제이며 이런 교육을 통해 학생들은 삶(현실)과 밀접히 연루되어 있는 전통교육의 힘과 가치를 체득할 수 있을 것이며 민주적 시민으로서 앎과 실천적 인성을 자극받을 수 있을 것이다.

그러므로 학생의 요구와 부모의 요구, 주민 및 지역사회의 요구를 반영하는 교육내용과 협동적 교육체계를 수립해야 한다. 이런 맥락에서 교실 중심의 학습모델뿐만 아니라 다양한 실천 – 다채로운 행사 – 폭넓은 회합 등 다양한 실천지향적 인성교육 프로그램을 보다 적극적으로 개발해야 한다.

(2) 유덕한 시민의 대인관계 역량과 동양윤리적 논거

<공감>

○ "공감"이란 상대방의 처지에 대해 감정이입을 하고 상대방의 의견

---

22) 피정만, 「서당 훈장의 구술사적 연구」, 한국교육사학회, 『한국교육사학』 30(1), 2008, p.131.

을 경청할 수 있는 능력을 말한다.

○ 구체적으로는 타인 감정에 대한 이해, 대립적 견해에 대한 경청, 상대방 의견에 대한 수용 등을 포함한다.

○ 이에 대한 전통 속의 구체적 근거로는 "감응론(感應論)"을 들 수 있다. 전통 유학의 사회 및 정치사상은 타인에 대한 공감을 기저로 하며, 『역』의 감응론이 그 이론적 토대를 구축하고 있다. 역의 감응론은 이 세계를 구성하는 원리인 감응을 통하여 인간사회와 우주적 생명세계에 형통함을 가져오려는 목적을 지닌다. 역이 지니는 관계적 사유는 우주자연과 인간사회를 인식하는 기본 틀로서 정치, 경제, 사회, 문화를 관통하는 핵심적 관념이었다. 이것은 공자에게 그대로 이어지고 있다. 공자는 인간관계에서 恕의 공감을 설명하고 있다. 그는 자아는 주변의 다양한 사람들과 관계를 맺으면서 자신의 본분을 다하면서 살아가야 한다고 본다. 그러나 때로는 그 역할에 충실하지 않는 경우가 많다. 군주가 군주답지 못하고, 신하가 신하답지 못하며, 부모가 부모답지 못하고, 자식이 자식답지 못한 경우가 흔하다. 공자는 이를 예악이 붕괴되어진 사회로 보았다. 위의 언급에서 알 수 있듯이, 공자는 사회에서의 자아는 부모이면서 자식의 이중적 역할에 착안해서 恕를 설명한다. 즉 부모의 자식으로서의 역할을 반성해 보고 아들의 부모로서의 역할을 생각해 보아야 한다고 본다. 이와 같이 공자는 자신을 타자의 상황에 처해 있다고 생각하고 어떻게 해야 하는지를 논하고 있다. 이러한 恕는 자신의 경험에 근거해 타자의 맥락과 상황을 이해하고자 하는 역지사지(易地思之)의 태도이다.

【천지만물위일체(天地萬物爲一體)】

仁者, 以天地萬物爲一體, 莫非己也. 認得爲己, 何所不至.(『二程遺書·

識仁』)

인(仁)이란 천지만물을 한 몸으로 여김이니, 내가 아닌 것이 없다. (천지만물이) 내가 됨을 아는데 이르지 못할 곳이 어디이겠는가?

【천지이생물위심자(天地以生物爲心者)】

天地以生物爲心者也, 而人物之生又各得夫天地之心以爲心者也. 故語心之德, 雖其總攝貫通無所不備, 然一言以蔽之則曰仁而已矣. 蓋天地之心, 其德有四, 曰元亨利貞, 而元無不統. 其運行焉, 則爲春夏秋冬之序, 而春生之氣無所不通. 故人之爲心, 其德易亦有四, 曰仁義禮智, 而仁無不包.(朱子「仁說」)

천지는 만물을 낳는 것을 마음으로 삼는데, 사람과 사물이 생성됨에 또한 각기 그 천지의 마음을 얻어서 제 마음으로 삼는다. 그러므로 마음의 덕(德)을 말하자면 그것이 총괄하고 관통함에 어느 것 하나 갖추어지지 않은 것이 없지만 한 마디로 말하자면 인(仁)일 뿐이다. 한 번 자세히 살펴보도록 하자. 대체로 천지의 마음은 그 덕이 네 가지가 있으니, 바로 원(元)·형(亨)·리(利)·정(貞)인데, 원(元)은 통괄하지 않음이 없다. 그 운행에 있어서는 춘하추동의 순서를 이루지만 봄날의 생기(生氣)는 통하지 않음이 없다. 그러므로 사람의 마음도 그 덕이 또한 네 가지가 있으니, 바로 인(仁)·의(義)·예(禮)·지(智)인데, 인(仁)은 포괄하지 않음이 없다.

○ 천지인의 모든 존재가 한 몸과 같으며 밀접한 관계성을 갖고 있다는 생각과 감응하면 세상의 이치에 통한다는 "감이수통(感而遂通)"의 원리는 역지사지를 핵심으로 하는 동양적 공감론의 토대가 된다.

【여민해락(與民偕樂)】

詩云經始靈臺, 經之營之, 庶民攻之, 不日成之. 經始勿亟, 庶民子來. 王

在靈囿, 麀鹿攸伏, 麀鹿濯濯, 白鳥鶴鶴, 王在靈沼, 於牣魚躍. 文王以民力
爲臺爲沼, 而民歡樂之⋯古之人與民偕樂, 故能樂也.(『孟子·梁惠王上』)

시경에서 말하길 영대를 처음으로 경영하여 이것을 헤아리고 도모하
시니 서민들이 와서 일하여 하루가 못되어 완성되었도다. 일에 착수하기
를 급히 하지 말라 하였으나 서민들은 아들이 아버지 일에 달려오듯이 하
였다. 황이 영유에 계시니 사슴들이 그 곳에 가만히 엎드려 있도다. 사슴
들은 살찌고 윤택하며 백조는 깨끗하고 희도다. 왕이 영소에 계시니 연못
에 가득히 고기가 뛰논다 하였으니 문왕이 백성의 힘을 이용하여 대를 만
들고 소를 만들었으나 백성들이 그것을 즐거워하여⋯옛사람들은 백성과
더불어 즐겼기 때문에 능히 즐길 수 있었다.

○ 백성들이 만든 영대와 영소는 즐기기 위한 대상물의 의미만을 갖는
것이 아니다. 영대와 영소에서 놀고 있는 짐승과 물고기의 편안함과 안
락함이 백성들에게 즐거움을 준다. 다양한 군상들이 한데 어우러져 있
을 때에 보는 이들에게 동락(同樂)의 즐거움을 준다. 함께 즐길 수 있
는 장의 설치와 함께 모두가 어우러지는 세계 속에서 공감의 가치는
빛을 발하게 되는 것이다.

○ 유학에서 공감은 惻隱과 恕에서 찾아볼 수 있다. 유학에서 측은과
불인은 타자의 고통에 대한 동정심에 해당된다면 恕는 상상력과 유추
를 통한 역지사지의 공감을 의미한다. 이를 서구의 공감 이론에 비추어
보면, 측은은 체험에 근거한 정서적 공감에, 恕는 이해에 근거한 인지
적 공감에 해당된다. 측은은 자아와 타자를 이어주는 존재 방식이 발현
된 동감이라면, 서는 자아와 타자의 존중과 배려의 공감인 것이다.

○ 공감에 대한 정의는 매우 복잡하고 모호하다. 학술계에서 흔히 사용되는 용어는 동감(sympathy)과 공감(empathy)이다. 동감(sympathy)은 동정이라고 번역할 수 있으며, 측은함(compasion)이나 연민(pity) 등의 용어로 대비해 사용하기도 하며, 공감(empathy)은 감정이입으로 번역하기도 한다. 주체와 타자가 거리가 있느냐 또는 없느냐에 근거해 동감과 공감을 구분하기도 한다. 연민이나 측은과 같은 감정, 즉 동감은 자아와 타자가 동일함, 즉 합일되어져 거리가 없는 감정으로 이해하는 반면에 공감은 바로 나와 타자의 거리를 인정함을 기본 조건으로 보고 있다. 그래서 양자의 구분은 자아와 타자의 합일이나 자아와 타자의 독자적인 영역을 인정하는가에 있다. 측은과 연민과 같은 것은 바로 '정서적 공감'이라면, 상상력과 추론에 근거해서 알 수 있다는 공감이론은 '인지적 공감'이라 할 수 있다.

○ 관련 내용 탐구하기

【오여점야(吾與點也)】
夫子-喟然歎曰 : "吾與點也!"(『논어·선진』)
부자께서 감탄하시고서 "나는 증점과 함께 하고 싶다"고 말씀하셨다.

○ 어느 해 봄날 공자가 제자인 자로(子路), 증점(曾點), 염구(冉求), 공서화(公西華) 등과 둘러앉아 제자들의 포부를 묻는 장면이 나온다. 공자가 자로와 염구와 공서화에게 각자 품은 뜻을 묻자, 세 제자는 모두 몸가짐을 단정히 하고 대답하였으나, 증점의 경우는 초연히 세 사람을 안중에 두지 않고 스스로 비파를 타고 있었으니, 이 얼마나 거리낌 없이 자유분방한 태도인가! 자로, 염유, 공서화 등은 각각 큰 나라의

군사 지휘관, 작은 나라의 행정관리, 의전 책임자 및 외교관 등이 되어 큰 뜻을 세워보고 싶다고 하였으나 증점(曾點)만은 스승이 제기한 구체적인 질문에는 대답하지 않고 거리낌 없이 자유분방하게 자신의 포부를 설파하고 있다. 그 때까지 세 제자의 포부에 대해 시큰둥한 반응을 보이고 있었던 공자는 증점이 지향하는 바를 듣고는 뜻밖에도 "나는 증점과 함께 하고 싶다"라고 하여 증점의 견해에 공감하고 있다. 이는 어쩌면 자신이 이상적으로 생각하였던 요순의 도와 문무의 덕을 베풀지 못하는 불우한 상황에 처한 자기 자신을 돌아보며, 이러한 세상과는 상관없이 홀로 자신의 덕을 닦고 도를 즐기려는 데 뜻이 있는 증점의 마음에 깊은 공감을 나타낸 것이리라.

【아적영명, 편시천지귀신적주재(我的靈明, 便是天地鬼神的主宰)】
我的靈明, 便是天地鬼神的主宰(『전습록』336조목)
나의 영명이 바로 천지귀신의 주재이다.

○ 나의 영명이 바로 천지 귀신의 주재이다. 다시 말하여 나에게 내재되어 있는 양지가 바로 천지 귀신을 주재하는 주재자인 것이다. 그러므로 천지, 귀신, 만물이 나의 영명을 떠난다면 천지, 귀신, 만물은 존재할 수 없다. 이처럼 천지만물의 의미와 가치는 반드시 사람의 존재에 의해 좌우되는 것이다. 사람의 마음은 천지만물과 동체이다. 하늘의 높음, 땅의 깊음, 귀신의 길함과 흉함, 재앙과 상서로움 등 천지, 귀신, 만물은 나의 영명이 있으면 존재할 수 있는 반면, 나의 영명이 없으면 한시라도 존재할 수 없는 것이다. 이와 반대로 나의 영명이 천지, 귀신, 만물을 떠난다면 나의 영명 또한 존재할 수 없을 것이다.
양지를 내재하고 있다는 면에서 보면 천지만물은 사람과 본래 일체이다. 그러므로 천지만물은 사람의 양지에 근거하여 각각 자신의 모습을 드러낼 수 있다. 사람과 천지만물은 하나의 기운, 즉 양지를 공유하고 있기 때문에 이러한 양지의 발용 유행을 통해 사람과 천지만물이 서로 통할 수 있다. 그러므로 오직 양지를 실현시키는 데 힘쓰기만 한다면 저절로 시비선악을 공유하여 옳음과 선을 좋아하고 그름과 악을 싫어하며, 남을 자기와 같이 보고 나라를 한 집안처럼 보아서 천지 만물을 한 몸처럼 여길 수 있게 되는 것이다.

<배려>

○ "배려"는 사회정서적 기술을 활용하여 타인의 필요를 헤아리고 그 요구에 반응하는 능력을 말한다.
○ 구체적으로는 양보의 생활화 정도, 어려움에 처한 타인에 대한 태도, 낯선 사람과의 의사소통 정도 등을 통해 배려의 수준이 드러난다.
○ 배려는 구성원들, 즉 인간에게 관심을 갖는 일이다. 상대에 대한 진실한 관심으로부터 배려가 시작하게 된다. 관심은 타인을 인정하고 공존하려는 의식이 있을 때 가능하다.
○ 이에 대한 전통 속의 구체적 근거로는 "傷人乎? 不問馬.", "恕" 등을 들 수 있다.

【상인호? 불문마(傷人乎? 不問馬)】
廏焚. 子退朝曰, 傷人乎. 不問馬.(『論語·鄕黨』)
불이 났다. 공자께서 조정에서 돌아와서 사람이 다쳤는가를 묻고 말에 대해서는 묻지 않았다.

【기소불욕, 물시어인(己所不欲, 勿施於人)】

己所不欲, 勿施於人.

내가 하고 싶지 않은 일을 타인에게 시키지 말라.

○ 서(恕)는 글자그대로 자신의 입장에서 같은(如) 마음(心)으로, 상대방을 헤아려 보는 일이다. 서의 의미는 내가 하고 싶지 않은 일을 타인에게 시키지 말라는 것이다. 바꿔 말하면, 내 마음이 하고자 하는 것은 바로 다른 사람이 하고자 하는 그것임을 이해하는 데 있다. 그러므로 서란 미루어 생각하는 것 곧 남의 마음을 내 마음으로 삼는 것이다. 내가 서고자 하면 남을 먼저 서게 하고, 내가 도달하고자 하면 남을 먼저 도달케 하는 것이 서다. 서는 내가 하고 싶지 않은 것을 남에게 시키지 않는 소극적 사랑의 실천이다. 이에 반해 충은 자기가 하고 싶은 것을 남도 하게 해주는 적극적 사랑이다. 공자는 자아와 타자는 관계 네트워크에서 다양한 역할과 의무를 수행해야 하는데, 자신의 어떤 역할이 상대방에게 미칠 행동을 유추해 보고, 자신의 행동을 결정해야 함을 恕로 이해하고 있다.

○ 자신의 마음을 미루어 타인에게 호의로 대하는 태도는 바꾸어 말하면 남에 대한 '호의적인 배려'에 해당한다. 따라서 인은 결국 '애정을 바탕으로 한 호의적인 배려'로 실현되는 것이라고 할 수 있다. 타인에 대한 배려야말로 타인과의 공존공생에 도움이 될 사유가 아닐 수 없다. 그 배려는 타인의 존재를 인정함은 물론, 타인의 인격에 대한 존중까지 이미 내포된 것이기도 하다.

○ 관련 내용 탐구하기

윗자리에 있으면서 아랫사람을 업신여기지 않으며, 아랫자리에 있으면서 윗사람을 끌어내리지 않고, 자신의 허물을 바로잡지 허물을 남에게서 찾지 않는다면 원망할 일이 없다. 위로는 하늘을 원망하지 않으며, 아래로는 남을 허물하지 않는다.[23]

【정약용 『經世遺表』 중】
① 노인을 봉양하는 것이다. 나이 많은 이를 존경함은 선왕의 지도이다. 사족으로서 80세 이상인 자, 서민으로서 90세 이상인 자에게는 명절 때 선물을 줌이 마땅하며 추수후에도 연향이 있어야 한다. ② 어린 아이를 사랑하는 것이다. 8세 이전에 의탁할 만한 데가 없는 아이는 모두 관에서 양육하여야 한다. ③ 곤궁한 사람을 진휼해야 한다. 환과고독을 위무하라. 70세 이상으로서 남편이 없거나 아내가 없는 자, 또는 자녀와 형제가 없는 자, 또는 30이 넘도록 장가를 가지 못한 남자와 25세가 넘도록 시집 못간 여자에게는 관에서 成婚시켜야 한다. ④ 喪事를 극진히 愛恤해야 한다. ⑤질병을 위문하는 것이다. 시각장애인·청각장애인·지체장애인 등 수족을 못 쓰는 병자 등은 관에서 양육한다. ⑥재난을 구제하는 것이다. (후략)[24]

퇴계가 벼슬에서 물러나 안동에서 거처할 때의 일이다. 손자 '李안도'는 서울의 처가에서 아들을 낳았다. 그런데 퇴계는 손자(안도)의 아들(曾孫

....
23) 『중용장구』 : 在上位不陵下 在下位不援上 正己而不求於人 則無怨 上不怨天 下不尤人.
24) 『經世遺表』 第四卷.

子)의 건강이 몹시 좋지 않았음을 알게 된다. 더욱이 안도의 부인은 아들을 낳고 젖이 나오지 않고 몸이 허약했다. 그래서 안도는 자신의 아들, ─ 퇴계에게는 증손─을 돌봐줄 사람이 필요했다. 공교롭게도 퇴계가 증손을 보았던 같은 무렵에 때마침, 시골(안동) 본가에 있는 몸종도 아이(子)를 순산했다. 퇴계의 손자였던 '李안도'는 서울에 있는 본인의 아들이 허약하니, 안동에 있는 몸종을 서울로 보내어 젖을 물리게 하고 싶었다. 몸종 역시 출산한지 며칠 안 되었기 때문에 乳量이 많았나보다. 이때 이황은 손자 '안도'에게 엄중히 경고한다.

내 듣자하니, 젖을 먹일 여종 학덕이가 자기 아들을 놓아두고 서울로 올라가야 함을 알았다. 이같은 행위는 내 아이를 살리기 위해 다른 아이를 죽이는 꼴이다. 『근사록』에 따르면 '남의 자식을 죽여 자기 자식을 살리는 것은 매우 옳은 일이 아니다.'라고 되어 있다. 지금 나의 손주 '안도'가 하려는 행위가 이와 같으니 어쩌면 좋겠느냐?[25]

지금 우리네 현실에서는 '금수저'와 '흙수저'라는 논란이 일어나고 있다. 또한, 가진 자의 횡포를 뜻하는 '갑질'이라는 신조어가 공론화되기도 한다. 이황은 손자에게 제아무리 천한 노비의 아이라고 하여도 함부로 대할 수 없음을 명백히 질책한다. 결국 이황은 손자 '안도'에게 "여종의 아들이 죽(이유식)을 먹을 때까지 기다리거나, 혹시 꼭 여종을 서울로 데려가야만 한다면 그녀의 아들도 함께 서울로 데려가라"는 명령조의 서간을 발송한다. 이 편지로 인하여 여종은 끝내 상경하지 않았고, 퇴계의 증손자인 안도의 아들은 사망하기에 이른다. 내 아이가 귀하면 남의 자식도 귀하고,

---

25) 1570년 4월 5일.

나의 부모가 측은하면 다른 사람의 어른 또한 가여운 감정을 느낄 수밖에 없다. 그것이 곧 '인(仁)'이요, '혈구(絜矩)'며, '측은지심(惻隱之心)'이라는 것이다.

첨기(添記): 아들을 잃은 '안도'의 마음이야 어떠했겠는가? 그러나 '안도'는 할아버지(이황)의 올곧은 가르침 앞에 저절로 고개를 숙였다. 할아버지 이황에게도 또한 증손을 잃은 아픔은 형언할 수 없는 슬픔이었다. 이황은 '안도'에게 자신의 역작 『성학십도(聖學十圖)』를 정리하라는 숙제를 마지막으로 부여한다. 그리고 '안도'는 이황이 별세하자마자 할아버지와의 마지막 순간을 「고종기(考終記)」라는 글로 남겼다.

【처붕우, 무상하즉득익(處朋友, 務相下則得益)】
處朋友, 務相下則得益, 相上則損.(『전습록』 18조목)
벗을 사귈 때 서로 겸손하게 자기를 낮추는 데 힘쓴다면 이익을 얻을 것이고, 서로가 (자기를) 높인다면 손해를 입을 것이다.

○ 인생은 만남의 연속이라 해도 과언이 아닐 정도로 우리는 사회생활을 통해 매일 매일 다른 사람을 만나 관계 맺는 과정을 반복하고 있다. 이러한 반복된 만남 속에서 어떤 사람과 어떠한 만남을 유지해 나가는가 하는 것은 참으로 중요하다. 그리고 이러한 만남 속에서 친구를 선택하고 그 관계를 유지해 나가는 것은 특별히 중요하다 하겠다. 어떠한 사람을 친구로 삼아 사귀느냐 하는 것은 오로지 자기 자신의 결정에 달려 있다. 그렇다면 친구와 교제할 때 우리는 어떠한 태도를 취해야 하는가? 벗을 사귈 때에는 서로가 자신에게 돌이켜서 겸양하는 데 힘써야지 상대를 다만 경쟁상대로 삼는다거나 무시하면 친구 관계를 유지할 수 없다. 친구와 교제하는 도리의 본래 의미는 서로가 서로를 절

차탁마하고, 토론과 연구를 통해 서로를 향상시키는 데 있다. 만약 서로를 무시하고 지지 않으려고 허세를 부린다면, 벗과 교제하는 본래 의미는 이미 퇴색되었다 하겠다. 그러므로 겸손하게 자신을 낮추고 상대방을 높이며 상대방의 의견을 존중하는 자세가 필요하다. 왜냐하면 상대방을 무시하는 행위는 그 자체로 끝나는 것이 아니라, 상대방을 자극하여 상대방이 자신을 무시하는 결과를 초래하게 될 것이기 때문이다. 이와 같이 소통이란 어느 한 편의 희생을 강요한다든지, 어느 한편만이 노력해서 되는 것이 아니다. 이는 서로가 서로를 존중하고 배려하는 마음이 바탕에 깔리지 않으면 불가능하다.

3. 유덕한 시민의 공동체 역량

(1) 유덕한 시민의 공동체역량[止於至善]과 정치

유덕한 시민의 공동체 역량은 '상생'과 '공존'으로 구분되는 바, 서로 다른 둘 이상이 서로를 북돋우며 다 같이 잘 살아가게 하는 능력으로서 사상, 문화, 인간, 집단, 국가 등 대립되는 양자의 조화를 추구할 수 있는 능력으로 설명될 수 있다. 이는 정치학의 관점에서는 인종, 성별, 종교, 이념, 신분, 재산, 지위 등의 세속적 차이와 다양성의 조화로운 통합과 이를 통한 상생의 정치를 의미하는 바, 이러한 차이와 다양성의 조화를 통한 유대와 연대의 정치공동체 건설의 중요성을 이를 위해 참여할 수 있는 정치적 주체의 형성이 핵심적인 내용이다.[26] 이를 위해 활용할 수 있는

----

26) 다문화주의와 민주주의 관계 그리고 다문화 시대의 유교적 통치성의 현대적 재구성에 대한 글로는 심승우, 『다문화 시대의 도전과 정치통합의 전략』, 이담북수, 2013. 특히 〈부록〉을 참조.

전통사상의 대표적인 가치와 자원들은 다음과 같이 정리될 수 있다.

무엇보다도, 한국사상의 기원이자 원형(paradigm)으로서 단군신화에 담긴 토착적 사유가 유불선과 융합하여 한국적인 정치사상의 토대를 형성했다는 점을 상기한다면, 단군신화에 대한 적극적인 재해석과 현대민주주의 맥락에서 재구성을 모색할 수 있다. 단군신화의 내용들은 시공간을 초월해 변용 가능한 보편성과 역사성을 가지는 바, 조소앙 역시 "단군사상은 한국인의 마음, 생각, 정신세계, 이상향 등 모든 것이 결합된 시원적 사유"라면서 한국인의 의식 속에 국가공동체(정치이념, 통치방식 등등)에 대한 원형적 이미지를 계승 및 전달하고 있다고 평가했다.

예컨대, 단군의 '홍익(弘益)' 인간 이념은 '사람을 널리 이롭게 하는 상조(相助) 구조'로서 홍익적 공존주의는 단군신화를 비롯하여 한국의 건국신화에는 갈등이나 투쟁(살육) 구조가 전무하거나 미약하고 천상의 존재인 환웅이 한반도에 정착하는 과정에서도 정복이나 갈등양싱이 나타나지 않았다는 점을 강조하면서 충돌/불화의 성격 없는 상생적 공존 원리를 설명할 수 있다. 이는 단군이 신시(神市)를 건설하는 통치 이념의 목표가 인간다움에 반하는 모든 것들 빈곤, 질병, 폭력, 착취, 전쟁, 이기주의 등등에 대한 안티테제이며 이는 당시 고대인들의 소망이 투영, 집적된 것으로 이해할 수 있다는 것을 강조할 수 있다.

홍익인간 이념을 현대화시킨 안재홍은 '다사리' 정신을 통해 단군신화의 현대정치적 함의를 설명하는 바, "다 사리어" 통치원리는 첫째, 모든 사람들 다 말하게 한다는 것(萬民總言) 둘째, "다 살리어"로서 "모든 사람이 다 골고루 살게 한다"는 만민공생, 대중공생(경제적 공동체)의 이상사회의 이념으로 발전시키고 있다. 즉, "방법으로는 만민이 '다사리'어 국정에 그 총의(總意)를 표명함이요, 목적으로서는 만민을 모두 생활 및 생존하도록 하고 만민공생의 도념(道念)을 표현"한다는 것이다. 결국, 구성원 모두가 동등하게 참여하여 모두가 다 골고루 잘 사회를 건설하는 것이 우리 전통사상의 시원적인 이념인 것이다. 이런 점을 강조한다면, 상생과 공존의 공동체역량의 필요성은 이미 우리 전통사회에서 요구되는 민주시민의 덕성이었다는 점을 강조하게 된다.27)

이런 관점에서 신지(神誌: 고대 환웅과 단군시대의 史官)의 짧은 기록에서 알 수 있는 "수미균평위 흥방보태평(首尾均平位 興邦保泰平: 머리부터 꼬리까지 지위를 고르게 하면 나라를 일으키고 태평을 실현, 유지함)"를 가르치면서 "우리 나라의 건국정신은 … 사회 각 층 각 계급의 지력과 권력과 부력의 향유를 균평하게 하며 국가를 진흥하며 태평을 보유하라 함이니 홍익인간과 이화세계(理化世界) 하자는 우리 민족이 지킬 바 최고공리"라는 대한민국 임시정부의 건국강령도 주요한 교육내용이 될 수 있다. 여기서 균(均)은 천지가 고르게 조화를 이루어야 만물이 생장하는 조화를 강조하면서 전통사상에 근거하여 삼균사상으로 발전(均權, 均富, 均知)한 바, 특히 대내적 삼균으로서 정치, 경제, 교육의 균등이 중요하고 대외적 균등으로서 개인간, 민족간, 국가간 균등을 강조하면서 삼균을 통해 공존과 조화의 관계를 실천하여 인류의 이상사회 건설을 주창했다는 것을 강조할 수 있다. 이는 현대의 세계시민주의와도 무리없이 접목될 수 있는 우리의 전통 사상이다.28)

이처럼 세계를 포괄적이며 상호의존적인 단일체로 생각하는 사유방식은 만물의 다양성과 차별성이 시공을 초월하여 융섭되는 <한> 사상으로서 대립과 투쟁이 지양되는 상호존중과 포용－화합－평화의 순리를

---

27) 정윤재, 「민세 안재홍의 다사리이념 분석」, 『한국동양정치사상사연구』11(2), 2012 참조.

28) 강정인·권도혁, 「조소앙의 삼균주의의 재해석: '균등' 개념의 분석 및 균등과 민주공화주의의 관계를 중심으로」, 『한국정치학회보』52(1), 2018.

촉진시킬 수 있다. 만물상생(萬物相生)은 만물의 상호보완적 관계를 중심으로 개인(주체적 자아)과 공동체(큰 자아)의 상호구성적, 조화적 관계를 강조한 것으로 해석할 수 있는 바, 이는 단순히 물질적, 경제적 관점에서의 상생과 동반 성장뿐만 아니라 정신적, 존재론적으로 개인과 공동체 전체를 풍요롭게 만드는 구성원리임을 강조하고 이런 원리를 미래의 대한민국에서 확장시켜야 나가는 것이 시대적 과제임을 강조해야 한다. 물론 이러한 난해한 내용을 어떻게 가르칠 것인지는 각급 학교와 현장의 맥락에 맞게 고민되어야 할 것이다. 예컨대, 다문화주의를 가르치면서 서로 다름을 인정하고 화합하되 하나로 만들지 말라는 공자의 화이부동(和而不同)의 원리는 서로 다른 요소들(이질성)이 함께(여) 관계를 맺음(관계성)으로써 보다 큰 하나(우리)로 통합되는 것으로 해석할 수 있다.

상생과 공존의 전통적 가치의 현대화는 '직업의 빈부귀천'의 맥락에서도 재해석되고 재구성될 수 있다. 주지하듯이, 유교에서도 모든 직업은 높낮이가 없으며 상호보완적인 관계임을 강조하는 흐름도 존재한다. 예컨대, 정치 혹은 사대부의 역할 역시 비록 그 중요성을 인정하기는 하지만 그것은 성격이 다르다는 것을 의미하는 것이지 특권을 정당화하는 논리로 사용되는 것은 규범적으로 잘못된 것이라 할 수 있다. 대표적인 사례로서 맹자는 정치가를 勞心子로 구분했는 바, 이들은 마음과 지혜를 소모하는 정신노동자로서 공공의 서비스를 제공하는 전문가일 뿐이며 권력자, 유한계급, 지배계층, 수탈자 등을 의미하지 않았다. 오히려 노심자는 노력자(勞力子)로 하여금 그들이 제각각 사적인 일을 원활하게 수행할 수 있도록 질서, 도로와 치수, 통신 등등을 제공하는 전문노동자로 간주했다는 해석이 가능하다. 통치층으로서 정치가의 고민은 천하의 유지와 보수에 있다. 이에 비해 노력자(勞力子)는 다양한 직업을 가진 인민을 의미하며 정치가와 더불어 국가를 구성하는 주체이고 궁극적으로 군주에게 통치권을 위탁한 권력의 원천이다.

"인민이 가장 귀하고 사직이 그 다음이며 군주는 가장 가볍다"는 명구가 그것을 상징한다. 직업과 재산, 학식 등을 떠나서 모든 인간은 존엄성과 자존심을 공유하는 존재이며 왕후장상과 다를 바 없는 평등한 존재일 뿐이다. 다만, 농공상과 정치(군주)의 업무는 성격(강도)이 다를 뿐이다. 이런 맥락에서 맹자에게 정치란 갈등과 분열을 조화하고 협력을 도모하여 사회적, 경제적 질서를 잡는 전문적 업무을 의미했으며 우월과 열등이 아니라 그런 정치의 중요성을 강조했던 것이다. 공자가 말한 "잘못된 정치는 호랑이보다 무섭다"는 것이 의미하는 바이다. 물론 공맹 역시 정치의 전문화로 인한 권력독점, 정치권력의 사유화, 궁궐 및 대저택 거주 등 공간적 격리와 고립으로 인한 인민과의 공감 단절, 세금의 수탈적 성격 등등을 우려했으며 공맹 모두 제도적 장치를 통해 이를 견제하려 했다. 그러므로 정치가와 인민의 관계는 상호보완적 구조로서 다양한 인민들의 사적인 업무와 정치가의 공공관리활동이 어울리는 것을 의미하며 바로 이런 공동의 업무를 수행하는 것은 '상생과 공존'의 살기 좋은 국가를 만드는 것이다.[29]

제도적인 측면에서 '상생과 공존'의 전통 제도들을 사례로 제시할 수 있다. 대표적으로 정전(井田)제도는 '먹을 것의 상생'을 의미히는 토지분배 방식을 지향했는 바, <井>의 바깥쪽 8개의 토지는 8인의 농민들이 차지하여 사전(私田)이라 이르고 이 사전의 생산물은 개인(가정)이 소유하게 했

---

29) 공맹사상의 현대정치적 함의를 쉽게 설명한 교재로는 다음의 책을 참조. 배병삼, 『우리에게 유교란 무엇인가』, 녹색평론, 2012.

지만, 가운데 입구자 토지는 공전(公田)이라 하여 8인이 힘을 합쳐 경작해 생산물을 조세로 내는 함의를 설명할 수 있다. 이러한 제도에 담긴 '상생과 공존'의 취지는 공전을 통해 인민들이 서로 협력하여 공동 경작, 공공적 활동을 가능하게 만들면서 이웃한 사전을 통해 서로 협력하며 품앗이 활동과 친목이 가능하다는 것이다. "한 마을에 살면서 정전을 함께 경작하게 되니 농장을 들고나면서 서로 가까워진다. 마을을 방위하기 위해 서로 돕고 병이 나면 서로 의지하게 된다. 따라서 백성들이 자연히 친목하게 된다." 전통적인 핵심 개념인 상우(相友), 상조(相助), 상부(相扶) 등 역시 "함께 더불어 살기"를 함양, 훈련하는 물질적 토대이자 핵심적인 경제 제도였다는 점을 강조할 수 있다.

최근 한국정치의 키워드로 급부상하고 있는 복지 문제 역시 전통적인 맥락에서 해석되고 또 현대화될 수 있다. 복지는 궁극적으로 모든 사람들이 경험할 수도 있는 삶과 사회적 재앙의 안전망 구축을 의미하는 바, 이를 유교에서는 '고독의 구제'로서 우선적인 국가적 과제로 제시했다는 것을 이해할 수 있다. 원래 인간은 가족공동체를 통해 인간으로서 안정적인 관계망 속에서 성숙과 본연의 모습을 회복하는 바, 공맹이 살던 전국시대는 전쟁의 시대였고 그러므로 태생적으로 '복지'를 지향했다. 왜냐하면 외롭고 쓸쓸한 사람들(홀아비, 과부, 독거노인, 고아)이 다수 양산되었기에 경제적으로 궁박하고 사회적 관계가 절연된 사람들을 위한 복지와 사회 관계를 제공해야 하는 것은 하늘과 사직보다 더 귀한 민초들을 배려하는 당연한 귀결이었기 때문이다. 조선시대 지방목민관들의 감찰사정표에는 관내 노총각 노처녀의 결혼성사여부, 무연고자 맺어주기 등의 성과가 포함되었다는 점도 강조할 수 있다.

또한 순수(巡狩)와 보조(輔助: 부족한 부분을 보충) 제도 역시 현대 복지에 시사하는 점도 크다고 볼 수 있다. 이 제도는 군주가 관내를 두루 순시하면서 제후들의 책무수행을 감찰하며 교정하는 제도로서 특히 나라 안의 부의 불균등한 배분을 고르게 하고 경제적 사정을 균등하게 하는 것을 강조한 것이다. 관련된 공자의 말을 현대화한다면, "통치자는 적은 생산을 걱정하지 말고 불균등한 배분을 걱정하라."는 것이다.

　온고지신 교육체계의 지향점은 정치적인 관점에서 '이상주의적'이다. 그러나 지금보다 좋은 삶을 꿈꾸지 않는 사람이 자신의 역량과 잠재력을 발전시키기 힘든 것처럼, 학생과 시민들이 "보다 살기 좋고 정의로운" 대한민국을 꿈꾸고 노력하지 않는다면 대한민국은 오히려 퇴보될 수 있다는 점을 강조할 수 있다. 우리의 옛 선현들과 전통 역시 항상－언제나 도덕적, 정치적, 물질적으로 유토피아를 꿈꾸면서 역사를 발전시켜 온 바, 과연 전통이 꿈꾸는 세상이 지금 우리가 꿈꾸는 세상과 얼마나 다른지를 고민하면서 정치학의 관점에서 전통의 현대화의 의의와 중요성을 강조하는 것도 효과적인 온고지신 교육프로그램이 될 수 있다.

"대도(大道)가 행해지던 시대에는 천하에 공의(公義)가 구현되어 어진 사람을 지도자로 뽑고 능력 있는 사람에게 관직을 맡겼으며, 신의를 가르치고 화목을 닦았다. 그러므로 사람들은 자기의 어버이만 어버이로 여기지 않고, 자기 자식만을 자식으로 여기지 않았다. 노인으로 하여금 편안하게 여생을 보내게 하고, 장년의 사람은 일할 여건을 보장해주었으며, 어린이는 건전하게 자라나게 하고, 의지할 곳 없는 과부·홀아비·고아 그리고 병든 자도 모두 부양받을 수 있게 했다. 남자에게는 남자의 직분이 있고, 여자에게는 시집갈 곳이 있어서 근심할 것이 없었다. 재화는 민생의 근본이므로 땅에 버려지는 것을 싫어했지만, 반드시 사적으로 저장할 필요가 없었다. 힘이 몸에서 나오지 않음을 싫어했지만 반드시 자기 한 몸만을 위해서 힘을 쓰지 않았다. 이런 까닭에 (남을 해치려는) 음모도 생겨나지 않았다. 그러므로 집집마다 대문을 걸어 잠그지 않고도 편안하게 살 수 있었으니, 이런 세상을 대동(大同)이라 고 한다.”(『예기(禮記)』「예운(禮運)」)

유교적 유토피아를 의미하는, 대도(大道)가 실현되었던 '대동(大同)'의 세계는 천하가 '한 개인의 사유물(私有物)'이 아니라 '공공(公共)의 것(天下 爲公)'이었으며 대동세계는 또한 자(自)·타(他)의 차별이 없는 세계요, 남 녀노소·빈부귀천을 막론하고 모든 사람이 사람답게 살 수 있는 세계였다 는 점, 그것은 완전한 정의가 실현된 세계요, 가장 이상적인 인륜적 공동 체로 재해석한다면, 이것이야말로 온고지신 교육모델이 지향하는 시민들 의 '상생과 공존'의 역량이 발휘되어 조화를 이룬 사회의 이상적인 모습일 것이다.

(2) 유덕한 시민의 공동체 역량과 동양윤리적 논거

<상생>

○ "상생"은 서로 다른 둘 이상이 서로를 북돋우며 다 같이 잘 살아가 게 하는 능력을 말한다.
○ 구체적으로는 남녀평등, 기업의 상생, 동식물의 가치에 대한 인식 등이 다루어진다.
○ 동양에서는 상생이 곧 자연만물의 생명본질이라는 시각이 강하다.
○ 이에 대한 전통 속의 구체적 근거로는 박지원의 사례를 들 수 있다.

【고상생자, 비상자모야, 상자언이생야(故相生者, 非相子母也, 相資焉以生也)】

萬物歸土, 地不增厚, 乾坤配體, 化育萬物, 曾謂一竈之薪, 能肥大壤乎. 金石相薄, 油水相蕩, 皆能生火, 雷擊而燒, 蝗瘞而焰, 火之不專出於木, 亦明矣. 故相生者, 非相子母也, 相資焉以生也.(『燕巖集·洪範羽翼序』)

만물이 흙으로 돌아가지만 땅은 더 두터워지지 않으며, 하늘과 땅이 짝을 이루어 만물을 화육하지만 일찍이 한 아궁이의 불붙은 땔나무가 대지를 살지게 할 수 있다 이르겠는가? 쇠와 돌이 서로 부딪치거나 기름과 물이 서로 끓을 때는 모두 불을 일으킬 수 있고, 벼락이 치면 불타고, 황충(蝗蟲)을 묻어 두면 불꽃이 일어나니, 불이 오로지 나무에서만 일어나지 않는다는 것도 또한 분명하다. 그러므로 상생(相生)한다는 것은 서로 자식이 되고 어미가 되는 것이 아니라, 서로 힘입어서 산다는 것이다.

○ 인간의 사사로운 욕망은 자신과 타인을 괴롭힐 뿐만 아니라 삶의 동반자인 자연까지 파괴하고 결국에는 공멸에 이르게 한다. 이를 해결할 수 있는 방법은 바로 상생의 실현이다. 자연만물은 음양의 상생 작용인 기화(氣化)를 통해 생성되고 양육된다. 하늘만 있어도 안 되고 땅만 있어도 안 된다. 반드시 하늘과 땅이 짝을 이루어야만 만물이 생성되고 양육된다. 아울러 쇠와 돌이 부딪쳐서 불을 생성하는 것 등 모든 생성의 작용은 자연물의 대립과 갈등이 아닌 상자(相資), 상의(相依)하는 상생(相生)의 작용을 통해 이루어지는 바, 이 '상생'이 비로 우주자연의 자연한 생명 원리이자 본질이다. 상생은 부모와 자식의 관계처럼 한쪽에서 일방적으로 베푸는 관계가 아니다. 서로가 대등한 관계에서 서로가 힘입어 살아가면서 서로에게 도움이 되는 상보적인 관계이다. 상생은 나만 사는 것도 아니고 너만 사는 것도 아닌, 모두가 함께 사는 방식이다.

○ 상생을 위해서는 먼저 자신에 대한 집착을 버리고 세상을 향해 마음을 열어야 한다. 나아가 나만이 우수하고 다른 존재물들은 열등하다는 우월의식을 버려야 한다. 인간보다 큰 차원인 하늘의 입장에서 보면 사람이나 호랑이나 모두 같은 동물로서, 모든 존재는 균등하다. 균등하기 때문에 서로를 존중하고 서로를 의지하면 함께 살아갈 수 있는 것이다. 이러한 우주자연의 균등과 상생의 원리가 곧 '인(仁)'이다. 천지가 어질기 때문에 범과 메뚜기·누에·벌·개미와 사람이 모두 함께 길러져서 서로 거스를 수 없는 것이다. 나아가 자연존재물에 대해서도 가치 우열을 매겨서는 안 되고 있는 그대로 바라보고 존중해 주어야 한다.

○ 관련 내용 탐구하기

【긍만고, 새우주, 이무부동(亘萬古, 塞宇宙, 而無不同)】
蓋良知之在人心, 亘萬古, 塞宇宙, 而無不同.(『전습록』 171조목)
생각건대 양지가 사람의 마음 가운데 있다는 것은 아주 오랜 시간과 전 우주 공간을 통틀어 같지 않음이 없다.

○ 양지가 사람 마음 가운데 있는 것은 성인이나 어리석은 사람이나 다름이 없으며, 이러한 양지는 또한 시공간을 초월해 영원히 보편적으로 존재한다. 양지는 과거에도 존재하였고 현재에도 존재하며 미래에도 존재할 것이다. 천년 이전이나 만년 이후라도 이 세상은 끊임없이 변화해 갈 것이지만, 다만 언제 어디서나 양지는 동일하게 존재한다는 이 사실만큼은 영원히 변하지 않을 것이다. 이러한 양지는 또한 전 우주 공간에 꽉 들어찬 존재로서, 사람은 물론이고 동물이나 식물, 심지어는 무생물에도 깃들어 있다. "사람의 양지가 바로 풀, 나무, 기와, 돌

의 양지이다. 만약 풀, 나무, 기와, 돌에 사람의 양지가 없다면 풀, 나무, 기와, 돌이 될 수 없다. 어찌 풀, 나무, 기와, 돌만이 그러하겠는가? 천지도 사람의 양지가 없으면 역시 천지가 될 수 없다. 생각건대 천지만물은 사람과 원래 일체이며, 그것이 발하는 가장 정밀한 통로가 바로 사람 마음의 한 점 영명이다. 바람과 비, 이슬과 우레, 일월성신과 금수초목, 산천토석은 사람과 원래 일체이다. 단지 하나의 기운을 공유하고 있기 때문에 서로 통할 수 있다."(274조목) 양지를 내재하고 있다는 면에서 보면 천지만물은 사람과 본래 일체이다. 그러므로 천지만물은 사람의 양지에 근거하여 각각 자신의 모습을 드러낼 수 있다. 사람과 천지만물은 하나의 기운, 즉 양지를 공유하고 있기 때문에 이러한 양지의 발용 유행을 통해 사람과 천지만물이 서로 통할 수 있다. 그러므로 오직 양지를 실현시키는 데 힘쓰기만 한다면 저절로 시비선악을 공유하여 옳음과 선을 좋아하고 그름과 악을 싫어하며, 남을 자기와 같이 보고 나라를 한 집안처럼 보아서 천지 만물을 한 몸처럼 여길 수 있게 되는 것이다.

<공존>

○ "공존"은 사상, 문화, 인간, 집단, 국가 등 대립되는 양자의 조화를 추구할 수 있는 능력을 말한다.
○ 구체적으로는 전통적 가치와 서구적 가치의 조화, 다문화정서의 이해, 상이한 정치체제에 대한 인정 여부 등을 둘러싸고 공존에 대한 논의가 벌어진다.
○ 이에 대한 전통 속의 구체적 근거로는 "화이부동" 등을 들 수 있다. 화이부동은 유가의 가장 중요한 공존의 문화가치라 할 수 있다.

【화이부동(和而不同)】

君子和而不同, 小人同而不和.(『論語·子路』)

군자는 화(和)하나 동(同)하지는 않고, 소인은 동(同)하나 화(和)하지는 않는다.

○ 주자는 화이부동에 대해 "화라는 것은 어긋나는 마음이 없는 것이고, 동이라는 것은 아첨하는 뜻이 있는 것이다."(和者無乖戾之心, 同者有阿比之意)라고 해석하고 있다.

【인정필자경계시(仁政必自經界始)】

夫仁政必自經界始. 經界不正, 井地不鈞, 穀祿不平. 是故暴君汚吏, 必慢其經界. 經界旣正, 分田制祿, 可坐而定也.(『孟子 · 滕文公上』)

인정은 반드시 경계(經界)를 다스림에서 시작된다. 경계를 다스림이 바르지 못하면 경지가 균등하지 못하고 곡록이 공평하지 못하게 된다. 그러므로 폭군과 오리들은 반드시 그 경계를 다스리는 일을 태만히 했는데 경계가 바르게 되면 토지를 나누어주고 곡록을 제정해주는 일은 가만히 앉아서도 정해질 수 있다.

○ 차별이나 불평등을 극복하면서 상호 공존할 수 있는 장을 마련하기 위해서는 경계의 유지가 필요하다. 맹자의 말에서 보자면 토지의 경계를 정해야만 하는 이유는 힘 있는 자들의 전횡을 막고 약한 자들에게 생업을 보장해 주기 위함이다. 경계의 제정과 함께 타자가 사회적 시야 안으로 들어오게 되는 것이다.

○ 이 세계에는 사람과 사람이 공존하고 사람과 다른 존재물이 공존한

다. 유가사상은 세계와 세계내 공존하는 모든 존재 사이의 존재연관, 즉 그 관계성에 대해 관심을 갖는다. 공맹유학에서는 사람은 누구나 다 천부적으로 인(仁)의 덕성 갖추고 있다고 보았다. 이에 따라 천부적 도덕본성에 기초한 사람과 사람 사이의 사랑을 강조하게 되었다. 사회정치적 측면에서 주장한 왕도의 시행도 사랑원리의 확충이라는 맥락에서 제시된 것이다. 이러한 유가의 인 사상은 시대를 거치며 더욱 풍부한 의미를 갖게 되었다. 인의 함의는 존재와 당위를 포괄하는 보편원리로까지 확대되었다. 다시 말해 세계 내의 모든 존재생성과 당위실현은 하나의 연관구조 속에서 항구불변의 원리인 인에 그 토대를 두고 있다고 본 것이다. 마침내 사람과 사람, 사람과 다른 존재들, 사람과 세계를 인 개념을 통하여 새롭게 이해함으로써 존재가치의 소중함과 존재 사이의 상관성, 그리고 상호 공감의 지평 확보 등의 의의가 부각되게 되었다. 이러한 인 개념의 확장은 공존(共存)의 내포와 외연을 확대시켰다.

○ 관련 내용 탐구하기

남을 책망하는 마음으로 자신을 책망하고, 자기를 용서하는 마음으로 남을 용서한다면, 성현의 지위에 오르지 못할까 걱정할 필요가 없다.[30]
→ 의미 : 남을 탓하거나 책망하는 것은 쉽고 강하게 할 수 있고, 나 자신에게는 너무 관대하게 대한다. 이러한 '책인지심'의 엄격함과 '서기지심'의 관대함이 서로 위치를 바꿀 때, 세상은 더욱 아름다워질 것이라는 교훈을 줌

---

30) 『明心寶鑑』 「存心篇」, "責人之心, 責己; 恕己之心, 恕人, 則不患不到聖賢地位也."

【성자심지본체(誠是心之本體)】

誠字有以工夫說者. 誠是心之本體, 求復其本體, 便是思誠的工夫.(『전습록』 121조목)

'성(誠)'자는 공부로 말하는 것이 있다. 성은 마음의 본체이다. 그 본체의 회복을 추구하는 것이 바로 성실함을 생각하는 〔思誠〕 공부이다.

○『대학』에서는 "그 마음을 바르게 하려면 먼저 그 뜻을 성실하게 한다"고 하였다. 마음을 바르게 하려 한다면 반드시 먼저 그 뜻을 성실하고 신뢰할 수 있는 상태로 유지시켜야 한다. 사람이 성실하려고 노력한다는 것은 자신에게 주어진 상황 속에서 자신이 가장 좋고 옳다고 생각하는 일을 힘써서 수행함을 말한다. 그러기 위해서는 먼저 무엇이 옳고 그른지, 선하고 악한지를 알아야 한다. 성실해지려고 노력하는 자는 이와 같이 최선의 방법을 선택하여 올곧게 실천해야 한다. 그리고 이러한 노력은 스스로의 인격 향상에 도움이 될 뿐 아니라 상대방을 감동시켜 상호 신뢰감을 형성하게 된다.

모든 행위의 근본이자 준칙인 성실함은 인생이라는 도로를 지나갈 수 있는 통행증과도 같다. 성실함이 결여된다면 당연히 도로는 막히게 될 것이며, 그 결과 나 자신뿐만 아니라 다른 사람에게도 피해를 주게 될 것이다. 그러므로 사회 구성원 모두가 조화로운 삶을 영위하기 위해서는 도덕이든 정의든 전체의 이익을 고려하는 가치가 요구된다. "대부의 집에서는 닭과 돼지를 길러서는 안 되니 백성의 이익을 침해하기 때문이다."(『대학』 전10장) 권력과 경제력을 지닌 소수가 이익을 독점하여 자기만을 이롭게 한다면 다수의 약자가 피해를 입게 된다.

경제적으로 풍요해지고 사회정치적으로 높은 지위를 누리고 싶은 것은 사람이면 누구나 바라는 기본 욕구라 하겠다. 그런데 공자는 이러한 것들을 추구함에 있어서 반드시 먼저 그것이 옳은지 그른지를 살펴보아야 한다고 강조한다. '이익을 보면 의로움을 생각하라'(見利思義)고 하였으니, 이는 정당한 방식으로 얻은 것이 아니면 절대로 취해서는 안 된다는 것이다. 특히 사회 지도층의 부적절한 행위와 대기업의 부정과 비리 등 사건 사고의 거의 대부분은 정당하지 않은 방법으로 눈앞의 이익을 취한 데서 연유하는 것이다. 이는 순간의 이익을 취하려는 유혹에 빠져 평생을 바쳐 이룩한 가치를 스스로 허물어 버릴 뿐만 아니라 많은 국민들에게 적지 않은 박탈감을 안겨주는 결과를 초래한다.

4. 소결

지금까지 정리한 것처럼, 정치(학)의 관점에서 전통교육의 현대화의 의의는 전통이 정태적인 내용과 형식 그 자체로서 의미와 가치를 가지기보다는 전통의 현대화와 재구성이 지금의 교육현장의 문제뿐만 아니라 학생들이 미래의 민주적 시민으로서 주체성을 형성하고 역량을 함양하는 데 유용한 자원을 제공할 가능성에 놓여진다. 보다 구체적으로, 공동체적 덕성과 민주적인 시민성 함양을 위해 지금의 교육현실의 문제점을 지양하고 교육담론과 실천을 발전시키며 동서양의 융합적인 교육활동과 실천적 수업프로그램을 구성함으로써 현대적 선비의 지적, 인성적 체화가 중요하다는 것이다. 그리고 이런 전통의 현대화 및 민주적 역량 강화의 역사적 당위를 깨닫고 친구—시민동료의 관계 속에서 실천을 해나갈 때 우리의 정치공동체 역시 지속적인 발전을 이룩해 나갈 수 있을 것이다. 이를 위해 '지금—여기'의 시공간적 특성과 부합하고 조화를 이루면서도 전통과 현실에 새로운 가치와 의미를 던져줄 수 있는 전통교육의 '어떤 점'을 '어떻게' 현대화시킬 것인지의 문제를 해결해 나가면서, 이를 생활과 사회적 실천 속에 응용하여 적용할 수 있는 방안을 지속적으로 발굴하고 추진해 나가야 할 것이다.

온고지신 프로그램과
시민적 인성 역량

제6장

온고지신 프로그램과 시민적 인성 역량

1. 온고지신 프로그램의 목표: 시민적 인성역량 함양[1]

"인성교육진흥법"(2015)에 따르면 인성교육은 "자신의 내면을 바르고 건전하게 가꾸는 데 필요한 성품과 역량"(개인적 차원)을 지향하는 '도덕교육'과 "타인·공동체·자연과 더불어 살아가는 데 필요한 성품과 역량"(관계적 차원)을 지향하는 '시민교육'을 포괄하고 있다. '인성교육 5개년 종합계획 총론'에서는 핵심가치·덕목과 관련하여 "인성교육진흥법안"을 탄력적으로 해석하고 있다. 다시 말해서 인성교육의 핵심가치·덕목은 법령에 언급된 "예, 효, 정직, 책임, 존중, 배려, 소통, 협동"뿐만 아니라 "지혜, 인권존중, 정의" 등 다양한 가치가 포괄될 수 있으며, 이는 인성교육에 참

---

1) 윤영돈, 「시민적 인성교육이란 무엇인가: 민주시민교육과 인성교육의 조화가능성 탐색」, 『인격교육』 13(3), 2019, pp.129-133 수정보완.

여하는 구성원들 간 합의 과정을 통해 도출 가능하다는 것이다. "인성교육진흥법"을 비판적인 시각에서 바라보는 사람들은 "인성교육진흥법에 적시된 핵심 가치·덕목에 입각한 인성교육은 개인적 품성을 강조하고 수동적이고 순응적인 인간을 형성하는 가치를 중시"하는 데 비해, "민주시민교육은 자율적이고 자발적인 태도와 인권을 강조하고, 사회적·정치적 현상에 대한 비판적 사고력을 강조한다."고 주장한다. 그리하여 이들은 인성교육에 대해 문제점을 강하게 표출하면서 '민주시민교육지원법' 제정을 요구한다.[2]

"인성교육과 민주시민교육은 대립하는가?"라는 물음에 대해 두 가지 답변이 가능할 것으로 보인다. 먼저 '국내외 학자들이 제시하는 인성교육은 개인 차원과 대인관계 차원의 도덕적 품성과 덕목뿐만 아니라 일정 부분 공동체의식과 시민의식도 포함하고 있기 때문에 시민교육과 대립하는 것은 아니다.'라는 답변이 가능하다. 다음으로 '인성교육진흥법에 입각한 인성교육은 개인적 품성을 강조하고 수동적이고 순응적인 인간을 형성하는 가치를 중시하는 데 비해, 민주시민교육은 자율적이고 자발적인 태도와 사회적·정치적 현상에 대한 비판적 사고력을 강조한다는 점에서 대립된다.'는 답변이 가능하다.

2) 심성보, 「인성교육 패러다임 전환, 어떻게 가능한가?」, 2015 교보교육심포지엄, 2015.8.12; 한만길, 「인성교육과 민주시민교육은 대립하는가?」, 흥사단 교육운동본부 모드니 교육정책포럼, 2015. 6. 18: 홍승구, 「논평: 가이사의 것은 가이사에게」, 흥사단 교육운동본부 모드니 교육정책포럼, 2015.6. 18.

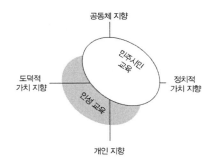

공동체 지향

민주시민
교육

도덕적
가치 지향

정치적
가치 지향

인성 교육

개인 지향

그림 6-1 | 인성교육과 민주시민교육의 포지셔닝 맵3)

인성교육이 도덕적 가치 지향 및 개인지향이 보다 부각된다면, 민주시민교육은 정치적 가치 지향 및 공동체 지향이 보다 부각된다고 할 수 있다. 민주시민교육과 인성교육이 교차하는 지점에 '시민적 인성' 개념이 성립할 수 있다. 한마디로 시민적 인성교육은 개인 지향 및 공동체 지향의 중간지점, 도덕적 가치지향 및 정치적 가치 지향의 중간지점에 위치한다. 온고지신 프로그램은 시민적 인성 역량 함양을 지향한다. 다시 말해서 보수적 가치와 진보적 가치 간 균형을 추구하며, 인성교육과 민주시민교육 간 균형을 지향한다.4)

온고지신 프로그램은 인성교육 및 민주시민교육 간 균형을 추구할 뿐 아니요, 시민적 인성 "역량" 함양을 목표로 한다. 인성을 역량(competence)으로 볼 경우, 인성은 구체적이고 상황적인 맥락 속에서 적절한 태도를

----

3) 윤영돈, 「AKS 시민의식 조사도구의 브랜드화 및 활용 방안」, 『윤리연구』 106, 2016, p.262 그림을 수정함.
4) "시민적 인성" 내지 "시민적 인성교육"의 개념은 심성보 교수가 제시한 것을 차용한 것이다. 심성보 교수는 독일의 정치교육자 내지 시민교육자들 사이에서 보수와 진보의 가치의 균형을 이룬 것으로 "보이텔스바흐 합의"를 들고 있고, 영국의 인성교육 및 시민교육을 공존시킨 것으로 "크릭 보고서 사례"를 들고 있다. 보다 자세한 논의는 심성보, 「시민적 인성교육은 어떻게 가능한가?」, 『인성교육과 정의로운 시민』, 2017년 한국윤리교육학회 추계학술대회, 2017, pp.29-47 참고.

지니거나 관련 문제를 효과적으로 해결하는 데 필수불가결한 요인이 될 수 있다. 가령, 고대 그리스의 '덕'은 '기능(ergon)' 개념에서 온 것으로서 "know that … "이 아니라 "know how … "의 성격이 현저하다.5) 예컨대 소크라테스의 주지주의에 근거한 덕론은 기술사상의 표현형식이다. 물론 인성을 역량으로만 간주하는 데에는 한계가 있다. 사실 역량을 넘어서서 보다 근본적인 요인은 "도덕적 자아(moral self)" 내지 "도덕적 정체성(moral identity)"이다. 역량은 다양한 상황에서 비교적 장시간 지속되는 행동 및 사고방식으로서 인지적·비인지적 측면을 포함한 심리사회적 속성이자 가시적 역량(지식과 기술)과 심층적 역량(특질, 동기, 자아개념)을 포괄한다. 각 역량 요소들이 역동적으로 연관을 맺고 총체적으로 가동되어 개인의 수행으로 표출된다. 그런데 가시적 역량은 쉽게 개발할 수 있으나 핵심인성(core personality)으로서 심층적 역량은 개발하기가 쉽지 않다. 이를 그림으로 표현하면 다음과 같다.

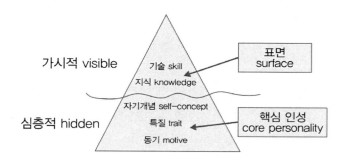

그림 6-2 | 역량 구조의 심층과 표면6)

....

5) J. C. B. Gosling, Plato, London, 1973, pp. 59-60; 김남두, 「좋음의 이데아와 앎의 성격」, 『서양 고대 철학의 세계』, 서광사, 1995, p.192.

6) L. M. Spencer & S. M. Spencer, Competence At Work: Model for Superior Performance, NY: John Wiley

역량은 "특정 맥락의 복잡한 요구를 인지적·비인지적 측면을 포함한 심리사회적 속성들을 가동시킴으로써 성공적으로 충족시키는 능력"으로 정의되고, "요구 중심적(demand-oriented)"이고 "맥락의존적(context-dependent)" 특성을 지니고 있다. 따라서 인성핵심역량으로 제안된 "공감능력, 소통능력, 갈등해결능력, 관용, 정의" 등은 학교폭력을 예방하기 위한 인지적·비인지적 심리사회적 속성으로 간주된다. 그런데 핵심 인성은 심층적 역량으로서 단기간에 개발하기가 쉽지 않다는 데 난점이 있다. 근본적으로 핵심 인성은 "도덕적 정체성(도덕적 자아, moral identity)"에 뿌리를 두고 있다는 점을 주지할 필요가 있다. 그럼에도 불구하고 비교적 단기간에 인성 역량을 함양하기 위해서는 프로젝트형 인성교육과 같은 효과적인 교수·학습방법이 요구된다. 부연하자면 "존중, 배려, 책임, 정의"의 가치·덕목을 구체적인 상황 속에서 체득할 수 있는 교수·학습활동(프로젝트 접근법, 배려공동체, 정의공동체 접근법, 갈등해결 교육, 사회정서학습, 인문치료 등)이 요구된다. 더 나아가 인성교육의 실효성을 담보하기 위해서는 가치·덕목의 수준을 넘어서서 "도덕적 정체성(자아)" 형성을 위한 고려 역시 필요해 보인다.

본 인성교육 프로그램이 지향하는 시민적 인성역량은 가치관계의 확장에 따라 유덕한 시민의 개인역량, 대인관계역량, 공동체 역량으로 구성된다. 교수·학습 과정을 통해 목표로 하는 것이 지식이라면 강의식 수업이 효과적일 수 있지만 역량을 습득하기 위해서는 학생 중심의 참여·체험 활동을 고려할 필요가 있다. 다음 <그림 6-3>은 역량중심 교육과정의 성격을 지닌 2015 개정교육과정에서 어떻게 교과역량 및 하위 기능이 형성될 수 있는지를 보여주고 있다.

....

& Sons, 1993, p.11.

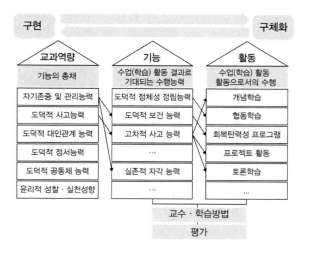

구현 → ← 구체화

교과역량	기능	활동
기능의 총체	수업(학습) 활동 결과로 기대되는 수행능력	수업(학습) 활동 활동으로서의 수행
자기존중 및 관리능력	도덕적 정체성 정립능력	개념학습
도덕적 사고능력	도덕적 보건 능력	협동학습
도덕적 대인관계 능력	고차적 사고 능력	회복탄력성 프로그램
도덕적 정서능력	…	프로젝트 활동
도덕적 공동체 능력	실존적 자각 능력	토론학습
윤리적 성찰·실천성향	…	…

교수·학습방법

평가

그림 6-3 | 도덕과 교과역량 제고를 위한 교수·학습 방법 및 평가 개념도[7]

이렇게 2015 교육과정 개정과정에서 주안점으로 교과역량을 고려한 '교수·학습 방법 및 평가'를 들고 있는데 도덕과를 예로 들어 보자. 도덕과의 교과역량이 있고, 그 하위 요소로 기능이 있으며, 기능을 습득하기 위한 적합한 교수학습 방법을 마련하고, 이와 결부된 평가를 설계할 필요가 있다.[8] 도덕과의 교과역량 중 "자기존중 및 관리능력"의 하위 요소로 "도덕적 보건능력"이 있다고 할 때, 이러한 기능을 습득하기 위해서는 적합한 교수·학습활동이 요구되는데, 가령, 회복탄력성 프로그램처럼 "회복탄력성"을 제고할 수 있는 활동이 요구된다.

....

7) 교육부, 『교과 교육과정 개발 정책연구진 합동 워크숍(4차)』, 2015.6.5., p.26 수정 보완.
8) 차승한·이슬비·오은석·정종삼·김혜진·윤영돈, 「2015 개정 중학교 도덕과의 기능 구현을 위한 교수·학습 방법 및 평가 방향」, 『도덕윤리과교육』 52, 2016.8, p.285.

2. 온고지신 프로그램 개발 개요

온고지신 프로그램 개발을 위해 교육현장의 활용을 고려한 대표적인 교수체제설계인 ADDIE 모형을 참고할 수 있다. ADDIE모형은 구성주의적 학습모형의 특성이 잘 드러나며, 단계별 과정들이 유기적으로 연관되어 있어서 단계별로 최적의 내용을 담보할 수 있기 때문에 현장 적용 및 활용에 용이하다.[9]

표 6-1 | ADDIE 모형의 과정과 산출물[10]

과정	기능	활동	산출물
분석 Analysis	학습내용 (what) 정의	요구분석, 학습자 분석, 환경분석, 직무 및 과제분석	교육목적과 제한점 학습과제
설계 Design	교수방법 (how) 구체화	수행목표 명세화, 평가도구 설계, 조직화와 계열화, 교수전략 및 매체 선정	수행목표/교수전략 등을 포함한 설계안
개발 Development	교수자료 개발	교수자료 제작 형성평가 및 수정	완성된 프로그램
실행 Implementation	프로그램 적용	프로그램의 실행 유지 및 관리	실행된 프로그램
평가 Evaluation	프로그램의 적절성 결정	성과평가	프로그램의 가치 및 평가보고서

....

9) 방경란, 「문화예술교육에서의 융합적 디자인교육모형 제안: ADDIE 교수설계 기반 디자인·인문 융합 교육을 중심으로」, 한국디자인트렌드학회, 『한국디자인포럼』 54, 2017, p.138.
10) 이창훈, 「ADDIE 모형에 터한 창의 공학 설계 교육프로그램 모형 개발과 적용방안」, 『한국기술교육학회지』 8(11), 2008, p.138.

ADDIE 모형에 따른 온고지신 프로그램을 개발하는 과정을 도식으로 표현하면 다음과 같다.

표 6-2 | ADDIE 모형에 근거한 온고지신 프로그램 개발과정

단계	프로그램 개발 절차	비고
분석 Analysis	문헌분석 요구분석 과제분석	□ 문헌분석: 유덕한 시민 육성을 위한 전통교육 □ 요구분석: 유덕한 시민의 인성역량 및 핵심목표 □ 과제분석: 전통교육의 현대적 적용의 필요성

설계
Design
	수행목표 진술
	평가도구 선정
	교수전략 및
	매체선정
		□ 수행목표 진술: 유덕한 시민의 개인역량,
		  대인관계역량, 공동체역량의 수행목표 진술
		□ 평가도구 선정
		  청소년 회복탄력성 검사도구(27문항)
		  + 유덕한 시민성 학생용 설문문항
		□ 교수전략 및 매체선정: 협동학습/프로젝트 활동

개발
Development
	프로그램 개발
	자료개발
	내용평가 및 수정
		□ 프로그램 개발: 온고지신 프로그램
		  (자존/성찰, 공감/배려, 상생/공존)
		□ 자료개발: 프로그램 활동 자료 및 ppt 개발
		□ 내용평가 및 수정: 예비실시 통한 활동 수정 및
		  전문가 자문

실행 Implementation	사전검사 실시 프로그램 실행 유지 및 관리 만족도 조사(1차)	□ 사전검사 실시 □ 프로그램 실행: 프로그램 실시 □ 유지 및 관리: 매 차시 수업 반응 점검 □ 만족도 조사(1차): 프로그램 운영 중간 회차에 만족도 조사 실시 후 환류 및 점검
평가 Evaluation	사후검사 실시 성과분석 만족도 조사(2차)	□ 사후검사 실시 □ 성과분석: 사전-사후검사(대응표본 t검증) 통한 성과분석 □ 만족도 조사(2차) 만족도 조사 및 학생 소감문 분석

온고지신 프로그램을 통하여 유덕한 시민으로서의 인성역량에 통계적으로 유의미한 변화가 있는지를 알아보기 위해 대응표본 t 검정으로 사전 사후 검사를 실시할 필요가 있다.

3. 소결

2017년부터 단계적으로 초·중·고 학교현장에서 적용되고 있는 2015 개정 교육과정은 "자기관리역량, 지식정보처리역량, 창의적 사고 역량, 심미적 감성 역량, 의사소통역량, 공동체 역량" 등 미래지향적인 핵심역량을 강조하고 있다는 맥락에서 온고지신 프로그램은 이러한 핵심역량 함양에 기여할 수 있도록 구성하고자 한다.

인성교육 5개년 종합계획(2016-2020)이 마무리되고, '민주시민교육 활성화를 위한 종합계획'(2018.11)이 부각됨에 따라 2021년부터 추진되고 있는 인성교육 5개년 종합계획은 인성교육과 민주시민교육 간 균형과 조화를 이루는 '시민적 인성교육'을 추구하고 있다. 사실 온고지신 프로그램이 자신에 대한 인식과 관리에 초점을 둔 '주체성 교육', 원만한 대인관계 능력을 강조하는 '도덕성 교육', 비판적 사고와 참여 그리고 건강한 사회적 삶을 추구하는 '시민성(정치성) 교육'을 지향하고 있으므로 시민적 인성교육의 방향성과도 부합할 것으로 보인다.

ADDIE 모형에 근거하여 개발된 온고지신 프로그램은 교사들을 통한 현장 적합성 검토를 거쳐 지속적으로 수정·보완될 필요가 있다. 그러한 과정을 거칠 때, 교육 현장에서 활용하기가 용이하고, 그 효과성이 검증된 프로그램으로 정착될 수 있을 것으로 전망한다.

제7장

온고지신 프로그램 시안
개발 과정

제7장

온고지신 프로그램 시안 개발 과정

1. 들어가며: 시안 개발 방향

이 글에서는 회복탄력성 함양 및 유덕한 시민으로서 공동체 역량 제고를 위한 온고지신 프로그램 구성안을 제시하고자 한다. 이 글은 <21세기 온고지신 교육모델 개발 연구>의 3차년도 과제의 일환으로 온고지신 프로그램 개발 및 현장 적용을 위한 계획안의 성격을 지니고 있다. 교육 프로그램 개발 과정을 계획(plan)—실행(do)—평가(see)로 볼 때, 온고지신 교육모델(프로그램)의 계획단계로서 시안 개발에 해당한다. 본 장의 내용은 윤영돈, 「온고지신 교육모델 개발 및 활용방안」(한국인격교육학회, 2018.3.10 발표문) 및 윤영돈·한성구, 「온고지신 프로그램의 중학교 적용연구」(『한국철학논집』, 59, 2018) 내용을 중심으로 정리하였다.

(1) 전통에 기초한 인성교육과 인성역량 진단

문화란 인간이 살아온 삶의 양식이며 사고방식의 원천이다. 문화를 창
조한 것은 인간이지만 창조된 문화는 다시 반대로 인간성의 형성에 큰 영
향을 미치는 도야재(陶冶材)의 역할을 한다. 전통과 도덕규범, 윤리덕목 등
은 분리될 수 없다. 그러므로 전통과의 단절은 개인의 사회적 삶 및 문화
적 삶의 기준과 방향에 혼란을 야기할 수 있다. 도덕규범, 윤리덕목 등은
전통문화에 기반을 두고 있기 때문에 현대 사회의 다양한 영역에서 우리
가 지향하는 가치는 전통문화에 기반을 둘 필요가 있다.[1)]

그러나 한국인이 처해 있는 자본주의와 신자유주의, 민주주의 등의 사
회문화적이고 이념적인 지형의 영향으로 가치관의 양상이 변화되고 있으며,
전통문화에 기반한 가치가 약화되고 있는 것도 사실이다. 이러한 경향은 현
대 한국사회의 시대별(1979, 1998, 2010) 가치관 변화를 분석한 나은영·차유
리의 연구에도 확인할 수 있다.[2)] 연구 결과를 요약하면 다음과 같다.

> 한국인의 가치관 변화추이와 관련하여, '충효 사상'의 중요성이 약
> 화되고 있고, '자신과 가족' 중심의 개인주의가 확대되고 있으며,
> '출세가 효도'라는 인식이 증가하고 있다는 점에서 "가족 중심의 개
> 인주의"가 현저하다. '고용시 책임감'이 점차 중시되고 있고, 여전
> 히 상하구별을 중시하는 측면이 있지만 직능구분이 점차 중시되는

1) 진교훈, 『윤리, 사람다움의 길을 찾아서』, 가람문화사, 2016, pp.190-191.

2) 나은영·차유리, 「한국인의 가치관 변화 추이: 1979년, 1998년 및 2010년의 조사 결과 비교」, 한국사회및성격심리학
   회, 『사회 및 성격』 24(4), 2010, pp.63-92. 이 연구는 나은영·차재호, 「1970년대와 1990년대 간 한국인의 가치관
   변화와 세대차 증감」, 한국심리학회, 『한국심리학회지: 사회문제』 4(1), 1999, pp.37-60을 발전시킨 것이다.

비율이 늘어가고 있다는 점에서 "탈권위주의"의 경향을 보이고 있다. '함께 행복하려면 불만을 참기보다 시정을 요구해야 한다.'는 비율이 증가한다는 점에서 "자기 주장성"이 높아진 측면이 있지만, 사회 전반적으로 도덕성을 강조하는 분위기에서 '실력 과시보다 겸손을 강조하는 경향'도 눈에 띈다. 사회의 낙오자를 구제해야 한다는 응답이 과반수지만 도태가 자연적 귀결이라는 생각도 점차 증가하는 추세라는 점에서 신자유주의 분위기와 경쟁을 용인하는 쪽으로 나아가는 추세이다. 여유 있게 사는 것이 지혜라고 생각하는 비중이 과반수를 넘어서고 있고, 외국인을 우대해야 한다는 심리가 감소하고 있으며, 처음 보는 사람에게 친절해야 한다고 생각하면서도 경계심리가 증가하는 추세에 있다는 점에서 "불확실성을 회피하는 성향"을 보이고 있다. 그런가 하면 과거, 현재보다 미래를 중시하고, 미래 대비를 중시하는 비율이 과반수를 넘어서고 있지만 그와 함께 현재를 즐기고자 하는 비율 역시 과반수를 넘어서고 있으며, 전통적인 풍습이 문명의 위기를 극복하는 데 중요하다고 간주하면서도 전통적 풍습이 도움이 안 된다는 비율도 점차 증가하고 있다는 점에서 "미래 지향성"의 경향성이 두드러진다. 혼전순결이 불필요하다는 비율이 급증하여 주류 가치관에 진입하였고, 기혼여성의 사회생활을 긍정하는 추세이며, 시댁과 친정을 동등하게 대우해야 한다는 비율도 확대되어 주류 가치관으로 진입하였다는 점에서 "남녀평등의식"을 지향하는 추세를 보이고 있다. 돈은 꼭 있어야 하고, 인생을 깨끗하고 옳게 사는 것보다 풍부하게 살아야 한다는 태도가 과반수를 넘어섰다는 점에서 "경제적으로 풍요로운 생활"을 추구하는 경향성도 보이고 있다.[3]

---

3) 나은영·차유리(2010), pp.71-82 요약. 윤영돈·유병열, 「한국적 가치의 재정립을 위한 인문치료적 접근」, 『윤리연구』 94, 2014, pp.5-6 참고.

이러한 연구 결과는 현대 한국사회의 가치관의 변화 양상을 보여주고 있으며, 그 흐름을 바꾸는 것은 쉽지 않아 보인다. 물론 현대 한국사회의 가치관 자체가 옳다거나 좋다고 평가할 수는 없다. 가령, 가족 중심의 개인주의, 혼전순결을 비판하는 성의식, 전통적 가치의 몰이해, 권위주의를 배격하면서 권위까지 부정하는 모습, 경제적 가치에 함몰된 한국인의 자화상까지 정당화되는 것은 아니다. 전통적 가치에 근거한 규범적·처방적 접근이 여전히 요청되는 지점이 있다. 때문에 오늘날 한국인의 가치관 실태 분석에 나타난 문제점을 해소하기 위한 교육적 처방을 전통교육에 입각하여 재구성하되, 현세대의 욕구와 성향을 인정하면서 정교하게 제시할 수 있어야 한다.

이 글에서 제시하는 온고지신 프로그램은 오늘을 살아가는 초·중·고 학생들과 대학생들의 욕구와 성향을 존중하면서도 전통교육의 핵심 가치에 기초할 필요가 있다. 유덕한 시민의 인성역량과 회복탄력성을 진단할 수 있는 인성 영역 및 구인은 다음과 같다.

표 7-1 | 전통에 기초한 인성 영역 및 구인과 회복탄력성

유덕한 시민적 인성 영역	인성 구인	의미 및 기능	회복탄력성 관련 구인
유덕한 시민의 개인역량	자존	자아정체성과 자신감을 가지고 자신의 삶과 진로를 주도적으로 관리하는 능력	자아낙관성, 충동통제력, 삶에 대한 만족도 등
	성찰	자신과 주변을 반성적으로 사고하고, 실천하고자 하는 수기(修己) 능력	원인분석력, 감정조절력 등
유덕한 시민의 대인관계역량	공감	상대방의 처지에 대해 감정이입을 하고, 상대방의 의견을 경청할 수 있는 능력	공감능력, 소통능력, 자아확장력 등
	배려	사회 정서적 기술을 활용하여 타인의 필요를 헤아리고 그 요구에 반응하는 능력	소통능력, 공감능력, 자아확장력 등
유덕한 시민의 공동체역량	상생	서로 다른 둘 이상이 서로를 북돋우며 다 같이 잘 살아가게 하는 능력	공감능력, 소통능력 등
	공존	사상, 문화, 인간, 집단, 국가 등 대립되는 양자의 조화를 추구할 수 있는 능력	원인분석력, 소통능력 등

<표 7-1>에서 추론할 수 있듯이 유덕한 시민으로서 인성역량은 '좋은 인간'의 맥락에서 해명할 경우, 도덕교육의 내용체계 및 회복탄력성의 구인과 친화력이 높을 것으로 보이며, '좋은 시민'의 맥락에서 보면 정치교육의 특성도 지닌 것으로 보인다. 후자의 측면을 중심으로 살펴보자. 개인역량으로서 자존과 성찰은 개인적 인성이자 정치적 역량의 기초라 할 수 있다. 자존은 주체성의 측면에서, 성찰은 자기통치 능력으로서 민주적 인성의 기본적 토대라 할 수 있다. 대인관계역량으로서 공감과 배려는 상대방의 처지에 대한 감정이입 능력과 타인의 필요를 헤아리고 그 요구에 반응하는 능력으로서 이기심과 독단적 판단을 지양(止揚)하고, 차이와 다양성의 존중과 조화라는 민주시민의 정치적 능력의 중요한 토대이다. 이는 타인에 대한 존중과 신뢰 및 평등의 가치에 기반을 둔 정치적 평등성에 대한 능력으로 확장될 수 있는 민주시민의 인성 역량이라 할 수 있다. 공동체 역량으로서 상생과 공존은 사회 구성원 간의 갈등과 대립의 타협점을 형성하고 유지하면서 발전적인 사회통합을 일구어낼 수 있는 공동체 의식의 인성적 토대이다. 더 나아가 상생과 공존은 다문화 사회에서 구성원간의 유대감 내지 결속력의 중요한 토대이며, 자연과 인간 간의 생태지속가능성을 담보하는 인성역량이다.[4]

<표 7-2>는 2016년 3월 16일-3월 31일까지 서울, 경기도, 인천소재 초등학생(5-6학년) 505명, 중학생(1-3학년) 291명, 고등학생(1-3학년) 297명, 대학생 505명 등 총 1,598명을 대상으로 본 연구자들이 참여하여 실시한 설문결과이다.

---

4) 신창호·심승우·윤영돈·이승철·임도영·임홍태·지준호·한성구·함규진, 『전통 인성교육이 해답이다』, 박영스토리, 2018, p.158.

표 7-2 | 인성 구인별 문항 결과 분석(5점 리커트 척도)

영역	구인	문항	평균	표준편차	비고	
개인 역량	자존	나는 내가 어떤 사람이 되고 싶은지를 잘 알고 있다.	3.78	1.07	3.62	평균 (3.82)
		나는 매사에 긍정적인 생각과 태도를 가진다.	3.65	0.98		
		나는 화가 나거나 기분이 나빠도 나의 감정을 잘 다스린다.	3.45	0.98		
	성찰	나는 종종 나의 말과 행동이 바람직했는지 되돌아본다.	3.93	0.82	4.01	표준 편차 (0.59)
		나는 이익을 추구하는 것보다 옳음을 추구하는 게 중요하다고 생각한다.	3.87	0.90		
		나는 사회에서 성공하기 전에 사람됨을 갖추는 게 중요하다고 생각한다.	4.23	0.87		
대인 관계 역량	공감	나는 다른 사람의 감정을 살피고 관심을 갖는다.	4.03	0.80	3.93	평균 (3.86)
		나는 관계가 좋지 않은 친구의 의견도 경청하고 대화할 수 있다.	3.59	0.97		
		나는 타인과 대화할 때 고개를 끄덕이거나 '응' 혹은 '그래'라는 표현을 한다.	4.17	0.86		표준 편차 (0.59)
	배려	나는 대중교통을 이용할 때, 노약자에게 자리를 양보한다.	4.00	0.89	3.74	
		나는 친구가 어려움에 처하면 끝까지 도와줄 것이다.	3.88	0.83		
		나는 낯선 사람에게 다가가 의사소통하는 것이 어렵지 않다.	3.35	1.18		
공동체 역량	상생	나는 우리사회가 가정과 직장에서 남녀평등이 이루어져 있다고 본다.	3.01	1.26	3.64	평균 (3.55)
		나는 대기업이 중소기업의 고유한 사업 영역을 보호한다고 생각한다.	3.81	0.96		
		나는 산이나 강 혹은 동물이나 식물에게서 아름다움을 종종 느낀다.	4.10	0.91		
	공존	나는 우리 사회가 전통적 가치와 서구적 가치의 조화를 추구하고 있다고 본다.	3.28	0.99	3.45	표준 편차 (0.62)
		나는 피부색이 다른 외국인 근로자가 옆집에 사는 것이 불편하지 않다.	3.96	1.03		
		나는 남한이 북한과 이념적으로 대립하지만 상호공존을 위해 노력하고 있다고 본다.	3.12	0.61		

<표 7-2>에 나타난 유덕한 시민으로서의 인성구인별 문항분석은 초·중·고·대를 포함한 응답결과이다. 개괄하자면 유덕한 시민의 인성 가운데 개인역량(3.82) 및 대인관계역량(3.86)은 다소 양호한 편이지만 공

동체역량(3.55)은 상대적으로 미흡한 편이다.

개인역량 가운데 '성찰'과 관련된 3문항의 평균은 4.01인데 비해 '자존'과 관련한 3문항의 평균은 3.62로 다소 낮다. 특히 자존 관련 문항 중 "화가 나거나 기분이 나빠도 나의 감정을 잘 다스린다."는 문항은 3.45로 개인역량 중 가장 낮게 나왔으며, "나는 매사에 긍정적인 생각과 태도를 가진다."는 문항 역시 3.65로 다른 문항에 비해 상대적으로 낮게 나왔다.

대인관계역량 가운데 '공감'과 관련된 3문항의 평균은 3.93이고, '배려'와 관련된 3문항의 평균은 3.74였다. 특히 공감 관련 문항 중 "나는 관계가 좋지 않은 친구의 의견도 경청하고 대화할 수 있다."는 문항은 3.59로 상대적으로 낮게 나왔으며, 배려 관련 문항 중 "나는 낯선 사람에게 다가가 의사소통하는 것이 어렵지 않다."는 문항은 3.35로 대인관계역량 문항 중 가장 낮게 나왔다.

공동체역량 전체 평균은 3.55이고, 이 가운데 '상생'과 관련된 3문항의 평균은 3.64이며, '공존' 관련 3문항의 평균은 3.45이다. 공동체역량은 전반적으로 개인역량(3.82)이나 대인관계역량(3.86)에 비해 낮았다.

설문조사 결과를 고려할 때, 온고지신 프로그램에서 주안점을 둘 교육 방향으로 개인역량과 관련하여서는 '감정조절력', '자아낙관성'을, 대인관계역량과 관련하여서는 낯선 사람과의 '소통능력' 및 '공감능력'의 제고를 들 수 있다. 더 나아가 공동체 역량과 관련한 상생과 공존 관련 능력을 제고할 필요가 있다.[5]

....

5) 온고지신 프로그램을 학교현장에 적용하여 사전-사후검사를 하기 위해서는 공동체 역량 관련 문항을 학생 자신의 능력과 관련된 문항으로 재조정할 필요가 있다. 가령, "나는 우리 사회가 가정과 직장에서 남녀평등이 이루어져 있다고 본다.", "나는 대기업이 작고 어려운 중소기업의 경제적 이익을 더 많이 보호해야 한다고 생각한다.", "나는 우리 사회가 전통적 가치와 서양에서 들어온 가치를 잘 어울리게 만들기 위해 노력하고 있다고 본다.", "나는 남한과 북한이 대립하고 있지만 서로를 인정하고 친하게 지낼 수 있다고 생각한다."는 문항은 온고지신

(2) 전통에 기초한 인성역량 함양을 통한 회복탄력성 제고 프로 그램

앞서 살펴본 것처럼 전통에 기초한 유덕한 시민의 인성역량은 개인역량, 대인관계역량, 공동체역량으로 구분되며, 각 역량의 하위 구인은 자존과 성찰, 공감과 배려, 상생과 공존이다. 이들 인성역량 중 개인역량, 대인관계역량은 회복탄력성의 구성요소와 친화력이 있다.

회복탄력성은 자기조절능력, 대인관계능력, 긍정성으로 구성된다. 각 하위요인과 연결하여 살펴보면 자기조절능력의 하위요인은 감정조절력, 충동통제력, 원인분석력이고, 대인관계능력의 하위요인은 소통능력, 공감능력, 자아확장력이며, 긍정성의 하위요인은 자아낙관성, 삶에 대한 만족도, 감사하기이다.[6]

표 7-3 | 청소년용 회복탄력성 문항 및 구인[7](5점 리커트 척도)

순번	문항	구인	
1	나는 어려운 일이 닥쳤을 때 감정을 통제할 수 있다.	감정 조절 력	자 기 조 절 능 력
2	내가 무슨 생각을 하면, 그 생각이 내 기분에 어떤 영향을 미칠지 잘 알아챈다.		
3	이슈가 되는 문제를 가족이나 친구들과 토론할 때 감정을 잘 통제할 수 있다.		
4	당장 해야 할 일이 있으면 나는 어떠한 유혹이나 방해도 잘 이겨낼 수 있다.	충동 통제 력	
5	아무리 당황스럽고 어려운 상황이 닥쳐도, 나는 내가 어떤 생각을 하고 있는지 스스로 잘 안다.		
6	일이 생각대로 잘 안 풀리면 쉽게 포기하는 편이다.		
7	문제가 생기면 여러 가지 가능한 해결 방안에 대해 먼저 생각한 후에 해결하려고 노력한다.	원인 분석 력	
8	어려운 일이 생기면 그 원인이 무엇인지 신중하게 생각한 후에 해결하려고 노력한다.		

프로그램을 통한 학생 자신의 사회적 기술 제고와는 거리가 있기 때문이다.

6) 김주환, 『회복탄력성』, 위즈덤하우스, 2011, pp.70~71.

7) 신우열·김민규·김주환, 「회복탄력성 검사 지수의 개발 및 타당도 검증」, 『한국 청소년연구』 20(4), 2009, p.131.

9	나는 대부분의 상황에서 문제의 원인을 잘 알고 있다고 믿는다.		
10	나는 재치 있는 농담을 잘 한다.	소통	대
11	나는 내가 표현하고자 하는 바에 대한 적절한 문구나 단어를 잘 찾아낸다.	능력	인
12	나는 분위기나 대화 상대에 따라 대화를 잘 이끌어 갈 수 있다.		관
13	사람들의 얼굴표정을 보면 어떤 감정인지 알 수 있다.		계
14	슬퍼하거나 화를 내거나 당황하는 사람을 보면 그들이 어떤 생각을 하는지 잘 알 수 있다.	공감 능력	능 력
15	동료가 화를 낼 경우 나는 그 이유를 꽤 잘 아는 편이다.		
16	나와 정기적으로 만나는 사람들은 대부분 나를 싫어하게 된다.	자아	
17	서로 마음을 터놓고 얘기할 수 있는 친구가 거의 없다.	확장	
18	서로 도움을 주고받는 친구가 별로 없는 편이다.	력	
19	열심히 일하면 언제나 보답이 있으리라고 생각한다.	자아	
20	맞든 아니든 "아무리 어려운 문제라도 나는 해결할 수 있다."고 믿는 것이 좋다고 생각한다.	낙관	
21	어려운 상황이 닥쳐도 나는 모든 일이 다 잘 해결될 거라고 확신한다.	성	긍
22	내 인생의 여러 가지 조건들은 만족스럽다.	삶에	정
23	나는 내 삶에 만족한다.	대한 만족	성
24	나는 내 삶에서 중요하다고 생각한 것들은 다 갖고 있다.	도	
25	나는 감사해야 할 것이 별로 없다.	감사	
26	내가 고맙게 여기는 것들을 모두 적는다면 아주 긴 목록이 될 것이다.	하기	
27	세상을 둘러볼 때, 내가 고마워 할 것이 별로 없다.		

* 음영색으로 표시한 것은 역문항이며, 역채점이 필요하다.

2. 온고지신 프로그램 구성

본 연구진은 온고지신 프로그램 개발을 위해 대표적인 교수체제설계인 ADDIE 모형을 참고하였다.[8] 이 모형은 구성주의 학습모형을 구현하기에 용이하고, 단계별 과정들이 유기적으로 연결되어 있어서 단계별 최적의 내용을 개발하는 것이 적합하다. ADDIE 모형에서 특기할만한 것은

---

8) Analysis(분석)→Design(설계)→Development(개발)→Implementation(실행)→Evaluation(평가)

사전-사후 검사를 통한 교육 프로그램의 효과성 검증이다. 온고지신 프로그램을 통하여 유덕한 시민으로서의 공동체 역량과 회복탄력성에 통계적으로 유의미한 변화가 있는지를 알아보기 위해 대응표본 t 검정으로 사전-사후 검사를 실시할 필요가 있다.9)

온고지신 프로그램의 교수·학습 활동의 이론적 근거로 사회구성주의(socio-constructivism)를 들 수 있다. 흔히 사회구성주의는 문화적이고 언어적인 상호작용을 통해 학생들의 고등정신이 함양될 수 있다고 본다. 특히 비고츠키의 근접발달영역(ZPD)에서 사회 문화적 상호작용을 통해 도덕적 기능(사고, 정서, 행동)을 포함한 고등정신이 발달된다고 본다.10) 모둠 활동을 통한 만남과 대화는 다양한 내러티브가 만날 수 있는 자연스러운 소통의 장이며, 여기서 학생들은 건강하고 고유한 자신의 내러티브(이야기)를 재구성할 수 있다. 그런가 하면 교사와 학생, 학생과 학생 간의 진정성 있는 만남과 대화는 치료의 중요한 매개가 될 수도 있다. 이런 점에서 사회구성주의는 교수·학습 활동을 위한 인식론적 전제이면서도 일종의 치료적 기능을 지니고 있다.11) 전통교육의 현대화 모형인 '온고지신(溫故知新) 프로그램'은 한국적 가치관의 뿌리를 바탕으로 서구적 가치와 일정한 상보성 속에서 학생들의 인성교육에 기여함은 물론이고, 회복탄력성을 제고할 수 있는 인문치료(humanities therapy)의 중요한 매개가 될 수 있다.

온고지신 프로그램의 초점은 교수자 위주의 지식전달이 아니라 다양

····································

9) 프로그램 실행 집단인 실험집단의 유의미한 변화를 확인하기 위해서는 통제집단의 유덕한 시민성 및 회복탄력성의 수준 변화를 비교할 필요가 있으나 본 연구는 온고지신 프로그램의 개선을 위해 사전-사후 검사를 통한 성과분석에 초점을 두고자 한다.
10) 윤영돈, 「사회구성주의의 관점에서 본 내러티브와 아동의 인성교육」, 한국초등도덕교육학회, 『초등도덕교육』 39, 2012, pp.146-147.
11) 윤영돈, 「사회구성주의에서 본 도덕교육의 인문치료적 접근」, 한국초등도덕교육학회, 『초등도덕교육』 44, 2014, pp.248-249, 253-254.

한 활동을 통해 학습자가 참여하고, 서로의 이야기를 교류하며, 주어진 문제를 함께 해결함으로써 유덕한 시민으로서의 개인역량, 대인관계역량, 공동체역량을 함양하는 데 있다. 8차시로 구성된 본 온고지신 프로그램 구성(안)은 다음과 같다.

표 7-4 | 온고지신 프로그램 구성(안)[12]

프로그램 내용	핵심 역량	프로그램 활동 내용(8H)
온고지신이란 무엇일까요?		〈오리엔테이션〉 1H 서로 소개하기 활동 통한 온고지신 의미 파악 (신문에서 온고지신 관련 단어와 이미지 찾기) 사전설문조사
유덕한 시민의 개인역량	자존 성찰	〈자존〉 1H - 활동 통한 약점을 강점으로 전환하기 활동을 통한 자기효능감 함양 〈성찰〉 1H - 활동을 통한 자신의 가치 파악 - 활동을 통한 삶의 목적 탐색
유덕한 시민의 대인관계	공감 배려	〈공감〉 1H - 활동을 통한 타인의 감정 이해 - 활동을 통한 공감 능력 함양

12) 초·중·고 학교급별 프로그램은 〈표 7-4〉의 내용을 공유하되 학교급별 수준차를 고려하여 하위주제를 다양하게 개발할 필요가 있다. 그런가 하면 온고지신 프로그램 구성(안)의 분류 기준인 핵심가치, 핵심역량, 핵심목표, 중심영역, 수업운영원리에 대한 가독성을 높이는 작업도 필요하다. 더 나아가 서당과 소학의 전통교육에서 강조해 왔던 쇄소, 응대, 진퇴가 프로그램 구성 및 교수·학습 과정에 반영하는 방안도 구체화 될 필요가 있다. 이는 온고지신 교육모델 개발 연구진에서 그동안 수행해 온 이론작업을 교육현장에 적용해야 하는 과제이기도 하다. 신창호·예철해·윤영돈·임홍태·지준호, 「서당과 소학의 전통교육이 현대 인성교육에 주는 함의」, 『한국교육학연구』 23(1), 2017; 심승우·윤영돈·지준호·함규진, 「전통교육의 현대화와 정치교육모델의 구성원리」, 한국철학사연구회, 『한국철학논집』 54, 2017; 함규진·임홍태·윤영돈·한성구, 「전통교육의 정치성과 현대적 함의」, 한국철학사연구회, 『한국철학논집』 56, 2018 등.

역량		〈배려〉 1H - 친구 관계에서 배려하기(추사 김정희 이야기) - 활동을 통한 배려 능력 함양
유덕한 시민의 공동체 역량	상생 공존	〈상생〉 1H - 전통사상에 기초한 상생의 노력 이해 - 더불어 사는 국가를 위한 역할 탐색 〈공존〉 1H - 탕평채에 담긴 영조의 탕평책 이야기 - 요리와 음악을 통해 본 화이부동의 의미
온고지신 jump up		〈마무리 활동〉 1H - 온고지신 활동 소감 - 사후설문조사

3. 소결

　미래사회에 요구되는 역량을 고려하여 개정된 2015 교육과정과 포스트 코로나를 대비한 2022 개정 교육과정, 그런가 하면 2016년도 이래로 학교현장에 적용되고 있는 인성교육 종합계획, 더 나아가 2018년 이후 강화된 학교민주시민교육이라는 교육정책의 흐름 가운데 온고지신 프로그램이 학교현장에 뿌리내릴 필요가 있다.

　온고지신 프로그램은 전통에 기반을 둔 교육적 자원을 활용하여 총론의 핵심역량, 특히 자기관리역량, 의사소통역량, 심미적 감성역량, 공동체 역량 등을 제고하고, 유덕한 시민으로서 인성역량 및 회복탄력성을 함양할 수 있도록 지속적인 개선과정을 거칠 필요가 있다. 포스트 코로나 시대에 직면할 다양한 문제를 해결하는 데 온고지신의 정신을 살려 전통을 재해석하고 재구성하되, 학교급별 학생의 발달 수준에 맞게 프로그램을 기획하고 현장에 적용하는 노력이 요구된다.

온고지신 교육프로그램
효과성 검토

제8장

온고지신 교육프로그램 효과성 검토

1. 들어가는 말

본 연구는 전통교육의 현대적 방안 모색 및 유덕한 시민의 인성역량과 회복탄력성 제고를 위해 개발된 온고지신 프로그램의 효과성을 검토하는 데 목적이 있다. 온고지신 프로그램은 유덕한 시민의 인성역량 가운데 "상생과 공존"을 지향하는 민주시민성과, "자존과 성찰, 공감과 배려"와 친화력이 있는 회복탄력성이 부각되어 있다. 온고지신 프로그램은 ADDIE 모형에 근거한 프로그램의 개발과정을 거쳤다. 1년차 연구에서 문헌·요구·과제분석의 단계를 거쳤으며, 2년차 연구에서 수행목표 및 평가도구 선정, 교수전략 및 매체의 선정을 통한 프로그램 개발을 진행하였다. 특히 본 연구에 앞서 진행된 1년차와 2년차 연구에서 온고지신 프로그램의 요구분석을 위해 1,598명을 대상으로 한 '전통적 가치와 민주적 시민성에 대한 학습자 의식조사'(1차년도)와 '전통적 가치와 민주적 시민성에 대한 교수자 의식조사'(2차년도)를 진행하였으며, 이에 기반하여 총 8차시로 구성된 온고지신 프로그램과 워크북을 개발하였다. 본 연구는 온고지신 프로그램 및 워크북을 실제 초등학교, 중학교, 대학 및 대학원 수업에 적용하고 그 효과성을 검토하고자 하였다.

2. 효과성 검토 1: 초등학교[1]

(1) 연구대상 및 연구방법

온고지신 프로그램에 참여한 학교는 서울 소재의 2개교, 각 5학년과 6학년 47명이다. 이중, C초등학교의 1명은 체험학습으로 1차시 수업에 불참하여 사전조사 응답자 표본은 46명이다. 프로그램의 운영은 2018년 6월~7월에 걸쳐 진행되었으며, 학년 및 응답자 정보는 다음의 <표 8-1>과 같다.

표 8-1 | 응답자 정보

학교명	학년	학생수
서울S초등학교	5	24
서울C초등학교	6	23

본 연구는 실험집단만을 선정하여 실험처치의 효과성을 검증하는 동일집단 사전－사후 설계(one group pretest－posttest design)를 적용하였으

---

1) 지준호·이승철, 「온고지신 프로그램의 초등학생 대상 적용 연구」, 동양철학연구회, 『동양철학연구』 99, 2019, pp.193-217.

며, 사전검사 점수의 평균과 사후검사 점수의 평균 차이는 대응표본 t-검정 방법을 활용하였다.

프로그램을 운영한 교사들은 온고지신 프로그램 개발과정에서 교수자 설문에 참여한 경험이 있으며, 자문 참여 등과 같이 직간접적인 형태로 본 연구에 관여하였다. 특히 1명은 일반 대상으로 개발된 온고지신 프로그램에 수강자로 참여한 경험이 있기에 온고지신 프로그램에 대한 이해도와 현장적용 가능성을 탐색하는 데 적절하다고 판단하였다. 또한, 온고지신 프로그램의 현장적용 가능성 및 효과성 제고를 위하여 프로그램을 운영한 교사들에 대한 인터뷰를 진행하였으며, 이에 대한 주요 내용을 첨부하였다.

(2) 프로그램 운영 및 설문지 구성

가. S초등학교

2018년 7월 프로그램을 운영하였으며, 연구진이 개발한 온고지신 프로그램 워크북 중 전반 3개 차시를 초등학교 수준에 맞게 재구성한 교재를 제공하여 적용한 후 본 프로그램의 효과를 탐색하였다. 또한, 후반 3개 차시는 변형 없이 적용하여 워크북 자체의 적용 가능성을 탐색하고자 하였다.

나. C초등학교

2018년 6월과 7월에 걸쳐 프로그램을 운영하였으며, 온고지신 프로그램 워크북을 바탕으로 학급 상황에 맞게 재구성한 PPT를 통해 수업을 진행하였다. 더불어, 핵심역량과 관련된 글쓰기 활동을 통해 프로그램의 효과를 제고하고자 하였다.

다. 설문지 구성2)

온고지신 프로그램의 효과성 검토를 위해 사용된 사전·사후 설문의 문항은 '전통 및 민주시민성 역량'과 '회복탄력성 및 공동체 역량(사회적 기술)'의 영역에 관한 총 66개 문항으로 구성되었다.

우선, 전통 및 민주시민성은 지난 1−2차년도 연구에서 학습자 및 교수자 설문과 동일한 33개의 문항이 제시되어 있다. 여기에는 '전통 및 전통교육에 대한 인식'과 '민주적 시민성 역량에 대한 자가 진단'의 대영역 구분에 따라, 응답자 정보를 제외한 총 33개 문항으로 구성하였다. '전통 및 전통교육에 대한 인식'에 관한 문항은 ㉠ 전통문화에 대한 관심 및 선호도, ㉡ 전통 및 전통문화의 필요성과 활용성, ㉢ 전통교육에 대한 관심 및 선호도의 3개 하위 영역으로 구성하였으며, '민주적 시민성 역량에 대한 자가 진단'에 관한 문항 또한 ㉠ 개인역량(자존 및 성찰), ㉡ 대인관계역량(공감 및 배려), ㉢ 공동체역량(상생 및 공존)의 3개 하위 영역으로 구성하였다.

전통 및 민주시민성 영역의 하위영역 및 구인은 다음의 〈표 8−2〉과 같다.

표 8-2 | 설문지 구성(전통 및 민주시민성)

대영역	하위 영역	구인	문항수(개)
전통 및 전통교육에 대한 인식	전통문화에 대한 관심 및 선호도	관심도	5
		선호도	
	전통문화의 필요성 및 활용성	필요성	2
		활용성	3
	전통교육에 대한 관심 및 선호도	관심도	5
		선호도	

2) 본 설문지는 초등학교뿐만 아니라 중학교, 대학 및 대학원의 효과성 검증에도 사용되었다.

민주적 시민성 역량에 대한 자가 진단	개인역량	자존	3
		성찰	3
	대인관계역량	공감	3
		배려	3
	공동체역량(사회적 인식)	상생	3
		공존	3
계			33

회복탄력성 및 공동체 역량(사회적 기술)은 "온고지신 교육모델 개발 연구"(한국연구재단, 2016-2018) 중 3차 년도 연구에서 보완된 영역으로, 유덕한 시민의 인성역량과 관련하여 유의미한 주제로 부각된 회복탄력성(27문항) 및 공동체 역량(6문항) 관련 문항을 추가하여 온고지신 프로그램의 현장적용을 통한 효과성을 검토하고자 하였다. 1-27까지의 문항은 기존에 개발된 회복탄력성 문항3)을 활용하였으며, 28-33까지의 문항은 본 연구의 취지에 맞게 공동체역량의 문항 6개를 추가하였다.4) 모든 문항은 5점 리커트 척도로 구성하였다.

회복탄력성 관련 문항 및 구인은 다음의 <표 8-3>과 같다.

표 8-3 | 설문지 구성 및 구인: 회복탄력성과 공동체 역량(사회적 기술)

순번	문항	구인	
1	나는 어려운 일이 닥쳤을 때 감정을 통제할 수 있다.	감정 조절력	자기 조절 능력
2	내가 무슨 생각을 하면, 그 생각이 내 기분에 어떤 영향을 미칠지 잘 알아챈다.		

----

3) 신우열 · 김민규 · 김주환, 「회복탄력성 검사 지수의 개발 및 타당도 검증」, 『한국 청소년연구』 20(4), 2009, p.131.

4) 1차 년도 설문조사 구성 중 민주 시민성의 구인으로서 공동체 역량에 관한 문항은 사회적 인식(social recognition)에 초점을 맞춘 것이므로 온고지신 프로그램의 효과를 측정하기 어려우므로 3차 년도 설문조사에서는 효과성 검증에 부합한 사회적 기술(social skills)과 결부된 문항으로 조정할 필요가 있었다. 문항의 조정 내역은 다음과 같다.

3	이슈가 되는 문제를 가족이나 친구들과 토론할 때 감정을 잘 통제할 수 있다.		
4	당장 해야 할 일이 있으면 나는 어떠한 유혹이나 방해도 잘 이겨낼 수 있다.	충동 통제력	
5	아무리 당황스럽고 어려운 상황이 닥쳐도, 나는 내가 어떤 생각을 하고 있는지 스스로 잘 안다.		
6	일이 생각대로 잘 안 풀리면 쉽게 포기하는 편이다.		
7	문제가 생기면 여러 가지 가능한 해결 방안에 대해 먼저 생각한 후에 해결하려고 노력한다.	원인 분석력	
8	어려운 일이 생기면 그 원인이 무엇인지 신중하게 생각한 후에 해결하려고 노력한다.		
9	나는 대부분의 상황에서 문제의 원인을 잘 알고 있다고 믿는다.		
10	나는 재치 있는 농담을 잘 한다.	소통 능력	대인 관계 능력
11	나는 내가 표현하고자 하는 바에 대한 적절한 문구나 단어를 잘 찾아낸다.		
12	나는 분위기나 대화 상대에 따라 대화를 잘 이끌어 갈 수 있다.		
13	사람들의 얼굴표정을 보면 어떤 감정인지 알 수 있다.	공감 능력	
14	슬퍼하거나 화를 내거나 당황하는 사람을 보면 그들이 어떤 생각을 하는지 잘 알 수 있다.		
15	동료가 화를 낼 경우 나는 그 이유를 꽤 잘 아는 편이다.		
16	나와 정기적으로 만나는 사람들은 대부분 나를 싫어하게 된다.	자아 확장력	
17	서로 마음을 터놓고 얘기할 수 있는 친구가 거의 없다.		
18	서로 도움을 주고받는 친구가 별로 없는 편이다.		
19	열심히 일하면 언제나 보답이 있으리라고 생각한다.	자아 낙관성	긍 정 성
20	맞든 아니든 "아무리 어려운 문제라도 나는 해결할 수 있다."고 믿는 것이 좋다고 생각한다.		
21	어려운 상황이 닥쳐도 나는 모든 일이 다 잘 해결될 거라고 확신한다.		
22	내 인생의 여러 가지 조건들은 만족스럽다.	삶에 대한 만족도	
23	나는 내 삶에 만족한다.		
24	나는 내 삶에서 중요하다고 생각한 것들은 다 갖고 있다.		
25	나는 감사해야 할 것이 별로 없다.	감사 하기	
26	내가 고맙게 여기는 것들을 모두 적는다면 아주 긴 목록이 될 것이다.		
27	세상을 둘러볼 때, 내가 고마워 할 것이 별로 없다.		
28	나는 가정과 학교에서 남녀평등이 실현되도록 노력한다.	상생	공동 체 역량
29	나는 갈등하는 두 모임이 관계를 개선할 수 있도록 할 수 있는 일을 한다.		
30	나는 산이나 강 혹은 동물이나 식물에게서 아름다움을 종종 느낀다.		
31	나는 전통적 가치와 서구적 가치의 조화를 위해 노력한다.	공존	
32	나는 피부색이 다른 외국인 근로자가 옆집에 사는 것이 불편하지 않다.		
33	나는 북한이탈 학생과 학교생활을 함께 하더라도 불편하지 않다.		
계		33(문항)	

(3) 연구결과

가. 전통 및 전통교육에 대한 인식

전통 및 전통교육에 대한 인식 영역은 '전통문화에 대한 관심 및 선호도', '전통문화의 필요성 및 활용성', '전통교육 방식에 대한 관심 및 선호도'의 3개 영역으로 구분하였으며, 5번과 15번 문항은 응답자의 선호를 묻는 문항으로 5점 리커트 척도가 아니기에 분석에서 제외하였다. 우선 모든 문항에 대한 사전사후 조사는 다음과 같이 제시하고, 이하에서 각 구인별 연구결과를 제시한다.

표 8-4 | 전통 및 전통교육에 대한 인식

문항		평균	표준편차	t값
1	사전	3.04	0.965	0.550
	사후	3.15	0.884	
2	사전	2.78	1.172	2.116*
	사후	3.32	1.270	

문항	민주시민의 공동체역량 관련 문항(2016)	유덕한 시민의 공동체 역량 관련 문항(2018)	비고
28	나는 우리 사회가 가정과 직장에서 남녀평등이 이루어져 있다고 본다.	나는 가정과 학교에서 남녀평등이 실현되도록 노력한다.	변경
29	나는 대기업이 작고 어려운 중소기업의 경제적 이익을 더 많이 보호해야 한다고 생각한다.	나는 갈등하는 두 모임이 관계를 개선할 수 있도록 할 수 있는 일을 한다.	변경
30	나는 산이나 강 혹은 동물, 식물을 보면 종종 아름답다고 느낀다.	나는 산이나 강 혹은 동물, 식물을 보면 종종 아름답다고 느낀다.	유지
31	나는 우리 사회가 전통적 가치와 서양에서 들어온 가치를 잘 어울리게 만들기 위해 노력하고 있다고 본다.	나는 전통적 가치와 서구적 가치의 조화를 위해 노력한다.	변경
32	나는 피부색이 다른 외국인들이 옆집에 살거나 어울리는 것이 불편하지 않다.	나는 피부색이 다른 외국인 근로자가 옆집에 사는 것이 불편하지 않다.	변경
33	나는 남한과 북한이 대립하고 있지만 서로를 인정하고 친하게 지낼 수 있다고 생각한다.	나는 북한이탈 학생과 학교생활을 함께하더라도 불편하지 않다.	변경

3	사전	2.72	1.486	0.321
	사후	2.81	1.245	
4	사전	3.61	1.325	1.196
	사후	3.91	1.139	
6	사전	4.02	1.022	-0.806
	사후	3.85	1.021	
7	사전	4.00	1.011	-0.188
	사후	3.96	1.160	
8	사전	3.07	1.323	2.146*
	사후	3.62	1.153	
9	사전	3.43	1.088	0.622
	사후	3.57	1.078	
10	사전	3.54	1.277	-0.047
	사후	3.53	1.100	
11	사전	3.61	1.125	0.614
	사후	3.74	1.010	
12	사전	2.59	1.326	1.200
	사후	2.89	1.127	
13	사전	3.65	0.971	0.466
	사후	3.74	0.943	
14	사전	3.00	1.300	1.876
	사후	3.47	1.100	

* $p \leq .05$, ** $p \leq .01$, *** $p \leq .001$ (양측검정)

위 <표 8-4>와 같이, 각 문항별로 사전-사후의 수치가 소폭 변화하였으나, 2번 문항과 8번 문항만이 통계적으로 유의미한 것으로 나타났다. 2번 문항은 전통문화에 대한 평소의 관심을 묻는 문항이었으며, 8번 문항은 전통문화의 활용성 중 도덕성에 관한 문항이었다.

전통 및 전통교육에 관한 인식과 관련한 각 구인별 사전-사후 차이는 다음과 같다.

표 8-5 | 전통 및 전통교육에 대한 인식 (구인별)

구인	문항	구분	평균	표준편차	t값
관심도	1-2	사전	2.91	0.865	1.745
		사후	3.23	0.908	
선호도	3-4	사전	3.16	1.111	0.899
		사후	3.36	1.020	
필요성	6-7	사전	4.01	0.866	-0.538
		사후	3.90	1.035	
활용성	8-10	사전	3.35	1.054	1.099
		사후	3.57	0.932	

* $p \leq .05$, ** $p \leq .01$, *** $p \leq .001$ (양측검정)

위 <표 8-5>와 같이, 전통문화에 대한 필요성을 제외한 다른 영역에서 사후검사의 값이 높게 나타났으나, 통계적으로 유의미한 것은 아니다.

나. 민주시민성 역량

민주시민성 역량 영역의 문항은 개인역량, 대인관계역량, 공동체역량으로 구성되었으며, 이에 따른 구인은 자존 · 성찰(개인역량), 공감 · 배려(대인관계역량), 상생 · 공존(공동체역량)이다. 각 구인별 문항은 3개이며 5점 리커트 척도로 조사하였다. 우선 모든 문항에 대한 사전사후 조사결과를 다음과 같이 제시하고, 이하에서 각 구인별 연구결과를 제시한다.

표 8-6 | 민주시민성 역량 (문항별)

구분		평균	표준편차	t값
16	사전	3.33	1.156	3.679***
	사후	4.11	0.866	
17	사전	3.39	1.022	3.690***
	사후	4.11	0.840	
18	사전	3.67	1.097	1.670
	사후	4.02	0.897	

19	사전	3.15	1.316	2.401*
	사후	3.74	1.052	
20	사전	3.35	1.140	2.657**
	사후	3.87	0.711	
21	사전	3.41	1.127	1.892
	사후	3.81	0.876	
22	사전	3.67	1.076	1.516
	사후	3.98	0.847	
23	사전	3.15	0.988	2.958**
	사후	3.74	0.943	
24	사전	3.76	1.058	1.120
	사후	4.00	1.000	
25	사전	3.57	1.223	2.828**
	사후	4.17	0.789	
26	사전	3.72	0.935	3.308**
	사후	4.30	0.749	
27	사전	3.13	1.222	3.062**
	사후	3.85	1.042	
28	사전	2.96	1.349	0.672
	사후	3.13	1.096	
29	사전	3.72	0.886	-1.144
	사후	3.51	0.856	
30	사전	3.96	0.842	3.082**
	사후	4.45	0.686	
31	사전	3.11	1.016	3.361**
	사후	3.77	0.865	
32	사전	3.89	1.120	2.692**
	사후	4.45	0.855	
33	사전	3.78	1.191	2.722**
	사후	4.38	0.922	

* $p \leq .05$, ** $p \leq .01$, *** $p \leq .001$ (양측검정)

위 <표 8-6>과 같이, 사전조사에 비해 사후조사의 값이 18개 문항 중 14개 문항에서 통계적으로 유의미한 차이를 나타났다. 29번 문항에서 사후조사의 값이 떨어졌으나 통계적으로 유의하지는 않다. 한편, 구인별 사전사후 값의 차이는 다음과 같다.

표 8-7 | 민주시민성 역량 (구인별)

영역	구인	문항	평균		표준편차	t값
개인 역량	자존	16-18	사전	3.46	0.827	3.963***
			사후	4.08	0.660	
	성찰	19-21	사전	3.30	0.860	3.212**
			사후	3.81	0.640	
대인 역량	공감	22-24	사전	3.53	0.759	2.537*
			사후	3.91	0.680	
	배려	25-27	사전	3.47	0.791	4.450***
			사후	4.11	0.565	
공동체 역량	상생	28-30	사전	3.54	0.693	1.195
			사후	3.70	0.515	
	공존	31-33	사전	3.59	0.789	4.103***
			사후	4.20	0.624	

* $p \leq .05$, ** $p \leq .01$, *** $p \leq .001$ (양측검정)

위 <표 8-7>과 같이, 사전-사후검사 결과 공동체역량 영역의 구인인 상생을 제외한 모든 구인에서 통계적으로 유의미한 증가를 보였다. 특히 자존, 배려, 공존의 구인에서 높은 증가를 보였으며, 영역별 사전-사후의 차이는 다음과 같다.

표 8-8 | 민주시민성 역량 (역량별)

구분	평균		표준편차	t값
개인역량	사전	3.38	0.698	4.519***
	사후	3.94	0.477	
대인관계역량	사전	3.50	0.660	4.071***
	사후	4.01	0.536	
공동체역량 (사회적 인식)	사전	3.57	0.632	3.239**
	사후	3.95	0.482	

* $p \leq .05$, ** $p \leq .01$, *** $p \leq .001$ (양측검정)

다. 회복탄력성

온고지신 프로그램 운영 전후의 회복탄력성 값은 다음과 같다.

표 8-9 | 회복탄력성 및 공동체역량(사회적 기술)(요인별)

구분	문항	평균		표준편차	t값
자기조절능력	1-9	사전	3.41	0.640	-0.267
		사후	3.36	1.068	
대인관계능력	10-18	사전	3.02	0.608	0.070
		사후	3.03	0.930	
긍정성	19-27	사전	3.39	0.598	-0.319
		사후	3.33	1.149	
공동체역량 (사회적 기술)	28-33	사전	3.78	0.671	0.005
		사후	3.78	1.434	

위 <표 8-9>와 같이, 각 요인별 회복탄력성 값은 소폭 증감이 있었으나, 통계적으로 유의미한 차이는 없었다. 위의 표에 언급된 공동체역량 (사회적 기술의 성격)과 민주시민성 역량의 구인 중 공동체 역량(사회적 인식의 성격)은 측정하는 문항의 성격이 상이하기 때문에 다른 결과가 나타난 점에 주목할 필요가 있다.

(4) 참여자 인터뷰

온고지신 프로그램의 적용 결과에 대한 해석을 프로그램을 운영한 교수자의 인터뷰를 통해 제시하고자 한다. 다음에서는 프로그램의 효과, 장단점, 만족도 등과 관련하여 프로그램 수강 참여자의 소감에 대한 교수자의 분석 내용을 소개한다.

가. 프로그램 효과

프로그램을 운영한 교사는 다음과 같은 프로그램 운영의 효과를 제시하였다. 첫째, 전통 및 전통적 가치에 대한 긍정적 인식 제고 및 환기가 가능하였다. 둘째, 글쓰기 등의 활동을 통해 자존심과 자존감을 구분하고 자신의 삶을 돌아보는 계기가 되었다. 셋째, 평소의 학습 생활에서 다른 학생을 놀린 학급 내 문제를 해결할 수 있는 계기가 되었다. 넷째, 공정함의 중요성을 느끼고, 우리가 살아가는 사회 및 세계의 문제에 관심을 가지게 되었다.

나. 프로그램의 장점

프로그램을 운영한 교사들이 제시한 온고지신 프로그램의 장점은 다음과 같다. 첫째, 학습자들이 전통적 가치가 현재에도 이어지고 있음을 확인하였다. 이를 바탕으로 도덕과 교육목표 중 다양한 부분에서 연계활동이 가능하며, 학생들이 전통적 가치에 대하여 긍정적인 인식의 전환을 이끌어 낼 수 있었다. 둘째, 온고지신 프로그램의 하위요소 및 구인들은 모두 현재 초등학교 도덕과의 핵심요소와 일치하거나 관련성이 높아 도덕과 수업에 적극적으로 활용될 가능성이 많다. 셋째, 프로그램 워크북의 경우, 다양한 자료가 많이 삽입되어 학생들의 수준과 흥미를 고려하여 선택적으로 활용가능한 장점이 있다. 예를 들어, '상생'과 관련된 여러 자료 중에 초등학생에게 이해 가능한 내용을 선택하여 수업을 진행하였더니 학생들이 수업에 많은 흥미를 가지는 것을 확인할 수 있었다. 넷째, 창의적 체험 활동 시간에 활용하여 학급을 경영할 수 있다. 학급에서 일어나는 크고 작은 문제들을 해결함에 있어 서로에게 필요한 가치들이 프로그램 워크북에 나와 있어 매우 유용했다. 실제로 졸업 앨범을 찍으면서 작은 문제가 있었는데, 온고지신 프로그램의 운영을 통해 원만하게 해결한 사례가 있었다. 특히, 학급 내 문제가 있을 때 필요한 가치를 선정하여 선택적으로 수업을 진행하는 것 역시 학급 경영에 도움이 될 수 있으리라 판단한다.

다. 프로그램의 단점

프로그램을 운영한 교사들이 제시한 온고지신 프로그램의 단점은 다음과 같다. 첫째, 초등학교 5학년 도덕과 교육과정 및 성취기준과 온고지신 프로그램의 순서 및 교육시기, 교육과정의 세부사항 등에서 서로 맞지 않는 부분이 있어 교육과정 재구성의 난점이 있다. 이로 인하여 프로그램을 직접 적용하기 위해서는 교육과정에 대한 전반적인 재구성이 필요하다. 더불어, 현행 교과서의 구성 및 도덕과 수업시수 등의 한계로 인하여 교육과정 재구성에 적지 않은 부담이 있다. 둘째, 중등과 초등 도덕과의 교육목표 및 수준이 달라 후반 3차시의 프로그램 워크북을 그대로 적용하기에는 실질적으로 교육목표 설정 및 학습에 어려움이 있었다. 셋째, 프로그램 워크북의 자료들이 많다. 한 차시에 워크북이 제시하는 모든 절차를 한정된 수업에 담아내는 것은 현실적으로 무리가 있다. 절차를 간소화하거나 생략 가능한 것과 필수적인 것을 구분하여 선택 가능한 자료들을 늘리는 것이 좋다고 판단한다.

라. 프로그램 수강 참여자 소감에 대한 교수자의 분석(S초등학교)

● 온고지신 프로그램에 대하여 어떻게 생각하는지 물어본 결과 5점 척도 기준, 3.91점으로 비교적 긍정적인 반응이 나왔다.

● 온고지신 프로그램에서 아쉬웠던 점을 물어본 결과 지루하다거나 이해가 가지 않았다는 반응들이 주를 이루었다. 이러한 부분은 4번 문항에서 교사에 대한 긍정적인 반응들이 주를 이루었던 점과 비교해볼 때 온고지신 프로그램이 초등학생들에게는 어려웠거나 교육과정 재구성이 충분

하지 못한 것이 아닌가 하는 생각이 들었다.

● 온고지신 프로그램에서 흥미 있었던 점을 물어본 결과 "선생님이 재미있고 활발해서 좋다.", "동양과 서양의 결합 등이 흥미 있었다." 등의 대답이 나왔다. 다른 항목과 비교하여 분석해 보면 초등학교 수준에 맞추어 좀 더 세밀하게 다듬을 경우 보다 긍정적인 결과를 이끌어 낼 수 있을 것 같다.

● 온고지신 도덕교육 수업을 한 후 전통에 대한 인식 변화를 물어본 결과, 3.87점으로 긍정적으로 변화하였다고 대답한 학생 비율이 높았다. 변화의 정도가 다른 항목에 비해 낮게 나왔기에 보완이 필요해 보인다.

● 온고지신 프로그램을 실시한 후 전통하면 떠오르는 이미지가 무엇인지 복수응답이 가능한 서술식 질문으로 물어본 결과 한복, 한옥, 김치 등 기존의 전통이미지가 강하게 나왔다. 이는 온고지신 프로그램을 통해 가르치고자 한 것들을 올바르게 전달하지 못했다고 할 수 있으며, 왜 제대로 전달되지 못했는지 추후 분석이 필요할 것 같다.

● 온고지신 프로그램에 대한 자유서술에서는 "우리나라의 전통에 대하여 새롭게 많이 알게 된 것들이 많다."는 대답이 대다수를 차지하고 있었다. 또한 "우리나라의 전통문화를 가꾸어야겠다."는 대답의 비율이 높았다. 하지만 무엇이 우리 전통인지, 어떻게 가꾸어나가야 하는지에 대하여는 서술이 없었던 것을 본다면, 온고지신을 가르칠 때 이러한 부분에 있어 보다 포커스를 맞출 필요가 있을 것 같다.

(5) 소결

프로그램 적용에 대한 사전–사후 조사결과와 참여자 인터뷰를 분석한 결과 다음과 같은 세 가지 연구결과를 도출할 수 있다.

첫째, 온고지신 프로그램의 사전–사후 조사결과 전통 및 전통교육에 대한 인식의 변화가 미미하였다. 물론 이는 본 프로그램이 전통적 내용의 전달이 아닌 전통교육의 내용적 요소를 통한 인성 역량의 향상을 목표로 설정하고 있기에 납득할 만한 결과라 볼 수 있다. 또한 연구진이 개발한 프로그램을 온전히 적용하기보다 교육과정 운영 등 상황에 적절하게 재구성하여 운영하였다는 점 역시 이유가 될 수 있다. 그러나 온고지신 프로그램의 개발 단계에서 주변적인 효과로 전통에 대한 인식을 제고하였다는 점을 상기할 때 추후 보완이 필요하다고 판단한다.

둘째, 사전－사후 조사결과 민주시민성 역량에서 상당한 효과성이 있다고 볼 수 있다. 자존·성찰의 개인역량과 공감·배려의 대인관계역량은 p < .001 수준에서 유의확률을 보였으며, 상생·공존의 공동체역량에서 역시 p < .01 수준에서 유의확률을 보였다. 공동체역량의 구인인 상생을 제외한다면 상당한 효과성이 있다고 판단할 수 있다. 단, 표본의 수가 한정적이라는 점에서 한계는 있으나 본 프로그램에 대한 이해 수준이 높은 교사가 수업을 운영하였다는 점이나 현행 도덕과 교과의 교육과정 내용 및 핵심성취기준과 일치하는 분야가 다수 있다는 점 등이 본 프로그램 효과성에 긍정적인 영향을 미친 직접적인 요인이라는 점을 추측할 수 있다.

셋째, 온고지신 프로그램 운영 결과 회복탄력성 증감에 큰 영향을 미치지 않는 것으로 판단할 수 있다. 단, 민주시민성 역량과 회복탄력성 구인 중 공동체역량에 대한 조사에서 다른 결과가 도출되었다는 점은 프로그램의 목표를 사회적 인식 변화에 둘 것인지 아니면 사회적 기술을 익히는 데 둘 것인지를 선택할 필요성을 제기한다.

이상의 내용을 종합하여 온고지신 프로그램의 초등 현장 적용성 및 효과성 제고를 위해 다음과 같은 두 가지 시사점을 도출할 수 있다. 첫째, 전통 및 전통교육의 내용에 관한 자료를 확충할 필요가 있다. 둘째, 도덕과 교과 및 창의적 체험활동 등에서 호환하여 활용할 수 있는 선택적 자료 및 활동의 확충이 필요하다. 셋째, 교수자 워크북에 도덕과 교육과정 재구성과 관련한 구체적인 예시안을 제시할 필요가 있다.

3. 효과성 검토 2: 중학교[5]

(1) 연구대상 및 연구방법

온고지신 프로그램에 참여한 인천 D중학교 1학년 19명 중 불성실한 응답(3명)을 제외한 16명을 연구대상으로 하였다. 본 연구는 실험집단만을 선정하여 실험처치의 효과성을 검증하는 동일집단 사전－사후 설계 (one－group pretest－posttest design)를 적용하였다. 실험집단인 인천 D중학교 1학년 도덕 수업을 활용하여 6차시를 진행하였다.[6] 검사도구는 신우열·김민규·김주환(2009)이 개발한 청소년용 회복탄력성 27문항을 사용하였다. 더 나아가 사회적 기술의 측면에서 유덕한 시민의 공동체역량을 파악하기 위한 6문항을 추가하였다.[7]

(2) 연구결과

전통적 가치 선호도 및 민주시민성 역량, 회복탄력성 및 공동체역량 (사회적 기술)의 사전－사후 검사의 t 검정을 통해 온고지신 프로그램의 효과성을 검증하였다.[8]

....

5) 윤영돈·한성구, 「온고지신 프로그램의 중학교 적용연구」, 『한국철학논집』 59, 2018, pp.474-476.
6) 온고지신 프로그램은 당초 8차시로 구성되었으나 인천 D중학교의 학사일정상 2차시를 축소하였다. 1차시와 8차시를 최소화하여 1차시는 2차시와 통합하고, 8차시는 7차시와 통합하여 진행하였다(2018.7.11.-19).
7) 설문지 구성 및 설문문항은 앞서 초등학교 효과성 검토에서 제시한 〈표 8-2〉 및 〈표 8-3〉 참고.

표 8-10 | 전통적 가치 선호도 및 민주시민성 역량 대응표본 t검증

전통적 가치 선호도 및 민주시민성 역량		평균	표준편차	t (Z)	p
전통문화에 대한 관심 및 선호도	사전	13.81	3.35	-2.341*	.033
	사후	16.44	2.80		
전통문화의 필요성 및 활용성#	사전	20.13	3.61	-2.204*	.028
	사후	22.31	3.57		
전통교육 및 전통교육방식	사전	14.63	3.05	-1.471	.162
	사후	16.50	6.65		
민주시민의 개인역량#	사전	24.94	3.47	-1.733	.083
	사후	26.31	3.74		
민주시민의 대인관계 역량	사전	23.94	4.93	-1.396	.183
	사후	25.69	4.11		
민주시민의 공동체 역량#	사전	24.00	4.03	-1.994*	.046
	사후	25.94	3.68		

* p < .05   #: 비모수검정

온고지신 프로그램에 참여한 인천 D중학교 학생의 사전사후 검사 결과, 전통문화에 대한 관심 및 선호도(사전13.81 → 사후16.44, p=.033), 전통문화의 필요성 및 활용성(사전20.13 → 사후22.31, p=.028), 민주시민의 공동체 역량(사전24.00 → 사후25.94, p=.046)에 있어서 통계적으로 유의미한 효과가 있었다. 한편 민주시민의 개인역량 및 대인관계 역량에 있어서 평균점은 상승했으나 통계적으로 유의미하지 않은 것으로 나타났다.

---

8) 온고지신 프로그램의 중학생 대상 효과성 검증에서 〈전통적 가치 선호도 및 민주시민성 역량〉 검사도구의 Cronbach α는 .954였고, 〈회복탄력성 검사도구〉의 Cronbach α는 .958이었다. 두 검사도구를 함께 볼 경우, Cronbach α는 .969였다.

표 8-11 | 회복탄력성 및 공동체 역량 대응표본 t검증

중위요인		평균	표준편차	t (Z)	p
자기조절 능력	사전	34.38	5.57	-2.586*	.021
	사후	37.81	6.91		
대인관계 능력	사전	35.13	4.18	-1.200	.249
	사후	36.75	5.27		
긍정성	사전	35.25	7.21	0.550	.591
	사후	34.56	7.59		
공동체역량#	사전	22.13	5.39	-2.670**	.008
	사후	25.31	6.17		
전체	사전	126.88	17.81	-1.817	.089
	사후	134.44	20.92		

중위요인	하위요인		평균	표준편차	t	p
회복탄력성	자기조절능력	감정조절력	사전	12.38	1.75	-0.975	.345
			사후	12.94	2.46		
		충동통제력	사전	11.06	1.98	-4.468*	.000
			사후	12.69	2.21		
		원인분석력#	사전	10.94	3.44	-1.963*	.050
			사후	12.19	3.97		
	대인관계능력	소통능력	사전	11.31	1.92	-1.927	.073
			사후	12.38	1.67		
		공감능력	사전	11.50	2.00	-1.855	.083
			사후	12.75	2.35		
		자아확장력	사전	12.31	3.79	1.655	.119
			사후	11.63	3.67		
	긍정성	자아낙관성	사전	12.00	3.80	0.333	.743
			사후	11.75	4.22		
		삶에 대한 만족도#	사전	12.19	2.56	-0.419	.675
			사후	12.50	3.14		
		감사하기#	사전	11.06	4.77	1.187	.235
			사후	10.31	4.96		
공동체 역량		상생#	사전	10.00	4.38	-2.814*	.005
			사후	12.00	4.94		

* p < .05 # : 정규성을 띠지 않아 wilcoxon signed rank test 시행

온고지신 프로그램을 통해 회복탄력성을 구성하는 세 가지 요인, 즉 자기조절능력(사전 34.38 → 사후37.81, 유의확률 .021), 대인관계능력(사전35.13 → 사후37.75, p=.249), 긍정성(사전35.25 → 사후34.56, p=.591)에서 사전에 비해 사후 평균이 상승하였다. 이 가운데 자기조절능력만 통계적으로 유의미한 것으로 나타났다. 그런가 하면 공동체 역량(사전22.13 → 사후25.31, p=.008) 역시 통계적으로 유의미한 것으로 나타났다.

하위요인별로 보았을 때, 통계적으로 유의미한 경우는 자기조절능력의 하위 요인 가운데 충동통제력(사전11.06 → 사후12.69, p=.000), 원인분석력(사전10.94 → 사후12.19, p=.050)이 해당된다. 더 나아가 공동체 역량의 하위 요인인 상생(사전10.00 → 사후12.00, p=.005)과 공존(사전12.13 → 사후13.31, p=.036) 모두 통계적으로 유의미한 것으로 나타났다. 한편 대인관계능력의 하위요인인 자아확장력(사전12.31 → 사후11.63, p=.119), 긍정성의 하위요인인 자아낙관성(사전12.00 → 사후11.75, p=.743) 및 감사하기(사전11.06 → 사후10.31, p=.235)의 경우, 사전 값보다 사후 값이 떨어진 상황이 발생했으나 통계적으로 유의미한 것은 아니다.

(3) 소결

본 연구는 <21세기 온고지신 교육모델 개발 연구>의 3차년도 과제의 일환으로 온고지신 프로그램 개발 및 현장 적용을 통해 그 효과성을 검증하였다. 교육 프로그램 개발 과정을 계획(plan)−실행(do)−평가(see)로 볼 때, 본 연구는 온고지신 프로그램의 개발과 실행과 현장적용과 평가 과정의 환류를 통해 개선된 프로그램이 유덕한 시민으로서 두 종류의 공동체 역량(사회적 인식 및 사회적 기술)을 통계적으로 유의하게 제고할 뿐만 아니라 회복탄력성의 구성요인 중 자기조절 능력(충동통제력 및 원인분석력) 또한 통계적으로 유의하게 증진하였다는 점을 확인할 수 있었다.

그러나 본 연구는 다음과 같은 한계가 있다. 먼저, 연구대상의 표본 (n=16)이 작아서 온고지신 프로그램의 중학교 적용 결과로서 대표성을 지니기는 어렵다는 점에 유의할 필요가 있다. 다음으로 해당 중학교의 학사일정상 6차시로 단축 운영함으로써 온고지신 프로그램을 중학교 현장에서 온전하게 구현하기 어려웠던 점도 연구의 제한점이라 할 수 있다.

4. 효과성 검토 4: 대학 및 대학원[9]

(1) 연구대상 및 연구방법

온고지신 프로그램을 수강한 참여자는 서울 소재의 대학 및 대학원의 총 9개 강좌 137명(결측 1명 포함)이다. 실험집단과 통제집단은 각 56명씩 동일하다. 실험집단과 통제집단은 인원 및 이수학년이 일치하도록 설계하였다. 실험집단 내에서 학부 재학생은 1학년과 2학년 각 31명과 15명이며, 대학원 재학은 10명이다. 통제집단 내에서 학부 재학은 실험집단과 동일 학년 및 이수구분에 따라 각 31명, 14명이며, 대학원 재학은 11명이다.

본 연구는 실험집단과 통제집단을 구분하여 실험처치의 효과성을 검증하는 통제집단 사전-사후 설계(pretest-posttest control group)를 적용하였다. 사전검사와 점수의 평균과 사후검사 점수의 평균 차이는 대응표본 t-검정 방법을 활용하였으며, 집단 간 평균 차이는 독립표본 t검정 방법

---

9) 지준호·이승철·박창남, 「온고지신 프로그램의 성인대상 적용 연구」, 한국철학사연구회, 『한국철학논집』 61, 2019, pp.265-288.

을 활용하였다.

실험집단 내에서 별개의 교육내용을 적용하여 프로그램 운영의 효과성을 측정하기 위해 별도로 대학 2학년 교양강좌(한자문화와창의서당) 수강생 24명에 대한 사전-사후검사를 실시하였다. 차별 적용된 교육내용의 구체적인 사항은 본 프로그램이 설정한 '전통 핵심역량을 강의한 강좌'와 '전통 고전자료를 활용하여 수업을 진행한 강좌'로 구분된다. 각 집단의 인원 구성을 살펴보면, '전통 핵심역량을 강의한 강좌'는 학부 2학년과 대학원 수강생 25명이며, '고전자료 활용 강좌'는 학부 1학년과 2학년 수강생 55명이다.

아래의 <표 8-12>는 실험설계의 구체적인 내용을 제시한 것이다.

표 8-12 | 실험설계 및 연구대상

실험집단			통제집단		
강좌명	이수구분	인원(명)	강좌명	이수구분	인원(명)
동양철학과 비판정신	학부1학년 (교양)	31	삶과철학의 이해	학부1학년 (교양)	31
*동양윤리사상	학부2학년 (심화)	15	도덕과교육	학부2학년 (심화)	14
*동양윤리사상연구	대학원 (선택)	5	환경윤리	대학원 (필수)	8
*동양윤리교재개발 연구	대학원 (선택)	5	환경과철학	대학원 (선택)	3
계		56	계		56
한자문화와 창의서당	학부2학년 (교양)	24			
계		80			
*표는 핵심역량 강의강좌 / 그 외 실험집단은 전통 고전자료 활용강좌					

(2) 연구결과

가. 전통 및 전통교육에 대한 인식

전통 및 전통교육에 대한 인식 영역은 '전통문화에 대한 관심도 및 선호도', '전통문화의 필요성 및 활용성', '전통교육 방식에 대한 관심 및 선호도'의 영역으로 구분하였으며, 5번과 15번 문항은 응답자의 선호를 묻는 문항으로 5점 리커트 척도가 아니기에 분석에서 제외하였다. 우선 모든 문항에 대한 사전사후 조사는 다음과 같이 제시하고, 이하에서 각 구인별 연구결과를 제시한다.

표 8-13 | 전통 및 전통교육에 대한 인식(문항별)

구인	문항	실험집단			비교집단			집단 간 차이의 t값
		평균	표준편차	t값	평균	표준편차	t값	
전통문화에 대한 관심도	1	3.14	.833	2.839**	3.16	.949	-0.884	3.443
		3.54	.631		3.00	.982		
	2	2.44	1.000	1.749	2.16	0.949	0.167	2.864**
		2.79	1.107		2.19	1.093		
전통문화에 대한 선호도	3	2.84	1.320	2.036*	2.71	1.246	-0.273	2.894**
		3.32	1.177		2.65	1.289		
	4	3.51	.571	0.191	3.27	.884	0.745	2.008*
		3.48	.874		3.14	.934		
전통문화의 필요성	6	1.89	.588	0.016	2.13	0.715	0.620	-2.447*
		1.89	.623		2.21	0.750		
	7	4.12	.709	0.157	3.84	0.804	-0.506	2.513*
		4.14	.645		3.75	0.969		
전통문화의 활용성	8	3.75	.872	1.532	3.25	0.769	1.257	3.320**
		3.98	.700		3.46	0.965		
	9	3.72	.726	0.090	3.43	0.892	0.358	1.444
		3.73	.798		3.49	0.966		
	10	3.18	0.909	2.871**	3.14	0.923	-0.423	3.529***
		3.64	0.819		3.07	0.904		

전통교육 방식에 대한 관심 및 선호도	11	3.82	0.710	1.484	3.50	0.894	0.265	3.247**
		4.02	0.674		3.54	0.867		
	12	2.26	0.856	1.962	2.41	1.005	-0.328	1.373
		2.59	0.910		2.35	0.935		
	13	4.00	0.655	0.718	3.70	0.872	0.451	2.121*
		4.09	0.668		3.77	0.907		
	14	3.44	0.964	1.038	2.89	0.947	0.735	3.583***
		3.63	0.945		3.02	0.855		

* $p \le .05$, ** $p \le .01$, *** $p \le .001$ (양측검정)

위 <표 8-13>과 같이, 실험집단 내에서 사전 사후의 평균은 대체적으로 사전검사에 비해 사후검사가 높게 나타났으나 통계적으로 유의미한 차이를 보이는 문항은 1번, 3번, 10번의 세 항목이다. 비교집단 내에서 사전 사후의 평균차는 소폭의 증감을 보이나 통계적으로 유의미한 것은 아니다. 한편, 집단 간 차이의 t값에서는 1번, 9번, 12번 문항을 제외한 모든 문항에서 유의미한 차이를 보였다. 이 중 6번 문항의 경우, 실험집단에 비해 통제집단의 평균차 향상이 높았다. 참고로 6번 문항은 전통의 필요성에 관련한 '우리 국민들은 전통을 더 잘 알기 위해 노력해야 한다고 생각한다.'에 관한 5점 척도 문항이다.

표 8-14 | 교육내용에 따른 전통 및 전통교육에 대한 인식

구인	문항	핵심역량을 강의한 반			고전자료를 활용한 반			집단 간 차이의 t값
		평균	표준편차	t값	평균	표준편차	t값	
전통문화에 대한 관심도	1	2.84	.688	4.481***	3.34	.815	1.742	0.815
		3.64	.569		3.60	.760		
	2	2.40	1.118	2.118*	2.27	0.904	1.825	0.063
		3.08	1.152		2.60	1.011		
전통문화에 대한 선호도	3	2.32	1.030	3.615***	3.13	1.266	0.963	0.733
		3.44	1.158		3.35	1.142		
	4	3.40	.577	1.779	3.48	.687	-.674	1.825
		3.76	.831		3.38	.871		

전통문화의 필요성	6	1.92	0.702	-0.426	1.96	0.538	-0.477	0.665
		1.84	0.624		1.91	0.674		
	7	4.00	0.866	0.723	4.05	0.699	0.415	0.765
		4.16	0.688		4.11	0.712		
전통문화의 활용성	8	3.88	0.881	0.746	3.59	0.890	2.117*	0.529
		4.04	0.611		3.93	0.790		
	9	3.80	0.577	0.660	3.50	0.831	0.055	0.047
		3.92	0.702		3.51	0.900		
	10	3.24	0.970	3.046**	3.09	0.815	2.447*	0.008*
		3.96	0.676		3.47	0.836		
전통교육 방식에 대한 관심 및 선호도	11	3.80	0.816	0.926	3.77	0.786	1.590	0.908
		4.00	0.707		3.98	0.623		
	12	2.32	0.988	1.625	2.36	0.883	2.061	0.819
		2.76	0.926		2.71	0.916		
	13	4.00	0.816	0.359	3.88	0.662	1.818	0.944
		4.08	0.759		4.09	0.586		
	14	3.68	0.802	0.684	3.21	1.022	1.336	0.120
		3.84	0.850		3.47	1.016		

* $p \leq .05$, ** $p \leq .01$, *** $p \leq .001$ (양측검정)

위 <표 8-14>에서 실험집단 내 강의 내용에 따른 평균차를 살펴볼 수 있다. 핵심역량을 강의한 반의 경우, 전통문화의 필요성 구인 중 6번 문항을 제외한 나머지 문항에서 평균이 향상하였다. 이중 전통문화에 대한 관심도(1번, 2번)와 전통문화에 대한 선호도(3번), 전통문화의 활용성(10번)에서 통계적으로 유의미한 향상을 보였다. 고전자료를 활용한 반의 경우, 전통문화의 선호도(4번)와 전통문화의 필요성(6번)에서 평균이 하락하였으나 통계적으로 유의하지는 않다. 나머지 문항에서는 평균이 향상하였으며, 그 중 전통문화의 활용성(8번, 10번)에서 통계적으로 유의미한 향상을 보였다. 한편, 두 집단 간 평균차 중 통계적으로 유의미한 향상을 나타낸 문항은 전통문화의 활용성의 10번 문항이 유일하다.

나. 민주시민성 역량

민주시민성 역량 영역의 문항은 개인역량, 대인관계역량, 공동체역량으로 구성하였으며, 이에 따른 구인은 자존·성찰(개인역량), 공감·배려(대인관계역량), 상생·공존(공동체역량)이다. 각 구인별 문항은 3개이며 5점 리커트 척도로 조사하였다. 우선 모든 문항에 대한 사전사후 조사결과를 다음과 같이 제시하고, 이하에서 각 구인별 연구결과를 제시한다.

표 8-15 | 민주시민성 역량 (문항별)

구인	문항	실험집단 (N=56)			비교집단 (N=56)			집단 간 차이의 t값
		평균	표준편차	t값	평균	표준편차	t값	
자존	16	1.67	0.577	0.432	1.64	0.586	0.760	-0.752
		1.71	0.594		1.74	0.720		
	17	2.11	0.724	-1.231	2.18	0.741	-0.687	-1.149
		1.95	0.644		2.09	0.662		
	18	1.47	0.630	-0.422	1.59	0.757	0.187	-1.706
		1.43	0.499		1.61	0.648		
성찰	19	3.75	0.739	0.827	3.79	0.803	-0.088	0.653
		3.88	0.810		3.77	0.866		
	20	3.65	1.009	1.703	3.73	1.018	1.021	0.215
		3.95	0.840		3.91	0.851		
	21	3.33	0.932	3.209**	3.66	0.900	0.141	1.102
		3.86	0.796		3.68	0.869		
공감	22	4.30	0.499	-0.306	4.20	0.585	-0.168	0.753
		4.27	0.556		4.18	0.735		
	23	3.82	0.630	0.115	3.82	0.876	-0.691	0.855
		3.84	0.733		3.70	0.963		
	24	4.47	0.601	-0.088	4.48	0.632	-1.171	1.101
		4.46	0.538		4.33	0.715		
배려	25	1.95	0.953	-0.112	2.05	0.862	-1.126	0.335
		1.93	0.828		1.88	0.803		
	26	4.07	0.623	0.295	3.86	0.773	-0.496	2.447*
		4.11	0.705		3.79	0.674		
	27	2.74	1.061	-0.656	2.82	1.097	-1.172	0.140
		2.61	1.039		2.58	1.101		

상생	28	2.33	1.058	0.864	2.39	0.966	-0.037	0.605
		2.50	0.991		2.39	1.013		
	29	4.04	0.706	0.278	3.93	0.735	0.950	-0.758
		4.07	0.684		4.63	5.489		
	30	4.28	0.648	0.337	4.16	0.890	0.637	1.811
		4.32	0.636		4.05	0.915		
공존	31	2.98	0.935	2.731**	3.36	0.841	0.039	0.739
		3.48	1.009		3.35	0.876		
	32	4.11	0.900	0.012	4.20	0.672	-1.608	0.953
		4.11	0.824		3.95	0.953		
	33	3.02	0.991	2.417	2.95	1.052	1.855	0.780
		3.43	0.806		3.30	0.963		

* $p \leq .05$, ** $p \leq .01$, *** $p \leq .001$ (양측검정)

위 <표 8-15>와 같이, 18개 문항 중 실험집단의 평균이 향상된 문항은 12개 문항이며, 이중 통계적으로 유의미한 향상을 보인 문항은 성찰의 21번 문항과 공존의 31번 문항이다. 한편, 실험집단과 통제집단 간 평균차 중 통계적으로 유의미한 문항은 배려의 26번 문항이다.

표 8-16 | 교육내용에 따른 민주시민성 역량

구인	문항	핵심역량을 강의한 반			고전자료를 활용한 반			집단 간 차이의 t값
		평균	표준편차	t값	평균	표준편차	t값	
자존	16	1.68	0.627	-0.701	1.71	0.653	0.709	0.107
		1.56	0.583		1.80	0.621		
	17	2.16	0.554	-2.840**	2.07	0.850	-0.359	0.065
		1.72	0.542		2.02	0.707		
	18	1.48	0.653	-0.990	1.55	0.784	0.585	0.022*
		1.32	0.476		1.64	0.704		
성찰	19	3.88	0.781	0.162	3.68	0.876	0.890	0.613
		3.92	0.954		3.82	0.772		
	20	3.68	0.988	1.387	3.46	0.894	1.704	0.151
		4.04	0.841		3.75	0.844		

	21	3.24	0.879	2.601*	3.27	0.981	2.695**	0.554
		3.84	0.746		3.73	0.804		
공감	22	4.20	0.500	0.543	4.29	0.494	0.216	0.843
		4.28	0.542		4.31	0.635		
	23	3.76	0.597	1.010	3.64	0.903	1.128	0.432
		3.96	0.790		3.82	0.722		
	24	4.40	0.577	0.975	4.39	0.779	0.330	0.392
		4.56	0.583		4.44	0.601		
배려	25	2.00	1.000	-0.816	1.88	0.875	0.310	0.534
		1.80	0.707		1.93	0.900		
	26	4.04	0.611	1.599	4.00	0.739	-0.254	0.046
		4.32	0.627		3.96	0.769		
	27	2.68	1.030	-1.017	2.84	1.023	-1.009	0.350
		2.40	0.913		2.64	1.095		
상생	28	2.32	1.215	0.387	2.39	0.985	1.191	0.460
		2.44	0.961		2.62	1.009		
	29	4.12	0.666	-0.422	3.84	0.733	-0.020	0.278
		4.04	0.676		3.84	0.811		
	30	4.44	0.507	0.516	4.14	0.749	0.421	0.045
		4.52	0.586		4.20	0.678		
공존	31	3.04	0.889	1.711	3.07	0.931	2.114*	0.789
		3.52	1.085		3.45	0.978		
	32	4.08	0.954	0.650	4.04	0.873	0.118	0.337
		4.24	0.779		4.05	0.803		
	33	3.20	0.913	1.466	2.86	0.999	1.970	0.074
		3.56	0.821		3.20	0.826		

* $p \leq .05$, ** $p \leq .01$, *** $p \leq .001$ (양측검정)

위 <표 8-16>과 같이, 교육내용에 따른 집단의 평균차에서 핵심역량을 강의한 반의 경우, 성찰의 21번 문항에서 통계적으로 유의미하게 향상한 반면, 자존의 17번 문항은 하락하였다. 고전자료를 활용한 반에서는

성찰의 21번 문항과 공존의 31번 문항에서 통계적으로 유의하게 향상하
였다. 두 반 모두 향상된 항목은 성찰의 21번 문항으로 '나는 화가 나거나
기분이 나빠도 나의 감정을 잘 다스린다'이다. 한편, 집단 간 평균차에서
는 자존의 18번 문항이 유일하게 통계적으로 유의미하게 나타났다.

표 8-17 | 민주시민성 역량 (구인별)

| 영역 | 구인 | 실험집단 (N=56) | | | 비교집단 (N=56) | | | 집단 간 |
		평균	표준편차	t값	평균	표준편차	t값	차이의 t값
개인역량	자존	1.75	0.433	-0.637	1.80	0.535	0.095	-1.317
		1.70	0.437		1.81	0.500		
	성찰	3.58	0.680	2.575*	3.73	0.736	0.465	0.827
		3.89	0.613		3.79	0.712		
대인관계 역량	공감	4.20	0.445	-0.098	4.17	0.554	-0.888	1.193
		4.19	0.462		4.07	0.600		
	배려	2.92	0.521	-0.414	2.91	0.490	-1.753	1.523
		2.88	0.428		2.75	0.493		
공동체 역량 (사회적 인식)	상생	3.55	0.473	0.863	3.49	0.504	0.742	-0.223
		3.63	0.527		3.69	1.914		
	공존	3.37	0.657	2.586*	3.50	0.558	0.286	1.219
		3.67	0.591		3.53	0.633		

* $p \leq .05$, ** $p \leq .01$, *** $p \leq .001$ (양측검정)

위 <표 8-17>과 같이, 구인별 실험집단과 통제집단의 사전/사후
평균차를 살펴볼 때 실험집단에서만 성찰, 공존 구인에서 통계적으로 유
의미한 향상이 있었다. 집단간 평균차는 유의미한 차이가 없는 것으로 나
타났다. 한편, 교육내용에 따른 집단의 평균차는 아래의 <표 8-18>과
같다.

표 8-18 | 교육내용에 따른 민주시민성 역량 (구인별)

영역	구인	핵심역량을 강의한 반			고전자료를 활용한 반			집단 간 차이의 t값
		평균	표준편차	t값	평균	표준편차	t값	
개인역량	자존	1.77	0.405	-2.087*	1.78	0.580	0.359	2.322*
		1.53	0.408		1.82	0.547		
	성찰	3.60	0.720	1.741	3.47	0.635	2.474*	-1.136
		3.93	0.631		3.76	0.614		
대인관계 역량	공감	4.12	0.429	1.192	4.11	0.489	0.840	-0.653
		4.27	0.441		4.19	0.524		
	배려	2.91	0.476	0.543	2.90	0.515	-0.654	0.022
		2.84	0.386		2.84	0.488		
공동체 역량 (사회적 인식)	상생	3.63	0.494	0.270	3.46	0.519	0.954	-0.912
		3.67	0.553		3.55	0.510		
	공존	3.44	0.629	1.782	3.32	0.654	2.198*	-1.448
		3.77	0.692		3.57	0.528		

* $p \le .05$, ** $p \le .01$, *** $p \le .001$ (양측검정)

위 <표 8-18>에서 알 수 있듯이, 핵심역량을 강의한 반의 경우, 자존의 구인에서 통계적으로 유의미하게 하락하였으며, 나머지 역량은 향상하였으나 통계적으로 유의미하지 않다. 고전자료를 강의한 반의 경우, 성찰과 공존의 구인에서 통계적으로 유의미하게 향상하였다. 실험집단과 통제집단의 평균차에 관한 이상의 내용을 역량별로 종합하면 다음의 <표 8-19>와 같다.

표 8-19 | 민주시민성 역량 (역량별)

영역	실험집단			비교집단			집단 간 차이의 t값
	평균	표준편차	t값	평균	표준편차	t값	
개인역량	2.66	0.324	2.403*	2.76	0.309	0.585	-0.114
	2.79	0.250		2.80	0.349		
대인관계 역량	3.56	0.300	-0.412	3.54	0.321	-2.000*	2.044*
	3.54	0.287		3.41	0.365		

| 공동체 역량 (사회적 인식) | 3.46 | 0.452 | 2.189* | 3.50 | 0.435 | 0.733 | 0.257 |
| | 3.65 | 0.483 | | 3.61 | 1.082 | | |

* $p \leq .05$, ** $p \leq .01$, *** $p \leq .001$ (양측검정)

위 <표 8-19>에서 알 수 있듯이, 실험집단의 경우 개인역량과 공동체 역량에서 유의미한 향상을 보였다. 대인관계역량에서는 하락하였으나 유의하지는 않다. 반면 통제집단의 경우 대인관계역량에서 통계적으로 유의하게 하락하였으며, 해당 역량에서 실험집단과의 유의미한 차이가 나타났다.

한편, 교육내용에 따른 집단간 평균차는 다음의 <표 8-20>과 같다.

표 8-20 | 교육내용에 따른 민주시민성 역량 (역량별)

구분	핵심역량을 강의한 반			고전자료를 활용한 반			집단 간 차이의 t값
	평균	표준편차	t값	평균	표준편차	t값	
개인역량	2.69	0.313	0.570	2.63	0.379	2.561*	0.830
	2.73	0.264		2.79	0.298		
대인관계 역량	3.51	0.280	0.513	3.51	0.315	0.160	-0.556
	3.55	0.271		3.52	0.291		
공동체 역량 (사회적 인식)	3.53	0.471	1.274	3.39	0.448	2.064*	-1.406
	3.72	0.561		3.56	0.424		

* $p \leq .05$, ** $p \leq .01$, *** $p \leq .001$ (양측검정)

위 <표 8-20>에서 알 수 있듯이, 핵심역량을 강의한 반은 평균이 향상하였으나 통계적으로 유의하지 않았다. 반면, 고전자료를 활용한 반에서는 개인역량과 공동체역량에서 통계적으로 유의미한 향상이 나타났다.

다. 회복탄력성 및 공동체 역량(사회적 기술)

온고지신 프로그램 운영 전후 실험집단과 통제집단의 회복탄력성 값의 평균차는 다음과 같다.

표 8-21 | 회복탄력성 및 공동체 역량(사회적 기술) (요인별)

요인		실험집단			비교집단			집단 간 차이의 t값
		평균	표준편차	t값	평균	표준편차	t값	
회복탄력성	자기조절 능력	3.52	0.377	2.237*	3.61	0.456	0.011	0.805
		3.68	0.365		3.61	0.456		
	대인관계 능력	3.03	0.460	0.806	2.97	0.394	-0.261	1.896
		3.10	0.437		2.95	0.380		
	긍정성	3.33	0.412	1.879	3.42	0.434	0.210	0.471
		3.47	0.384		3.44	0.374		
공동체역량 (사회적 기술)		3.85	0.498	-0.512	3.72	0.498	0.988	-0.208
		3.80	0.486		3.82	0.589		

* $p \le .05$, ** $p \le .01$, *** $p \le .001$ (양측검정)

위 <표 8-21>과 같이 실험집단의 사전 사후 평균은 공동체역량을 제외한 나머지 요인에서 향상하였다. 이중 자기조절능력에서 유의미한 평균차가 나타났다. 통제집단의 사전 사후 평균은 통계적으로 유의미한 차이가 없는 것으로 나타났다. 집단간 평균차는 네 요인 모두 통계적으로 유의하지 않게 나타났다. 한편 공동체역량과 관련하여 '사회적 인식'에 초점을 둔 1차년도 문항과 '사회직 기술'에 초점을 둔 3차년도 문항에 차이가 있기 때문에 온고지신 프로그램 적용 후 그 결과가 상이함을 알 수 있다.

표 8-22 | 교육내용에 따른 회복탄력성 및 공동체 역량(사회적 기술)

요인	핵심역량을 강의한 반			고전자료를 활용한 반			집단 간 차이의 t값
	평균	표준편차	t값	평균	표준편차	t값	
자기조절 능력	3.55	0.396	1.458	3.48	0.398	2.386	-0.280
	3.70	0.310		3.67	0.435		
대인관계 능력	3.08	0.485	1.096	2.97	0.398	1.104	-1.674
	3.22	0.401		3.06	0.407		
긍정성	3.30	0.438	1.492	3.25	0.433	1.014	-0.955
	3.48	0.425		3.36	0.609		
공동체역량 (사회적 기술)	3.80	0.567	0.833	3.82	0.436	-0.822	-1.285
	3.93	0.565		3.73	0.704		

* $p \leq .05$, ** $p \leq .01$, *** $p \leq .001$ (양측검정)

위 <표 8-22>는 교육내용에 따른 사전 사후 회복탄력성 및 공동체 역량(사회적 기술)의 평균값이다. 핵심역량을 강의한 반의 경우, 모든 요인에서 향상하였으나 통계적으로 유의미한 수치는 없다. 고전자료를 활용한 반 역시 증감을 보였으나, 통계적으로 유의미한 수치가 나타나지 않았다.

(3) 소결

프로그램 적용에 대한 사전-사후 조사결과와 참여자 인터뷰를 분석한 결과는 다음과 같다. 우선 실험집단과 통제집단의 사전-사후 평균차에서 나타나는 조사결과를 살펴보자. 첫째, 실험집단과 비교집단의 평균차를 분석한 결과, 일반 대상 온고지신 프로그램의 효과성은 '회복탄력성' 영역에 비해 '전통 및 전통교육에 대한 관심'과 '민주시민성 역량'에서 높게 나타났다. 특히 실험집단의 사전-사후 평균차는 '전통 및 전통교육에 대한 관심'의 14개 문항 중 9개 문항에서 통제집단의 평균차와 유의미한 차이를 보였다. 둘째, 실험집단의 민주시민성 역량 평균차의 경우, 개인역량과 공동체 역량에서 실험집단의 평균차가 유의하게 나타났다. 그러나 구인 및 문항에 관한 세부 사항을 살펴볼 때, 성찰 구인의 21번 문항과 공존 구인의 31번 문항의 평균차가 압도적으로 높게 나타난 데 기인함을 알 수 있다. 한편, 실험집단과 통제집단의 평균차 비교에서는 대인관계 역량에서 집단간 유의미한 평균차가 나타났는데, 이 역시 관련 6개 문항 중 배려 구인의 26번 문항의 향상에 기인한 것을 살펴볼 수 있다. 이에 따라 민주시민성의 3개 영역에서 의미있는 결과가 도출되었다 할지라도 영역별 검토가 아닌 구인별 검토에서 볼 때, 추후 온고지신 프로그램이 갖는 민주시민성 역량에 대한 효과성은 면밀한 판단을 요한다. 셋째, 회복탄력성의 경우, 실험집단 내 평균차는 자기조절능력에서 유의하게 나타났다. 한편, 비교집단과의 평균차는 네 가지 요인 모두 유의하지 않게 나타났다.

한편 핵심역량 강의 강좌와 고전자료 활용 강좌의 내용에 따른 효과성 검토에 관한 사항을 종합한다면 다음과 같다. 첫째, '전통 및 전통교육에 대한 관심' 영역에서 고전자료를 활용한다면 전통에 대한 관심이 향상될 것이라는 예상과 달리, 고전자료를 활용한 강좌보다 핵심역량을 강의한 강좌에서 사전-사후의 평균이 향상하였다. 이에 따라 해당 강좌에서 수강자에게 제시된 고전자료의 수준 및 접근성, 수강자들의 학습준비도 등을 면밀히 검토해 볼 필요가 있으며, 아울러 이는 추후 온고지신 프로그램의 운영 및 적용에서 역시 주요하게 고려해야 할 사항으로 판단된다. 둘째, '민주시민성 역량' 영역에서 핵심역량을 강의한 강좌의 효과가 예상보다 미미하였다. 18개 문항 중, 성찰 구인의 21번 문항을 제외한 나머지 문항에서 통계적으로 유의하지 않은 증감을 나타냈으며, 특히 자존 구인의 17번 문항에서는 $p \leq .01$ 수준에서 하락한 것으로 나타났다.

이상의 내용을 종합하여 일반 대상 온고지신 프로그램의 적용성 및 효과성 제고를 위해 다음과 같은 두 가지 시사점을 도출할 수 있다. 첫째, 영역 및 구인별로 효과성이 높게 나타난 교육내용 및 교수설계를 적용한 프로그램을 운영할 필요가 있다. 본 연구에서는 사례로서 핵심역량과 고전자료에 따른 교수설계를 제시하였으나, 이후 현장에서의 적용에서는 관련 시청각 자료 등과 같이 보다 확장된 교재 및 교수설계를 통해 참여자의 접근성과 프로그램의 효과성을 제고할 필요가 있다. 둘째, 초·중등과 별개의 효과성 측정 도구를 개발할 필요가 있다. 초중등의 경우, 교육과정상의 핵심성취기준이 제시되어 있다. 따라서 이에 대한 측정 도구 역시 어느 정도 정형화되어 있다고 판단할 수 있다. 반면, 일반 대상의 경우 초중등 학습자에 비하여 학습자의 준비도 및 연령에 따른 차이가 발생할 수 있기에 특성화된 측정 도구에 대한 필요가 있다고 판단한다.

5. 결론 및 제언

온고지신 프로그램을 학교급별로 적용하였을 경우, 전반적으로 전통문화에 대한 관심 및 선호도, 전통문화의 필요성 및 활용성 등에 효과가 있었다는 점을 확인할 수 있었다. 동 프로그램이 유덕한 시민의 인성역량 및 회복탄력성에 미친 효과성 측면은 다음의 <표 8−23>과 같이 정리해 볼 수 있다. 물론 표본의 수가 적기 때문에 일반화하기는 어렵지만 시사하는 바가 있다.

표 8-23 | 유덕한 시민의 인성역량 및 회복탄력성의 학교급별 효과성 측면

| 요인 | | 초등학교 (N=46) | 중학교 (N=16) | 대학(대학원) | |
				온고지신 프로그램 (N=25)	고전자료 활용 (N=55)
유덕한 시민의 인성 역량	개인역량(자존 · 성찰)				
	대인관계역량(공감 · 배려)				
	공동체역량(상생 · 공존): 사회적 인식				
회복 탄력성	자기조절능력				
	대인관계능력				
	긍정성				
	공동체역량: 사회적 기술				

* 음영 표시: 통계적으로 유의미한 효과를 나타냄

온고지신 프로그램을 실행한 결과, 초등학교에서는 대인관계역량 및 공동체역량(사회적 인식)이, 중학교에서는 공동체역량(사회적 인식) 및 자기조절능력과 공동체역량(사회적 기술)이, 대학 및 대학원에서는 대인관계역량이 통계적으로 유의미한 효과를 나타냈다. 회복탄력성 및 공동체역량(사회적 기술)과 같이 역량 및 기능의 측면에서 보았을 경우, 초등학교 및 대학교에서는 통계적으로 유의미한 효과가 없었고, 중학교는 자기조절능력과 공동체역량(사회적 기술)에서 통계적으로 유의미한 효과가 있었다는 점이 특기할 만하다. 온고지신 프로그램 운영시, 학생의 역량 및 기능 획득에 초점을 두고 교수 · 학습을 전개할 것인가의 여부에 따라 그 결과가 달라지는 경향이 있는 것으로 보인다. 한편 대학에서 고전사료를 활용한 강좌의 경우, 개인역량(자존, 성찰)과 공동체 역량(사회적 인식)이 통계적으로 유의미한 효과가 있었다는 점도 주목할만 하다.

다음으로 온고지신 프로그램의 효과성 검토를 통해 학교급별 적용시 유의할 사항을 살펴보자. 온고지신 프로그램의 적용을 위한 해당 교과목

및 시수확보가 초등학교나 중학교에서 쉽지 않기 때문에 학교 연간수업계획 수립 시 교육과정 재구성의 맥락에서 도덕과 및 창의적 체험활동에서 시수를 확보할 필요가 있다. 특히 교육의 목표를 인성역량과 회복탄력성에 두고자 할 경우, 교수자 워크북에 교육과정 재구성 방향, 교수·학습 활동 및 풍부한 자료 제시 등이 요구된다. 향후 온고지신 프로그램의 실행 및 효과성 검증이 축적되고, 이를 바탕으로 지속적인 개선 과정을 거쳐 학교급별로 최적화된 프로그램이 개발되기를 기대한다.

2015개정 교육과정 이래로, 특히 포스트 코로나 시대의 미래사회에 요구되는 민주시민으로서의 역량을 고려할 때, 전통에 뿌리내린 교육적 자원을 활용하는 온고지신 프로그램은 자기관리역량, 의사소통역량, 심미적 감성역량, 공동체 역량 등을 제고하고, 유덕한 시민으로서 인성역량 및 회복탄력성을 함양하는 데 기여할 것으로 전망한다. 향후 우리 사회가 직면할 다양한 문제를 해결하는 데 온고지신의 정신을 살려 전통을 재해석하고 재구성하되, 학교급별 학생의 발달 수준에 맞게 프로그램을 기획하고 현장에 적용하는 노력이 지속적으로 이루어질 필요가 있다.

제3부

온고지신 프로그램의 실제

제9장

온고지신 프로그램_지도서

제9장

온고지신 프로그램_지도서

1. 들어가는 말

한 사회의 어린이와 청소년, 더 나아가 청년이 건강하고 행복해야 그 사회의 미래가 있습니다. 우리 사회의 주역이 될 이들이 행복하고 건강한 삶을 영위할 수 있는 교육적 처방이 필요한 지점입니다.

온고지신(溫故知新) 프로그램은 <21세기 온고지신 교육모델 개발연구>의 3차년도 과제의 일환으로 온고지신 프로그램 개발 및 현장 적용을 목표로 합니다.

본 프로그램은 전통에 기초한 인성교육의 필요성에 대한 하나의 답변의 성격을 지니고 있으며, 미래사회에 요구되는 핵심 역량, 가령, 자기관리역량, 의사소통역량, 심미적 감성역량, 공동체 역량을 제고하고, 유덕한 시민으로서 인성역량 및 회복탄력성 함양에 기여하고자 합니다. 이를 위해서는 현장 적용 및 효과성 검토와 피드백 과정을 거쳐 지속적으로 프로그램을 개선할 필요가 있습니다.

온고지신 프로그램은 자존과 성찰, 공감과 배려, 상생과 공존이라는 유덕한 시민적 인성을 함양할 수 있도록 구성되어 있습니다. 유덕한 시민적 인성의 구인은 다음과 같습니다.

영역	구인	의미 및 기능
유덕한 시민의 개인역량	자존	▢ 자아정체성과 자신감을 가지고 자신의 삶과 진로를 주도적으로 관리하는 능력
	성찰	▢ 자신과 주변을 반성적으로 사고하고, 실천하고자 하는 수기(修己) 능력
유덕한 시민의 대인관계 역량	공감	▢ 상대방의 처지에 대해 감정이입을 하고, 상대방의 의견을 경청할 수 있는 능력
	배려	▢ 사회 정서적 기술을 활용하여 타인의 필요를 헤아리고 그 요구에 반응하는 능력
유덕한 시민의 공동체역량	상생	▢ 서로 다른 둘 이상이 서로를 북돋우며 다 같이 잘 살아가게 하는 능력
	공존	▢ 사상, 문화, 인간, 집단, 국가 등 대립되는 양자의 조화를 추구할 수 있는 능력

유덕한 시민의 개인역량의 구인인 자존과 성찰은 각각 고유한 의미와 기능이 있지만 중첩된 측면이 있기 때문에 엄격하게 구분하기보다는 점선으로 표시함으로써 소통 가능성이 있음을 나타내고 있습니다. 유덕한 시민의 대인관계 역량의 구인인 공감과 배려의 관계나, 유덕한 시민의 공동체 역량의 구인인 상생과 공존의 관계도 이와 유사합니다.

모쪼록 본 지도서가 온고지신 프로그램을 학교현장에 적용하는 데 유익하고, 본 프로그램에 참여한 학생들의 시민적 인성역량과 회복탄력성을 함양하는 데 기여할 수 있다면 연구진에게는 큰 보람이 될 것 같습니다.

2. 이렇게 지도하세요!

▌마음열기
모둠 구성원과 의사소통을 원활하게 하거나 해당 차시의 주제를 탐색하는 활동입니다. 이 활동을 통해 학생들은 대화하고, 공감하며, 효과적으로 자신을 표현할 수 있습니다.

▌생각쌓기
다양한 학습 활동을 통해 해당 차시의 주제를 본격적으로 탐구하면서 관련된 온고지신 인성요소(자존과 성찰, 공감과 배려, 상생과 공존)를 확인하고, 의사소통 능력을 기릅니다.

▌생각에 날개 달기
해당 차시의 주제와 관련한 다양한 학습 활동을 통해 온고지신 인성요소를 구체적으로 실천하기 위한 사회적 기술과 역량들을 친구들과 함께 연습하게 됩니다.

▌생활 속에서 실천해 보기
앞서 배운 내용을 일상생활에서 직접 실천해 보고, 자신의 행동을 평가해 볼 수 있는 기회를 갖습니다. 이를 통해 조금씩 성장하는 자신의 모습을 발견할 수 있습니다.

3. 사전 사후 설문조사 설명_설문지는 〈부록〉 참고

Teaching Mention

〈사전조사〉: 1차시 활동을 진행하기 전에 실시
"여러분, 설문조사를 하고자 합니다. 앞으로 8차시로 진행될 온고지신 교육 프로그램이 여러분에게 얼마나 도움이 될 수 있는지를 알아보기 위한 사전조사입니다. 설문지 상단에 성별, 나이, 비밀번호를 써주기를 바랍니다. 비밀번호는 마지막 8차시를 마친 후 설문조사 때에도 써야 하니까 꼭 기억하기를 바랍니다.

〈사후조사〉: 8차시 활동을 진행한 후에 실시
"여러분, 온고지신 교육 프로그램 8차시가 여러분의 관심과 참여 덕분에 잘 마무리되었습니다. 온고지신 교육 프로그램이 여러분에게 도움이 되었으리라 생각합니다. 이제 사후 설문조사를 통해 이 프로그램이 여러분에게 어떤 부분에서 얼마나 도움이 되었는지를 확인하고자 합니다. 여러분의 설문참여를 통해 온고지신 교육 프로그램이 한 단계 좋아질 수 있습니다."

4. 온고지신 프로그램 개선 방향: 초등학교 적용을 중심으로

온고지신 프로그램은 중학교용을 기준으로 마련되었다. 때문에 초등학교(5, 6학년)에 프로그램을 적용하는 과정에서 학교 현장 교사들의 의견을 워크북(학생용)과 지도서(교수자용)에 반영하고자 노력하였다. 여기서는 학교급 교육현장에서 온고지신 프로그램을 적용할 때 시행착오를 줄이기 위한 목적에서, 특히 초등학교에서 프로그램을 적용한 후 교사들의 개선 의견을 종합하여 제시하고자 한다.

먼저 학교급별 온고지신 프로그램 개발 방향과 관련된 것이다. 개발 당시 학교급별로 프로그램 개발을 하는 게 적절하지만 공동 연구진의 전공 및 여건을 고려할 때 차선책으로 중학교용 프로그램을 표준안으로 개발하기로 하고, 다른 학교급의 경우, 수정보완 과정을 거쳐 학교현장에서 시행해 보고 피드백과정을 통해 프로그램을 개선하는 절차를 밟기로 하였다.

다음으로 중학교용 표준안이 대한 초등학교 교사들의 의견을 중심으로 초등학교 프로그램 개선 방향을 정리하여 제시하면 다음과 같다.

(1) 학교급에 부합한 용어 및 어휘

초등학교 수준에 맞게 용어 및 어휘를 다듬는 작업이 필요하다. 가령 사전사후 검사지에서 전통교육 방식이라는 용어에 대한 설명도 필요하고, 입시위주의 교육방식에 대한 소개도 필요하며 논어, 맹자와 같은 고전에 대해 풀어쓸 필요가 있다. 아울러 전통이 우리나라의 관습과 문화에 초점을 둘 것인지 아니면 동양사상 일반을 다룰 것인지 밝힐 필요가 있다. 이와 관련하여 동양사상을 배제한 채 우리나라의 전통사상을 말하기는 어렵다. 때문에 동양사상 일반을 배경으로 하되 한국적인 전통을 부각시키는 방향에서 접근할 필요가 있다. 그런가 하면 프로그램 첫날 활동에 온고지신의 의미를 알기 쉽게 이해할 수 있는 장치도 필요하다는 의견도 있었다. 이를 위해 온고지신을 반영한 기술개발, 광고 등의 사례를 활용하는 것도 고려해 볼 수 있다.

(2) 프로그램 적용시기

적용시기와 관련하여 초등 5, 6학년 경우, 도덕시간 혹은 창체시간만으로 8차시 프로그램을 운영하는 게 용이하지 않기 때문에 도덕시간과 창체시간 모두 활용할 필요가 있고, 정치 및 공동체 관련 활동(상생, 공존)은 사회과(역사영역)를 일정 부분 활용할 수 있다. 이러한 의견은 학교현장에서 별도의 시간 확보가 쉽지 않기 때문에 기존교과의 내용체계 및 성취기준과 결부하여 한 해 학교교육과정을 구성할 때 사전협의를 통해 온고지신 프로그램의 적용 및 실행 방향을 기획할 필요가 있다. (*자존: 초등도덕성취기준 [6도01－02] "자주적인 삶을 살아가기 위해 어떻게 하면 그 모범사례에 따른 생활계획을 수립할 수 있을까?" *공감: 초등도덕성취기준 [6도01－01] "다양한 감정과 욕구는 무엇이고 이를 조절하고 적절하게 표현하는 것이 왜 중요할까?" *상생: 초등도덕성취기준 [6도03－02] "공정함의 의미는 무엇이며, 공정한 사회를 이루기 위해 관점채택능력을 어떻게 기를 수 있을까?")

(3) 차시별 수정 보완 사항

차시별로 수정보완할 내용을 정리하면 다음과 같다.

[1차시] 구용과 구사는 다른 용어로 제시할 필요가 있다. 만약 사용할 경우, 랩 형식의 동영상을 동기유발용 자료로 활용하는 것은 가능하다. 마음열기에서 여러 가지 옛 물건들(딱지, 연, 한복, 김치, 김밥, 하회탈, 가야금 등) 중 자신을 비유하여 소개할 수 있는 물건을 골라 친구들 앞에서 소개하는 활동으로 바꾼다면 온고지신 주제와 연관성을 높이면서 학생 자신을 표현하는 데 유익할 것으로 보인다. 앞서 보여준 구용 구사 동영상 후속 활동으로 오늘날 우리에게 와 닿는 내용이 무엇인지, 바꾸고 싶은 가사가 있다면 어떻게 바꿀지 묻는 심화활동을 계획할 수도 있다.

[2차시 자존] 활동 구성에서 온고지신의 정신과 다소 괴리가 있다. 현재 자기효능감 제고에 초점이 있는데 온고지신과 관련성을 높이는 장치가 필요하다. 6×6 토크박스에 잠들기 전 하는 일, 위로가 되는 노래, 나만의 휴식법 이야기해보기 등이 학생의 자기방어 기제를 낮추는 효과가 있을 것으로 보인다. "작은 걸음 큰 걸음" 활동에서 일종의 고민 사례가 부각되기 때문에 '나는 집중력이 약한 편이라 어차피 시험점수가 낮을 게 뻔해' 라든가, '소극적인 편이라 새 학기가 되면 친구 사귀는 게 너무 힘들어'처럼 자신의 약점과 관련된 사례로 조정하면 좋을 것 같다. '비주얼 씽킹'으로 표현하는 활동에서 용어 자체가 쉽지 않으므로 풀어써 주는 게 필요하다.

[3차시 성찰]을 다루는 부분에서 가치비행기 던지기와 가치덕목 빌보드 활동은 그 취지가 중복되는 측면도 있고, 학생 자신이 선정한 가치에 우선성을 두는 이유에 대해 생각해보고 발표하는 발제문을 추가할 필요도 있다. 아울러 삶의 목적에 대한 4가지 유형 중 하나를 선택해 보고, 삶의 목적이 없을 경우의 문제점을 생각해 보게 하는 발제문을 추가하면 좋을

것 같다. 마지막으로 덕목 빌보드 활동을 통해 6가지 가치덕목 중 자신이 생각하는 중요한 가치에 대해 함께 이야기 나눌 수 있다. 여러 활동이 중복되므로 자신이 중요하게 생각하는 가치에 대해 마인드 맵으로 표현해보고 모둠 안에서 나눠보도록 하는 것도 좋을 것으로 보인다.

[4차시 공감] 마음열기에서 실화를 바탕으로 구성한 것이 부적절해 보이고 공감보다는 협동이나 화합의 가치에 초점을 둔 것으로 보인다. 그리고 감정차이에 관한 삽화가 관점차이에 초점이 있어서 감정차이나 공감과의 연계성을 높일 필요가 있다.

[5차시 배려]의 구성이 친구와의 우정과 중첩되어 있어서 초점을 명확히 할 필요가 있고, 같은 상황에 대한 다른 평가와 관련한 활동에서 교육적 의도가 제시문 혹은 발문에 표현될 필요가 있다. '배려를 몸으로 표현하기', '같은 상황, 다른 생각' 등의 활동은 시간이 많이 걸리므로 선택과 집중이 필요하다. 특히 같은 상황 다른 생각 코너에서는 내가 받고 싶은 배려의 행동이 무엇인지에 대해 추가로 묻는다면 배려의 태도나 자세를 배울 수 있을 것으로 보인다.

[6차시 상생]에서 정치 관련 텍스트가 많이 나오는데 지정행의 통합적인 활동을 고려할 필요가 있어 보이므로 주제와 관련한 '학급회의 활동'을 추천할 수 있겠다. 아울러 텍스트 분량을 줄이고 관련 삽화, 만화, 사진 등을 활용하는 것도 좋을 것으로 보인다. 이는 7차시에도 해당된다.

[7차시 공존]에서 탕평채와 같이 여러 재료들이 섞인 음식이 건강에 좋은 이유에 대해 이야기해보면서 조화의 내용을 이끌어 내는 방식으로 구성할 필요가 있고, 라면 예시는 건강에 좋지 않기 때문에 신중할 필요가 있다.

[8차시] 앞서 다룬 자존, 성찰, 공감, 배려, 상생, 공존의 의미들을 되짚어보고 내면화할 수 있도록 학생들이 이들 가치 중 하나를 선택하여

'내 안에서 가장 빛나고 있는 혹은 빛내고 싶은 가치'가 무엇인지 이야기 해보는 활동을 추가하면 좋을 것이다.

(4) 교수학습 및 평가방향

흔히 2015 개정교육과정을 역량중심 교육과정이라 부르곤 하는데 교과 역량 및 기능을 습득하기 위해서는 학생 참여형 교수학습 방법을 적용할 필요가 있다. 온고지신 프로그램 역시 차시별 목표로 하는 성취기준 및 역량(기능)이 있고, 학생 중심의 참여형 수업을 지향한다. 더 나아가 도덕과 등 교과기반 활동으로 확장할 경우, 과정중심 평가를 통해 당일 활동 혹은 전날 활동에 대한 피드백이 요구된다. 특히 학생에 대한 교사의 일방적 평가는 지양하고 동료평가(또래평가)를 적극 활용할 필요가 있다.

(5) 기타 보완사항

지도서의 <온고지신노트>에 해당 차시의 주제와 관련된 전통 사상을 좀 더 풍부하게 소개하고, 서양의 관련 사례도 제시해 준다면 교사가 선별하여 수업에 적절하게 활용할 수 있을 것으로 보인다.

5. 차시별 지도서 내용

1차시 온고지신이란 무엇일까?

1. 수업 개요

단원명	온고지신이란 무엇일까?		차시	1차시
학습 주제	온고지신의 태도 갖기		활동장소	교실
수업 목표	1. 사례를 통해 온고지신의 의미를 파악할 수 있다. 2. 온고지신의 자세가 필요한 이유를 설명할 수 있다.			
수업 전개	• 〈마음열기〉를 통해 긴장을 풀고 모둠 구성원과 편한 분위기를 조성한다. • 〈생각쌓기〉를 통해 일상생활에서 접하게 되는 온고지신의 원리가 담긴 다양한 사례의 공통점을 파악하고, 동영상을 통해 온고지신의 의미를 이해한다. • 〈생각에 날개달기〉에서는 신문에서 온고지신과 관련된 단어나 그림 등을 찾아 오려붙이고 그것을 선택한 이유 및 온고지신과의 관련성을 설명하도록 한다. • 〈생활 속에서 실천해 보기〉에서는 1차시 활동 중 인상 깊었던 내용(활동)이나 새롭게 배우고 삶에 적용할 수 있는 작은 걸음에 대해 성찰해보도록 한다. • 사전 설문조사를 실시한다.			

학습요소	영역	오리엔테이션, 개인역량, 대인관계역량, 공동체 역량
	온고지신 인성요소	자존, 성찰, 공감, 배려, 상생, 공존
	2015 교육과정 총론 핵심역량	자기관리역량, 지식정보처리역량, 창의적 사고역량, 심미적 감성역량, 의사소통역량, 공동체 역량

2. 수업 준비 및 실행

〈수업 준비하기〉

교사	워크북(활동지), 파워포인트, 신문, 풀, 가위, 종이(A4 용지), 설문지
학생	워크북(활동지)

▶유의사항: 한 모둠에 5명 내외 (모둠마다 리더 역할을 할 수 있는 학생 배치)

〈교수-학습 과정안〉

▌마음열기

① <3칸으로 소개하기> 활동에 대해 설명한다.
② 교사(강사) 먼저 소개하고, 모둠 구성원들과 서로 소개하도록 한다.
　 [교사(강사) 소개 예시]

Teaching Mention
"저의 오늘 기분은 10점입니다. 그 이유는 여러분과 함께 수업을 할 수 있어서입니다." "제가 가장 좋아하는 것은 무언가를 배우고자 하는 학생과 함께 수업하는 것입니다."
"살면서 가장 뿌듯할 때는 밥값을 제대로 한다고 스스로 자부심을 가질 때입니다."

※ 대체활동1: <3칸으로 소개하기>는 전통적인 이름 부르기, 즉 자(字), 명(名), 호(號)로 구분하여 소개할 수도 있다.

자(字)	명(名)	호(號)
결혼 후 본명 대신에 사용한 이름	부모가 지어준 이름(본명) (비난할 때 주로 쓰이기도 함)	명과 자 이외에 누구나 부를 수 있도록 한 이름

● 옛날에는 이름을 귀중하게 여겨 함부로 쓰거나 부르지 않았다. 때문에 용도에 따라 다양한 이름을 갖는 전통이 있었다.

Teaching Tip: 대체활동2. 옛 물건들(딱지, 한복, 김치, 김밥, 하회탈, 가야금 등) 중 자신을 비유하여 소개할 수 있는 물건을 골라 친구들 앞에서 소개하는 활동으로 진행할 수도 있다.

▌생각쌓기

① 모둠별로 이미지들을 보고 공통점을 찾아보도록 하게 하고, 2개 모둠 정도 발표하도록 한다.
② 평창 동계올림픽의 마스코트와 시상식 기념품의 모티브를 설명한다. 다음으로 아이돌이 입은 한복의 현대화에 대해, 해금과 기타의 만남, 안동 하회탈 이미지를 살린 빵, 고로케로 탄생한 비빔밥 등의 이미지에서 옛 것을 현대화시킨 것임을 이해할 수 있도록 한다.
③ 동영상(구용과 구사를 랩으로!)을 통해 온고지신의 의미를 이해할 수 있도록 한다.

▶단어설명: 구용(九容)과 구사(九思)
구용(九容)이란 9가지 모습, 구사(九思)란 아홉가지 생각을 일컫는다.

몸과 마음을 간수하는 데 구용은 매우 필요하고, 공부를 하고 지혜를 얻는 데 구사가 매우 필요하다.

※구용과 구사의 현대적 적용의 예시와 관련하여 8차시 <참고자료>를 활용할 수 있다.

▌생각에 날개 달기

① 모둠별로 일간신문, 가위, 풀, 종이를 나눠준다.

② 온고지신과 관련된 단어뿐만 아니라 기사제목, 그림이나 이미지 등을 찾아서 A4 종이에 오려 붙이게 한다. 기사를 찾는 모둠원과 오려서 붙이는 모둠원의 역할 분담을 유도하는 것도 좋다.

③ 전체 학생들에게 모둠별로 제작한 온고지신 보고서를 설명할 수 있도록 한다.

Teaching Mention

"여러분 스스로 온고지신 관련 단어나 이미지를 신문 속에서 찾아보고 종합하여 발표하는 가운데 온고지신의 의미를 확장시켰습니다. 이제 여러분은 온고지신 전문가가 될 자격이 있습니다. 같이 외쳐볼까요? 나는 온고지신 전문가다! × 2회

※ 비대면 실시간 온라인 수업으로 진행해야 하는 경우, 줌(Zoom)의 소회의실 기능을 활용하여 모둠별로 온고지신 보고서를 작성하고, 전체 세션에서 모둠별로 발표하는 것도 가능하다.

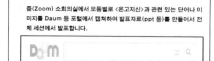 줌(Zoom) 소회의실에서 모둠별로 <온고지신>과 관련 있는 단어나 이미지를 Daum 등 포털에서 캡쳐하여 발표자료(ppt 등)를 만들어서 전체 세션에서 발표합니다.	· 줌(zoom)에서 모둠별 보고서 작성 Tips - 줌의 <화면공유> 고급공유옵션에서 "모든 참가자"가 공유할 수 있도록 클릭 캡쳐 프로그램 안내: 알캡쳐 등

▌생활 속에서 실천해 보기

① 오늘 프로그램 가운데 인상 깊었던 내용 혹은 활동에 대해 2명 정
도 발표하도록 한다.

② 우리 생활 주변에서 온고지신이 드러나는 것에 대해 2명 정도 발표
하도록 한다.

③ 오늘 배운 것을 학생 자신의 삶에 적용하기 위한 작은 걸음에 대해
2명 정도 발표하도록 한다.

3. 수업 평가

일시 ( )년 ( )월 ( )일 ( )교시	교과 및 창체 ( ) ( )학년 ( )반 수업자 ( )						
단원명	온고지신이란 무엇일까?						
수업 목표 달성도	1. 사례를 통해 온고지신의 의미를 파악할 수 있다. (상, 중, 하) 2. 온고지신의 자세가 필요한 이유를 설명할 수 있다. (상, 중, 하)						

관련 요소	**수업 내용**	도입	3칸 나눔 소개				
		전개	이미지의 공통점 찾기, 동영상 통해 온고지신 의미 파악, 신문에 나타난 온고지신 관련 내용 소개				
		정리	오늘 활동을 돌아보고 작은 걸음의 실천 다짐하기				
	영 역	오리엔테이션, 개인역량, 대인관계역량, 공동체 역량					
	온고지신 인성요소	자존, 성찰, 공감, 배려, 상생, 공존					
	핵심 인성 역량	자기관리역량, 지식정보처리역량, 창의적사고역량, 심미적 감성역량, 의사 소통역량, 공동체 역량					

학습 자료 준비도	교사의 준비도: (상, 중, 하) / 학생의 준비도: (상, 중, 하)						

평가 내용	**수업 자기 평가**	1. 학습 활동을 진행하기 위한 환경이 잘 마련 되었는가?	①	②	③	④	⑤
		2. 학생들이 학습 중 질문에 적절히 대응했는가?	①	②	③	④	⑤
		3. 수업 분위기가 산만하지 않도록 적절하게 지시하고 개입했는가?	①	②	③	④	⑤
	학습 활동 관찰 기록						

4. 온고지신 노트

【고전 자료】
옛 것을 익혀서 새 것을 안다면 스승이 될 만하다.
『논어』 위정편

溫故而知新 可以爲師矣
온고이지신 가이위사의

If you review what you learned and come to know new things,
you deserve to be a teacher.

溫: (온) 익히다   故: (고) 옛, 예전의   可: (가) 할 수 있다   爲: (위) 하다, 되다
師: (사) 스승

【내가 써보는 고전】

ex. 한국의 고유한 것과 서구적인 것이 결합되면 세계적인 것이 될 만하다.
과거 역사를 성찰하면 더 나은 미래를 만들 수 있다.

Teaching Tip
① 1차시 수업을 마치면서 '온고지신'이 유래된 고전 텍스트를 쉽게
   소개하는 것도 좋다.
② 더 나아가 온고지신의 개념을 학생 자신이 확장하여 다시 써보게
   한다면 온고지신의 의미를 알고 이해하는 수준을 넘어서서 그 개
   념을 적용하고 종합하고 가치화하는 단계로 나아갈 수 있다.

2차시 나를 존중하는 내가 좋아_자존

1. 수업 개요

단원명	나를 존중하는 내가 좋아_자존		차시	2차시
학습 주제	나의 강점을 발견하고, 자기 효능감 키우기		활동장소	교실
수업 목표	1. 나의 강점을 발견하고, 친구들의 약점을 강점으로 표현할 수 있다. 2. 친구들의 격려와 자신의 계획을 바탕으로 문제를 해결할 수 있다는 자기 효능감을 지닐 수 있다.			
수업 전개	• 〈마음열기〉를 통해 긴장을 풀고 모둠 구성원과 활동하며 편한 분위기를 조성한다. • 〈생각쌓기〉를 통해 각자의 강점을 소개하고, 친구의 약점을 긍정적인 시각에서 강점으로 바꿔 말해준다. • 〈생각에 날개달기〉에서는 각자가 해결해야 할 문제를 나누고, 문제해결을 위한 작은 걸음부터 큰 걸음까지 설계해보고, 모둠 구성원의 응원메시지와 함께 할 수 있다는 자기 효능감을 표현한다. • 〈생활 속에서 실천해 보기〉에서는 자신에게 자기효능감 메시지를 써보고, 비주얼 씽킹으로 자신의 자존감을 그려본다.			

1차시	마음열기 활동 6×6 토크박스	▶	나의 강점과 약점 체크	▶	"작은 걸음 큰 걸음" 나를 위한 믿음, 자기효능감 활동
			생활 속에서 실천해 보기(2) 비주얼 씽킹으로 나의 자존감 그려보기	◀	생활 속에서 실천해 보기(1) 나에게 쓰는 자기효능감 메시지

학습요소	영역	오리엔테이션, **개인역량**, 대인관계역량, 공동체 역량
	온고지신 인성요소	자존, 성찰, 공감, 배려, 상생, 공존
	2015 교육과정 총론 핵심역량	자기관리역량, 지식정보처리역량, 창의적사고역량, 심미적 감성역량, 의사소통역량, 공동체 역량

2. 수업 준비 및 실행

〈수업 준비하기〉

교사	워크북(활동지), 파워포인트, 모둠별 주사위, 포스트잇(파랑, 녹색, 노랑, 빨강)
학생	워크북(활동지)

▶유의사항: 한 모둠에 5명 내외(모둠마다 리더 역할을 할 수 있는 학생 배치)

〈교수-학습 과정안〉

▌마음열기

① <6×6 토크박스> 활동에 대해 설명한다.

> Teaching Mention
> "주사위를 던져 나온 수만큼 가로로 갑니다. 그곳에서 두 번째 던진 주사위 수만큼 세로로 움직입니다. 해당되는 곳의 물음에 대해서 답을 하거나 정해진 활동을 함께 수행합니다."

▌생각쌓기

① 모둠별로 돌아가면서 자신의 강점을 설명한다.
② 무기명으로 자신의 약점을 포스트잇에 쓰고, 교사(강사)에게 제출하도록 한다.
③ 무기명으로 쓴 약점을 공개하고, 학생들에게 친구의 약점을 긍정적

인 방향으로 바꿔서 말해주도록 한다.

Teaching Mention

"약점도 보기에 따라서는 강점이 될 수 있습니다. 저의 단점은 말을 잘 못해서 주로 친구의 이야기를 잘 들어주는 편입니다. 이에 대해 한 친구가 저에게 '너는 경청하는 능력이 뛰어나!'라고 격려를 해준 적이 있었습니다." "그러니까, 친구의 말을 잘 들어주는 것은 단점이 아닙니다." "〈제가 친구의 말을 잘 들어주는 것은 단점이〉 하면, 여러분은 '아니야!'라고 반응을 해주길 바랍니다."

▌생각에 날개 달기

① 포스트잇 4장씩 배부한다.

② 파랑색 포스트잇에는 쉽게 극복하기 어려운 고민을 적어본다.

③ 노랑색 포스트잇에 그 고민을 해결하기 위한 작은 걸음부터 큰 걸음까지 3가지를 적어본다.

④ 빨강색 포스트잇에 모둠원들은 다른 모둠원의 장점을 부각시키면서 격려하는 응원 메시지를 써준다.

⑤ 각 모둠 구성원들은 자신의 계획, 모둠원의 응원메시지를 순서대로 쌓는다. 고민부터 자신의 작은 걸음, 친구의 응원을 연결하여 〈나는 할 수 있다〉고 모둠원들 앞에서 자신감 있게 말할 수 있도록 한다.

▌생활 속에서 실천해 보기

① 각자 자신에게 쓰는 자기효능감 메시지를 적어본다.

② 비주얼 씽킹으로 각자 자신의 자존감을 그려본다.

Teaching Tip

① 학생들에게 비주얼 씽킹은 그림을 잘 그리는 능력과는 상관없고, 생각을 글과 그림으로 자유롭게 표현하는 데 초점을 두도록 안내

하면 된다.

② 학생들에게 자신의 생각이나 견해를 특징적인 부분을 중심으로 시각적으로 표현하도록 격려한다.

3. 수업 평가

일시 ( )년 ( )월 ( )일 ( )교시			교과 및 창체 ( ) ( )학년 ( )반 수업자 ( )				
단원명	온고지신이란 무엇일까?						
수업 목표 달성도	1. 나의 강점을 알고, 친구들의 약점을 강점으로 표현할 수 있다. (상, 중, 하) 2. 친구들의 격려와 자신의 계획을 바탕으로 문제를 해결할 수 있다는 자기효능감을 지닐 수 있다. (상, 중, 하)						
관련 요소	수업 내용	도입	6×6 토크박스				
		전개	강점은 올리고 약점은 강점으로, 나를 위한 믿음_자기효능감 활동(작은 걸음 큰 걸음)				
		정리	자기효능감 메시지 쓰기, 비쥬얼 씽킹으로 자존감 그리기				
	영 역	오리엔테이션, 개인역량, 대인관계역량, 공동체 역량					
	온고지신 인성요소	자존, 성찰, 공감, 배려, 상생, 공존					
	핵심 인성 역량	자기관리역량, 지식정보처리역량, 창의적사고역량, 심미적 감성역량, 의사 소통역량, 공동체 역량					
학습 자료 준비도	교사의 준비도: (상, 중, 하) / 학생의 준비도: (상, 중, 하)						
평가 내용	수업 자기 평가	1. 학습 활동을 진행하기 위한 환경이 잘 마련 되었는가?	①	②	③	④	⑤
		2. 학생들이 학습 중 질문에 적절히 대응했는가?	①	②	③	④	⑤
		3. 수업 분위기가 산만하지 않도록 적절하게 지시하고 개입했는가?	①	②	③	④	⑤
	학습 활동 관찰 기록						

4. 온고지신 노트

【고전 자료】

사람마다 저마다의 귀함이 있지만, 생각하지 않아서 모를 뿐이다. 『맹자』고자편
人人有貴於己者 弗思耳
인인유귀어기자 불사이
Each one has noble virtues within oneself, but most people do not notice it.

진실로 날마다 새롭고자 하면 나날이 새롭게 하고 또 새롭게 하라. 『대학』전2장
苟日新 日日新 又日新
구일신 일일신 우일신
If you really wish to be new every day, you should renew yourself on a daily basis.

지혜로운 사람은 물을 좋아하고 어진 사람은 산을 좋아한다. 지혜로운 사람은 동적이고 어진
사람은 정적이며, 지혜로운 사람은 낙천적이고 어진 사람은 오래 산다. 『논어』옹야편
知者樂水 仁者樂山
지자요수 인자요산
知者動 仁者靜
지자동 인자정
知者樂 仁者壽
지자락 인자수
The wise prefer the sea, while the benevolent prefer the mountains. The wise are
active, while the benevolent are tranquil. The wise are joyful, while the benevolent are long lived.

樂: (요) 좋아하다, (락) 즐거워하다　　靜: (정) 고요하다　　壽: (수) 오래 살다

【내가 써보는 고전】

ex. 사람마다 지닌 귀함을 날마다 갈고 닦으면 이전보다 내 주변이 더 좋은 곳으로 변할 것이다.

3차시 나의 소중한 가치와 삶의 목적_성찰

1. 수업 개요

단원명	나의 소중한 가치와 삶의 목적_성찰	차시	3차시
학습 주제	소중하게 생각하는 가치를 표현하고, 삶의 목적 성찰하기	활동장소	교실
수업 목표	1. 자신이 소중하게 생각하는 가치를 설명할 수 있다. 2. 삶의 목적에 대한 자신의 태도를 성찰하고, 소중하게 생각하는 가치를 바탕으로 삶의 목적을 말할 수 있다.		
수업 전개	• 〈마음열기〉를 통해 긴장을 풀고 모둠 구성원과 감사했던 일을 함께 나누고, 가치 비행기 던지기를 실시한다. • 〈생각쌓기〉를 통해 자신이 소중하게 생각하는 가치덕목을 탐색한다. • 〈생각에 날개달기〉에서는 4가지 삶의 목적 유형 중 자신은 어디에 해당되는지 함께 나눈다. • 〈생활 속에서 실천해 보기〉에서는 선생님 예시를 바탕으로 "내 나이 (　)살에" 활동을 통해 가치를 내면화 한다. ```\n┌──────┐ ┌────────────┐ ┌──────────┐ ┌──────────┐\n│ │ │ 감사의 일기 │ │ │ │ │\n│ │ │ 나누기 │ ▶ │ 가치 덕목 │ ▶ │ 삶의 목적 │\n│ 1 │ │ 가치 비행기 │ │ 빌보드 활동│ │ 유형 탐색 │\n│ 차시 │ │ 던지기 │ │ │ │ │\n│ │ └────────────┘ └──────────┘ └──────────┘\n│ │ ▼\n│ │ ┌────────────┐ ┌──────────┐ ┌──────────┐\n│ │ │ │ │ │ │ 생활 속에서│\n│ │ │ 활동 돌아보기│ ◀ │ 실천해 보기│\n│ │ │ │ │ │ │"내 나이(　)│\n│ │ │ │ │ │ │ 살에" │\n└──────┘ └────────────┘ └──────────┘\n```
학습요소	**영역** : 오리엔테이션, **개인역량**, 대인관계역량, 공동체 역량		
	온고지신 인성요소 : 자존, **성찰**, 공감, 배려, 상생, 공존		
	2015 교육과정 총론 핵심역량 : **자기관리역량**, 지식정보처리역량, 창의적사고역량, 심미적 감성역량, 의사소통역량, 공동체 역량		

2. 수업 준비 및 실행

〈수업 준비하기〉

교사	워크북(활동지), 파워포인트, 색종이, 포스트잇
학생	워크북(활동지)

▶유의사항: 한 모둠에 5명 내외(모둠마다 리더 역할을 할 수 있는 학생 배치)

〈교수-학습 과정안〉

▌마음열기

① 감사 일기(이야기) 나누기

Teaching Tip

- 학생들의 사소한 감사도 경청하고, 감사하는 태도가 가져오는 긍정적인 결과를 격려한다.
- '감사하기'는 '운동'과 함께 회복탄력성을 함양할 수 있는 좋은 방법입니다.

② <가치 비행기 던지기> 활동에 대해 설명한다.

Teaching Tip

- 칠판 근처에 도달한 가치비행기 몇 개를 선택하여, 그것을 만든 학생에게 그러한 가치를 쓴 이유를 물어보고, 모두 앞에서 이야기 해보도록 한다.

▌생각쌓기

① 칠판을 6등분으로 나눠서 6가지 가치덕목을 기입한다.

② 포스트잇에는 어떤 가치덕목을 쓰는 게 아니라 자신의 포스트잇임을 알만한 그림 등을 자유롭게 표현하도록 한다.

③ 학생들에게 이들 가치덕목 중 가장 중요하다고 생각하는 것에 포스트잇을 붙이게 한다.

Teaching Tip

- 학생이 선호하는 가치덕목에 포스트잇을 붙인 이유를 말하게 한다. 선택을 가장 적게 한 가치덕목부터 그것을 선택한 이유를 묻는 게 효과적이다.

▌생각에 날개 달기

① 삶의 목적 4가지 유형에 대해 설명한다.

② 학생 자신이 4가지 유형 중 선호하는 것을 말하게 한다.

③ 삶의 목적을 보다 구체화하여 설명해 볼 수 있는 기회를 준다.

▌생활 속에서 실천해 보기

① 배움의 과정에서 공자님의 예시에 견주어 선생님 자신의 배움의 가치관을 말한다.

② 선생님의 예시를 참고하여 학생 자신의 배움의 가치관을 설명해 보게 한다.

③ 오늘 활동을 돌아보고 소감을 나눈다.

Teaching Tip

• 3차시 활동 순서를 다음과 같이 재구성할 수도 있다.

<삶의 목적에 대한 4가지 유형> 중 하나를 선택해 보고 삶의 목적이 없을 때의 문제점 생각해보기

→ <가치 비행기 던지기> 활동을 통해 자신이 중요하다고 느끼는 가치에 대해 생각하고 성찰하기

→ <가치덕목 빌보드> 활동을 통해 6가지 가치덕목 중 자신이 생각하는 중요한 가치를 생각해 보고, 함께 나누기

3. 수업 평가

일시 ( )년 ( )월 ( )일 ( )교시	교과 및 창체 ( )						
	( )학년 ( )반 수업자 ( )						

단원명	나의 소중한 가치와 삶의 목적_성찰							
수업 목표 달성도	1. 자신이 소중하게 생각하는 가치를 설명할 수 있다. (상, 중, 하) 2. 삶의 목적에 대한 자신의 태도를 성찰하고, 소중하게 생각하는 가치를 바탕으로 삶의 목적을 말할 수 있다. (상, 중, 하)							
관련 요소	수업 내용	도입	감사 일기(이야기) 나누기, 가치 비행기 던지기					
		전개	가치덕목 빌보드 활동, 4가지 삶의 목적 유형 탐색					
		정리	오늘 활동을 돌아보고 배움의 가치관 세우기					
	영 역	오리엔테이션, 개인역량, 대인관계역량, 공동체 역량						
	온고지신 인성요소	자존, 성찰, 공감, 배려, 상생, 공존						
	핵심 인성 역량	자기관리역량, 지식정보처리역량, 창의적사고역량, 심미적 감성역량, 의사 소통역량, 공동체 역량						
학습 자료 준비도	교사의 준비도: (상, 중, 하) / 학생의 준비도: (상, 중, 하)							
평가 내용	수업 자기 평가	1. 학습 활동을 진행하기 위한 환경이 잘 마련되었는가?	①	②	③	④	⑤	
		2. 학생들이 학습 중 질문에 적절히 대응했는가?	①	②	③	④	⑤	
		3. 수업 분위기가 산만하지 않도록 적절하게 지시하고 개입했는가?	①	②	③	④	⑤	
	학습 활동 관찰 기록							

4. 온고지신 노트

【고전 자료】

배우기만 하고 생각하지 않으면 얻음이 없고, 생각만 하고 배우지 않으면 위태롭다.
『논어』 위정편
學而不思則罔 思而不學則殆
학이불사즉망 사이불학즉태
If you learn but do not reflect, you will be lost. If you reflect but do not learn, you
will get into trouble.

아는 것은 좋아하는 것만 못하고, 좋아하는 것은 즐기는 것만 못하다.
『논어』 옹야편
知之者 不如好之者 好之者 不如樂之者
지지자 불여호지자 호지자 불여락지자
Knowing it is not as good as loving it; loving it is not as good as enjoying it.

【내가 써보는 고전】
ex. 내가 추구하고자 하는 가치 실현을 위해 즐겁게 몰두하는
내가 가치 창조자(value maker)야!!!

Teaching Tip
* 학생 각자가 실현하고자 하는 가치를 탐색하고, 그 가치 실현을 위해 몰입해 보는 경험을 권장한다.
* 가치 혹은 목적에 헌신하는 사람들이 사회를 변화시키는 change maker라는 점을 강조한다.

5. 참고자료

"나는 열다섯에 학문에 뜻을 두었고, 서른에 학문적 견해를 세웠고, 마흔에 흔들림이 없었고, 쉰에 하늘의 뜻을 알았고, 예순에는 들으면 그대로 이해되었고, 일흔에는 하고 싶은 대로 하여도 법도에 어긋나지 않았다."『논어』위정편

吾十有五而志于學 三十而立 四十而不惑 五十而知天命 六十而耳順 七十而從心所欲不踰矩
오십유오이지우학 삼십이립 사십이불혹 오십이지천명 육십이이순 칠십이종심소욕불유구

At fifteen I set my heart on learning; At thirty I took my stand; At forty I had no doubts; At fifty I realized the Mandate of Heaven; At sixty I understood what I heard with ease; At seventy I could follow my desire without breaking the norm.

4차시 타인의 감정 이해하기_공감

1. 수업 개요

단원명	타인의 감정 이해하기_공감		차시	4차시
학습 주제	다른 사람의 감정을 이해하기		활동장소	교실
수업 목표	1. 상황에 따른 감정의 차이를 알 수 있다. 2. 다른 사람의 감정을 이해하고 공감할 수 있다.			
수업 전개	• 〈마음열기〉의 간단한 기사(영상)나 만화(웹툰)를 보고 생각할 거리를 떠올려본다. • 〈생각쌓기〉를 통해 다른 사람의 감정을 알 수 있었던 경험을 얘기해보고 그 결과를 통해 알게 된 감정차이에 대해 이해한다. • 〈생각에 날개달기〉에서는 타인의 감정을 공감하기 위한 방법으로 제시된 대화의 성공비결을 함께 읽어보고 도미노 게임과 공감나무 만들기를 진행한다. • 〈생활 속에서 실천해 보기〉에서는 공감과 연관된 다른 덕목들에 어떤 것이 있는지 생각해보고 4차시 활동 중 생활에 적용할 수 있는 작은 걸음에 대해 성찰해보도록 한다.			

4차시

신문기사(영상)와 만화(웹툰) 보기 ▶ 타인 감정 공감에 대한 경험 공유 ▶ 공감 글귀 읽기 도미노 게임

4차시 활동 돌아보고, 작은 걸음의 실천 다짐 ◀ 공감과 연관된 덕목 찾기

학습요소	영역	오리엔테이션, 개인역량, **대인관계역량**, **공동체 역량**
	온고지신 인성요소	자존, 성찰, **공감**, 배려, 상생, 공존
	2015 교육과정 총론 핵심역량	자기관리역량, 지식정보처리역량, 창의적사고역량, 심미적 감성역량, **의사소통역량**, **공동체 역량**

2. 수업 준비 및 실행

〈수업 준비하기〉

교사	워크북(활동지), 파워포인트, 큰 절지, 풀, 가위
학생	워크북(활동지)

▶유의사항: 한 모둠에 5명 내외(모둠마다 리더 역할을 할 수 있는 학생 배치)

〈교수-학습 과정안〉

▌마음열기

① 오늘 진행할 수업 제목에 대해 간략히 소개하고 주제와 관련된 발문을 한다.

Teaching Mention
"여러분들은 다른 사람의 감정을 이해하지 못하거나 오해했던 적은 없었나요?"
"다른 사람의 감정을 이해하지 못한 결과 난감했던 적은 없었나요?"
"살면서 다른 사람이 나의 감정을 제대로 이해해주지 못한다고 생각한 적은 없었나요?"

---

② 제시된 신문 기사(영상)나 만화(웹툰)의 상황을 소개한다.

"상황과 감정 이해하기"에서 소개된 이야기를 함께 읽고 박스 아래의 내용을 학생들에게 질문한다.
(필요에 따라 동영상을 보여준다.)
서로에 대한 오해가 상대방의 감정을 제대로 이해하지 못하고 공감력이 떨어졌기 때문에 발생한 것이라는 것을 알게 한다.
감정 차이에 관해 제시된 카툰을 보조 자료로 활용한다.

▌생각쌓기

① 모든 학생이 작성하도록 하며 발표는 모둠별로 1~2인씩 하도록 한다.

② 교수자도 작성해 보고 학생들의 발표가 끝난 후 자신의 경험을 소개한다.

③ 다양한 사례의 소개를 통해 학생들 스스로 타인 감정 이해의 중요성을 알도록 한다.

▌생각에 날개 달기

공감을 위한 경청

① 앞에 소개된 "대화의 성공 비결"을 함께 읽고 평소 생활을 되돌아본다.

② 제시된 비결 가운데 어느 것이 더 중요한지 의견을 말해보고 자신만의 대화법을 소개한다.

③ 모둠별로 짝을 지어 "아하! 그랬구나" 활동을 진행하고 경청하는 연습을 해 본다.

3. 공감나무 만들기

① 모둠별로 한 사람씩 돌아가며 공감에 대한 정의를 내려본다.

② 공감에 대한 모둠원들의 정의를 큰 절지에 공감나무를 만들어 표현해 본다.

③ 모둠별로 대표가 발표하고, 어떤 공감어가 중복되어 있고 중요한지 나누어 본다.

▌생활 속에서 실천해 보기

① 공감과 관련된 덕목 가운데 '공경'에 대해 나눈다. 가령, 『소학』에 언급된 공감 관련 덕목은 '공경'이다.

② 오늘 활동 중 인상 깊었던 내용 혹은 활동에 대해 2명 정도 발표하도록 한다.

③ 오늘 배운 것을 학생 자신의 삶에 적용하기 위한 작은 걸음에 대해 2명 정도 발표하도록 한다.

4. 수업 평가

일시 ( )년 ( )월 ( )일 ( )교시			교과 및 창체 ( )				
			( )학년 ( )반 수업자 ( )				
단원명	타인의 감정 이해하기_공감						
수업 목표 달성도	1. 상황에 따른 감정의 차이를 알 수 있다. (상, 중, 하) 2. 다른 사람의 감정을 이해하고 공감할 수 있다. (상, 중, 하)						
관련 요소	수업 내용	도입	신문기사 읽기, 카툰 함께 보기				
		전개	자신의 경험 공유, 공감을 위한 경청법, 도미노 게임과 공감 나무 만들기, 공감 관련 덕목				
		정리	오늘 활동을 돌아보고 작은 걸음의 실천 다짐하기				
	영 역		오리엔테이션, 개인역량, 대인관계역량, 공동체 역량				
	온고지신 인성요소		자존, 성찰, 공감, 배려, 상생, 공존				
	핵심 인성 역량		자기관리역량, 지식정보처리역량, 창의적사고역량, 심미적 감성역량, 의사 소통역량, 공동체 역량				
학습 자료 준비도	교사의 준비도: (상, 중, 하) / 학생의 준비도: (상, 중, 하)						
평가 내용	수업 자기 평가	1. 학습 활동을 진행하기 위한 환경이 잘 마련되었는가?	①	②	③	④	⑤
		2. 학생들이 학습 중 질문에 적절히 대응했는가?	①	②	③	④	⑤
		3. 수업 분위기가 산만하지 않도록 적절하게 지시하고 개입했는가?	①	②	③	④	⑤
	학습 활동 관찰 기록						

5차시 마음을 움직이는 힘_배려

1. 수업 개요

단원명	마음을 움직이는 힘_배려		차시	5차시
학습 주제	배려의 마음으로 좋은 친구 사귀기		활동장소	교실
수업 목표	1. 배려가 무엇인지 설명할 수 있다. 2. 친구 사귐에 있어서 배려의 중요성을 알 수 있다.			
수업 전개	• 〈마음열기〉를 통해 긴장을 풀고 모둠 구성원과 편한 분위기를 조성한다. • 〈생각쌓기〉에서 소개된 동영상을 통해 생활 속 배려의 의미를 알고 어떤 마음가짐을 가져야 하는지 이해한다. • 〈생각에 날개달기〉에서는 마인드맵을 작성하고 배려의 행동을 몸으로 표현해 본 뒤 "같은 상황, 다른 생각" 작성 활동을 진행한다. • 〈생활 속에서 실천해 보기〉에서는 좋은 친구와 좋지 않은 친구에 대해 생각해보고 5차시 활동 중 인상 깊었던 내용(활동)이나 새롭게 배우고 삶에 적용할 수 있는 작은 걸음에 대해 성찰해보도록 한다.			

1차시

마음열기 활동
"나에게 배려란
(   )이다"
활동
▶
동영상을 통해
'세한도'에
얽힌 우정과
배려 이해
▶
마인드맵
그리기
같은 상황,
다른 생각
활동
▼

5차시 활동
돌아보고,
작은 걸음의
실천 다짐
◀
『논어』의
좋은 친구,
나쁜 친구 소개

학습요소	영역	오리엔테이션, 개인역량, **대인관계역량, 공동체 역량**
	온고지신 인성요소	성찰, 자존, 공감, **배려**, 상생, 공존
	2015 교육과정 총론 핵심역량	자기관리역량, 지식정보처리역량, 창의적사고역량, 심미적 감성역량, 의사소통역량, 공동체 역량

2. 수업 준비 및 실행

〈수업 준비하기〉

교사	워크북(활동지), 파워포인트
학생	워크북(활동지)

▶유의사항: 한 모둠에 5명 내외(모둠마다 리더 역할을 할 수 있는 학생 배치)

〈교수–학습 과정안〉

▌마음열기

① "나에게 배려란 (   )이다" 활동

Teaching Mention

배려와 관련된 두 편의 공익광고를 시청하고 나서, "나에게 배려란 (   )이다"를 모둠별로 나누게 한다. 이 활동은 이후 〈생각에 날개 달기〉 활동에 연결된다는 점을 안내한다.

Teaching Tip

● 배려란 상대방의 걸음에 나를 맞추는 것이다.
  다리 아픈 친구와 걸을 때는 나도 천천히 걸어야 한다.
  내가 빨리 걷는다면 친구와 이야기를 나눌 수 없으니까.
  상대방의 처지에 나를 맞출 때 배려의 마음이 자란다.
  상대를 무시하거나 얕보는 태도에서는 배려의 마음이 자라지 않는다.

▌생각쌓기

1. 동영상을 보고 그림에 관해 자유롭게 이야기를 나누어본다.
2. 〈세한도〉의 의미를 설명하고 진정한 우정이란 무엇인지 생각해본다.
  * 『논어』: "날씨가 추워진 후에야 비로소 소나무와 잣나무가 시들지 않았음을 안다."
    - 어려움이 닥친 후에 진정한 친구가 누구인지 알 수 있다.
3. 친구를 사귀는 데 있어서 배려가 얼마나 중요한지 이야기해본다.
  * 이상적은 제주도로 유배 간 김정희의 상황을 배려해 여러 가지 지원을 아끼지 않았다.
4. 김정희처럼 어려움에 처했을 때, 나는 이상적과 같은 친구가 될 수 있을지 나눠보게 한다.

▌생각에 날개 달기

① 배려는 좀 더 나은[Better] 관계, 나은 사회를 만드는 데 필수적인 덕목이라는 것을 안다.

② <마음열기>에서 "나에게 배려한 (   )이다."를 바탕으로 모둠별 마인드맵을 그려본다.

③ "같은 상황, 다른 생각"에서 제시된 도표를 채우고 모둠별로 1~2명의 학생이 발표한다.

Teaching Mention
우리가 "같은 상황, 다른 생각" 활동을 모둠별로 나눠보았습니다. 나에게는 관대하지만 친구에게는 그렇지 못한 경우가 많죠? 그런데 "친구란 또 다른 나"(아리스토텔레스)라는 표현이 있습니다. 그러기에 나를 대하듯 같은 상황에 처한 친구에게 관대하게 바라볼 필요가 있습니다.

Teaching Tip

* <같은 상황, 다른 생각> 활동의 발문을 바꿔서 활동을 진행할 수 있다. "제시된 다섯 가지 상황에서 내가 받고 싶은 배려의 행동은 무엇입니까?" 이 질문에 대한 답변을 발표하고 공유해 봄으로써 학생들은 친구들이 원하는 배려의 행동이 무엇인지를 알 수 있는 기회가 될 수 있다.

▎생활 속에서 실천해 보기

① 『논어』에 나오는 "좋은 친구, 나쁜 친구"를 설명하고, 학생들이 생각
　하는 이로운 친구 셋과 해로운 친구 셋을 활동지에 적어보도록 한다.
② 오늘 배운 것을 학생 자신의 삶에 적용하기 위한 작은 걸음에 대해
　2명 정도 발표하도록 한다.

3. 수업 평가

일시 ( )년 ( )월 ( )일 ( )교시			교과 및 창체 ( ) ( )학년 ( )반 수업자 ( )					
단원명	마음을 움직이는 힘_배려							
수업 목표 달성도	1. 사례를 통해 배려의 의미를 파악할 수 있다. (상, 중, 하) 2. 친구 사귐에 있어서 배려의 중요성을 알 수 있다. (상, 중, 하)							
관련 요소	수업 내용	도입	그림을 통한 우정과 배려 이해하기					
		전개	동영상을 통한 배려 이해, 마인드맵 그리기, 같은 상황 다른 생각					
		정리	좋은 친구 나쁜 친구, 오늘 활동을 돌아보고 작은 걸음의 실천 다짐하기					
	영 역		오리엔테이션, 개인역량, 대인관계역량, 공동체 역량					
	온고지신 인성요소		자존, 성찰, 공감, 배려, 상생, 공존					
	핵심 인성 역량		자기관리역량, 지식정보처리역량, 창의적사고역량, 심미적 감성역량, 의사소통역량, 공동체 역량					
학습자료 준비도	교사의 준비도: (상, 중, 하)　/　학생의 준비도: (상, 중, 하)							
평가 내용	수업 자기 평가	1. 학습 활동을 진행하기 위한 환경이 잘 마련되었는가?		①	②	③	④	⑤
		2. 학생들이 학습 중 질문에 적절히 대응했는가?		①	②	③	④	⑤
		3. 수업 분위기가 산만하지 않도록 적절하게 지시하고 개입했는가?		①	②	③	④	⑤
	학습활동 관찰기록							

4. 온고지신 노트

【고전 자료】

공자께서 말씀하셨다. "유익한 벗이 세 가지이고 손해되는 벗이 세 가지이다.
벗이 정직하고, 벗이 성실하며, 벗이 견문이 많으면 유익하고, 벗이 편벽되고,
벗이 아첨을 잘하며, 벗이 말만 잘하면 해롭다."   『논어』계씨편

孔子曰 益者三友 損者三友. 友直 友諒 友多聞 益矣, 友便辟 友善柔 友便佞 損矣.
공자왈 익자삼우 손자삼우. 우직 우량 우다문 익의, 우편벽 우선유 우편녕 손의.

Confucius said, "There are three friendships which are advantageous, and three which
are injurious. Friendship with the uplight; friendship with the sincere; and friendship with
the man of much observation: these are advantageous. Friendship with the man of
specious airs; friendship with the insinuatingly soft; and friendship with the glib-tongued:
these are injurious."

益: (익) 유익하다 損: (손) 손해되다 諒: (량) 성실하다 便: (편) 잘하다 辟: (벽) 편벽되다
柔: (유) 유순하다 佞: (녕) 아첨하다

【내가 써보는 고전】

ex.1. 좋은 친구는 배려하는 친구, 위로해주는 친구, 이해해 주는 친구이다.
나쁜 친구는 욕하는 친구, 놀리는 친구, 폭력을 가하는 친구이다.

ex.2. 좋은 친구는 나를 격려하고 더 아름다운 내일을 향해 손잡고 나아갑니다.
그래서 좋은 친구는 나를 발전시킵니다.
나쁜 친구는 나를 이용하고 더 이상 이익이 없을 땐 서슴없이 떠납니다.
그래서 나쁜 친구는 나를 타락시킵니다.

ex.3. 좋은 친구는 배려할 줄 아는 친구이고, 나쁜 친구는 배려할 줄 모르는 친구이다. 배려하는 자는 타인의 이익을 위해 자신의 작은 손해에 집착하지 않습니다. 그런데 배려하지 않는 자는 자신의 이익을 위해 타인의 손해를 당연시합니다. 그래서 배려하는 사람이 많은 사회가 행복한 사회이고, 배려하지 않는 사람이 많은 사회는 외롭고 불행한 사회입니다.

5. 참고자료

● 제주도 유배생활을 전후한 추사 글씨의 변화

조선 후기 실학자이자 문인화가였던 김정희의 추사체도 연단의 과정을 통해 완성되었다. 얼마나 많은 연습을 했던지 그의 평생에 10여개의 벼루가 닳아 구멍이 날 정도였고, 1,000여 자루의 붓이 닳아 짧아졌을 정도이다. 김정희의 추사체는 마치 연단된 성품과도 같다. 추사 김정희는 노론 가문의 자제로 실학사상가인 박제가로부터 수학했고, 독서광이라 할 만큼 다독을 하였고, 청년기에 청나라 연경에 유학을 하여 견문과 학문을 넓혔으며, 청나라에까지 그의 글씨에 대한 명성이 자자했다.

추사체의 완성 과정에 제주도에서 보낸 9년의 유배생활을 빼놓을 수 없다. 유배생활 전과 후의 서체가 다른 특징을 지니고 있기에 그렇다. 그는 당파싸움에 휘말려 고문을 받았고, 겨우 목숨을 부지한 채, 유배지인 제주 남단에서 가시 울타리를 벗어나서는 안 되는 가혹한 형벌을 받았다. 제주도로 유배 가는 길에 해남 대흥사에 잠시 들렀는데, 원교 이광사가 쓴 현판을 보고서 '저게 글씨냐, 떼 내어 버려라' 하고서, 자신이 쓴 글씨로 바꿔 달았을 정도로 서체도 성품도 자부심 강하고 개성 넘치며 괴팍하기까지 했다. 시쳇말로 "내가 제일 잘나가!"하는 듯한 글씨체는 기괴함(怪)이 부각되었다면 9년간 유배생활을 하면서 그의 성품도 서체도 연단되고 포용적이 되면서 겸손함(拙)을 지니게 되었다

제주 추사관

그 많던 친구들도 제주도 유배 생활을 하는 동안 다들 떨어져 나갔지만 변함없이 추사를 돌보는 벗들이 있었는데, 그 중 제자인 이상적은 제주도를 자주 찾았다. 그는 역관으로서 청나라에서 새로 나온 책들을 구하여 스승에게 보급하곤 했다. 제자가 보여준 의리와 우정에 감복하여 추사가 이상적에게 답례로 그려준 것이 그 유명한 "세한도(歲寒圖)"이다. '날이 추워진 후에야 소나무와 잣나무가 시들지 않음을 안다고 했던가, 권세와 이익으로 만난 자는 그 권세와 이익이 다하면 멀어지는데, 자네는 변함이 없었고, 가시 울타리를 두른 이후에도 변함이 없었네'라며 이상적을 향한 추사의 마음을 표현했다. 스승과 제자 간 의리와 우정의 산물인 세한도는 국보 180호로 지정되어 있다.

장승희, 「괴(怪)와 졸(拙)로 본 추사 김정희의 철학적 인간학」, 『유학연구』 34, 2016 참고.

6차시 함께 더불어 살아가기_상생

1. 수업 개요

단원명	함께 더불어 살아가기		차시	6차시
학습 주제	정치의 중요성을 깨닫고 이해하기		활동장소	교실
수업 목표	1. 정치가 우리의 행복과 불행에 중요한 영향을 미친다는 것을 이해할 수 있다. 2. 정치의 바람직한 모습과 특징에 대해 이해한다.			
수업 전개	• 〈마음열기〉를 통해 옛날에도 잘못된 정치가 사람들을 불행하게 만들었다는 것을 이해하고 공감한다. • 〈생각쌓기〉를 통해 정치의 도덕적인 역할과 의무에 대해 깊이 있게 고민하고 정치는 친구 간 관계에서도 적용될 수 있다는 것을 이해한다. 특히, 제선왕을 반면교사로 삼아, 자신의 잘못을 인정하고 반성하는 자세가 정치에 있어 중요한 태도임을 이해한다. • 〈생각에 날개달기〉를 통해 옛날 정치의 특징과 모습이 현대 사회에서도 이어지고 있다는 것을 이해하고 현대 정치의 중요성과 역할을 깨닫는다. • 〈생활 속에서 실천해 보기〉에 나온 질문을 고민하면서 정치는 어른들만의 세계가 아니라 우리의 교실과 친구 등 생활적인 영역에서도 중요한 실천이자 공동체를 위해 모두가 노력해야할 과제임을 깨닫는다.			
학습 요소	영역	오리엔테이션, 개인역량, 대인관계역량, **공동체역량**		
	온고지신 인성요소	자존, 성찰, 공감, 배려, **상생(공동체 참여적인 정의로운 시민)**, 공존		
	2015 교육과정 총론 핵심역량	자기관리역량, **지식정보처리역량**, **창의적사고역량**, 심미적 감성역량, 의사소통역량, **공동체역량**		

2. 수업준비 및 실행

〈수업준비하기〉

교사	워크북(활동지), 파워포인트, 시청각 시설(동영상)
학생	워크북(활동지)

〈교수-학습 과정안〉

▌마음열기

① 공자에 대해 각급 학생 수준에 맞게 간략하게 설명한다.

Teaching Mention

"공자, 맹자는 동양에서 가장 훌륭하고 위대한 인물"로서 누군가는 서양의 예수에 비유하기도 한다.

"공자, 맹자는 군주(통치자)가 올바른 정치를 하도록 끊임없이 가르치고 훈계하면서 일생을 살았다."

"우리나라도 특히 조선시대에 공자와 맹자 사상에 기반한 유교를 통치철학으로 삼아서 올바른 통치를 하기 위해 왕과 신하, 선비들이 노력했다."

---

② 동영상 시청: 호랑이보다 무서운 정치_ 지문과 동영상의 내용이 거의 유사.

　　EBS 다큐(2분 15초)　https://www.youtube.com/watch?v=L0vvJgAETRM

　　동영상을 통해 정치의 중요성을 고민하는 계기로 유도한다.

Teaching Mention

"올바른 정치는 백성(국민)을 행복하게 만들지만 잘못된 정치는 백성에게 고통과 불행을 주고 비참한 삶을 살아가게 만든다."

"현대 시대에도 정치는 우리가 의식하지 못할지라도 나와 우리 가족, 사회의 행복과 불행을 좌우하는 커다란 힘이다." 관련된 사례를 제시한다.

"공자, 맹자는 항상 언제나 백성을 근본으로 삼아 백성을 위해 통치할 것을 주창했다."
공자 왈: "임금의 하늘은 백성이다. 천심이 곧 민심이다."
맹자 왈: "임금은 백성의 즐거움을 자신의 즐거움으로 삼아야 한다."

▌생각쌓기

① 정치의 역할에 대한 생각을 심화하는 계기로 삼는다

② 앞의 공자의 일화와 연속성을 갖는 지문임을 강조한다.

③ 주어진 상황에서 친구의 역할, 포도대장의 역할을 고민한 후에 임금의 역할을 미루어 생각하게 만든다.

④ 영조와 정조의 일화는 생략해도 무방하다. 다만 이런 옛 일화를 읽고 정조가 더욱 훌륭한 임금이 될 수 있었다는 것을 강조하면서 현대 사회에도 '온고지신'의 가르침이 유효하다는 것을 깨닫는 계기로 삼는다.

▌생각에 날개 달기

① 전통에서 바람직하게 생각하는 정치와 현대 정치는 본질적으로 다르지 않다는 것을 강조한다.

② 청와대*의 역할, 국회의 역할에 대해 간략히 설명하고 학생들이 생각하는 청와대와 국회의 필요성과 중요한 역할에 대해 고민하고 발표하게 한다.

③ 청와대와 국회의원 모두 국민들이 선거를 통해 선출한 대표자들이며 국민들은 일정 기간 동안 대표들에게 정책 및 법안 결정 권한을 '빌려준 것'임을 강조한다.

④ 국가의 주인인 국민들로부터 권한을 빌려(위임) 받은 대표자들의 마음자세와 태도 등을 미루어 생각할 수 있게 만든다.

⑤ 학생들이 쉽게 이해할 수 있도록 다양한 비유를 제시할 수 있다.

* 대통령 집무실 이전에 따라(2022.5) <용산 대통령실> 사진을 보여
  줄 수도 있다.

Teaching Mention

"최대한 많은 사람들이 살기 좋고 행복하게 살아가는 공동체를 이룩하는 것은 옛날이나 지금이나 마찬가지입니다. 옛날과 다른 점은 현대 민주주의 사회에서는 모두가 행복한 정의로운 공동체를 만들기 위해 국민이 공동체의 문제에 적극적인 관심을 갖고 참여하는 것을 의미합니다."

민주주의사회에서 시민은 다스리는 위치에도, 다스림을 받는 위치에도 있을 수 있습니다. 만약 내가 대통령이 된다면 어떤 정책을 펼칠지, 내가 유덕한 민주시민이라면 어떤 역할과 노력을 할지 생각해 볼 필요가 있습니다.

Teaching Tip

● 대표의 역할 및 의미, 자세: "내가 식당을 운영하는 사장인데 내가 바쁘거나 몸이 좋지 않아 친구에게 식당 운영을 4~5년 동안 맡겼는데, 친구가 나에게 상의하지도 않고 마음대로 식당을 운영하거나 직원을 해고하거나 비리를 저지른다면 여러분들은 어떻게 하겠습니까? 올바른 친구라면 식당의 주인인 나(국민)에게 어떤 태도와 자세로 노력을 해야 할까요?"

▌생활 속에서 실천해 보기

① 정치는 청와대나 국회만의 것이 아니라 우리의 일상 속에서도 나타나고 있으며, 우리가 2명 이상의 관계 혹은 모임에서 서로를 인정하고 배려할 때 좋은 정치가 실현된다는 것을 인식시킨다.

② 학생이 대통령이라면 어떤 일(정책)을 하고 싶은지를 고민하고 발표한다.

③ 학생이 반장이라면(원하는 것을 모두 할 수 있다면), 어떤 일을 하고 싶은지를 고민하고 발표한다.

④ 교실의 주인이 학생들이라면 모두가 행복하게 어울리는 교실을 위해 학생들(국민들)이 어떤 역할과 노력을 해야할지를 고민하고 발표한다.

⑤ 행복한 사회를 상징하는 학급이 행복하기 위한 노력을 함께 나눈다.

Teaching Mention

"올바른 정치는 모든 사람들이 더불어 행복하게 살아가는 공동체를 만드는 것입니다. 때문에 소수의 부자가 나라의 재산을 많이 차지하고 다수의 사람들이 가난하고 힘들게 살아가면 안 됩니다. 그래서 공자와 맹자도 백성들의 경제적 안정이 가장 중요하며 먹고 사는 문제가 해결될 때 백성들도 도덕적으로 발전할 수 있다고 강조했습니다. 그러므로 가난한 사람과 힘이 없는 사람들을 잘 살아가도록 특별히 보살펴 주는 것이 통치자의 가장 중요한 역할이라고 강조했습니다. 또한 공자, 맹자는 정의로운 공동체를 만들기 위해서는 임금과 신하, 선비뿐만 아니라 농사꾼, 목공, 어부, 동네 아이들의 목소리까지 귀 기울여야 한다고 강조했습니다. 이런 옛 성인의 가르침은 청와대와 국회뿐만 아니라 친구들 사이, 교실, 학교, 회사에서도 중요한 정치의 원칙입니다."

3. 수업 평가

일시 ( )년 ( )월 ( )일 ( )교시			교과 및 창체 ( ) ( )학년 ( )반 수업자 ( )
단원명			함께 더불어 살아가기_상생
수업 목표 달성도			1. 옛 일화를 통해 올바른 정치의 특징과 역할을 이해할 수 있다. 2. 현대 사회에서 정치의 중요성을 깨닫고 올바른 정치를 위해 노력할 수 있다.
관련 요소	수 업	도입	동영상 시청 후 정치란 무엇인가에 대해 고민
		전개	옛 고전에서 정치의 역할과 의무, 자세에 대해 생각하기, 현대 사회에서 정치와 국민의 관계 및 중요성에 대해 생각을 심화시키기

	내용	정리	우리의 일상 속에서도 정치가 중요하다는 것을 이해하기					
	\u200b영역		오리엔테이션, 개인역량, 대인관계역량, **공동체역량**					
	온고지신 인성요소		자존, 성찰, 공감, 배려, **상생, 공존**					
	핵심인성역량		자기관리역량, **지식정보처리역량, 창의적 사고역량**, 심미적 감성역량, 의사소통역량, **공동체역량**					
학습자료 준비도	교사의 준비도: (상, 중, 하)							
평가 내용	수업 자기 평가	1. 학습활동을 진행하기 위한 환경이 잘 마련되었는가?	①	②	③	④	⑤
		2. 학생들이 학습 중 질문에 적절히 대응했는가?	①	②	③	④	⑤
		3. 수업 분위기가 산만하지 않도록 적절하게 지시하고 개입했는가?	①	②	③	④	⑤
	학습활동 관찰기록							

4. 온고지신 노트

【고전 자료】

부자(공자)가 제자에게 가르쳐 말하기를, "소자야, 이것을 마음에 새겨라. 가혹한 정치가 백성에게 끼침이 호랑이의 해독보다도 심하다는 것을!"이라고 했다. 『예기』, 단궁下

夫子曰 小子識之 苛政猛於虎也
부자왈 소자식지 가정맹어호야

識: (식) 알다   苛: (가) 가혹하다   猛: (맹) 사납다   虎: (호) 범

【내가 써보는 고전】

ex. 인간을 부품이나 수단으로 생각하는 사회질서가 호랑이보다 무섭다.

Teaching Tip

① 6차시, 7차시 수업은 정치 관련 내용으로 난이도가 높고 딱딱한 내용들이다. 그러므로 수업 전에 학생들에게 훌륭한 민주시민과 사회의 리더가 되고자 한다면 공동체의 행복과 운명을 책임질 수 있는 노력을 해야 한다는 것을 강조하면서 동기를 부여하는 것이 효과적일 것이다.

② 상황에 따라 모둠을 구성하여 모둠별 토론 이후 모둠 대표가 모둠에서 합의된 내용을 발표하는 것을 적극 추천한다.

7차시 차이와 다양성 수용하기_공존

1. 수업 개요

단원명	차이와 다양성 수용하기_공존		차시	7차시
학습 주제	차이를 긍정하고 다양성의 통합으로서 정치를 이해하기		활동장소	교실
수업 목표	1. 탕평채(궁중요리)와 오케스트라 감상을 통해 음식과 음악의 조화처럼 정치는 차이와 　다양성, 갈등과 대립을 통합시키는 것임을 이해한다. 2. 좋은 음식에 비유될 수 있는 민주시민의 덕성과 역량을 이해하고 실천할 수 있다.			
수업 전개	• 〈마음열기〉를 통해 탕평채에 담긴 영조의 뜻을 이해하고 대립적인 의견과 주장의 조 　화를 이루는 것이 정치의 중요한 목표였음을 이해한다. • 〈생각쌓기〉를 통해 서로 이질적이고 다양한 재료의 조화를 통해 맛있는 요리를 만드 　는 요리사의 능력과 정치가 및 민주적 시민의 역량과 자세를 이해한다. 적대적인 의 　견조차 긍정하면서 합의를 만드는 재료가 된다는 점을 설명한다. • 〈생각에 날개달기〉를 통해 오케스트라를 감상하면서 다양한 악기들이 자신의 소리를 　고집하지 않고 적절한 양보와 개성을 통해 아름다운 연주가 된다는 것을 이해하고 　정치의 통합 역할에 비유할 수 있다. • 〈생활 속에서 실천해 보기〉에 나온 일화를 통해 자신의 주장만 고집하고 무리만 지어 　다니는 소인들과 비교하여 차이를 인정하면서도 조화로운 통합을 추구하고 획일성을 　강요하지 않는 군자의 차이를 이해하고 일상적인 영역에서 군자의 화이부동을 고민 　하고 실천할 수 있다. 이러한 군자의 정치는 공동체의 유대와 연대의 기반임을 설명 　한다.			
학습 요소	영역	오리엔테이션, 개인역량, 대인관계역량, 공동체역량		
	온고지신 인성요소	성찰, 자존, 공감, 배려, 공존(차이와 갈등을 긍정적으로 바라보 고 다양성의 통합, 유대와 연대를 추구하기)		
	2015 교육과정 총론 핵심역량	자기관리역량, 지식정보처리역량, 창의적 사고역량, 심미적 감성 역량, 의사소통역량, 공동체역량		

2. 수업준비 및 실행

〈수업준비하기〉

교사	워크북(활동지), 파워포인트, 시청각 시설(동영상)
학생	워크북(활동지)

〈교수-학습 과정안〉

▎마음열기

① 탕평채에 대해 각급 학생 수준에 맞게 간략하게 설명한다.

> Teaching Mention
>
> "여러분 탕평채를 보세요. 푸른색, 붉은색, 흰색, 검은색 등이 어우러지고 맛과 멋이 다른 재료들이 섞여서 아주 아름다우면서도 건강에 좋은 음식입니다."
>
> "탕평채는 청포묵과 쇠고기, 미나리, 숙주, 홍고추, 계란, 김과 같은 다양한 재료를 무친 요리이지만 각 재료들이 모두 살아 있으면서 맛을 냅니다. 어느 하나가 다른 것들을 흡수하거나 압도하는 것이 아니라 모든 것의 역할을 인정한다는 것이지요."
>
> "탕평채를 인간의 삶에 비유하자면 서로간의 다름을 부정하는 것도 아니고 서로가 무관심한 채로 떨어져 사는 것도 아닙니다. 서로가 만나서 차이와 다름을 인정하면서도 어우러져 하나가 되는 것입니다."
>
> "탕평채는 영조가 개발한 궁중요리로 신하들 간의 화해와 타협, 통합을 기원하는 뜻에서 만든 요리였습니다. 영조는 당시에 조선을 어떻게 이끌어갈지를 놓고 싸우던 4개의 큰 세력의 신하들을 모두 한자리에 모여 공부를 할 때 이 음식을 먹게 하여 서로의 차이를 인정하고 조화와 타협을 이루는 것이 조선의 발전임을 깨닫게 만들려고 했습니다. 탕평채는 단순한 음식이 아니라 정치적 통합의 꿈을 담은 궁중 요리였습니다."
>
> "여러분, TV 뉴스를 보거나 인터넷 정치뉴스를 보면 매일매일 싸우는 국회의원들과 정치인들이 나오는데 이들에게도 탕평채를 먹여야 하는 것은 아닐까요?"
>
> "여러분들 중에 서로 사이가 안 좋은 친구들은 함께 탕평채를 먹는다면, 영조의 마술이 통해서 서로를 이해하고 갈등을 해소하면서 더 좋은 관계가 될 수 있지 않을까요?"

② 동영상 시청(4분 17초): 전통궁중요리 탕평채 레시피
https://www.youtube.com/watch?v=iL3RFP2fvec

Teaching Tip: 동영상은 탕평채 요리과정을 설명하는 내용이다. 전체 동영상을 보여주거나 3분부터 동영상을 시청해도 무방하다. 탕평채 요리를 만드는 과정이 차이와 다양성의 통합을 추구하는 정치와 유사함을 강조할 필요가 있다.

▌생각쌓기

① 정치의 역할에 대한 생각을 심화하는 계기로 삼는다.
② 앞의 탕평채의 일화와 연속성을 갖는 지문임을 강조한다.
③ 서로 다른 역할을 하는 재료들이 탕 속에 융합되어 전혀 새로운 요리가 만들어지는 과정과 결과를 쉽게 설명한다.
④ 하나의 음식만 편식하는 것이 건강에 좋지 않듯이 건강한 정신을 가진 훌륭한 시민은 자신의 주장만 고집하지 않고 다른 의견과 비판도 적극적으로 수용하여 새로운 내가 되는 재료로 삼아야 한다는 점을 강조한다.
⑤ 훌륭한 요리사는 서로 다른 재료들의 맛과 개성을 알고 조화시키는 음식 전문가이다. 요리사가 자신의 입맛에만 맞는 재료들만 활용한다면 훌륭한 요리사가 될 수 없다는 점을 강조한다. 훌륭한 요리사는 각 재료의 장단점을 잘 알고 있고 요리의 목적에 따라 재료의 질과 양을 균형있게 융합시킬 수 있어야 한다.
⑥ 그러므로 훌륭한 정치인 혹은 덕스러운 민주시민은 다양한 개성을 인정하고 다양한 의견들이 표출될 수 있도록 해야 하며 각 의견들의 장단점을 정확히 분석, 평가하여 좋은 결과를 도출할 수 있도록

노력해야 한다.

Teaching Tip: 탕평채 요리에 대한 설명 이후에 "한 쪽만 남은 세상"을 상상해봄으로써 획일성이 낳을 수 있는 폐해를 살펴보며 다양성의 아름다움과 조화의 중요성을 느끼게 할 수 있다.

> **Teaching Mention**
> "여러분들이 라면을 끓일 때에도 탕평채의 지혜가 필요합니다. 여러분들이 햄이나 치즈를 좋아한다고 그 재료만 넣는다면 당장 맛은 있을지라도 여러분들의 건강은 안 좋아질 것입니다. 또 어떤 사람들은 그런 라면을 싫어할 수 있습니다. 그러므로 다양한 재료들을 적절한 비율로 함께 넣은 라면이 건강에도 좋고 인기도 많을 것입니다."
> "훌륭한 요리사와 같은 정치인은 어떤 능력을 가져야 하고 어떤 노력을 해야할까요?"

Teaching Tip: 라면이 건강에 좋지 않으므로 부적절하다고 생각할 수도 있다. 그럴 경우, 비빔밥의 사례를 활용할 수 있다.

▌생각에 날개 달기

① 베토벤 운명교향곡 5번 1악장(https://www.youtube.com/watch?v=6fsDkAa9VtM)을 감상한다(7분 50초, 초반 3분 30까지만 감상해도 됨). 학생의 소감을 이야기하고 아름다운 화음의 음악 역시 탕평채의 원리와 비슷하다는 점을 강조한다.

② 어느 하나의 악기만이 큰 소리를 내는 오케스트라는 위대한 작품이 될 수 없다는 점을 강조한다. 자신과 화음이 다르다는 이유로 다른 악기를 거부하거나 내쫓는다면 그 음악이나 공연은 실패한다는 것을 강조하고 이유를 생각하도록 유도한다.

③ 좋은 음식과 아름다운 음악이 사람의 영혼을 맑고 밝고 건강하게 만들 듯이, 차이와 다양성을 존중하고 화합을 추구하는 정치는 사람들의 개성을 존중하고 평화와 행복을 가져다준다는 것을 이해시킨다.

④ 학생들이 쉽게 이해할 수 있도록 다양한 비유를 제시할 수 있다.

▌생활 속에서 실천해 보기

① 화이부동의 원리에 대해 친구 간 교제, 학급회의 등의 사례를 들어 최대한 쉽게 설명하도록 한다.

② 제시한 지문은 각급별, 학생 수준에 따라 쉽게 개작할 수 있다.

③ 학생들에게 군자가 되고 싶은지, 소인이 되고 싶은지를 질문하여 동기부여를 하도록 한다.

④ 탕평채, 오케스트라, 군자는 어떤 공통점을 가지고 있는지를 고민하도록 한다.

⑤ 친구들 사이에서 화이부동을 실천하려면 어떻게 올바른 관계를 맺어야 하는지 이야기 해본다.

Teaching Mention

"화이부동은 서로의 다름 속에서 조화와 통합을 이룩하면서도 그 어떤 것도 소외시키거나 배제하지 않습니다. 특히, 특정한 의견이나 주장을 절대적으로 올바른 것으로 만들어서 강제적으로 따르도록 복종을 강제하지 않습니다."

"화이부동은 사람들의 개성을 최대한 존중하면서도 차이와 갈등, 다양성 속에서 화합을 일구어내는 요리사의 기술, 오케스트라 지휘자, 연주자의 전문적인 기술과 유사합니다."

"자신의 의견과 비슷한 사람 혹은 자신을 지지해주는 친구들만 교제를 하면 기분은 좋을 수 있지만 나의 잘못된 점, 나의 문제점을 고치고 더욱 발전하는 데 지장을 줄 수 있습니다. 여러분들이 정말로 훌륭한 사람, 사회의 리더가 되고 싶다면 하나의 의견이 아니라 최대한 많은 의견을 듣고 좋은 점을 모아서 합의를 이끌어낼 수 있어야 합니다."

"얼굴이 검은 아프리카 사람을 만났을 때 처음에는 낯설 수도 있지만 우리와 똑같이 공부하고 즐겁게 놀고 싶은 사람이라고 생각하고 동등하고 친절하게 대우한다면 여러분은 군자가 될 수 있습니다. 그러나 외국인이라고 멀리하거나 거부한다면 자칫 여러분은 소인이 될 수 있습니다."

"정치에서 화이부동은 서로 미워하고 싸우고 적대적인 관계 속에서도 서로를 제거하지 않고 화해와 타협, 통합을 일구어내는 것입니다."

"남한과 북한이 비록 서로를 증오하고 전쟁을 할 수 있다고 위협하고 있지만 같은 민족으로서 언젠가는 탕평채, 오케스트라처럼 서로를 인정하면서도 통일을 할 수 있는 날이 올 것입니다."

3. 수업 평가

일시 ( )년 ( )월 ( )일 ( )교시			교과 및 창체 ( ) ( )학년 ( )반 수업자 ( )					
단원명			차이와 다양성을 존중하기: 공존					
수업목표 달성도			1. 훌륭한 요리와 음악, 정치의 공통점을 이해할 수 있다.					
			2. 차이와 다양성의 공존을 위해 어떤 노력을 할지를 고민하고 실천할 수 있다.					
관련 요소	수업 내용	도입	동영상 시청 후 탕평채에 담긴 함의를 이해할 수 있다.					
		전개	훌륭한 요리의 특징과 요리사의 역량, 오케스트라의 감동의 원인을 분석하고 차이와 다름, 갈등을 조화시키는 것이 왜 중요한지를 이해하면서 정치에 대한 생각을 심화시킨다.					
		정리	우리의 일상 속에서도 공존을 위한 실천을 수행할 수 있다.					
	영역		오리엔테이션, 개인역량, 대인관계역량, 공동체역량					
	온고지신 인성요소		자존, 성찰, 공감, 배려, 상생, 공존					
	핵심인성역량		자기관리역량, 지식정보처리역량, 창의적사고역량, 심미적 감성역량, 의사소통역량, 공동체역량					
학습자료 준비도	교사의 준비도: (상, 중, 하)							
평가 내용	수업 자기 평가		1. 학습활동을 진행하기 위한 환경이 잘 마련되었는가?	①	②	③	④	⑤
			2. 학생들이 학습 중 질문에 적절히 대응했는가?	①	②	③	④	⑤
			3. 수업 분위기가 산만하지 않도록 적절하게 지시하고 개입했는가?	①	②	③	④	⑤
	학습활동 관찰기록							

4. 온고지신 노트

【고전 자료】

공자께서 말씀하셨다. "군자는 화하고 동하지 않으며, 소인은 동하고 화하지 않는다."
『논어』 자로편

子曰 君子和而不同 小人同而不和.
자왈 군자화이부동 소인동이불화

* 和: (화) 조화하다_ 맹목적으로 따르지 않고, 다른 의견도 수용하여 조화롭게 하는 태도
* 同: (동) 같다_ 맹목적으로 남의 의견을 따르며, 다른 의견을 배제하는 태도

【내가 써보는 고전】
ex. 어떤 일이든지 사람들의 다양한 의견을 경청한 후 모두가 동의할 수 있는 방향을 찾도록 노력한다.

나의 화이부동 역량은?
· 우리 주변에 탕평채와 같은 친구가 있는지 찾아봅시다.
· 나는 친구들에게 탕평채, 오케스트라 지휘자, 군자와 같은 사람인지 고민해보고 반성할 점과 노력해야 할 점을 기록해 봅시다.

Teaching Tip

① 6차시, 7차시 수업은 정치 관련 내용으로 난이도가 높고 딱딱한 내용들이다. 그러므로 수업 전에 학생들에게 훌륭한 민주시민과 사회의 리더가 되고자 한다면 공동체의 행복과 운명을 책임질 수 있는 노력을 해야 한다는 것을 강조하면서 동기를 부여하는 것이 효과적이다.

② 상황에 따라 모둠을 구성하여 모둠별 토론 이후 모둠 대표가 나와 합의된 내용을 발표하는 것을 적극 추천한다. 이는 교사의 재량과 수업의 맥락에 따라 유연하게 적용할 수 있다.

8차시 나에게 온고지신 프로그램은 (　　)이다!

1. 수업 개요

단원명	나에게 온고지신 프로그램은 (　　)이다!		차시	8차시
학습 주제	온고지신 프로그램을 돌아보며 일상생활에 적용하기		활동장소	교실
수업 목표	1. 구용구사 랩을 통해 심신의 유쾌함을 느낄 수 있다. 　(온고지신 디자인 씽킹을 통해 온고지신의 핵심 개념을 표현할 수 있다.) 2. 온고지신 프로그램을 통한 자신의 성장을 설명할 수 있다.			
수업 전개	• 구용과 구사의 의미를 이해하고, 구용구사를 랩으로 불러본다. 　모둠별 대표 1명을 선정하여 구용구사 랩 페스티벌을 진행한다. • 온고지신 프로그램을 돌아보며 만족도 조사를 실시한다. • 사후 설문조사를 실시한다. 1차시 ▶ 구용구사, 랩으로 다함께 (대체: 온고지신 디자인 씽킹) ▶ 온고지신 프로그램 돌아보기 ▶ 사후 설문조사			
학습요소	영역	오리엔테이션, **개인역량**, **대인관계역량**, 공동체 역량		
	온고지신 인성요소	자존, **성찰**, **공감**, 배려, 상생, 공존		
	2015 교육과정 총론 핵심역량	**자기관리역량**, 지식정보처리역량, **창의적사고역량**, 심미적 감성역량, 의사소통역량, 공동체 역량		

2. 수업 준비 및 실행

〈수업 준비하기〉

교사	워크북(활동지), 파워포인트 (A4용지, 색연필_디자인 씽킹)
학생	워크북(활동지)

▶유의사항: 한 모둠에 5명 내외(모둠마다 리더 역할을 할 수 있는 학생 배치)

〈교수-학습 과정안〉

▌구용구사, 랩으로 다함께!

① 구용구사 랩을 들어본다.

    (구용 랩 https://www.youtube.com/watch?v=SgBK_IzkKcM)

    (구사 랩 https://www.youtube.com/watch?v=9lc07Lipxls)

Teaching Tip

● 구용구사 랩을 들어보고, 한 번씩 따라 불러본 후에, 구용구사의 의미
를 설명한다(참고자료)

    ▶단어설명: 구용(九容)과 구사(九思)

구용의 공통된 글자는 용(容)인데, 이는 모습, 모양, 형태, 행동을 의미
한다.

구사의 공통된 글자는 사(思)인데, 뒤에 나오는 명사의 내용을 실현시

키기 위한 작용(~할 때 ~을 생각하고), 부연하자면 마음속 아홉 가지 행위에 대해 조절, 통제, 선택하여 올바른 산출이 원활히 나오도록 하는 작용이다.

【선택활동】
내가 생각하는 온고지신의 의미가 담긴 간단한 디자인 씽킹(포스터 만들기)

고성 공룡엑스포 캐릭터 온고지신 개발광고

http://photagram.net/media/BbOs1cYF-tK

그림을 잘 그리려고 하기보다는 핵심 아이디어를 자유롭게 표현하는 데 중점을 둔다.

▌온고지신 프로그램을 돌아보기

① 5가지 물음에 대해 모둠별로 나눌 수 있도록 한다.

② 5가지 물음에 대한 답변을 기록하고, 활동을 마친 후 제출하도록 한다.

③ 만족도 및 프로그램 개선을 위한 피드백 자료로 정리한다.

▌사후 설문조사

① 유덕한 시민성 검사도구 및 청소년용 회복탄력성 검사지로 사후 설
　문조사를 실시한다.

② 프로그램에 참여한 학생들의 사전 사후 설문조사 결과를 분석한다.

③ 통계적으로 유의미한지 확인하고, 미흡한 부분에 대해 개선한다.

3. 수업 평가

일시 ( )년 ( )월 ( )일 ( )교시			교과 및 창체 ( ) ( )학년 ( )반 수업자 ( )					
단원명	나에게 온고지신 프로그램은…							
수업 목표 달성도	1. 구사 구용 랩을 통해 심신의 유쾌함을 느낄 수 있다. (상, 중, 하) (온고지신의 핵심 개념을 디자인 씽킹을 통해 표현할 수 있다.) (상, 중, 하) 2. 온고지신 프로그램을 통한 자신의 성장을 설명할 수 있다. (상, 중, 하)							
관련 요소	수업 내용	도입	구사구용 랩 듣기					
		전개	구사구용 랩 페스티벌 실시					
		정리	온고지신 프로그램 돌아보기, 사후 설문조사					
	영 역	오리엔테이션, 개인역량, 대인관계역량, 공동체 역량						
	온고지신 인성요소	자존, 성찰, 공감, 배려, 상생, 공존						
	핵심 인성 역량	자기관리역량, 지식정보처리역량, 창의적사고역량, 심미적 감성역량, 의사 소통역량, 공동체 역량						
학습자료 준비도	교사의 준비도: (상, 중, 하) / 학생의 준비도: (상, 중, 하)							
평가 내용	수업 자기 평가	1. 학습 활동을 진행하기 위한 환경이 잘 마련되었는가?	①	②	③	④	⑤	
		2. 학생들이 학습 중 질문에 적절히 대응했는가?	①	②	③	④	⑤	
		3. 수업 분위기가 산만하지 않도록 적절하게 지시하고 개입했는가?	①	②	③	④	⑤	
	학습 활동 관찰 기록							

4. 참고자료

구용과 구사가 함께 언급된 것은 이이의 격몽요결(擊蒙要訣)이다.

[구용(九容)]   [구사(九思)]

모습	조심하는 태도	의미	행위	준거	의미
두용 頭容	직 直	마땅히 머리를 바르게 하고 몸을 곧게 해야 하며 기울여 돌리거나 한쪽으로 치우치게 해서는 안 된다.	시 視	사명 思明	눈으로 볼 때는 밝게, 바르게, 올게 바라보고자 한다.
구용 口容	지 止	말을 하거나 음식을 먹을 때가 아니면 항상 움직이지 않는다.	청 聽	사총 思聰	들을 때는 막힘없이 편견 없이 듣는다.
목용 目容	단 端	눈동자를 안정시켜 마땅히 시선을 바로볼 것이요, 흘겨보거나 훔쳐 보아서는 안 된다.	색 色	사온 思溫	얼굴빛은 부드럽게 펴서 성내는 기색이 없어야 한다.
색용 色容	장 莊	얼굴빛을 단정히 하여 태만한 기색이 없어야 한다.	모 貌	사경 思恭	몸가짐과 옷차림을 항상 단정히 한다.
입용 立容	덕 德	가운데 서고 치우치지 않아서 엄연한 덕이 있는 기상이 있어야 한다.	언 言	사충 思忠	한 마디의 말을 하더라도 충실하고 신의 있게 말한다.
성용 聲容	정 靜	말소리는 항상 조용하고 나직하게 하며, 구역질이나 트림같은 잡소리를 내서는 안 된다.	사 事	사경 思敬	어떤 일을 할 때에도 공경스럽게 삼간다.
기용	숙 肅	호흡을 고르게 할	의	사문	의문이 있을 때는

氣容		것이요, 소리가 나게 해서는 안 된다.	疑	思問	물어서 깨닫는다.
족용 足容	중 重	가볍게 행동하지 않는다. 어른 앞에서는 민첩하게 행한다.	분 念	사난 思難	호가 날 때는 자신을 돌아보아 올바른 도리를 찾아 자신을 이겨낸다.
수용 手容	공 恭	손을 게을리 하지 않고, 일이 없을 때는 손을 단정히 모으고 함부로 움직이지 않는다.	견득 見得	사의 思義	재물이 생기면 반드리 의로움과 이로움을 구분하여 선택한다.

(구용 구사 랩에 맞춰서 순서를 조정했음)

교실에서 구용과 구사의 적용 예시

구용	교실맥락의 적용	학급규칙 예시	구사	교실맥락의 적용	학급규칙 예시
족용중	복도에서 뛰지 마세요	발걸음을 무겁게 하고 걷는다 가볍게 행동하지 않는다.	시사명	이해하려고 노력하면서 집중해 보세요.	책을 읽을 때는 뜻을 생각한다.
수용공	손장난 하지 마세요	손으로 친구를 건들지 않는다.	청사총	집중해서 이야기를 들으세요.	다른 사람의 말을 경청한다.
목용단	두리번 거리지 마세요	친구를 흘겨보거나 째려보지 않는다.	색사온	따뜻한 미소를 지으세요.	말을 할 때 표정을 부드럽게 한다.
구용지	조용히 하세요.	하지 말아야 할 말을 하지 않는다.	모사경	공손한 태도를 지키세요.	자신의 용모가 단정한가 생각한다.
성용정	큰 소리를 지르지 마세요.	마음과 감정을 잘 조절한 후 말한다.	언사충	자신이 한 말은 지키세요.	자신이 한 말을 지키도록 노력한다.
두용직	고개를 똑바로 하세요.	머리와 몸을 항상 바르게 한다.	사사경	친구들을 존중하세요.	활동을 같이 하는 친구들을 존중한다.
기용숙	숨을 조용히 쉬세요.	기침소리는 입을 가리고 작게 낸다.	의사문	모르는 것은 질문하세요.	의문이 나는 것은 답을 찾기 위해 노력한다.
입용덕	바른 자세로 서세요.	자신감 있고 겸손한 자세로 선다.	분사난	화를 냈을 때, 발생할 어려움을 생각하고 참으세요.	화를 내고 나면 어떤 어려움이 생길지 생각한다.
색용장	얼굴 표정을 차분하게 하세요.	항상 온화한 표정을 짓는다.	견득 사의	무언가를 얻게 되면 이것이 옳은 것인가 아닌가 먼저 생각하세요.	내게 유리한 것만 생각하지 말고 모두에게 도움이 되는 것을 생각한다.

출처: 조석환, 「구용·구사의 인성교육적 의미와 활용 방안」, 『초등도덕교육』, 51, 2016.
※ 사전 사후 설문지: 〈부록〉 참고

온고지신 프로그램_워크북

제10장

온고지신 프로그램_워크북

1차시 온고지신이란 무엇일까?

마음열기

1. 우리 서로를 소개해 볼까요?

오늘의 기분 1-10점	가장 좋아하는 것	살면서 가장 뿌듯할 때

* 각 물음에 대해 나눌 때는 그 이유도 함께 설명해 보아요~^^

생각쌓기

1. 다음 이미지의 공통점은 무엇일까요?

* 평창 올림픽 시상품인 마스코트 수호랑과 반다비는 조선시대 문무과에 급제한 사람에게 임금이 하사한 종이 꽃을 형상화하고 있다.

출처: TS 엔터테인먼트

https://www.youtube.com/watch?v=SMtEF47NMTc

안동의 미소: 하회탈빵　　　　전주 비빔밥 고로케

(1) 모둠 안에서 이미지들의 공통점이 무엇인지 서로 말해보자.

(2) 모둠별로 의견을 종합해서 소개해보자

2. 온고지신 관련 유튜브 영상: 구용(九容)과 구사(九思)를 랩으로!

https://www.youtube.com/watch?v=SgBK_IzkKcM

https://www.youtube.com/watch?v=9lc07Lipxls

생각에 날개 달기

1. 신문에서 〈온고지신〉 관련 단어와 이미지 찾기

> 🖉 온고지신과 관련 있는 단어 및 온고지신이 담긴 그림이나 사
> 진 등을 신문에서 찾아오려 붙여보고, 왜 그것을 선택하였으
> 며, 온고지신과 어떠한 관련이 있는지에 대해 이야기 해보자.

생활 속에서 실천해 보기

1. 오늘 활동 돌아보고, 삶 속에 실천하기

(1) 인상 깊었던 내용 혹은 활동은 무엇이었나요?

(2) 우리 생활 주변에서 온고지신이 드러나는 것을 볼 수 있을까요?

(3) 오늘 배운 것을 나의 삶에 적용하기 위한 작은 걸음은 무엇이 있을까요?

2차시 나를 존중하는 내가 좋아!_자존

마음열기

1. 6×6 토크 박스로 즐겁게

	1	2	3	4	5	6
1	잠들기전 하는일	다함께 PT 체조 5회	받고 싶은 선물	하루중 가장 소중한 시간	위로가 되는 노래	1년쯤 살아보고 싶은 곳
2	지금 먹고 싶은 것	존경하는 사람	가고 싶은 여행지	가장 사랑하는 사람	따고 싶은 자격증은?	다함께 PT 체조 5회
3	가지고 싶은 능력	좋아하는 음악 혹은 노래	다함께 PT 체조 5회	좋아하는 색깔, 이유	원하는 직업	옆 사람과 자리바꾸기
4	듣고 싶은 별명	다함께 PT 체조 10회	가장 듣고 싶은 칭찬	나에게 1억이 생긴다면?	가장 친한 친구의 장점	깨어나서 가장 먼저 하는 일
5	추천하고 싶은 책	스트레스 해소법	좋아하는 게임	추천하고 싶은 맛집	다함께 PT 체조 10회	친한 친구 소개
6	내 생애 최고의 영화	좋아하는 운동	가장 행복한 순간	다함께 PT 체조 10회	나만의 휴식법	즐겨찾는 웹사이트

생각쌓기

1. 나의 강점과 약점 체크

─ 나의 강점과 약점 생각해 보기

나의

강점은?

나의

약점은?

─ 친구의 약점을 강점으로!

　　ex. 나의 단점은 말을 잘 못해서 주로 친구 이야기를 듣는다는

　　　거야! (친구의 응원: 너는 경청하는 능력이 뛰어난 거야~

　　　그러니까 그것은 단점이 아니야!)

생각에 날개 달기

1. 나를 위한 믿음, 자기 효능감 활동: "작은 걸음, 큰 걸음"

- 쉽게 극복하기 어려운 나의 고민을 첫 번째 포스트잇에 적어 봅시다.

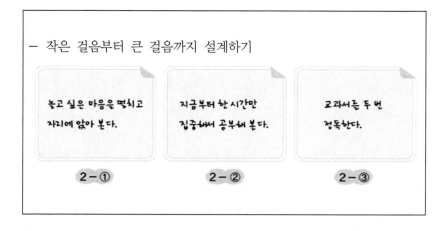

- 작은 걸음부터 큰 걸음까지 설계하기

- 응원 메시지 주고 받기

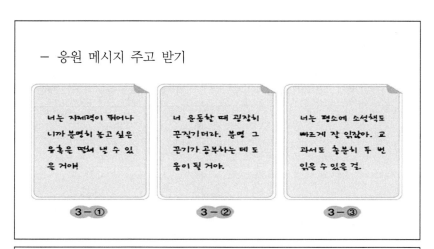

- 순서대로 계단 쌓기: 자신의 계획→모둠원의 응원메시지→자기효능감

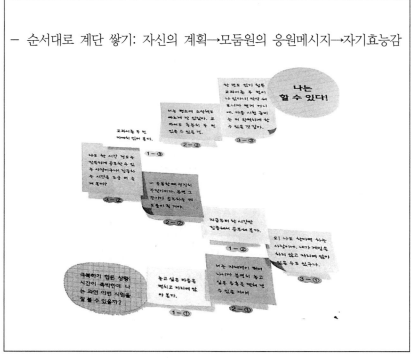

(출처: KEDI 학교급별 인성교육 지도자료(중학교용), 미래엔, p. 23.

생활 속에서 실천해 보기

나에게 쓰는 자기효능감 메시지	비주얼 씽킹으로 나의 자존감 그려보기
	* 비주얼 씽킹: 생각을 글과 그림으로 표현하는 것

3차시 나의 소중한 가치와 삶의 목적_성찰

마음열기

1. 감사 일기(이야기) 나누기

어제 하루 동안 내가 감사했던 일

(1) 주로 어떤 점들이 감사했나요?
(2) 감사한 점들을 써보니 어떠한 느낌이 들었나요?
(3) 모둠 친구들과 함께 감사 일기(이야기)를 나누어 봅시다.

2. 가치 비행기 던지기

(1) 색종이를 반으로 접어서 자신이 가장 중요하다고 느끼는 가치를 각각 한 가지씩 적는다. 자신의 가치를 구현할 수 있는 미래의 직업으로 표현해도 좋다.
   그리고 색종이 뒷면에는 자신만 알아볼 수 있도록 그림이나 표시를 해둔다
   (어려운 이웃을 돌보는 사회사업가, 타인을 위로해 주는 연예인 등)

(2) 종이비행기를 접어 교실 앞을 향해 가치비행기를 던진다.

(3) 가치비행기 몇 개를 선택하여 그러한 가치를 쓴 이유를 물어보고, 모두 앞에서 이야기 해보도록 한다.

생각쌓기

1. 가치 덕목 빌보드 활동

(1) 포스트잇에 자신이 좋아하는 그림 등을 자유롭게 표현해 자신만의 포스트잇을 만든다.
(2) 칠판에 있는 6가지 가치덕목 중 자신이 생각하는 가장 중요한 영역에 포스트잇을 붙인다.
(3) 어떤 가치덕목에 가장 많은 포스트잇이 붙었는지 살펴보고, 각 가치덕목에 대해 함께 이야기 나눈다.

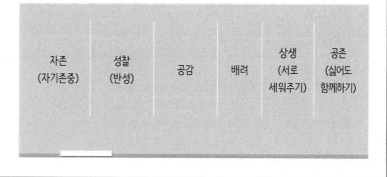

생각에 날개 달기

1. 내 삶의 목적 세우기

(1) 여러분은 삶의 목적에 대한 다음의 4가지 유형 중 어디에 해당
하나요?

무관심 님
삶의 목적엔 관심 없어요.

찔러봐 님
가끔 삶의 목적을 위한 활동은 하지만
지속적으로 하진 않아요.

꿈마니 님
꼭 이루고 싶은 꿈은 있지만
그냥 꿈만 꿔요~^^

목적에 이끌려 님
내가 헌신할 가치를 발견했고 지속적으로
관심을 두고 실천해요.

(2) 삶의 목적이 없을 때 어떤 문제점이 있을지 말해보고, 삶의
목적이 왜 중요한지 나눠보자.

생활 속에서 실천해 보기

1. 내 나이 (   ) 살에...

공자님	선생님 예시	나도 한마디
15세에 배움의 중요성을 깨달았다. _ 志于學	( )세부터 배우기를 힘썼다. 그 이유는?	
30세에 인간답게 살아갈 방향이 보이기 시작했다. _ 立	( )세에 나의 가치관이 뚜렷해 졌다. 나의 가치관은?	
40세에 인생의 목표가 확고해 졌다. _ 不惑	( )세에 삶의 목적을 발견했다. 내 삶의 목적은?	
50세에 하늘의 부름(소명)을 알았다. _ 知天命	50세에 이르러 알게 될 하늘의 부름(소명)은?	
60세에 나와 다르게 살아가는 사람도 이해하게 되었다. _ 耳順	60세에 나는 ------------------ 일을 하며 살고 싶다. ㄱ 이유는?	
70세에 내가 원하는대로 해도 타인에게 피해를 주지 않게 되었다. _ 從心所欲 不踰矩	다른 사람에게 기억되고 싶은 나의 모습은?	

선생님 예시를 들어보고, 여러분도 자신의 미래를 상상하여 써보고 모둠 친구들과 함께 이야기 나누어보자.

2. 오늘 활동 돌아보고, 삶 속에 실천하기

(1) 인상 깊었던 내용 혹은 활동은 무엇이었나요?

(2) 새롭게 발견한 내 자신의 모습이 있었나요?

(3) 오늘 배운 것을 나의 삶에 적용하기 위한 작은 걸음은 무엇이 있을까요?

4차시 타인의 감정 이해하기_공감

마음열기

1. 상황과 감정 이해하기

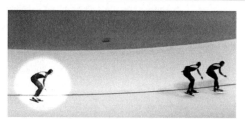

https://www.youtube.com/watch?v=KafwZ9qjkEM

올림픽 여자 팀추월 경기 준준결승전에 A, B, C가 함께 출전했다. 팀추월 경기는 마지막에 들어온 주자의 기록을 기준으로 순위가 결정되므로, 팀원들이 서로 체력 배분과 보조를 해주며 마지막 주자를 관리해야 승리할 수 있는 팀플레이 경기다. 마지막 두바퀴를 남기고 A가 혼자 뒤처지는 상황에서 B와 C가 뒤처진 동료를 무시하고 자신들만 계속 치고 나가는 바람에 결국 7위를 기록하면서 준결승 진출이 무산되었다. 아울러 경기 후 인터뷰에서 "우리는 작전대로 했는데 A 선수가 체력이 떨어졌다"고 말해 논란을 불러 일으켰다.

(1) 여러분이 A 선수라면 어떤 감정을 느낄까요? 또 그 이유는 무엇일까요?

(2) 왜 선수들 간에 서로 기분이 상하게 되었을까요? 선수들은 각각 어떤 잘못을 한 것일까요?

2. 감정 차이

(1) 어떤 일이 벌어졌습니까?

(2) 물건이 떨어진 상황에서 친구와 주인공(신뽀리)은 어떻게 생각했나요?
   - 친구:
   - 신뽀리:

(3) 같은 상황에서도 서로 다른 생각을 하는 까닭은 무엇일까요?

생각쌓기

1. 역지사지(易地思之)를 통한 타인의 감정 알기

역지사지(易地思之): 다른 사람의 입장에서 생각하다. 처지를 바꾸어서 생각하다.

맹자는 동아시아에서 전설 상의 위대한 임금으로 알려진 '우임금'과 '후직'을 다음과 같이 칭찬한 적이 있습니다.

우임금은 홍수가 나서 물에 빠져 죽은 사람이 있으면 자신이 물 관리 정책을 잘못해서 그런 사고가 있었다고 생각했습니다. 그리고 후직은 세상에 굶주리는 사람을 보면 자기가 정치를 잘못해서 굶주리는 사람이 있다고 생각했습니다.

『맹자』, 이루편

여기에서 "다른 사람의 고통을 자기의 고통으로 생각한다."라는 뜻의, 역지사지(易地思之) 라는 말이 나왔습니다. 이 말은 자기중심적으로 생각하지 말고, 상대방의 시각에서 생각해 보라는 옛 사람들의 지혜가 담겨져 있습니다.

(1) 친구와의 일들 중 나를 중심으로 생각해보았던 경험이 있나요? 이 때, 친구의 기분은 어땠을까요?

(2) 다른 사람의 감정을 모르고 행동할 때는 어떤 점이 좋을까요? 반대로 다른 사람의 감정을 모르고 행동한다면 어떤 문제가 생길 수 있을까요?

(3) 여러분이 다른 사람의 감정을 알 수 있었던 경험에 대해 적어 봅시다.

언제		누구의 감정을	
어떻게			
여러분은 어떻게 행동했나요?			
어떤 결과를 가져왔나요?			
그 이유는 무엇일까요?			

생각에 날개 달기

1. 공감을 위한 경청

【대화의 성공 비결】
Smile(미소) - 자주 그리고 적절하게
Open your body posture(자세를 반듯이 하기) - 상대방을 향하여
Forward lean(앞으로 숙이기) - 상대방을 향하여
Touch(만지기) - 조심스럽게
Eye contact(눈 마주치기) - 2초에서 6초가 평균시간이다
Nodding(고개 끄덕이기) - 경청하고 있다는 표시
Encourage(북돋아주기) - 질문을 하고 발성을 통해 보조한다
Reframe(재구성) - 스스로 이렇게 묻는다. 나라면 어땠을까?
Space(공간) - 1미터 정도 거리

『말 잘하는 사람 말 못하는 사람』중에서

▶ "아하! 그랬구나." 방법으로 경청하기

(1) 어제 있었던 일 중 하나를 생각해 짝에게 이야기 해줍니다(즐거웠던 일, 속상했던 일 등)

(2) 해결책을 말하지 않고, "아하! 그랬구나."라고 공감하고 경청하는 대사로 표현합니다.

(3) 위의【대화의 성공 비결】에서 제시된 요소가 대사와 동시에 모두 드러나야 합니다. 짝은 "재구성(Reframe) - 스스로 이렇게 묻는다. 나라면 어땠을까"를 제외하고 혹시 빠진 요소가 있는지 확인해 주세요!.

2. 공감나무 만들기

'공감이란 (   )이다.'

(1) 공감의 개념에 대해 생각해보고 진정한 공감이란 무엇인지 한 문장으로 정의한다.

(2) 모둠을 나누어 큰 절지에 '공감나무'를 만들어 본다.

(3) 상대 모둠의 나무와 비교해 보고 어떤 내용들이 공통적으로 쓰였는지, 어떤 신선한 내용이 있는지 이야기 나누어 본다.

생활 속에서 실천해 보기

1. 공감과 공경

"근래에 세상 사람들의 마음이 천박해져 서로 기뻐하고 아무런 거리낌 없이 지내는 것을 서로 뜻이 맞는다고 하고, 원만해서 모나지 않은 것을 서로 좋아하고 사랑한다고 한다. 이와 같은 우정이 어떻게 오래 갈 수 있겠는가? 오래도록 우정을 유지하려면 반드시 서로 ○○해야 한다. 임금과 신하, 친구 사이에는 모두 마땅히 ○○을 위주로 해야 한다."

『소학』

위의 ○○에 들어갈 말을 생각해 보고 의미에 대해 얘기해 봅시다.

[정답: 공경]

2. 오늘 활동 돌아보고, 삶 속에 실천하기

(1) 인상 깊었던 내용/활동은 무엇이었나요?

(2) 새롭게 발견한 내 자신의 모습이 있었나요?

(3) 오늘 배운 것을 삶에 적용하기 위한 작은 걸음을 말해 봐요.

5차시 마음을 움직이는 힘_배려

마음열기

1. 나에게 배려란 (   )이다

※ 배려에 관한 공익광고를 보고 배려란 무엇인지 생각해 봅시다.
1. https://www.youtube.com/watch?v=72pL_kBf9W8
2. https://www.youtube.com/watch?v=DcC8trRV3nw

나에게 배려란 (   )이다.

생각쌓기

세한도에 얽힌 우정과 배려

(1) 영상 시청: https://www.youtube.com/watch?v=8CoZdhGQmgU&t=162s

(2) 나에게 이상적과 같은 친구는 누가 있고 김정희와 같은 친구는 누가 있을까요?

생각에 날개 달기

1. 마인드맵 그리기

"배려!" 하면 떠오르는 단어들을 적어보고 이유를 말해 봅시다.

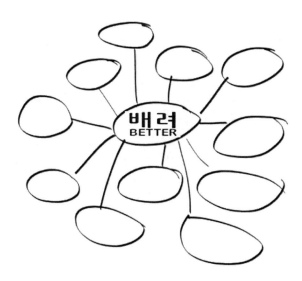

2. 같은 상황, 다른 생각

- 똑같은 일이 나에게 일어났을 때와 친구에게 일어났을 때 어떻게 생각이 달라질까요? 그리고 그 이유는 무엇일까요?

1. 양말을 짝짝이로 신고 학교에 갔다.	나에게 일어났다면	
	친구에게 일어났다면	
2. 시험에서 꼴찌를 하였다.	나에게 일어났다면	
	친구에게 일어났다면	
3. 실수로 청소를 빼먹었다.	나에게 일어났다면	
	친구에게 일어났다면	
4. 수업 시간에 떠들다가 혼이 났다.	나에게 일어났다면	
	친구에게 일어났다면	
5. 모르고 약속시간을 잊어버렸다.	나에게 일어났다면	
	친구에게 일어났다면	

1. 좋은 친구, 나쁜 친구

생활 속에서 실천해 보기

－공자님은 『논어』에서 이로운 친구 셋과 해로운 친구 셋을 말씀하셨다. 내가 생각하기에 좋은 친구와 좋지 않은 친구는 어떤 친구인지 써 봅시다.

이로운 친구 [益者三友]	직(直): 정직한 친구
	량(諒): 성실한 친구
	다문(多聞): 박학다식한 친구
해로운 친구 [損者三友]	편벽(便辟): 아첨하는 친구
	선유(善柔): 굽실거리는 친구
	편녕(便侫): 말재주만 능한 친구

이로운 친구	
해로운 친구	

2. 오늘 활동 돌아보고, 삶 속에 실천하기

(1) 인상 깊었던 내용/활동은 무엇이었나요?

(2) 새롭게 발견한 내 자신의 모습이 있었나요?

(3) 오늘 배운 것을 나의 삶에 적용하기 위한 작은 걸음은 무엇이 있을까요?

6차시 함께 더불어 살아가기_상생

마음열기

"세상의 잘못된 정치는 호랑이보다 더 무섭구나."

관련 동영상: EBS 다큐(2분 30초)

https://www.youtube.com/watch?v=L0vvJgAETRM

어느 날, 공자가 수레를 타고 제자들과 태산 기슭을 지나가고 있을 때 부인의 애절한 울음소리가 들려 왔다. 일행이 발길을 멈추고 살펴보니 길가의 풀숲에 무덤 셋이 보였고, 부인은 그 앞에서 울고 있었다. 자비심이 많은 공자는 제자인 자로에게 그 연유를 알아보라고 했다. 자로가 부인에게 다가가서 물었다.

"부인, 어인 일로 그렇듯 슬피 우십니까?"

부인은 깜짝 놀라 고개를 들더니 이윽고 이렇게 대답했다.

"여기는 아주 무서운 곳이랍니다. 수년 전에 저희 시아버님이 호랑이에게 잡아 먹혔는데 작년에는 남편이, 그리고 이번에는 자식까지 호랑이한테 잡아 먹혔답니다."

"그러면, 왜 이곳을 떠나지 않으십니까?"

"하지만, 여기서 살면 세금을 혹독하게 징수 당하거나 못된 벼슬아치에게 재물을 빼앗기는 일은 없지요."

자로에게 이 말을 전해들은 공자는 제자들에게 이렇게 말했다.

"잘들 기억해 두어라. '가혹한 정치는 호랑이보다 더 무섭다'는 것을……."

【중등】

1. 호랑이, 마을, 여인 등이 의미하는 것은 무엇일까요?

2. 못된 벼슬아치와 세금이 의미하는 것은 무엇일까요?

3. 여인과 가족들은 왜 마을을 떠나 산속에 살고 있을까요?

4. 여러분이라면 마을에 살았을지, 아니면 산속에 살았을지 그 이유와 함께 말해봅시다.

【초등】

1. 위 글에서 못된 벼슬아치와 세금을 무엇으로 표현하고 있습니까?

2. 여인은 슬퍼하면서도 왜 마을에 내려가 살지 않았을까요?

생각쌓기

1. "어떻게 하시겠습니까?"

맹자가 제선왕에게 물었습니다.

"어떤 사람이 친구에게 처자식을 맡기고 먼 곳으로 여행을 떠났는데,
돌아와서 보니 친구가 처자식을 추위에 떨고 굶주리게 했다면 어떻게 하시겠습니까?"

제선왕이 말했습니다. "절교할 것입니다."

맹자가 또 물었습니다.

"포도대장에게 포졸들 관리를 맡겼는데 군기가 문란하고 백성들을 괴롭힌다.
어떻게 하시겠습니까?"

제선왕이 말했습니다. "그만두게 하겠습니다."

맹자가 또 물었습니다.

"왕이 나라를 제대로 다스리지 못한다면 어떻게 하시겠습니까?"

그러자 제선왕은 좌우를 돌아보며 다른 이야기를 하였습니다.

【중등】

1. 나의 친구는 왜 내 가족을 제대로 돌봐주지 않았을까요?

2. 포도대장은 왜 포졸들을 제대로 관리하지 못했을까요?

3. 제선왕은 왜 맹자의 질문에 딴청을 피웠을까요?

4. 만일 여러분이 제선왕이라면 어떻게 답했을지 그 이유와 함께 말해 봅시다.

【초등】

1. 나의 친구는 왜 내 가족을 제대로 돌봐주지 않았을까요?

2. 내가 친구라면 어떻게 했을까요?

3. 내가 포도대장이라면 포졸들을 어떻게 관리했을까요?

4. 제선왕은 맹자의 이야기를 듣고 어떤 반성을 했을까요?

2. 영조와 정조의 대화

> 영조 임금이 맹자의 이야기를 들려주면서 세손이었던 정조에게 물었습니다.
> "맹자의 마지막 질문에 제선왕이 좌우를 돌아본 이유는 무엇인가?"
> 정조가 대답했습니다.
> "백성들이 어렵게 사는 것이 자기 잘못인 줄 알고서 부끄러워 대답을 못한 것입니다."
> 영조가 또 물었습니다.
> "좌우를 돌아보며 다른 이야기를 한 이유는 무엇인가?"
> 정조가 대답했습니다.
> "돌아보지 않으면 다시 물어볼까봐 두려워서 그런 것입니다."
> 영조는 훌륭한 대답이라고 칭찬했습니다.

【중등】

1. 정조는 이 일화를 통해 무엇을 깨닫고 어떻게 훌륭한 군주가 된 것 일까요?

2. 제선왕이 훌륭한 왕이 되기 위해서는 어떤 노력이 필요할까요?

【초등】

1. 여러분들이 정조라면 영조의 질문에 어떻게 대답했을까요?

2. 여러분이 정조라면 왕으로서 잘못을 했을 때는 어떻게 행동해야 할 까요?

생각에 날개 달기

【중등】

1. 두 개의 건물들은 무엇인지 알고 있나요?
2. 저 건물 안에는 어떤 사람들이 살고 있고, 어떤 일을 하나요?
3. 올바른 대통령(국회의원)의 모습과 역할에 대해 이야기 해봅시다
4. 국민은 올바른 정치를 위해 어떤 역할을 해야 할까요?

【초등】

1. 대통령과 국회의원은 어떤 인성과 능력을 가져야 할까요?
2. 대통령의 역할 중 가장 중요한 것은 무엇일까요?

생활 속에서 실천해 보기

다음에 대해 고민해보고 솔직하게 서로의 생각을 이야기해봅시다.

【중등】

1. 학급은 여러분들이 친구들과 함께 만들어가는 작은 국가입니다. 여러분들은 어떤 역할을 하고 있나요?
2. 학급에서 반장의 역할은 무엇이라고 생각합니까?
3. 학급 생활을 하면서 어려움을 주는 일이 있다면 무엇이고, 어떻게 하면 해결할 수 있을까요?
4. 학급 생활을 하면서 즐거운 일이 있다면 무엇이고, 그 이유는 무엇인지 말해봅시다.

【초등】

1. 학급은 여러분들이 친구들과 함께 만들어가는 작은 국가입니다. 여러분들은 어떤 역할을 하고 있나요?
2. 학급 반장의 역할은 무엇이라고 생각합니까?
3. 행복한 학급을 만들기 위해서는 어떤 노력이 필요할지 3가지를 말해봅시다.

7차시 차이와 다양성 수용하기_공존

마음열기

1. "탕평채의 맛과 멋을 아시나요"

▶ 탕평채 요리법: https://www.youtube.com/watch?v=iL3RFP2fvec

영조 임금이 통치하던 시기는 신하들이 파벌로 나뉘어서 대립하고 당파를 하면서 나라가 어지러울 때였습니다. 영조는 당파싸움을 막고 신하들이 화해하고 타협할 수 있도록 상징적인 음식을 자주 먹게 만들었습니다. 그 음식은 무엇일까요?

① 궁중떡볶이

② 궁중잡채

③ 탕평채   ④ 궁중갈비탕

영조는 당파 싸움을 없애려고 '탕평책'을 폈습니다. '탕평책'이라는 이름은 《서경》의 '탕탕평평(어느 쪽도 편들지 말고 모든 일을 공평하게 처리하자.)'에서 따온 것입니다. 인재를 뽑을 때 한 당파에 치우치지 말고 골고루 쓰고자 하는 정책이었습니다. 당연히 왕의 정책도 어느 한쪽의 입장만이 아니라 다양하고 대립적인 입장을 조화시킬 수 있는 정책을 지지했습니다. 영조는 탕평책에 대해 정승들과 함께 이야기를 나누는 자리에 새로 개발한 요리를 내왔습니다. 청포묵에 갖은 채소와 달걀지단, 쇠고기, 김 따위를 얹어 버무린 묵무침이었습니다. 실제로 역사책을 보면, 조선왕조 중엽에 탕평책의 경륜을 펴는 자리에서 청포에 채소를 섞어 무친 음식이 나왔으므로 탕평채라 한다고 알려져 있습니다. 오색의 조화를 이룬 대표적 음식 중 하나인 탕평채는 녹두녹말로 묵을 쑤어 만든 청포묵에 쇠고기, 미나리, 숙주, 홍고추, 황·백지단·김을 넣고 초간장으로 새콤달콤하게 무쳐 만든 음식으로 재료도 구하기 쉽고 봄철 잃었던 입맛을 돋우는 음식입니다.

탕평채는 오색의 재료가 조화를 이룬 음식으로 각각의 색에는 숨겨진 의미가 있습니다. 푸른색의 미나리는 동인을, 붉은색의 쇠고기볶음은 남인, 주재료인 흰색의 청포묵은 서인, 검은색의 석이버섯이나 김가루는 북인을 상징했습니다. '탕평채'의 오색이 음양오행의 원리와 각각의 당파를 대표하는 뜻도 있지만 매끈한 묵의 감촉과 사각거리는 채소의 질감이 서로 조화를 이루고 있으며, 청포묵의 탄수화물, 계란과 고기의 단백질, 미나리·숙주 등의 비타민과 무기질 등 영양소 또한 조화롭게 어우러져 있어 서로 조화롭기를 바라는 영조의 깊은 마음이 담긴 음식이라 할 수 있습니다.

【중등】

1. 탕평채에 담긴 영조의 아이디어에 대해 평가해 봅시다.

2. 탕평채를 비롯하여 전통음식의 멋과 맛에 대해 조사해보고 이야기 해봅시다.

3. 탕평채와 비슷한 느낌이 나는 현대 음식에 대해 이야기해봅시다.
4. 다양한 재료가 조화를 이루어 맛있는 음식을 사람에 비유한다면, 훌륭한 사람은 어떤 성격과 능력을 가져야 할까요?

【초등】
1. 영조는 왜 신하들에게 탕평채를 내놓게 했을까요?
2. 건강에 좋은 음식과 나쁜 음식의 특징에 대해 이야기해 봅시다.
3. 몸에 좋은 음식처럼 우리의 마음과 정신을 건강하게 만드는 실천들에는 어떤 것이 있을까요?

생각쌓기

"맛있는 고깃국의 조건"

> "화(和)는 고깃국을 끓이는 것과 같고 요리사의 역할이 중요합니다. 물, 불, 젓갈, 식초, 소금, 매실을 사용하여 생선과 고기를 삶고 장작불로 가열하며, 요리사는 그것을 지켜보면서 적절하게 조절을 합니다. 고르게 맛을 일치시키며 모자란 것은 더 넣고 남는 것은 덜어냅니다. 군자를 이를 먹고 그 마음이 화평해지는 것입니다."

1. 고깃국이 의미하는 것이 무엇인지를 생각하고 이야기한다.
2. 생선, 고기, 물, 젓갈, 소금 등은 무엇을 의미하는지를 생각하고 발표한다.
3. 맛있는 음식을 만들기 위한 노력은 어떤 것이 있으며 훌륭한 요리사는 특히 어떤 능력을 가졌는지를 생각하고 발표한다.

【초등】

1. 어떤 라면이 더 맛이 있고 몸에 좋을까요?

  ① 라면 + 스프 ② 라면 + 스프 + 계란 ③ 라면 + 스프 + 계란 + 양파 ④ 라면 + 스프 + 계란 + 양파 + 버섯

2. 훌륭한 요리사는 어떤 능력을 가져야 하고 어떤 노력을 해야 할까요?

생각에 날개 달기

다음 베토벤의 운명교향곡을 듣고 감상을 이야기해봅시다.

베토벤 운명교향곡 5번 1악장(7분 50초, 초반 3분 30까지만 감상해도 됨)

https://www.youtube.com/watch?v=6fsDkAa9VtM

【중등】

1. 오케스트라와 각종의 악기가 무엇을 의미하는지 이야기 해봅시다.

2. 오케스트라 공연을 시청하거나 감상한 소감에 대해 이야기해봅시다.

3. 친구들 사이에서 화이부동을 실천하려면 어떻게 올바른 관계를 맺어야 하는지 이야기 해봅시다.

【초등】

1. 오케스트라와 각종의 악기가 무엇을 의미하는지 이야기 해봅시다.

2. 오케스트라 공연을 시청하거나 감상한 소감에 대해 이야기해봅시다.

3. 친구들과 화이부동을 실천하려면 어떤 노력이 필요할까요?

"오케스트라 음악의 아름다움과 감동의 비밀에 대해 알고 있나요? 목관 악기, 금관 악기, 타악기, 현악기가 한데 모여 연주하는 오케스트라 전체가 하나의 큰 악기라고도 볼 수 있습니다. 오케스트라는 규모에 따라 심포니 오케스트라(대관현악)와 챔버 오케스트라(실내 관현악)로 나눌 수 있어. 심포니 오케스트라는 관악기, 현악기, 타악기를 포함한 100명 정도의 연주자로 구성된 규모가 큰 오케스트라로, 거의 모든 교향악단은 심포니, 필하모닉이라는 이름으로 불려. 심포니라는 이름은 '함께 울린다'는 뜻의 그리스어 '신포니아'에서 유래했고, 필하모닉은 '음악 애호가'라는 뜻입니다. 오케스트라는 우리의 삶과 사회에도 적용할 수 있습니다. 차이와 이견에 대한 포용, 풍부하고 다채로운 사상과 문화를 융합하여 화해(和諧)에 도달하게 하는 것이 화이부동의 본질이라면, 한 가지 악기만을 고집하는 것이 아니라 수 십 종의 악기가 연출하는 대규모 오케스트라의 화음이야말로 현대 정치와 시민사회에 매우 중요합니다. 피리소리 역시 하나의 구멍이 아니라 여러 개의 구멍의 바람과 숨결의 조화를 만들어서 화음을 울리게 만듭니다."

생활 속에서 실천해 보기

1. "군자와 소인의 차이는?"

"공자는 사람들과 올바르게 친한 것을 화(和)라고 불렀습니다. 올바르게 친하다는 것은 나와 너, 서로의 다름을 수용하면서 다양성을 추구하는 것입니다[和合]. 반대로 불화(不和)란 자기와 친한 사람들을 맹목적으로 지지하거나 나와 같은 입장만을 무비판적으로 쫓는 것을 의미합니다. 그런 사람들은 다름을 수용하거나 허용하지 않기 때문에 그 친밀함은 폐쇄적이고 교만하게 됩니다. 때문에 소인은 조화가 아니라 개인 혹은 집단의 이익을 맹목적으로 추구하고 같음, 획일성을 추구하면서 끊임없이 소모적인 분란을 일으킵니다. 나아가 공자는 무리를 지어 다수의 힘을 강제하는 것을 소인의 모습이라 비판합니다. 요컨대, 획일성과 절대 다수에 휘둘리는 것은 군자가 아니라 소인입니다. 군자는 조화를 이루되 획일적이지 않고, 소인은 획일적이되 조화를 이루지 못한다는 것입니다. 조화와 화합을 이루되 획일적이지 않은 다양성의 통합이 화이부동(和而不同)의 정신입니다."

【중등】

1. 위 글에 나타난 군자와 소인의 특징에 대해 이야기해봅시다

2. 군자가 되기 위해서는 필요한 능력은 무엇이고, 어떤 노력을 해야 할지 말해봅시다.

3. 소인들이 왜 분란을 계속 일으키는지 생각해보고 이야기 해봅시다.

4. 여러분의 마음속에는 군자와 소인이 함께 살고 있습니다. 나의 군자다움과 소인적 특징에 대해 이야기해봅시다.

5. 군자와 소인이 함께 오케스트라를 연주한다고 상상해 봅시다. 군자와 소인의 연주는 어떻게 다를까요?

【초등】

1. 군자와 소인의 특징에 대해 이야기해봅시다.

2. 의견 차이로 친구와 싸운 경험에 대해 이야기 해봅시다.

3. 자장면을 좋아하는 친구, 햄버거를 좋아하는 친구, 피자를 좋아하는 친구, 설렁탕을 좋아하는 친구와 함께 점심을 먹으려고 합니다. 어떤 메뉴를 선택하는 것이 좋을까요?

4. 군자와 소인이 함께 오케스트라를 연주한다고 상상해 봅시다. 군자와 소인의 연주는 어떻게 다를까요?

8차시 나에게 온고지신 프로그램은 (   )이다!

1. 구용구사, 랩으로 다함께!

https://www.youtube.com/watch?v=SgBK_IzkKcM   https://www.youtube.com/watch?v=9lc07Lipxls

(1) 구용과 구사의 의미를 생각하며 다함께 랩 부르기

구용	구사
족용중(足容重)	시사명(視思明)
수용공(手容恭)	청사총(聽思聰)
목용단(目容端)	색사온(色思溫)
구용지(口容止)	모사공(貌思恭)
성용정(聲容靜)	언사충(言思忠)

두용직(頭容直)	사사경(事思敬)
기용숙(氣容肅)	의사문(疑思問)
입용덕(立容德)	분사난(忿思難)
색용장(色容莊)	견득사의(見得思義)

(2) 모둠별로 대표 1명을 선정하여 구사구용 랩 페스티벌을 실시합니다. 구용과 구사의 의미를 생각하며 다함께 랩 부르기

2. 온고지신 프로그램을 돌아보며

(1) 인상 깊었던 내용/활동은 무엇이었나요?

(2) 그 동안 살펴보았던 가치들(자존, 성찰, 공감, 배려, 상생, 공존) 가운데
    내 안에서 가장 빛나고 있거나 빛내고 싶은 가치가 무엇인지 말해볼까요?

(3) 온고지신 프로그램을 다시 한다면 누구와 함께 하고 싶나요?

(4) 온고지신 프로그램의 강점은 무엇이라고 생각하시나요?

(5) 온고지신 프로그램의 개선할 점은 무엇이라고 생각하시나요?

〈부록〉설문지

| 전통적 가치 선호도 및 민주시민성 역량 조사 | ID | | | | |

    이 설문조사는 한국연구재단의 지원을 받아 전통교육의 현대화 방안을 모색하기 위해 시행하는 설문지입니다. 이 설문조사는 전통적 가치에 대한 인식과 선호도, 덕스러운 민주시민성 및 역량에 대한 조사로서 전통교육의 현대화와 민주시민성 교육을 위한 기초자료로 활용될 예정입니다.

    아울러, 연구의 결과는 향후 전통교육의 활성화 방안을 수립하는 데 있어서 중요한 기초자료로 활용될 것이며, 우리 전통의 계승과 발전 방안에도 많은 시사점을 줄 것으로 사료됩니다. 응답해 주신 의견은 학술적인 목적으로만 활용되며, 통계법 33조에 의거 여러분의 신분 비밀은 철저히 보호되오니, 성실하게 응답하여 주시면 감사하겠습니다.

2018년 3월

연구책임자 서울교육대학교 교수 지준호

교신 이메일: s424902@snue.ac.kr

통계법 제33조(비밀의 보호 등)
  ① 통계작성과정에서 알려진 사항으로서 개인 또는 법인이나 단체의 비밀에
    속하는 사항은 보호되어야 한다.

② 통계작성을 위하여 수집된 개인 또는 법인이나 단체의 비밀에 속하는
기초자료는 통계작성의 목적 외에 사용하여서는 아니 된다.

해당 란에 표시(∨) 해주시기 바랍니다.

성별	남성( ) 여성( )
나이	(중 , 고등) 학교 ( ) 학년
지역 (현재 거주지)	서울( ) 인천( ) 경기( ) 기타( )

다음은 전통문화에 대한 관심 및 선호도에 관한 질문입니다.
문항을 읽고 여러분의 생각을 응답 칸에 표기(∨)해 주시기 바랍니다.

No	문 항	전혀 그렇지 않다	약간 그렇지 않다	보통이다	약간 그렇다	매우 그렇다
1	나는 우리의 전통(옛날 그림이나 놀이 같은 문화예술 및 훌륭한 조상님들의 생각)에 대해 관심이 많다.					
2	나는 평소에 전통문화(한복, 판소리, 널뛰기, 부채춤, 차례지내기, 명절맞이 행사 등등)를 자주 경험한다.					
3	나는 선덕여왕이나 세종, 정조대왕 같은 옛날 임금이나 중요한 사건에 대한 역사드라마(사극)를 즐겨 본다.					
4	나는 우리의 전통에 대해 자부심을 느끼며 서양의 전통보다 훌륭하다고 생각한다.					

	다음 전통 요소들 가운데 오늘날 보존하고 발전시킬 필요성이 크다고 생각하는 것을 <u>두 가지</u> 골라보세요.	
5	1) 한복이나 한식(김치, 떡, 된장찌개, 비빔밥 등) 같은 일상생활과 관련된 요소	
	2) 판소리, 사물놀이, 서예 등의 전통예술	
	3) 제사, 성묘 등 돌아가신 조상을 존경하고 받드는 일	
	4) 부모님에 대한 효도와 사람들 사이의 예절	
	5) 이웃사랑 및 나라사랑 등의 공동체의식	
	6) 기 타 ( )	

다음은 전통문화의 필요성 및 활용성에 관한 질문입니다.
문항을 읽고 여러분의 생각을 응답 칸에 표기(∨)해 주시기 바랍니다.

No	문 항	전혀 그렇지 않다	약간 그렇지 않다	보통이다	약간 그렇다	매우 그렇다
6	우리 국민들은 전통을 더 잘 알기위해 노력해야 한다고 생각한다.					
7	우리 국민들은 전통을 더욱 잘 계승하고 발전시켜야 한다고 생각한다.					
8	전통을 현대적으로 잘 계승·발전시킨다면, 우리 사회의 도덕적 문제(왕따, 이기주의, 인간 소외 등)를 해결하는 데 도움을 줄 수 있다고 생각한다.					
9	전통을 현대적으로 잘 계승·발전시킨다면, 자본주의(경제적 이익 추구와 부의 창출) 발전에 도움이 된다고 생각한다.					
10	전통을 현대적으로 잘 계승·발전시킨다면, 민주주의(평등한 권리와 시민의 참여)를 발전시키는 데 도움이 된다고 생각한다.					

다음은 전통교육 및 전통교육 방식에 관한 질문입니다.
문항을 읽고 여러분의 생각을 응답 칸에 표기(∨)해 주시기 바랍니다.

No	문 항	전혀 그렇지 않다	약간 그렇지 않다	보통이다	약간 그렇다	매우 그렇다
11	학교 교육과정에서 더 많은 전통에 관한 교육이 필요하다고 생각한다.					
12	나는 서당이나 서원 등 전통교육의 방식이 현재의 입시 위주의 교육방식보다 더 좋다고 생각한다.					
13	학교에서의 교육 뿐만 아니라 TV, 영화, 다양한 문화체험 행사 등을 통해 전통교육을 더 활성화 시켜야 한다고 생각한다.					
14	전통교육을 잘 활성화시킨다면 학교문제(왕따, 학교폭력, 성적만능주의, 게임중독 등)를 해결하는 데 도움을 줄 수 있다고 생각한다.					

15	전통교육의 내용 중에서 가장 필요한 교육내용은 무엇이라고 생각하십니까?	
	1) 「논어」, 「맹자」 등 고전에 대한 이해	
	2) 의사소통 및 대인관계 능력	
	3) 직업능력 및 기술	
	4) 도덕과 인성	
	5) 예술 활동 및 놀이문화	
	6) 기 타 ( )	

다음은 민주시민의 개인역량 및 주체성에 관한 질문입니다.
문항에 대한 여러분 스스로의 평가를 응답 칸에 표기(∨)해 주시기 바랍니다.

No	문 항	전혀 그렇지 않다	약간 그렇지 않다	보통 이다	약간 그렇 다	매우 그렇 다
16	나는 종종 나의 말과 행동이 바람직했는지 반성한다.					
17	나는 눈 앞의 이익을 추구하는 것보다 올바른 삶을 추구하는 게 중요하다고 생각한다.					
18	나는 사회에서 성공하기 전에 인간미와 인격을 갖춘 사람이 되는 것이 중요하다고 생각한다.					
19	나는 내가 어떤 사람이 되고 싶은지를 잘 알고 있다.					
20	나는 매사에 긍정적인 생각과 태도를 가진다.					
21	나는 화가 나거나 기분이 나빠도 나의 감정을 잘 다스린다.					

다음은 민주시민의 대인관계역량 및 평등성에 관한 질문입니다.
문항에 대한 여러분 스스로의 평가를 응답 칸에 표기(∨)해 주시기 바랍니다.

No	문 항	전혀 그렇지 않다	약간 그렇지 않다	보통 이다	약간 그렇 다	매우 그렇 다
22	나는 다른 사람의 감정을 살피고 관심을 갖는다.					
23	나는 사이가 좋지 않은 친구의 의견도 경청하고 대화할 수 있다.					
24	나는 다른 사람과 대화할 때 고개를 끄덕이거나 '응' 혹은 '그래'라는 표현을 한다.					
25	나는 대중교통을 이용할 때, 노약자나 장애인 등에게 자리를 양보한다.					
26	나는 친구가 어려움에 처하면 내 일처럼 끝까지 도와줄 것이다.					
27	나는 잘 모르는 사람에게도 다가가 인사하고 의사소통하는 것이 어렵지 않다.					

다음은 민주시민의 공동체역량 및 정치성에 관한 질문입니다.
문항에 대한 여러분 스스로의 평가를 응답 칸에 표기(V)해 주시기 바랍니다.

No	문 항	전혀 그렇지 않다	약간 그렇지 않다	보통 이다	약간 그렇 다	매우 그렇 다
28	나는 우리사회가 가정과 직장에서 남녀평등이 이루어져 있다고 본다.					
29	나는 대기업이 작고 어려운 중소기업의 경제적 이익을 더 많이 보호해야 한다고 생각한다.					
30	나는 산이나 강 혹은 동물, 식물을 보면 종종 아름답다고 느낀다.					
31	나는 우리 사회가 전통적 가치와 서양에서 들어온 가치를 잘 어울리게 만들기위해 노력하고 있다고 본다.					
32	나는 피부색이 다른 외국인들이 옆집에 살거나 어울리는 것이 불편하지 않다.					
33	나는 남한과 북한이 대립하고 있지만 서로를 인정하고 친하게 지낼 수 있다고 생각한다.					

설문에 응해주셔서 대단히 감사합니다

이 설문조사는 한국연구재단의 지원을 받아 전통교육의 현대화 방안을 모색하기 위해 시행하는 설문지입니다. 이 설문조사는 전통적 가치에 대한 인식과 선호도, 덕스러운 민주시민성 및 역량에 대한 조사로서 전통교육의 현대화와 민주시민성 교육을 위한 기초자료로 활용될 예정입니다.

아울러, 연구의 결과는 향후 전통교육의 활성화 방안을 수립하는 데 있어서 중요한 기초자료로 활용될 것이며, 우리 전통의 계승과 발전 방안에도 많은 시사점을 줄 것으로 사료됩니다. 응답해 주신 의견은 학술적인 목적으로만 활용되며, 통계법 33조에 의거 여러분의 신분 비밀은 철저히 보호되오니, 성실하게 응답하여 주시면 감사하겠습니다.

2018년 3월

연구책임자 서울교육대학교 교수 지준호

교신 이메일: s424902@snue.ac.kr

통계법 제33조(비밀의 보호 등)

① 통계작성과정에서 알려진 사항으로서 개인 또는 법인이나 단체의 비밀에 속하는 사항은 보호되어야 한다.

② 통계작성을 위하여 수집된 개인 또는 법인이나 단체의 비밀에 속하는 기초 자료는 통계작성의 목적 외에 사용하여서는 아니 된다.

□ 본인은 상기의 내용을 숙지하였으며 개인정보에 대한 수집 · 이용 · 제공의 활용에 동의합니다.

성별:	나이:	비번

회복탄력성 및 공동체 역량 설문지

순번	문 항	매우 아니다		보통		매우 그렇다
1	나는 어려운 일이 닥쳤을 때 감정을 통제할 수 있다.	①	②	③	④	⑤
2	내가 무슨 생각을 하면, 그 생각이 내 기분에 어떤 영향을 미칠지 잘 알아챈다.	①	②	③	④	⑤
3	이슈가 되는 문제를 가족이나 친구들과 토론할 때 감정을 잘 통제할 수 있다.	①	②	③	④	⑤
4	당장 해야 할 일이 있으면 나는 어떠한 유혹이나 방해도 잘 이겨 낼 수 있다.	①	②	③	④	⑤
5	아무리 당황스럽고 어려운 상황이 닥쳐도, 나는 내가 어떤 생각을 하고 있는지 스스로 잘 안다.	①	②	③	④	⑤
6	일이 생각대로 잘 안 풀리면 쉽게 포기하는 편이다.	①	②	③	④	⑤
7	문제가 생기면 여러 가지 가능한 해결 방안에 대해 먼저 생각한 후에 해결하려고 노력한다.	①	②	③	④	⑤
8	어려운 일이 생기면 그 원인이 무엇인지 신중하게 생각한 후에 해결하려고 노력한다.	①	②	③	④	⑤
9	나는 대부분의 상황에서 문제의 원인을 잘 알고 있다고 믿는다.	①	②	③	④	⑤
10	나는 재치 있는 농담을 잘 한다.	①	②	③	④	⑤
11	나는 내가 표현하고자 하는 바에 대한 적절한 문구나 단어를 잘 찾아낸다.	①	②	③	④	⑤
12	나는 분위기나 대화 상대에 따라 대화를 잘 이끌어 갈 수 있다.	①	②	③	④	⑤
13	사람들의 얼굴표정을 보면 어떤 감정인지 알 수 있다.	①	②	③	④	⑤
14	슬퍼하거나 화를 내거나 당황하는 사람을 보면 그들이 어떤 생각을 하는지 잘 알 수 있다.	①	②	③	④	⑤
15	동료가 화를 낼 경우 나는 그 이유를 꽤 잘 아는 편이다.	①	②	③	④	⑤
16	나와 정기적으로 만나는 사람들은 대부분 나를 싫어하게 된다.	①	②	③	④	⑤

17	서로 마음을 터놓고 얘기할 수 있는 친구가 거의 없다.	①	②	③	④	⑤
18	서로 도움을 주고받는 친구가 별로 없는 편이다.	①	②	③	④	⑤
19	열심히 일하면 언제나 보답이 있으리라고 생각한다.	①	②	③	④	⑤
20	맞든 아니든 "아무리 어려운 문제라도 나는 해결할 수 있다."고 믿는 것이 좋다고 생각한다.	①	②	③	④	⑤
21	어려운 상황이 닥쳐도 나는 모든 일이 다 잘 해결될 거라고 확신한다.	①	②	③	④	⑤
22	내 인생의 여러 가지 조건들은 만족스럽다.	①	②	③	④	⑤
23	나는 내 삶에 만족한다.	①	②	③	④	⑤
24	나는 내 삶에서 중요하다고 생각한 것들은 다 갖고 있다.	①	②	③	④	⑤
25	나는 감사해야 할 것이 별로 없다.	①	②	③	④	⑤
26	내가 고맙게 여기는 것들을 모두 적는다면 아주 긴 목록이 될 것이다.	①	②	③	④	⑤
27	세상을 둘러볼 때, 내가 고마워 할 것이 별로 없다.	①	②	③	④	⑤
28	나는 가정과 학교에서 남녀평등이 실현되도록 노력한다.	①	②	③	④	⑤
29	나는 갈등하는 두 모임이 관계를 개선할 수 있도록 할 수 있는 일을 한다.	①	②	③	④	⑤
30	나는 산이나 강 혹은 동물이나 식물에게서 아름다움을 종종 느낀다.	①	②	③	④	⑤
31	나는 전통적 가치와 서구적 가치의 조화를 위해 노력한다.	①	②	③	④	⑤
32	나는 피부색이 다른 외국인 근로자가 옆집에 사는 것이 불편하지 않다.	①	②	③	④	⑤
33	나는 북한이탈 학생과 학교생활을 함께하더라도 불편하지 않다.	①	②	③	④	⑤

* 설문에 응해주셔서 대단히 감사합니다.

청소년용 회복탄력성 및 공동체 역량 문항 및 구인[*]

	전혀 그렇지 않다 1점 / 그렇지 않다 2점 / 보통이다 3점 / 그렇다 4점 / 매우 그렇다 5점	
역문항	전혀 그렇지 않다 1점 / 그렇지 않다 2점 / 보통이다 3점 / 그렇다 4점 / 매우 그렇다 5점	6 - 응답

순번	문항	점수	비고	
1	나는 어려운 일이 닥쳤을 때 감정을 통제할 수 있다.		감정 조절 력	자 기 조 절 능 력
2	내가 무슨 생각을 하면, 그 생각이 내 기분에 어떤 영향을 미칠지 잘 알아챈다.			
3	이슈가 되는 문제를 가족이나 친구들과 토론할 때 감정을 잘 통제할 수 있다.			
4	당장 해야 할 일이 있으면 나는 어떠한 유혹이나 방해도 잘 이겨낼 수 있다.		충동 통제 력	
5	아무리 당황스럽고 어려운 상황이 닥쳐도, 나는 내가 어떤 생각을 하고 있는지 스스로 잘 안다.			
6	일이 생각대로 잘 안 풀리면 쉽게 포기하는 편이다.			
7	문제가 생기면 여러 가지 가능한 해결 방안에 대해 먼저 생각한 후에 해결하려고 노력한다.		원인 분석 력	
8	어려운 일이 생기면 그 원인이 무엇인지 신중하게 생각한 후에 해결하려고 노력한다.			
9	나는 대부분의 상황에서 문제의 원인을 잘 알고 있다고 믿는다.			
10	나는 재지 있는 농담을 잘 한다.		소통 능력	대 인 관 계
11	나는 내가 표현하고자 하는 바에 대한 적절한 문구나 단어를 잘 찾아낸다.			

* 신우열·김민규·김주환, 「회복탄력성 검사 지수의 개발 및 타당도 검증」, 『한국 청소년연구』 20(4), 2009, p.131 수정보완.

12	나는 분위기나 대화 상대에 따라 대화를 잘 이끌어 갈 수 있다.			능력
13	사람들의 얼굴표정을 보면 어떤 감정인지 알 수 있다.		공감 능력	
14	슬퍼하거나 화를 내거나 당황하는 사람을 보면 그들이 어떤 생각을 하는지 잘 알 수 있다.			
15	동료가 화를 낼 경우 나는 그 이유를 꽤 잘 아는 편이다.			
16	나와 정기적으로 만나는 사람들은 대부분 나를 싫어하게 된다.		자아 확장 력	
17	서로 마음을 터놓고 얘기할 수 있는 친구가 거의 없다.			
18	서로 도움을 주고받는 친구가 별로 없는 편이다.			
19	열심히 일하면 언제나 보답이 있으리라고 생각한다.		자아 낙관 성	긍정성
20	맞든 아니든 "아무리 어려운 문제라도 나는 해결할 수 있다."고 믿는 것이 좋다고 생각한다.			
21	어려운 상황이 닥쳐도 나는 모든 일이 다 잘 해결될 거라고 확신한다.			
22	내 인생의 여러 가지 조건들은 만족스럽다.		삶에 대한 만족 도	
23	나는 내 삶에 만족한다.			
24	나는 내 삶에서 중요하다고 생각한 것들은 다 갖고 있다.			
25	나는 감사해야 할 것이 별로 없다.		감사 하기	
26	내가 고맙게 여기는 것들을 모두 적는다면 아주 긴 목록이 될 것이다.			
27	세상을 둘러볼 때, 내가 고마워 할 것이 별로 없다.			
28	나는 가정과 학교에서 남녀평등이 실현되도록 노력한다.		상생	공동체 역량
29	나는 갈등하는 두 모임이 관계를 개선할 수 있도록 할 수 있는 일을 한다.			
30	나는 산이나 강 혹은 동물이나 식물에게서 아름다움을 종종 느낀다.			
31	나는 전통적 가치와 서구적 가치의 조화를 위해 노력한다.		공존	
32	나는 피부색이 다른 외국인 근로자가 옆집에 사는 것이 불편하지 않다.			
33	나는 북한이탈 학생과 학교생활을 함께하더라도 불편하지 않다.			

※ 음영색으로 표시한 것은 역문항이며, 역채점이 필요하다 [점수＝6－응답값]

본 QR코드를 스캔하시면, "전통 인성교육, 이렇게 한다 –
온고지신 프로그램의 구성과 실제"의 참고문헌을 참고하실 수 있습니다.

저자소개

지준호

현 서울교육대학교 윤리교육과 교수

학력 및 경력
성균관대학교 유학대학 한국철학과 졸업(동양철학 부전공)
성균관대학교 대학원 한국철학과 석사(한국철학 전공)
북경대학교 대학원 철학과 박사(중국철학 전공)
서울교육대학교 교수
한국인격교육학회 회장
한국철학사연구회 회장
한국유교학회 회장

주요 저·역서
『'대학'의 종합적 고찰』(공저), 『고전에서 배우는 효도와 공경』(공저), 『유교문화
체험연수교재』(공저), 『유학 제3기 발전에 관한 전망』(공역), 『주자학의 형성과
전개』(공저), 『다산 경학의 현대적 이해』(공저), 『한국철학사상가연구』(공저)

윤영돈

현 인천대학교 윤리교육과 교수

학력 및 경력
서울대학교 윤리교육과(학사, 석사, 박사)
해군사관학교 교수(윤리학)
인천대학교 사범대학 학장

주요 저·역서
『다문화시대 도덕교육의 프리즘과 스펙트럼』, 『인성건강과 인문치료』, 『인격』(공
저), 『양심』(공저), 『사랑』(공저) 외 다수

신창호

현 고려대학교 교육학과 교수

학력 및 경력
고려대학교 교육학과 졸업(철학 부전공)
한국학중앙연구원 한국학대학원 석사(철학 전공)
고려대학교 일반대학원 박사(교육철학 및 교육사학 전공)
고려대학교 교양교육실장
고려대학교 평생교육원장

한국교육철학학회 회장
한중철학회 회장

주요 저·역서
『교육철학』, 『교육이란 무엇인가』, 『교육철학 및 교육사』, 『수기(修己), 유가 교육철학의 핵심』, 『유교의 교육학 체계』, 『대학, 유교의 지도자 교육철학』, 『유교 사서(四書)의 배움론』, 『율곡 이이의 교육론』 외 다수

심승우

현 대구대학교 교양학부 초빙교수

학력 및 경력
성균관대학교 정치학 박사
한국정치사상학회 이사 역임
한국정치학회 편집위원, 국제정치학회 연구간사 역임

주요 저·역서, 논문
『민본과 민주의 개념적 통섭』(공저), 『제도적 통섭과 민본의 현대화』(공저), 『다문화 시대의 도전과 정치통합의 전략』, 『정치학: 인간과 사회 그리고 정치』(공저), 『아웅산 수치평전』(역서)
"신자유주의 시대와 공화주의 시민경제의 모색"(시민과세계, 2016)
"민주적 시민성에 대한 동서양 교육철학의 통섭 모색"(공저, 안암교육학회, 2017)

이승철

현 춘천교육대학교 교수

학력 및 경력
성균관대학교 사범대학 교육학과 졸업
성균관대학교 대학원 교육학과 석사(교육학 전공)
성균관대학교 대학원 교육학과 박사(교육사 전공)

주요 저·역서
『왕양명의 내적 자각과 교육론』, 『창의성의 이해와 창의인성교육의 쟁점』

임도영

현 서울교육대학교 강사

학력 및 경력
성균관대학교 정치외교학과 졸업
성균관대학교 석사(정치사상 전공)
성균관대학교 박사과정 수료(정치사상 전공)

주요 저·역서
『실패한 우파가 어떻게 승자가 되었나』(공역)

임홍태	**현** 성균관대학교 학부대학 초빙교수 **학력 및 경력** 성균관대학교 한국철학과 졸업 성균관대학교 한국철학과 석사(철학 전공) 중국인민대학교 철학과 박사(중국철학 전공) 한국유교학히 유교사상연구소 책임연구원 다산학술문화재단 선임연구원 **주요 저·역서** 『주체적으로 산다』, 『심경철학사전』(공저), 『동양사상』(공저), 『한국철학사상가 연구』(공저)
한성구	**현** 단국대학교 일본연구소 HK+ 연구교수 **학력 및 경력** 성균관대학교 동양철학과 졸업 중국 북경대학 석사(철학 전공) 중국 북경대학 박사(철학 전공) 성균관대학교 박사 후 연구원 성균관대학교 초빙교수 서울교육대학교 겸임교수 **주요 저·역서** 『원시유교』(저서), 『번역과 중국의 근대』(역서)』, 『중국 윤리사상ABC』(역서), 『송나라 식탁 기행』(역서), 『생태미학과 동양철학』(공저), 『과학과 인생관』(역서), 『중국 6세대 영화, 삶의 진실을 말하다』(공저)
함규진	**현** 서울교육대학교 윤리교육과 교수 성균관대학교 행정학과 성균관대학교 대학원 석사(정치외교학) 성균관대학교 대학원 박사(정치외교학) **주요 저·역서** 『개와 늑대들의 정치학』, 『최후의 선비들』, 『조약으로 보는 세계사 강의』, 『위험한 민주주의』(역서), 『실패한 우파가 어떻게 승자가 되었나』(역서), 『정치질서의 기원』(역서)

전통 인성교육, 이렇게 한다-온고지신 프로그램의 구성과 실제

초판발행　　2022년 8월 5일

공저자　　지준호· 윤영돈· 신창호· 심승우· 이승철·임도영·임홍태· 한성구·함규진
펴낸이　　노　현

편 집　　배근하
표지디자인　　이영경
제 작　　고철민·조영환

펴낸곳　　㈜ 피와이메이트
　　　　서울특별시 금천구 가산디지털2로 53 한라시그마밸리 210호(가산동)
　　　　등록 2014. 2. 12. 제2018-000080호
전 화　　02)733-6771
f a x　　02)736-4818
e-mail　　pys@pybook.co.kr
homepage　　www.pybook.co.kr
ISBN　　979-11-6519-299-0　93370

copyright©지준호· 윤영돈 외 7인, 2022, Printed in Korea

정 가　　30,000원

박영스토리는 박영사와 함께 하는 브랜드입니다.